Werner Geers

Arbeiten mit
Word 2010

1. Auflage

Bestellnummer 61020

Bildungsverlag EINS

■ Haben Sie Anregungen oder Kritikpunkte zu diesem Produkt?
■ Dann senden Sie eine E-Mail an 61020_001@bv-1.de
Autoren und Verlag freuen sich auf Ihre Rückmeldung.

Vorwort

Das vorliegende Textverarbeitungsbuch behandelt alle Elemente, die in Lehrplänen und Computerführerscheinen verlangt werden. Es werden beispielsweise alle Inhalte beschrieben, die in den Büroberufen abgeprüft werden.

Das Buch gliedert sich im Wesentlichen in drei Bereiche:

- Die für den Unterricht benötigten Möglichkeiten des Programms „Microsoft Office Word 2010" werden umfassend behandelt. Neben der Eingabe und Korrektur von Texten werden Formatierungen, Nummerierungen, Tabulatoren, Tabellen, Rahmen und Schattierungen, Spalten, Bilder und Diagramme usw. genau beschrieben. Auch das Öffnen, Speichern und Drucken von Dokumenten wird dargestellt.

  Serienbriefe, Schnellbausteine (Textbausteine), Formulare mit Textfeldern, Dropdown-Feldern usw. als besondere Möglichkeiten der Nutzung eines Textverarbeitungsprogramms bilden einen weiteren Schwerpunkt der Arbeit mit dem Programm. Darüber hinaus werden Format- und Dokumentvorlagen für die fortgeschrittene Arbeit mit einem Textverarbeitungsprogramm erklärt. Dazu gehört auch, dass beschrieben wird, wie Inhalts-, Stichwort- und Abbildungsverzeichnisse automatisch erstellt werden können. Einzelne Inhalte, wie etwa Format- und Dokumentvorlagen, können im Unterricht auch später, etwa am Ende der Unterrichtszeit, bearbeitet werden.

  In den Übungsbeispielen werden oftmals Erklärungen zu den jeweiligen Inhalten, etwa zu den Formatierungen, Tabulatoren usw., gegeben.

- Der zweite Bereich des Buches stellt schwerpunktmäßig das normgerechte Schreiben von Briefen dar. Die Beispiele sind aus dem wirtschaftlichen Bereich, vornehmlich aus dem Bereich des Kaufvertrages, entnommen. Damit wird eine enge Verzahnung zu betriebswirtschaftlichen und sonstigen wirtschaftlichen Inhalten erreicht.

- Umfangreiche Übungen geben die Möglichkeit, das Erlernte zu vertiefen.

Alle Texte, die zur Erarbeitung eines Sachverhaltes oder als Übungstexte eingegeben werden sollen, stehen auf einer CD-ROM zur Verfügung. Die Texte sind jeweils ohne und mit den gewünschten Formatierungen abgelegt.

Daneben sind Briefe usw. auch als Dokumentvorlagen auf der CD-ROM abgespeichert. Durch das Laden der entsprechenden Dokumentvorlagen können also Briefe und andere Dokumente in den entsprechenden Vordrucken erstellt werden.

Unter www.bildungsverlag1.de/buchplusweb/61020 kann ein kostenloses Online-Tastschreibprogramm abgerufen werden, welches Schüler nutzen können, um das Beherrschen des flüssigen „10-Finger-Tastschreibens" in Form von verschiedenen Übungen zu trainieren.

Neueste Informationen, eventuelle Änderungen und Ergänzungen, die sich beispielsweise durch Updates des Programms ergeben, können Sie über das Internet unter den folgenden Adressen abrufen:

www.werner-geers.de

www.berufliche-informatik.de

Papenburg, Sommer 2010   *Werner Geers*

www.bildungsverlag1.de

Bildungsverlag EINS GmbH
Hansestraße 115, 51149 Köln

ISBN 978-3-427-**61020**-5

1   Verwendung des Programms

1.1   Textverarbeitungsprogramm starten und beenden

Mit einer Textverarbeitung werden Texte erfasst, bearbeitet und gestaltet. Die Textverarbeitung erlaubt die dauernde Überarbeitung geschriebener Texte.

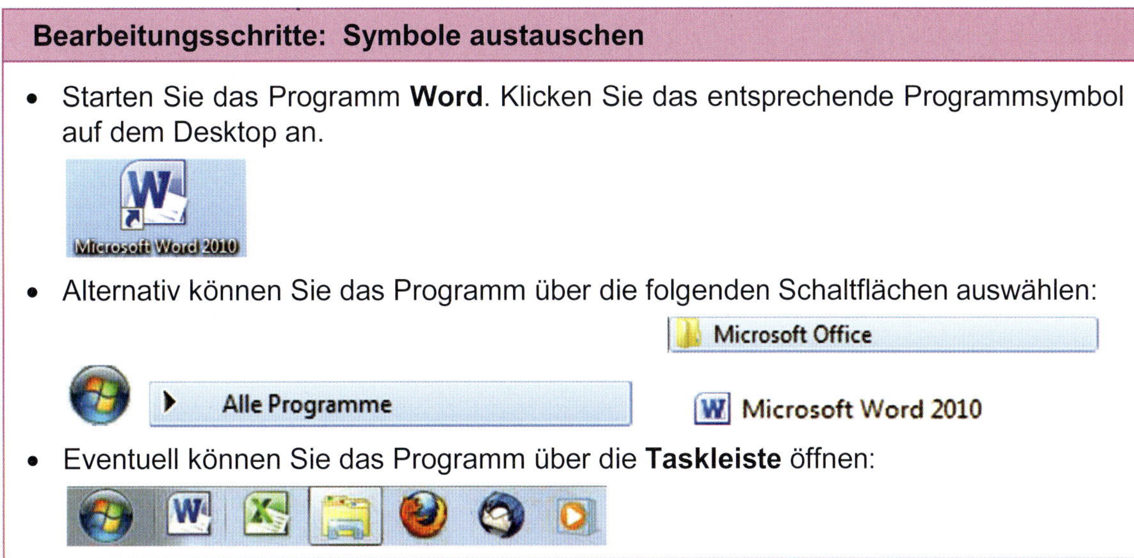

Bearbeitungsschritte: Symbole austauschen

- Starten Sie das Programm **Word**. Klicken Sie das entsprechende Programmsymbol auf dem Desktop an.

- Alternativ können Sie das Programm über die folgenden Schaltflächen auswählen:

- Eventuell können Sie das Programm über die **Taskleiste** öffnen:

Der Word-Bildschirm beinhaltet die nachfolgend dargestellten Komponenten. Neben den normalen Komponenten wie der Menüleiste (den Registern) und dem Menüband gibt es bei einer Textverarbeitung ein Lineal, über das z. B. Absätze eingestellt und Tabulatoren gesetzt werden können.

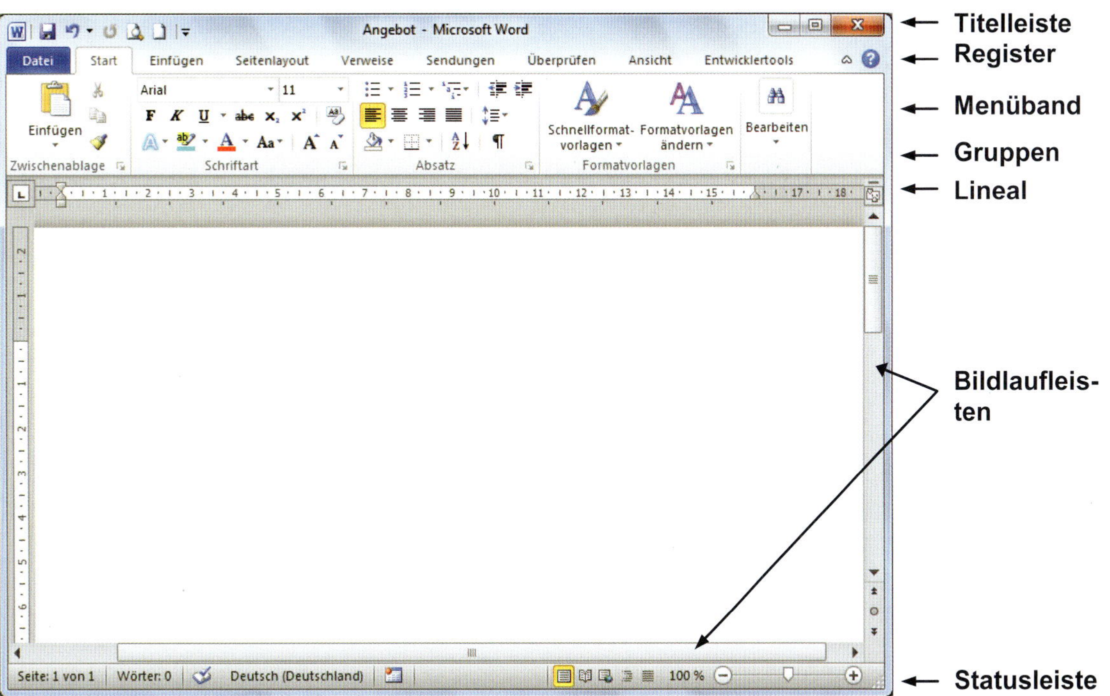

Bearbeitungsschritte:

- Wählen Sie den Menüpunkt **Datei/Beenden**.

  Alternative: Schaltfläche **Schließen** 

1.2   Backstage-Bereich

1.2.1   Aufbau des Backstage-Bereichs

Der Backstage-Bereich stellt neben traditionellen Elementen wie Fenstern zum Abspeichern und Öffnen von Dateien Bereiche zur Verfügung, die Informationen und spezielle Nutzungsmöglichkeiten beinhalten.

Bearbeitungsschritte:
• Wählen Sie den Menüpunkt **Datei**. Der Backstage-Bereich des Programms wird angezeigt. Über die einzelnen Menüpunkte können Sie für die Nutzung des Programms benötigte Optionen anwählen.

	Die ersten Menüpunkte stellen traditionelle Fenster zur Verfügung • zum Abspeichern von Dateien, • zum Abspeichern von Dateien unter einem anderen Namen, • zum Öffnen von Dateien, • zum Schließen von Dateien.
	Die Menüpunkte stellen zur Verfügung: • Informationen über das Dokument (Eigenschaften wie Seitenzahl usw., Autor usw.), • Die zuletzt genutzten Dokumente werden angezeigt und können geladen werden, • Ein neues Dokument wird aufgrund einer Standardvorlage, einer zur Verfügung gestellten oder selbsterstellten Vorlage zur Verfügung gestellt, • Genaue Einstellungen für das Drucken von Dokumenten können vorgenommen werden, • Dokumente werden freigegeben, beispielsweise als PDF-Datei oder auf einem von Microsoft zur Verfügung gestellten Speicher im Internet, • Die Hilfefunktion kann aufgerufen werden. Außerdem können Optionen für die Nutzung des Programms festgelegt und das Programm beendet werden.

1.2.2   Aufteilung des Backstage-Bereichs

Bei Aufruf der Menüpunkte, bei denen kein Fenster aufgerufen wird, wird ein dreigeteilter Ausgabebereich dargestellt. Die einzelnen Elemente sind unterschiedlich. Am Beispiel des Druckens sollen grundsätzliche Möglichkeiten verdeutlicht werden. Einzelne Bereiche werden später intensiv beschrieben.

Menüpunkt	**Einstellungen**	**Darstellung**

1.3 Erstellung eines neuen Dokuments – Eingaben und Korrekturen

Der folgende Text soll eingegeben werden. Eventuelle Fehler bei der Eingabe sollten sofort korrigiert werden.

Später kann eine Gesamtkorrektur des Textes vorgenommen werden. Lesen Sie daher anschließend den Text nochmals durch und korrigieren Sie eventuelle noch vorhandene Fehler.

Bearbeitungsschritte:

- Starten Sie das Programm **Word**.

- Geben Sie den nachfolgenden Übungstext ein. Die Taste [**Return**] darf nur gedrückt werden, wenn die Eingabe eines Absatzes abgeschlossen ist. Es sollen keinerlei Formatierungen vorgenommen werden.

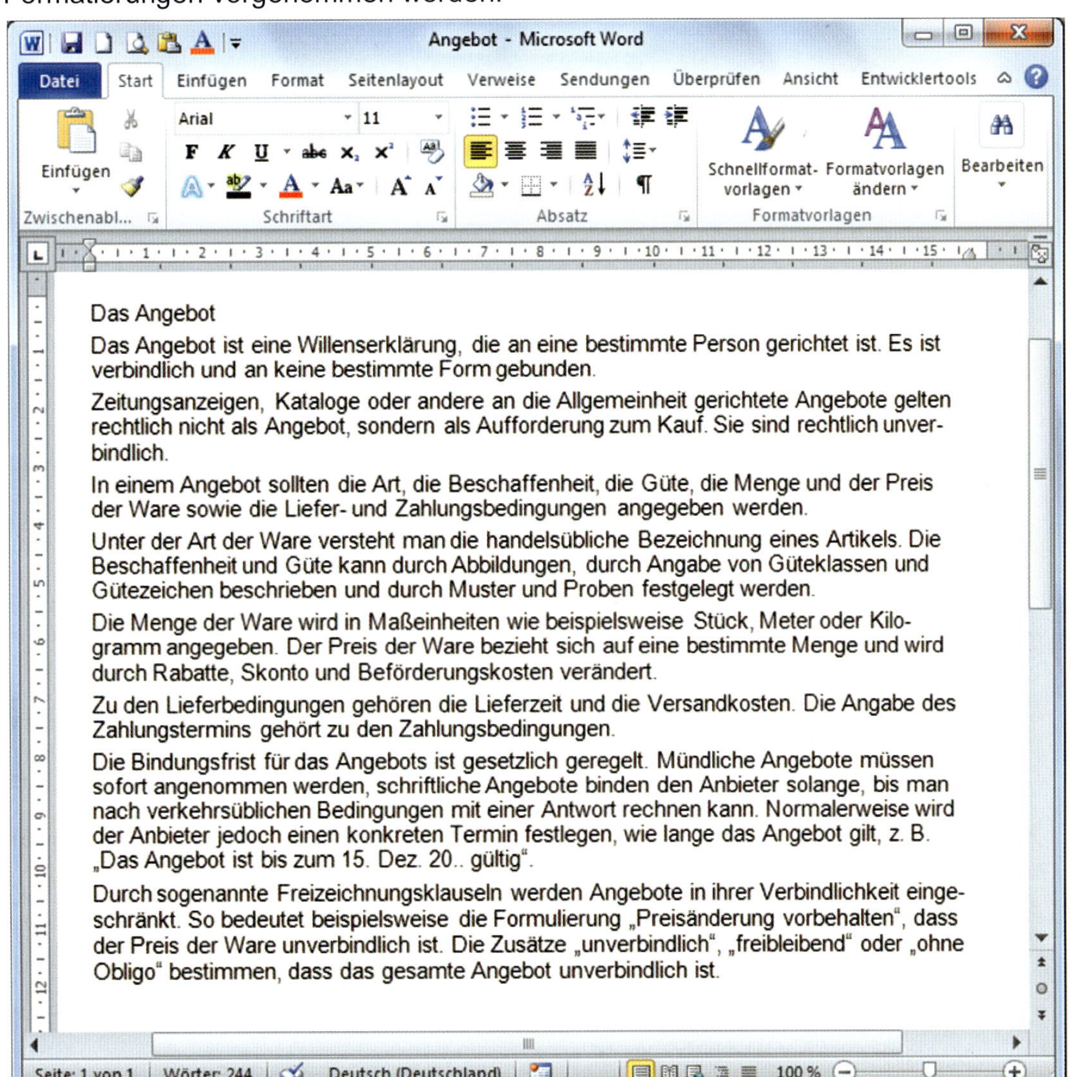

- Fehlerhaft eingegebene Buchstaben können mithilfe der Tasten [**Rücktaste**] und [**Entf**] entfernt werden. Durch das Drücken der Taste [**Rücktaste**] wird das Zeichen vor dem Cursor gelöscht.

- Mit der Taste [**Entf**] wird das Zeichen hinter dem Cursor entfernt. Danach kann das richtige Zeichen eingegeben werden.

1.4   Wechsel zwischen Dokumenten

Im Programm **Word** können mehrere Dokumente geöffnet bzw. neu erstellt werden. Zwischen den Dokumenten kann bei Bedarf gewechselt werden.

Bearbeitungsschritte:

- Wählen Sie den Menüpunkt **Datei/Neu**. **K**licken Sie die Schaltfläche **Leeres Dokument** und dann die Schaltfläche **Erstellen** an, um ein zweites Dokument zu öffnen.

- Geben Sie den folgenden Text ein:

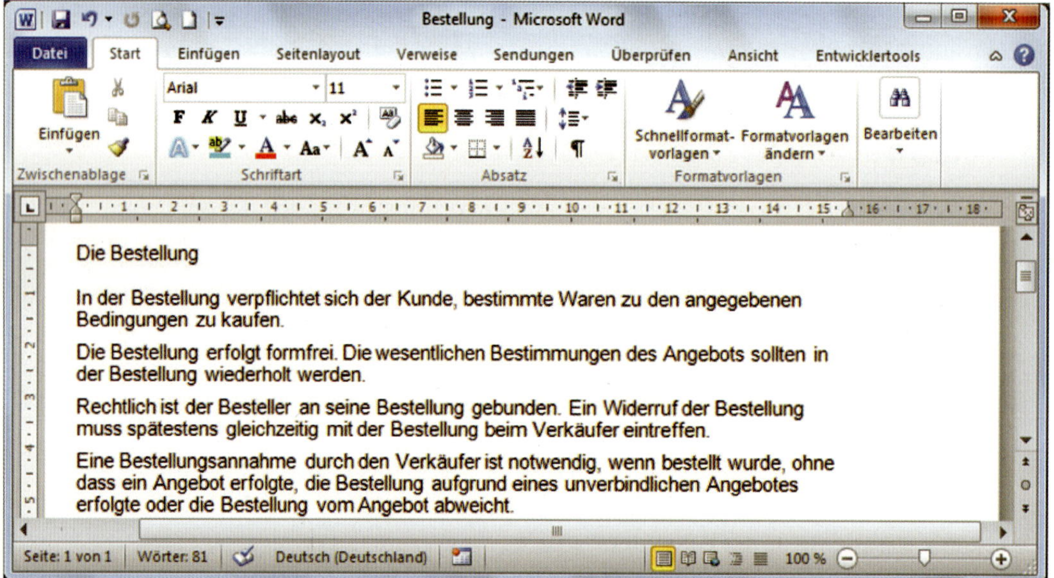

- Zwischen den Textdokumenten kann in der **Taskleiste** nach Anfahren des Word-Symbols mit der Maus gewechselt werden.

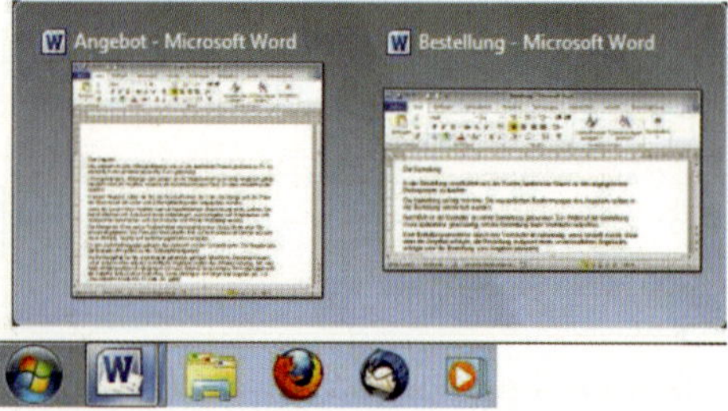

- Außerdem können Sie über das Register **Ansicht** nach Anklicken der Schaltfläche **Fenster wechseln** in der Gruppe **Fenster** jederzeit das benötigte Textdokument auswählen. Das gewählte Textdokument wird gekennzeichnet.

1.5   Speicherung eines Dokuments unter verschiedenen Namen

Die Speicherung einer Mappe erfolgt wie nachstehend angegeben. Spezielle Möglichkeiten des Speicherns werden auf der nächsten Seite beschrieben.

Bearbeitungsschritte:

- Wechseln Sie in das Dokument *Angebot*. Wählen Sie danach den Menüpunkt **Datei/Speichern**. Alternativ können Sie auch die Schaltfläche **Speichern** in der **Symbolleiste für den Schnellzugriff** anklicken. Die Symbolleiste wird später erklärt.

- Das Fenster **Speichern unter** wird eingeblendet. Klicken Sie die Schaltfläche **Neuer Ordner** an. Erstellen Sie im Bereich **Dokumente** einen Ordner, z. B. unter dem Namen *Dateien_Word_2010*.

- Klicken Sie danach den erstellten Ordner an.

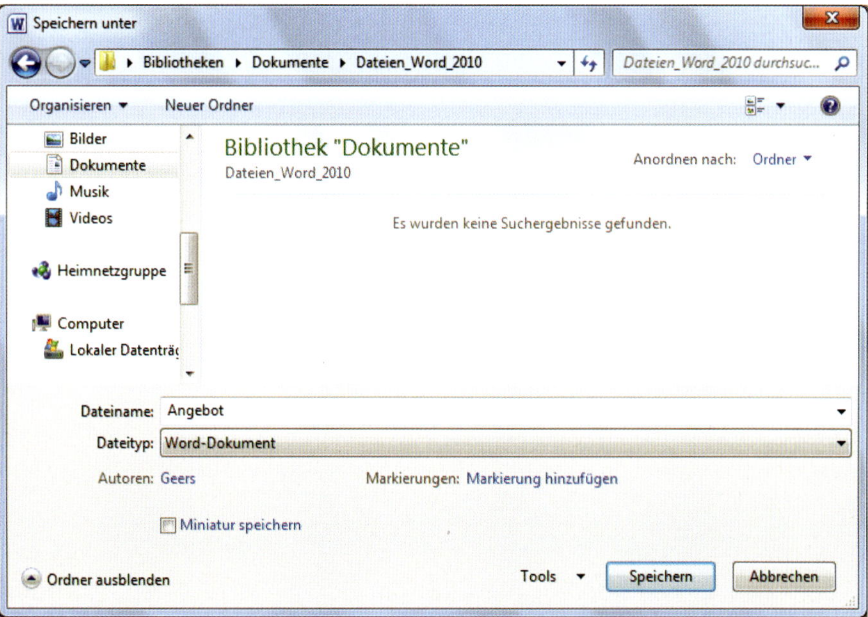

- Gehen Sie mit der Maus in den Bereich **Dateiname**. Geben Sie den Dateinamen *Angebot* an. Klicken Sie die Schaltfläche **Speichern** an, um das Dokument zu speichern.

- Wenn Sie die Datei ein zweites Mal unter dem gleichen Namen abspeichern möchten, klicken Sie entweder die Schaltfläche **Speichern** in der **Symbolleiste für den Schnellzugriff** an oder wählen Sie wiederum den Menüpunkt **Datei/Speichern**.

- Wollen Sie die Datei unter einem anderen Namen, auf einem Datenträger usw. speichern, wählen Sie den Menüpunkt **Datei/Speichern unter**. Speichern Sie auch die Datei *Bestellung*. Schließen Sie die Dokumente über den Menüpunkt **Datei/Schließen**.

1.6   Öffnen von Textdokumenten

Das Öffnen bzw. Laden von Textdokumenten erfolgt analog dem Speichern der Dateien.

Bearbeitungsschritte:

- Wählen Sie den Menüpunkt **Datei/Öffnen**. Wählen Sie im folgenden Fenster das Laufwerk/den Ordner aus:

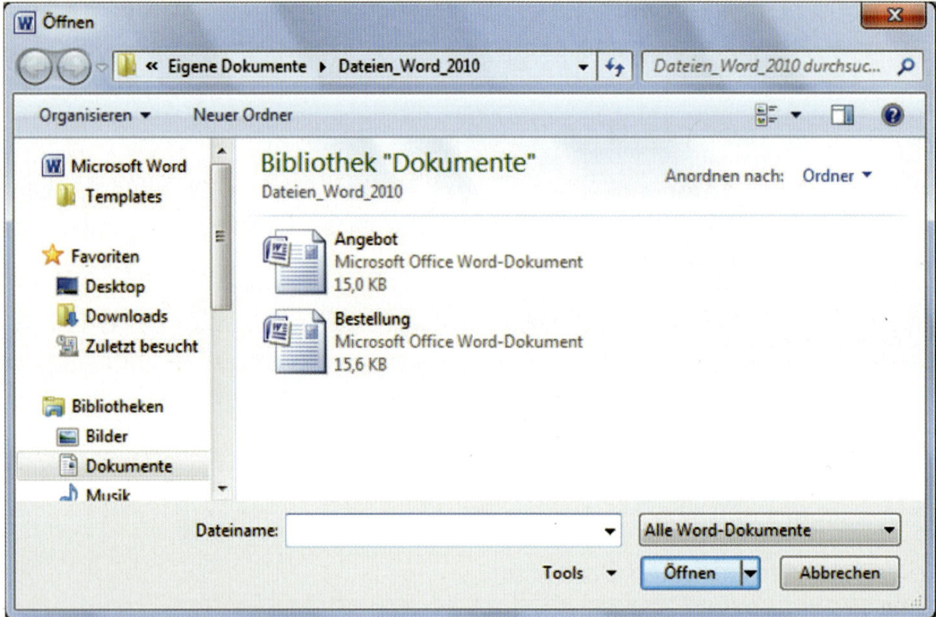

- Klicken Sie dann die von Ihnen gewünschte Datei doppelt an. Daraufhin wird sie geladen. Alternativ können Sie auch die gewünschte Datei markieren und danach die Schaltfläche **Öffnen** anklicken.

- Sollen mehrere Textdokumente geöffnet werden, müssen diese Dokumente mithilfe der Maus und der Taste [**Strg**] oder der Umschalttaste markiert werden.

- Die Darstellung der Dateinamen können Sie über die Schaltfläche **Ansicht ändern** beeinflussen. Nach Anklicken der Schaltfläche **Blenden Sie ein Vorschaufenster ein** wird das Dokument teilwiese dargestellt.

- Danach können Sie über das Register **Ansicht** nach Anklicken der Schaltfläche **Fenster wechseln** in der Gruppe **Fenster** das benötigte Textdokument auswählen. Das aktuell geöffnete Dokument wird durch ein Häkchen gekennzeichnet.

- Über die Taskleiste am unteren Bildschirmrand lassen sich die Textdokumente ebenfalls auswählen.

1.7 Spezielle Möglichkeiten des Speicherns und Öffnens von Dateien

Die Fenster zum Speichern und Öffnen von Dateien bieten viele Möglichkeiten der Arbeit mit Dateien. So können Unterverzeichnisse angelegt, Dateien gelöscht werden usw. Der große Vorteil ist, dass die Arbeit mit dem Programm nicht unterbrochen werden muss, um z. B. ein Verzeichnis zu erstellen. Der Explorer ist in die folgenden Bereiche gegliedert:

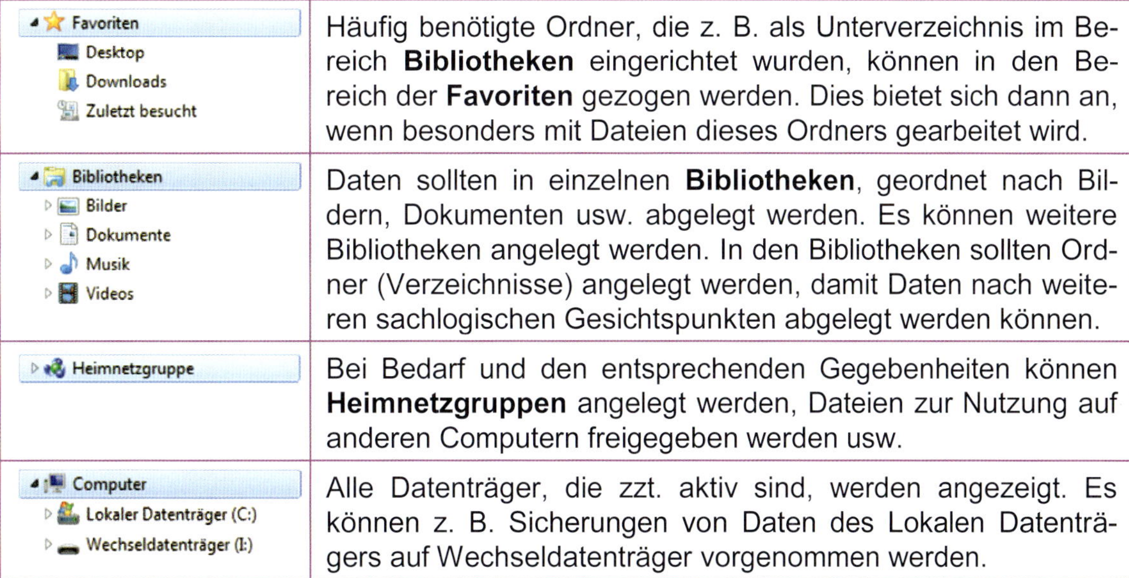

Favoriten · Desktop · Downloads · Zuletzt besucht	Häufig benötigte Ordner, die z. B. als Unterverzeichnis im Bereich **Bibliotheken** eingerichtet wurden, können in den Bereich der **Favoriten** gezogen werden. Dies bietet sich dann an, wenn besonders mit Dateien dieses Ordners gearbeitet wird.
Bibliotheken · Bilder · Dokumente · Musik · Videos	Daten sollten in einzelnen **Bibliotheken**, geordnet nach Bildern, Dokumenten usw. abgelegt werden. Es können weitere Bibliotheken angelegt werden. In den Bibliotheken sollten Ordner (Verzeichnisse) angelegt werden, damit Daten nach weiteren sachlogischen Gesichtspunkten abgelegt werden können.
Heimnetzgruppe	Bei Bedarf und den entsprechenden Gegebenheiten können **Heimnetzgruppen** angelegt werden, Dateien zur Nutzung auf anderen Computern freigegeben werden usw.
Computer · Lokaler Datenträger (C:) · Wechseldatenträger (I:)	Alle Datenträger, die zzt. aktiv sind, werden angezeigt. Es können z. B. Sicherungen von Daten des Lokalen Datenträgers auf Wechseldatenträger vorgenommen werden.

Der Windows-Explorer ermöglicht die effektive Arbeit mit Ordnern und Dateien. Daher sollen die einzelnen Möglichkeiten genauer beschrieben werden.

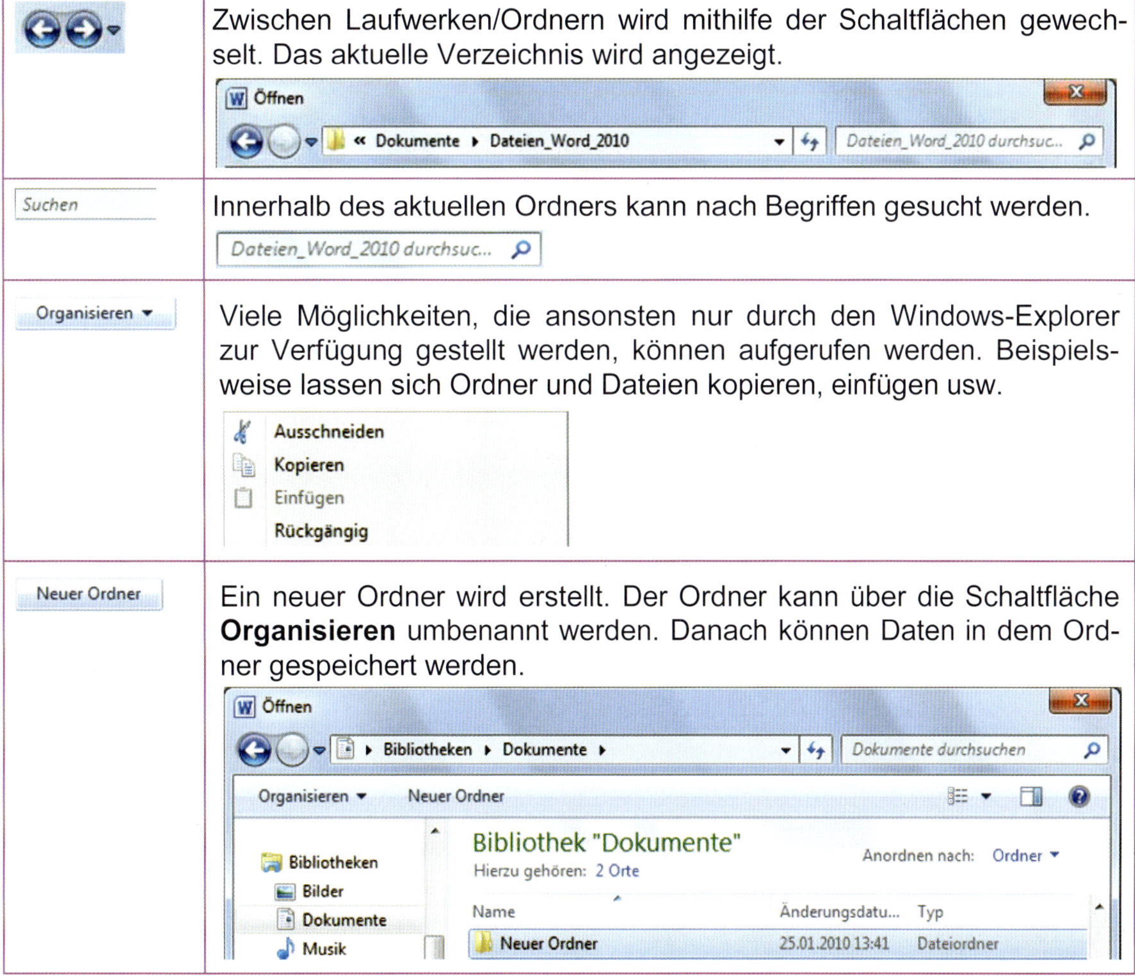

(Navigationsschaltflächen)	Zwischen Laufwerken/Ordnern wird mithilfe der Schaltflächen gewechselt. Das aktuelle Verzeichnis wird angezeigt.
Suchen	Innerhalb des aktuellen Ordners kann nach Begriffen gesucht werden.
Organisieren ▾	Viele Möglichkeiten, die ansonsten nur durch den Windows-Explorer zur Verfügung gestellt werden, können aufgerufen werden. Beispielsweise lassen sich Ordner und Dateien kopieren, einfügen usw.
Neuer Ordner	Ein neuer Ordner wird erstellt. Der Ordner kann über die Schaltfläche **Organisieren** umbenannt werden. Danach können Daten in dem Ordner gespeichert werden.

1.8   Speicherung und Öffnen eines anderen Dateityps

Erstellte Daten sollen in der Regel auch von anderen Programmen und zu anderen als den ursprünglichen Zwecken genutzt werden. Unbedingt notwendig ist es, dass die Daten von anderen Textverarbeitungsprogrammen gelesen und verarbeitet werden können. Über spezielle Importfunktionen sind auch z. B. Tabellenkalkulationen in der Lage, bestimmte Texte, etwa mit Tabellen und Tabulatoren, einzulesen. Die nachfolgende Liste der möglichen Dateitypen ist keineswegs vollständig.

Word 97-2003	Die erstellte Datei kann in einer früheren Version des Programms **Word** eingelesen werden. Damit ist die Kompatibilität zwischen den einzelnen Word-Versionen gegeben.
Nur Text	Ein Textdokument wird ohne jegliche Formatierungsmerkmale und Umbrüche abgespeichert. Einfache Editoren können daher den Text lesen.
Webseite	Ein Internet-Browser kann Seiten in diesem Format darstellen. Daher können diese Dateien z. B. in Webs eingebaut werden.
Rich-Text-Format	Das Dateiformat dient dem Datenaustausch zwischen Textverarbeitungsprogrammen. Darstellungsmerkmale (Formatierungen) werden mit übertragen. Oftmals wird die ursprüngliche Darstellung angezeigt.

Bearbeitungsschritte:

- Öffnen Sie gegebenenfalls die Mappe *Angebot*. Wählen Sie danach den Menüpunkt **Datei/Speichern unter**. Wählen Sie im Fenster **Speichern unter** im Bereich *Dateityp* den gewünschten Dateityp aus, z. B. *Webseite*:

Word-Dokument	Webseite in einer Datei
Word Dokument mit Makros	Webseite
Word 97-2003-Dokument	Webseite, gefiltert
Word-Vorlage	Rich-Text-Format
Word Vorlage mit Makros	Nur Text
Word 97-2003-Vorlage	Word XML-Dokument
PDF	Word 2003 XML-Dokument
XPS-Dokument	OpenDocument-Text

- Über den Menüpunkt **Datei/Informationen** können Sie sich über das Dokument informieren und eine Vorschau des Dokuments ansehen:

- Schließen Sie die Datei. Öffnen Sie danach das Dokument z. B. über den Windows-Explorer. Das Dokument wird dann in dem dafür vorgesehenen Programm geöffnet.

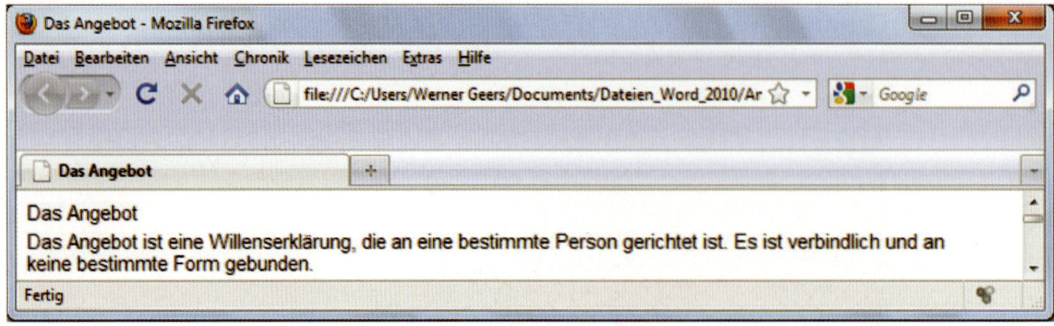

1.9 Verbesserung der Produktivität

1.9.1 Basis-Optionen

Viel Arbeit lässt sich ersparen, wenn Festlegungen getroffen werden. Diese Festlegungen können z. B. Benutzerdaten oder Ordner zum Abspeichern usw. von Dateien betreffen.

Bearbeitungsschritte:

- Wählen Sie den Menüpunkt **Datei/Optionen**. Klicken Sie die Schaltfläche **Allgemein** an und geben Sie einen Benutzernamen ein.

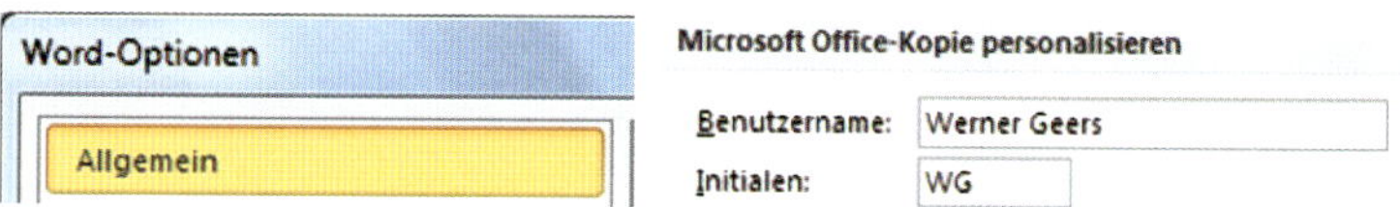

- Klicken Sie die Schaltfläche **Speichern** an. Legen Sie den Standardspeicherort fest.

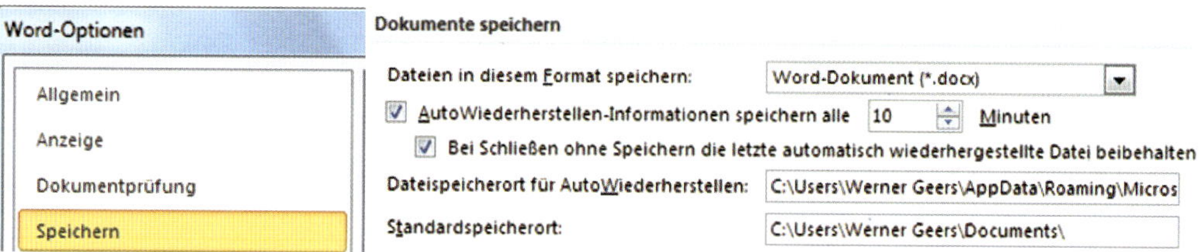

- Im Bereich **Erweitert** kann bestimmt werden, ob bei Korrekturen usw. Zeichen überschrieben werden sollen.

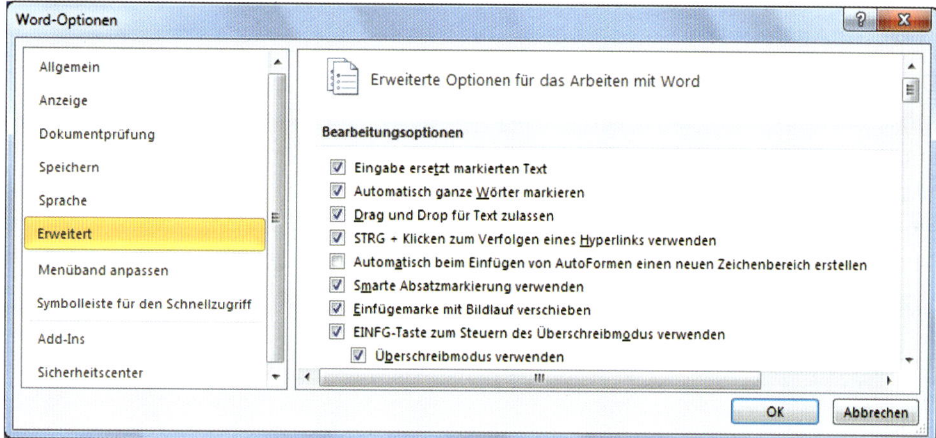

- Dies ist jedoch in der Regel nicht günstig, sodass die Kontrollkästchen deaktiviert bleiben sollten.

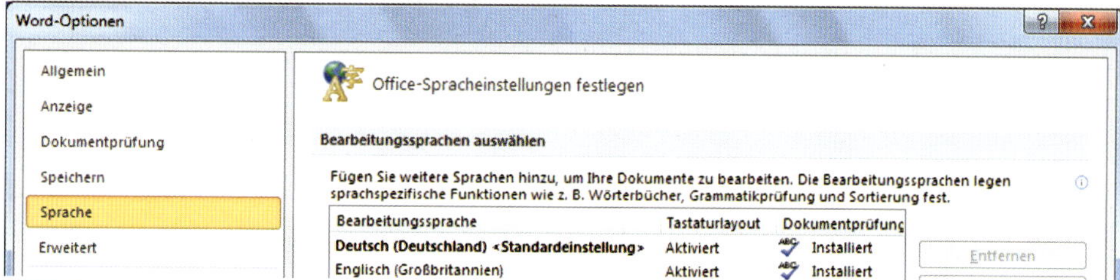

- Aktiviert man nur das erste angezeigte Kontrollkästchen, kann mit der Taste [**Einf**] zwischen den Möglichkeiten hin- und hergeschaltet werden.

- Die Standardbearbeitungssprache kann im Bereich **Sprache** festgelegt werden.

- Im Bereich **Dokumentprüfung** können Sie festlegen, dass die Rechtschreibung und Grammatik während der Eingabe überprüft werden soll. Dies ist grundsätzlich vernünftig, da Rechtschreib- und Eingabefehler direkt angezeigt und dann korrigiert werden können. Selbstverständlich kann eine Rechtschreibkontrolle des gesamten Dokuments auch später vorgenommen werden.

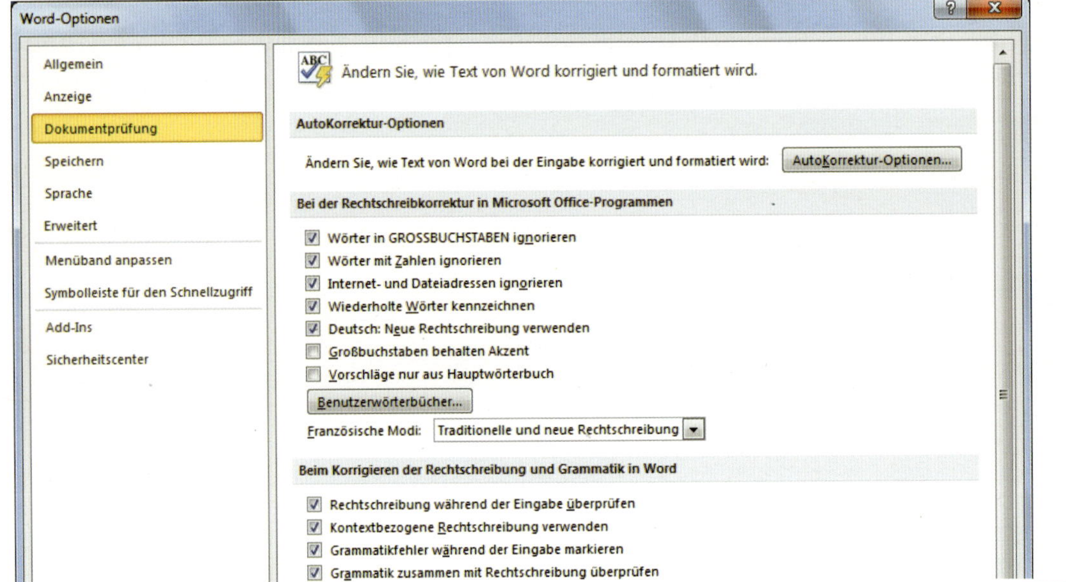

1.9.2   Hilfe-Funktionen

Office-Programme verfügen wie viele andere Programme über eine **Hilfe-Funktion**. Die Hilfe-Funktion ist so aufgebaut, dass auf der linken Seite verschiedene Begriffe zur Verfügung stehen. Auf der rechten Seite wird dann der gewünschte Inhalt ausgegeben. Zum Aufruf der Hilfe muss die Schaltfläche **Microsoft Office Word Hilfe** angeklickt oder die Funktionstaste [**F1**] betätigt werden. Außerdem sollte sofort die Schaltfläche **Inhaltsverzeichnis anzeigen** angeklickt werden.

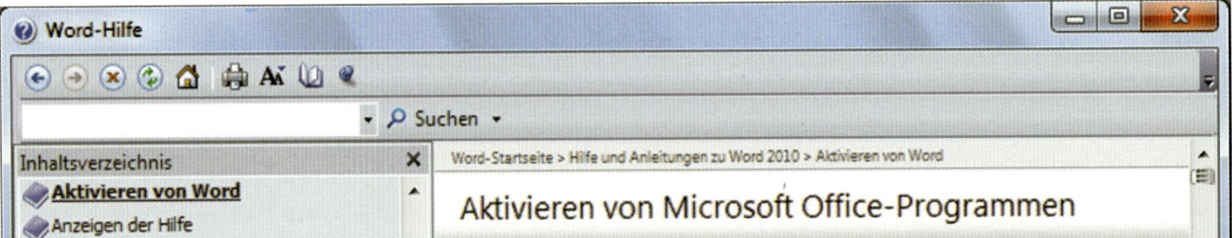

Das Suchen nach der benötigten Hilfe kann nach Anklicken von Registern auf verschiedene Arten erfolgen. Die folgende Übersicht zeigt die grundsätzlichen Möglichkeiten:

Inhaltsverzeichnis	Ein Sachverhalt sollte ausgewählt und konsequent erarbeitet werden.
	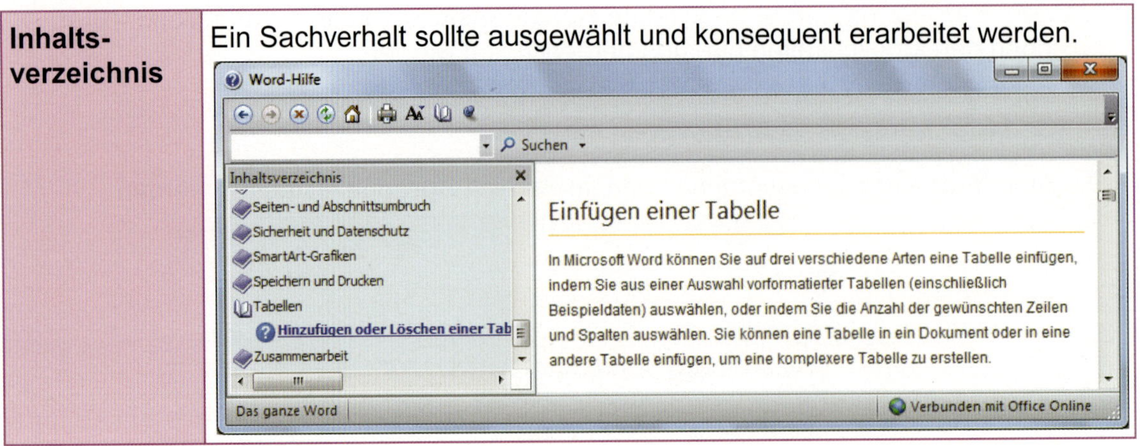

Suchen	Nach Eingabe eines Suchbegriffs werden alle Bereiche angegeben, in denen sich die benötigten Erklärungen befinden.

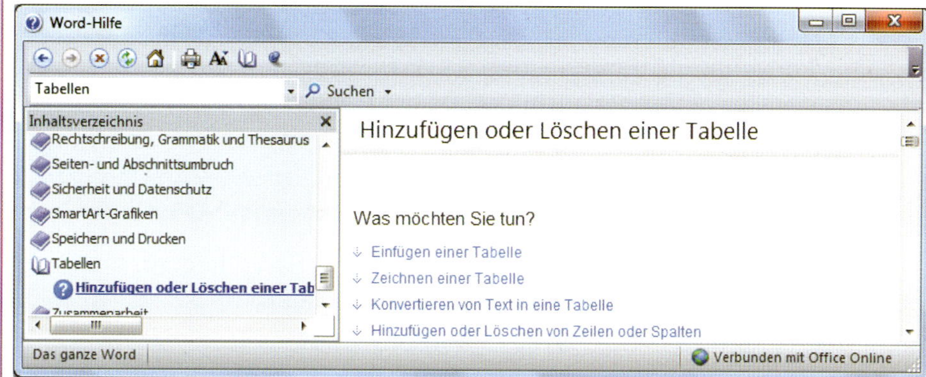

Bearbeitungsschritte:

- Öffnen Sie gegebenenfalls die Arbeitsmappe *Umsatz1*. Klicken Sie die Schaltfläche **Microsoft Office Word Hilfe** an bzw. betätigen Sie die Funktionstaste [**F1**]. Der auf der vorherigen Seite dargestellte Hilfe-Bildschirm wird eingeblendet.

- Probieren Sie die einzelnen Möglichkeiten der Hilfe-Funktion im Bereich **Inhaltsverzeichnis** aus.

- Suchen Sie den Begriff *Tabellen*. Aktivieren Sie den Begriff durch das Anklicken der Schaltfläche **Suchen** , damit mögliche Erklärungen angezeigt werden. Suchen Sie nach dem oben angegebenen Begriff.

- Klicken Sie im rechten Bereich die benötigte Erklärung an. Die einzelnen Arbeitsschritte werden angegeben. Eventuell müssen Sie sich jedoch andere Erklärungen zu dem Sachverhalt zusätzlich ansehen.

- Wenn Sie den Pfeil nach unten neben der Schaltfläche anklicken, können Sie Bereiche festlegen, in denen gesucht werden soll.

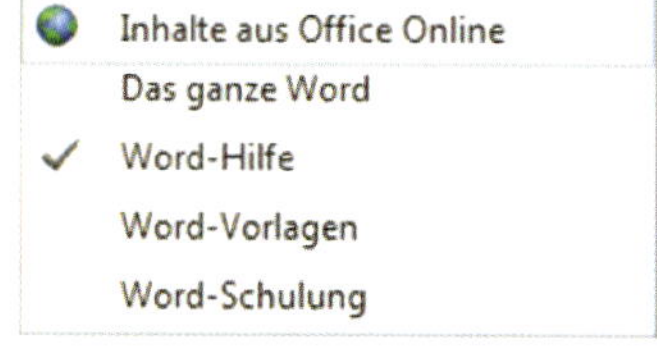

1.9.3   Zoomfunktion

Für die Arbeit mit dem Programm kann individuell die Größe der Bildschirmwiedergabe eingestellt werden. Auf die spätere Druckausgabe hat diese Einstellung keinen Einfluss.

Bearbeitungsschritte:

- Klicken Sie im Register **Ansicht** in der Gruppe **Zoom** die Schaltfläche **Zoom** an. Bestimmen Sie danach den angegebenen Zoommodus.

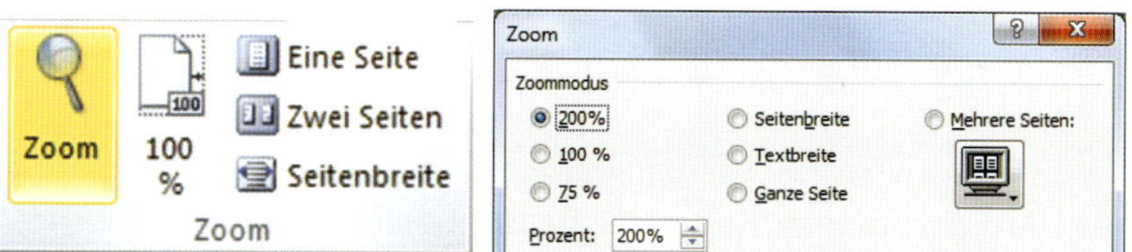

- Die Zellen werden größer dargestellt. Allerdings passen deutlich weniger Zellen auf eine Tabellenseite, sodass eventuell Informationen nicht mehr sichtbar sind. Über die Bildlaufleisten können aber benötige Zellen/Bereiche sichtbar gemacht werden.

2 Grundeinstellungen

2.1 Vorbemerkungen

Durch eine konsequente Einarbeitung in das Programm werden die Möglichkeiten des Programms deutlich. Effektives Arbeiten ist nur dann möglich, wenn die Möglichkeiten des Programms optimal genutzt werden.

2.2 Register, Menüband, Gruppen und Schaltflächen

Die meisten Befehle werden über das Anklicken von Schaltflächen aufgerufen. Die Schaltflächen lassen sich über die Multifunktionsleiste aufrufen.

Bearbeitungsschritte:

- Beim Start des Programms ist das Register **Start** eingeblendet. Darunter werden die zur Verfügung stehenden Schaltflächen des Menübands angezeigt:

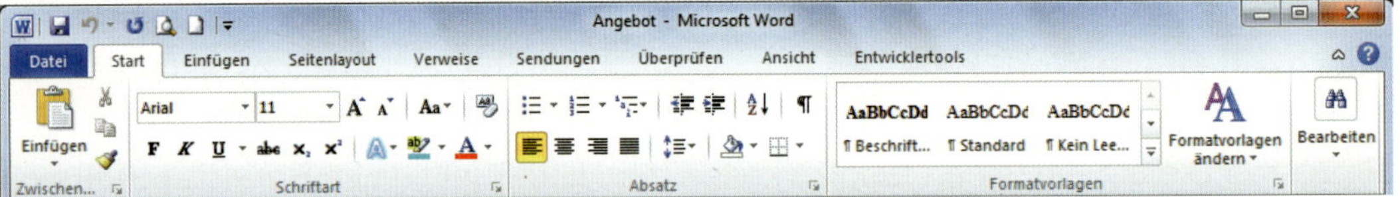

- Klicken Sie das Register **Einfügen** an. Es werden andere Schaltflächen zur Auswahl angeboten.

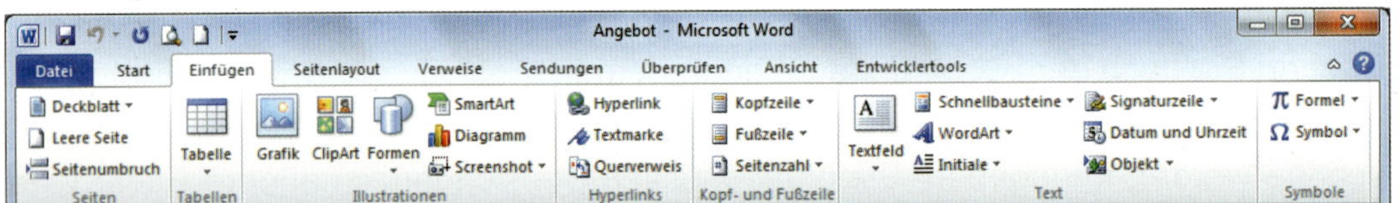

- Die Darstellung ist abhängig von der Bildschirmauflösung und/oder der Fenstergröße. Daher kommt es vor, dass einzelne Möglichkeiten erst nach dem Anklicken der Schaltflächen mit Pfeil zur Verfügung gestellt werden. Im dargestellten Beispiel werden Schaltflächen nach Anklicken der Schaltfläche **Seiten** eingeblendet.

- Klicken Sie wieder das Register **Start** an. Die einzelnen Schaltflächen sind in Gruppen geordnet. Eine Gruppe im Register **Start** ist beispielsweise die Gruppe **Schriftart**. Die Bezeichnung der Gruppe wird am unteren Rand angegeben.

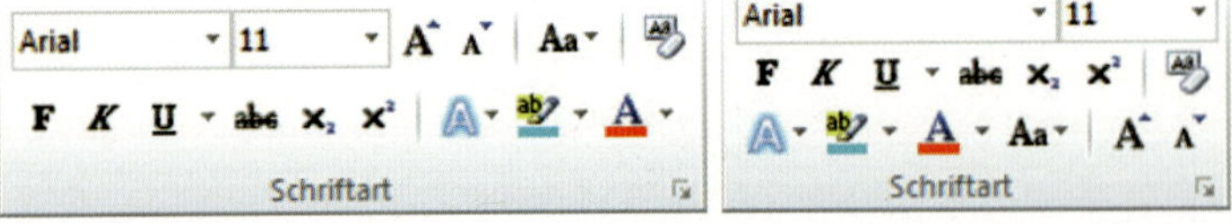

- Über die Pfeile nach unten werden bei Schaltflächen Alternativen ausgewählt. Nach dem Markieren eines Bereichs kann z. B. eine Schriftart bestimmt werden.

Bearbeitungsschritte (Fortsetzung):

- Belässt man den Mauszeiger eine gewisse Zeit auf einer Schaltfläche, wird ein erklärender Text eingeblendet.

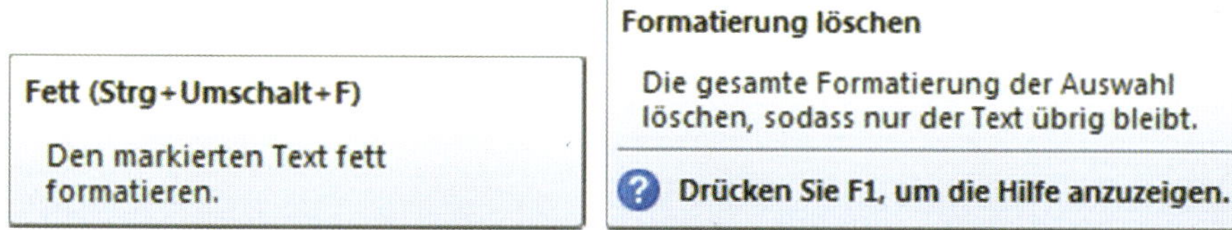

- In einzelnen Gruppen wird rechts unten eine kleine Schaltfläche eingeblendet.

- Klicken Sie die Schaltfläche neben der Bezeichnung **Schriftart** an. Ein Fenster wird eingeblendet:

- In dem Fenster können Einstellungen vorgenommen werden. Oftmals stehen damit weitere und verbesserte Optionen zur Verfügung.

- Über die einzelnen Registerkarten können Sie weitere Optionen wählen, z. B. den Zeilenabstand festlegen.

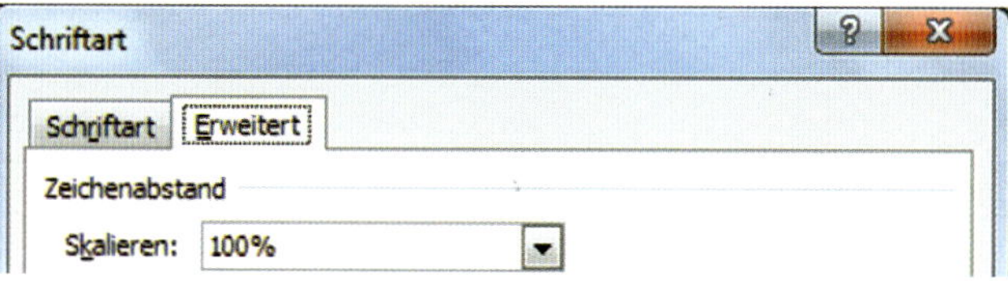

2.3   Bearbeiten des Menübands (Ribbon)

Wenn häufig immer wieder dieselben Schaltflächen benötigt werden, bietet es sich an, ein eigenes Register im Bereich des Menübands zu erstellen.

Bearbeitungsschritte:

- Wählen Sie den Menüpunkt **Datei/Optionen**. Klicken Sie danach die Schaltfläche **Menüband anpassen** an.

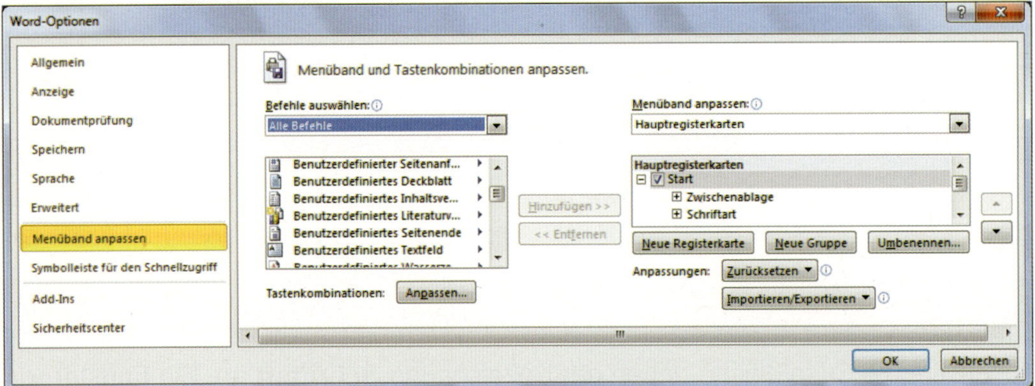

- Im rechten Bereich des Fensters sollten alle **Registerkarten** eingeblendet werden. Durch Anklicken werden die Kontrollkästchen aktiviert bzw. deaktiviert.

- Um eine neue **Registerkarte** mit einer neuen **Gruppe** und **Schaltflächen** zu erstellen, sollen im linken Bereich alle Befehle eingeblendet werden. Markieren Sie im rechten Bereich die Hauptregisterkarte **Formeln**.

- Klicken Sie die Schaltfläche **Neue Registerkarte** an. Es wird eine noch unbenannte neue Registerkarte eingeblendet. Markieren Sie den Begriff. Klicken Sie danach die Schaltfläche **Umbenennen** an. Benennen Sie im nachfolgenden Fenster die Hauptregisterkarte. Bearbeiten Sie dann die Gruppe wie angegeben.

- Fügen Sie danach in die Gruppe **Schriftformatierungen** Schaltflächen ein. Dies geschieht dadurch, dass zunächst die Gruppe im rechten Bereich markiert wird, danach im linken Bereich eine Schaltfläche ausgewählt und über die Schaltfläche **Hinzufügen** in die Gruppe **Schriftformatierungen** eingefügt wird.

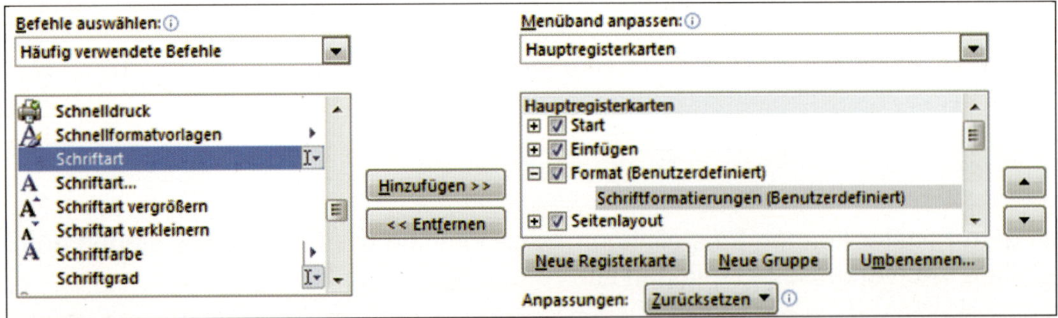

- Fügen Sie die angegebenen Schaltflächen in die Gruppe ein. Im **Menüband** wird nun das Register **Format** mit der Gruppe **Schriftformatierungen** angezeigt.

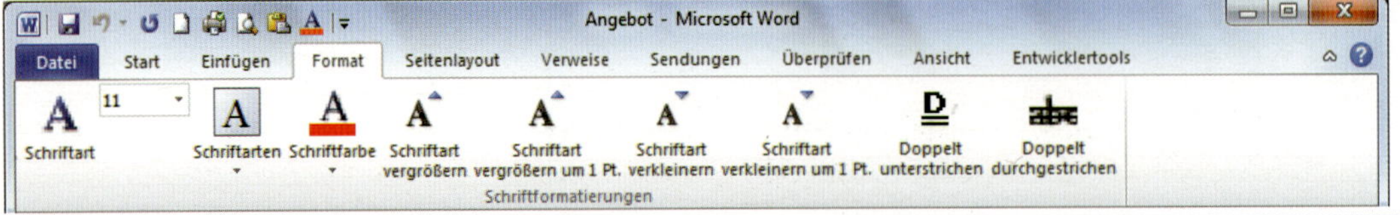

2.4   Tool – Menübänder

Neben den normalen Registern werden bei Bedarf Tool-Register eingeblendet, mit deren Hilfe beispielsweise Bilder, Kopf- und Fußzeilen usw. bearbeitet werden.

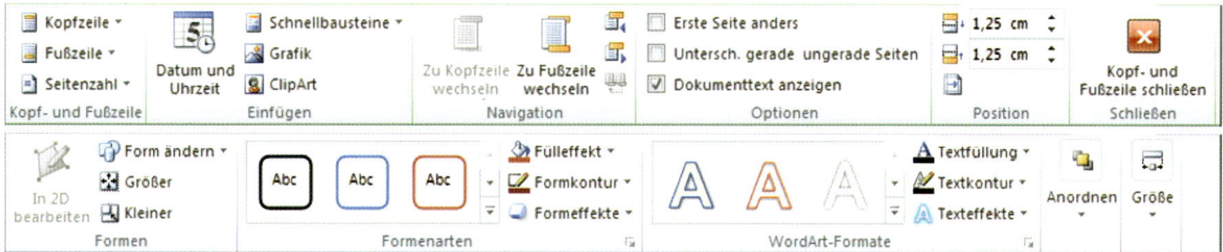

2.5   Kontextmenü

Das Kontextmenü stellt die jeweils möglichen Optionen zur Verfügung und hilft daher besonders schnell und effektiv bei der Auswahl der zur Verfügung stehenden Möglichkeiten. Auch die Formatierung von ausgewählten Textteilen wird ermöglicht.

Bearbeitungsschritte:

- Klicken Sie vor den Text oder markieren Sie die Überschrift.

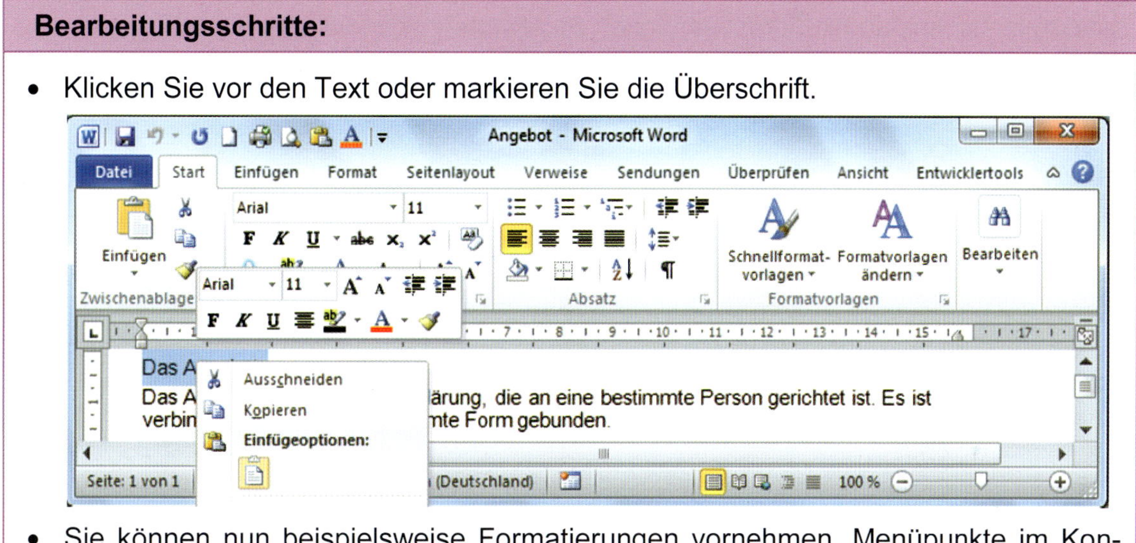

- Sie können nun beispielsweise Formatierungen vornehmen, Menüpunkte im Kontextmenü wählen usw. Damit ist eine schnelle Bearbeitung gegeben.

2.6   Smarttags

Smarttags stellen Möglichkeiten z. B. direkt nach dem Einfügen von Inhalten in eine Zelle zur Verfügung. Das Kopieren im gewählten Beispiel wird später genauestens erklärt. Eventuell sollten Sie erst dann das nachfolgende Beispiel nachvollziehen.

Bearbeitungsschritte:

- Kopieren Sie die Überschrift unter den vorhandenen Text. Anschließend können Sie z. B. Formatierungen oder sonstige Möglichkeiten bestimmen. Nach Anfahren der Schaltflächen wird die Bedeutung der Schaltflächen angezeigt, sodass es einfach fällt, eine entsprechende Option auszuwählen.

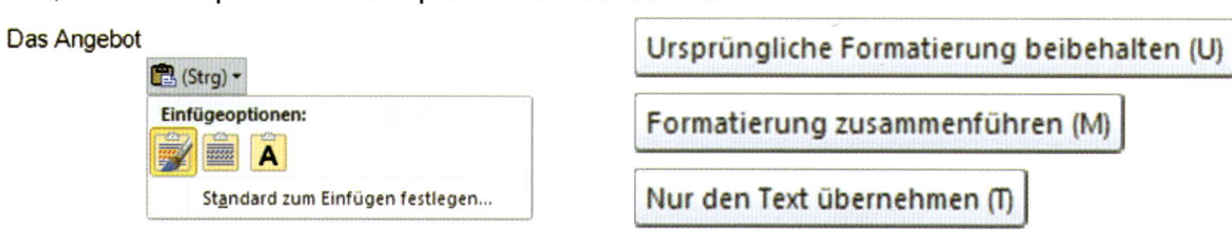

- Über den Menüpunkt **Standard zum Einfügen festlegen** können Sie entsprechende Einstellungen in den **Word-Optionen** festlegen.

2.7   Symbolleiste für den Schnellzugriff

Wichtige Befehle für die Arbeit mit dem Programm lassen sich über die **Symbolleiste für den Schnellzugriff** aufrufen. Dadurch kann die Arbeit mit dem Programm effektiver gestaltet werden. Vor allem können die wichtigsten Schaltflächen jederzeit, ohne vorher z. B. das Register wechseln zu müssen, aufgerufen werden.

Die Symbolleiste für den **Schnellzugriff** lässt sich individuell anpassen. Dies wird nachfolgend erklärt.

Bearbeitungsschritte:

- Die **Symbolleiste für den Schnellzugriff** wird in der linken oberen Ecke des Bildschirms angezeigt:

- Klicken Sie den Pfeil nach unten neben den Schaltflächen an. Eingeblendete Schaltflächen werden mit einem Häkchen gekennzeichnet. Aktivieren Sie für den Ausdruck nacheinander die Schaltflächen **Seitenansicht** und **Schnelldruck**.

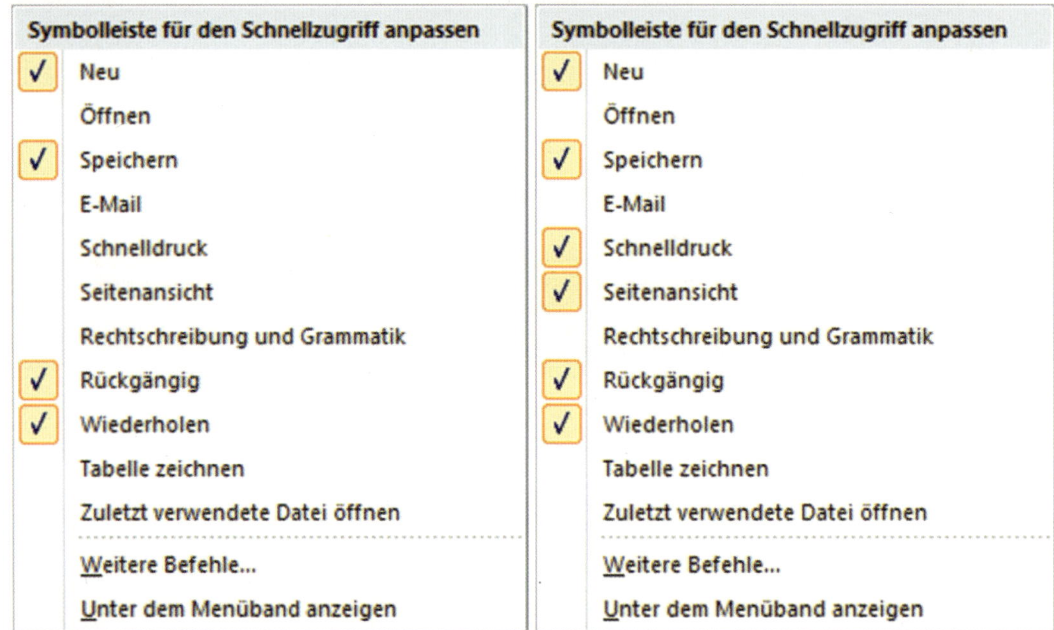

- Die **Symbolleiste für den Schnellzugriff** verändert sich wie folgt:

- Einzelne Schaltflächen können auch auf eine andere sehr einfache Weise in die **Symbolleiste für den Schnellzugriff** eingefügt werden.

- Klicken Sie mit der rechten Maustaste eine Schaltfläche an. Wählen Sie danach den angegebenen Menüpunkt.

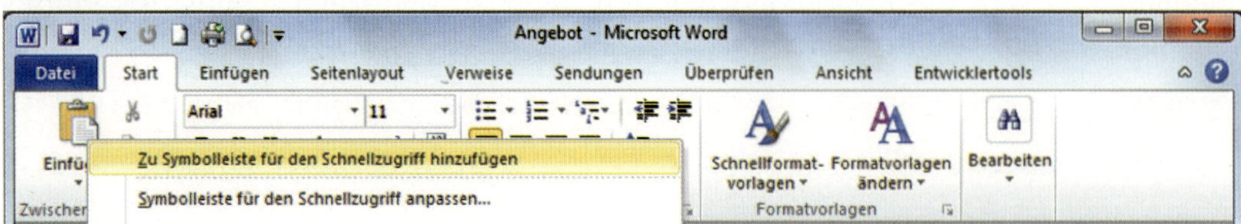

- Das Ergebnis sieht nun folgendermaßen aus:

Bearbeitungsschritte (Fortsetzung):

- Auch eine gesamte Gruppe kann an die Symbolleiste für den Schnellzugriff ange-hängt werden. Dann stehen die Schaltflächen dieser Gruppe zur Verfügung. Klicken Sie zu diesem Zweck mit der rechten Maustaste in die Gruppe **Schriftart**, nicht je-doch auf eine Schaltfläche. Wählen Sie danach den angezeigten Menüpunkt.

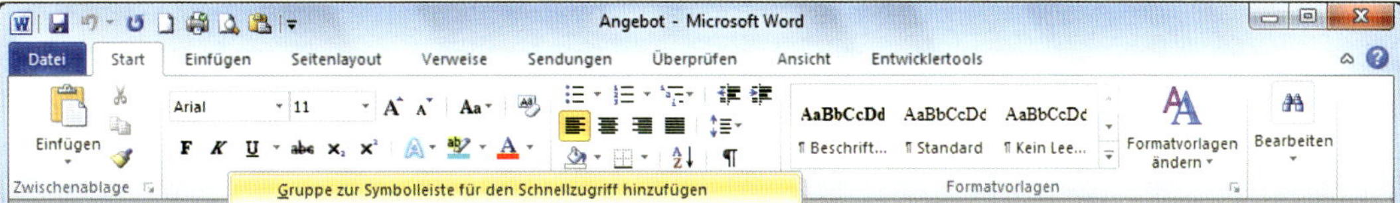

- Nach Anklicken der Schaltfläche wird die Gruppe **Schriftart** angezeigt.

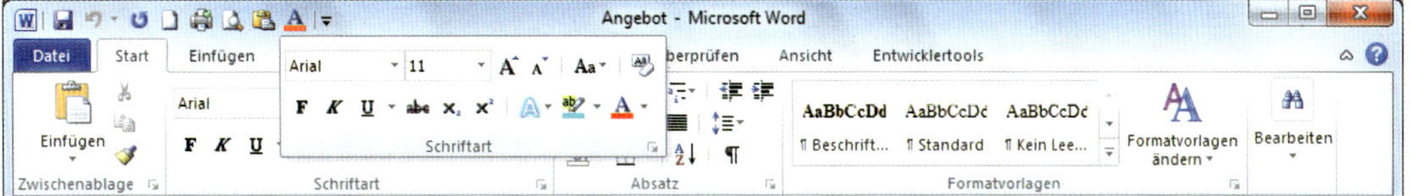

- Sollen mehrere Schaltflächen eingefügt werden, bietet es sich an, **Word-Optionen** zu nutzen. Klicken Sie in der **Symbolleiste für den Schnellzugriff** den Pfeil nach unten neben den Schaltflächen nochmals an. Wählen Sie den Menüpunkt **Weitere Befehle** aus. Fügen Sie z. B. über die Schaltfläche **Hinzufügen** einen Befehl hinzu.

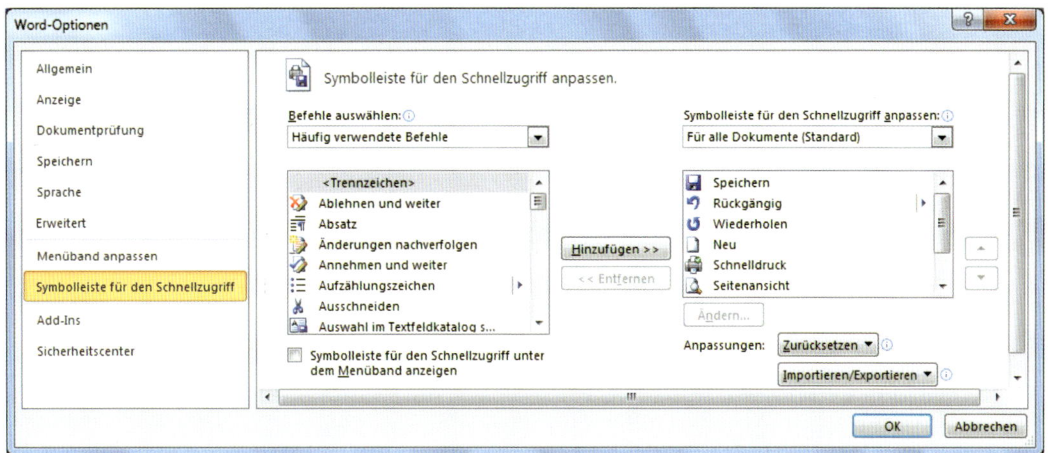

- In Zukunft steht auch diese Schaltfläche zur Verfügung. Nicht mehr benötigte Schaltflächen können im rechten Bereich des Fensters markiert und nach Anklicken der Schaltfläche **Entfernen** entfernt werden. Nach Anklicken der Schaltfläche **Zu-rücksetzen** werden nur die ursprünglich vorhandenen Schaltflächen angezeigt.

2.8　Ein- und Ausblenden von nicht druckbaren Zeichen

Die Übersichtlichkeit eines Textes kann durch das Einblenden von Absatzmarken und sonstigen ausgeblendeten Formatierungsmerkmalen erhöht werden. Das Ende eines Ab-satzes, Leerzeichen, die Verwendung von Tabulatoren usw., ist dadurch gut zu erkennen. Es ist jedoch zweifelhaft, ob man die nicht druckbaren Zeichen immer einblenden sollte.

Bearbeitungsschritte:

- Klicken Sie im Register **Start** in der Gruppe **Absatz** die Schaltfläche **Alle anzeigen** an.

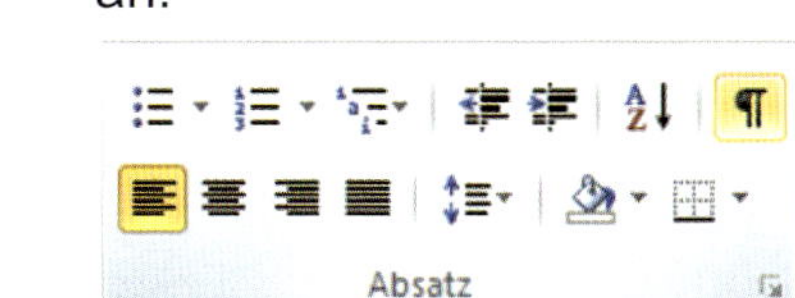

Bearbeitungsschritte (Fortsetzung):

- Die nicht druckbaren Zeichen werden angezeigt:

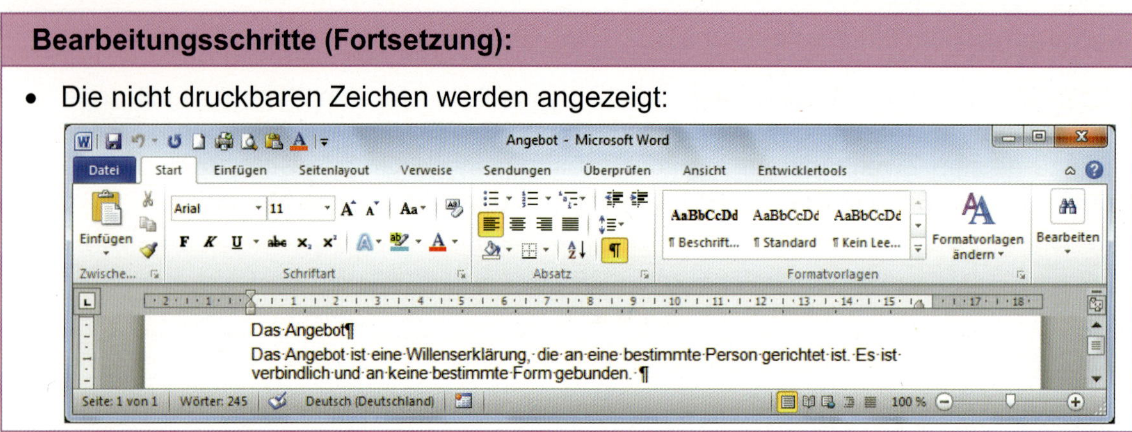

2.9 Ansichtsoptionen wechseln

Die Darstellung des Textes auf dem Bildschirm wird durch die Wahl einer bestimmten Ansicht beeinflusst. Hauptziel dabei ist, festzustellen, wie das Dokument in einer Ausgabe, z. B. über einen Drucker oder als Webseite, aussieht.

Seitenlayout	Normalerweise wird im Seitenlayout-Modus gearbeitet. Er bietet alle Möglichkeiten, einen Text vernünftig einzugeben, zu bearbeiten usw.
Vollbild-Lesemodus	Dieser Modus bietet die beste Möglichkeit, einen Text in der später ausgedruckten Form anzuzeigen.
Weblayout	Das Weblayout zeigt den Text ähnlich wie er in einem Browser dargestellt würde.
Gliederung	In der Gliederungsansicht werden die einzelnen Absätze usw. besonders gekennzeichnet.
Entwurf	Die Entwurfsansicht eignet sich zur Eingabe von Texten usw. Sie zeigt jedoch nicht alle Informationen, wie z. B. Kopf- und Fußzeilen.

Bearbeitungsschritte:

- Öffnen Sie das Dokument *Angebot*. Klicken Sie im Register **Ansicht** in der Gruppe **Dokumentansichten** gegebenenfalls die Schaltfläche **Seitenlayout** an.

- Die Darstellung sieht in etwa folgendermaßen aus:

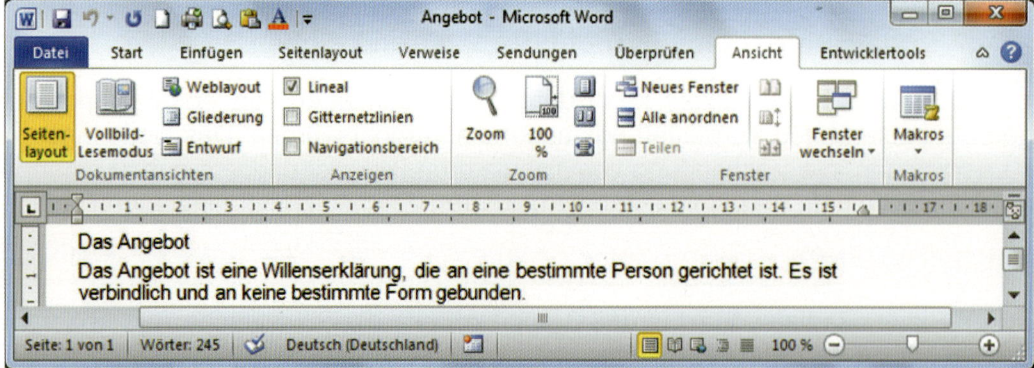

- Der Wechsel zwischen den einzelnen Ansichten kann jederzeit auch über die Ansichtsoptionen in der Statusleiste vorgenommen werden.

3　Erstellung von Dokumenten

3.1　Erfassen eines Textes mit Sonderzeichen bzw. Symbolen

Als Sonderzeichen (Symbole) werden spezielle Zeichen bezeichnet, die normalerweise nicht über die Tastatur in ein Dokument eingefügt werden können. Sie werden daher über einen speziellen Menüpunkt eingefügt.

Bearbeitungsschritte:

- Geben Sie den nachfolgenden Text bis zu den Aufzählungen ein. Drücken Sie danach die Taste [**Return**]. Speichern Sie den Text unter dem Namen *Sonderzeichen*.

- Klicken Sie im Register **Einfügen** in der Gruppe **Symbole** die Schaltfläche **Symbol** an. Wählen Sie danach den Menüpunkt **Weitere Symbole**.

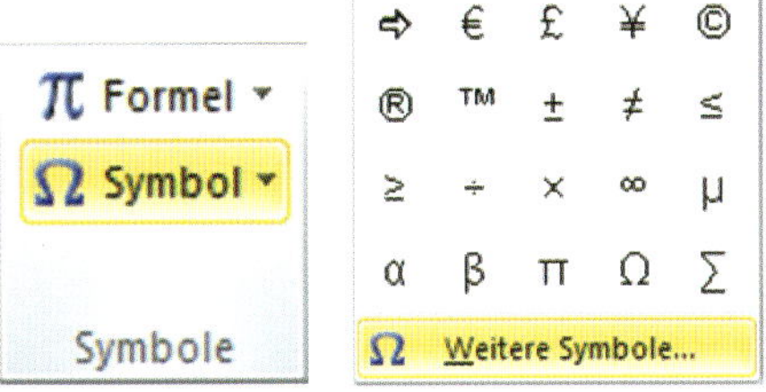

- Wählen Sie im Fenster **Symbol** die Schriftart *Wingdings* aus. Markieren Sie den Pfeil.

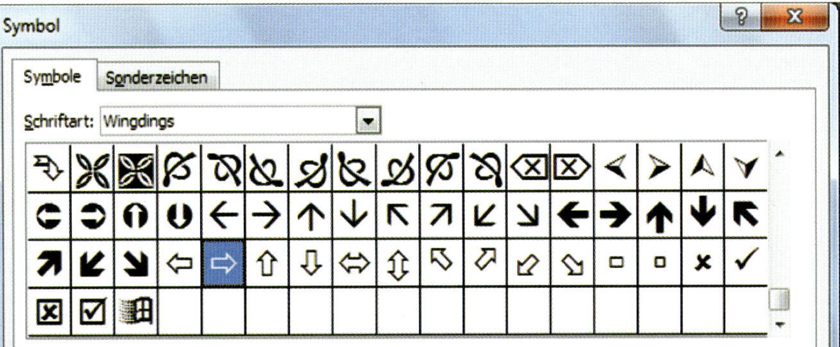

- Klicken Sie nacheinander die Schaltflächen **Einfügen** und **Schließen** an. Das Sonderzeichen wird an der angegebenen Stelle eingefügt.

- Geben Sie den Rest des Textes mit den Sonderzeichen ein. Das Sonderzeichen © finden Sie im Zeichensatz **(normaler Text)** oder direkt nach Anklicken der Schaltfläche **Symbol** in der Gruppe **Symbole** im Register **Einfügen**.

3.2   Rechtschreibprüfung und Grammatik

Zu den großen Vorteilen eines Textverarbeitungsprogramms gehört die Möglichkeit, Texte auf Rechtschreib- und Grammatikfehler zu überprüfen.

Bearbeitungsschritte:

- Öffnen Sie das Dokument *Angebot*. Ändern Sie das *unverbindlich* in *unvbindlich*. Unter dem Wort wird eine rote wellenförmige Linie angezeigt.

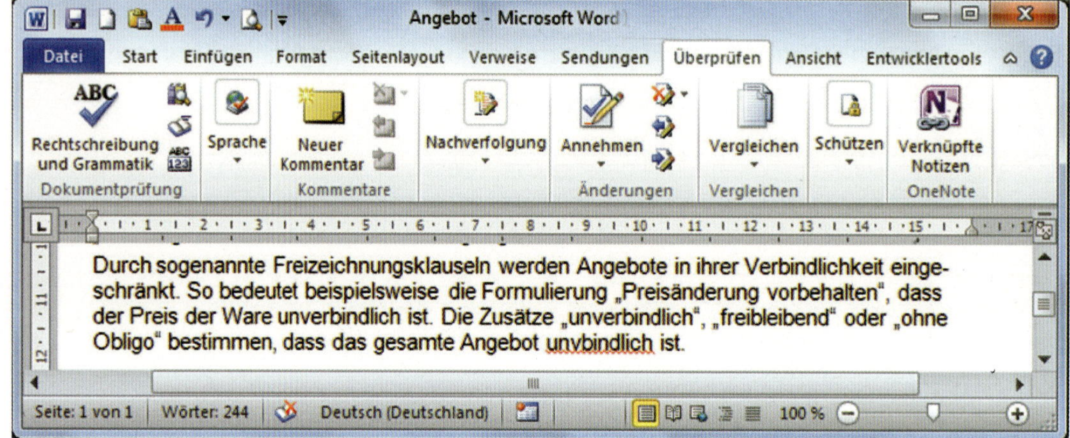

- Stellen Sie den Cursor an den Textanfang. Klicken Sie danach im Register **Überprüfen** in der Gruppe **Dokumentprüfung** die Schaltfläche **Rechtschreibung und Grammatik** an. Alternativ können Sie auch die Funktionstaste [**F7**] drücken.

- Wörter, die im Wörterbuch des Programms nicht vorhanden sind, werden in dem Fenster **Rechtschreibung und Grammatik: Deutsch (Deutschland)** angezeigt. Das Programm zeigt das nicht erkannte Wort rot an. Es schlägt außerdem in der Regel Wörter vor, die das falsch eingegebene Wort ersetzen sollen. Markieren Sie ein richtiges Wort. Durch Anklicken der Schaltfläche **Ändern** wird das Wort korrigiert.

Bearbeitungsschritte (Fortsetzung):

- Ansonsten können Sie das falsche Wort im Fenster dadurch ändern, dass Sie mit der Maus in das Wort gehen und die notwendigen Korrekturen vornehmen. Wird das Wort nicht mehr rot dargestellt, ist die Korrektur in ein mögliches richtiges Wort erfolgt. Durch Anklicken der Schaltflächen können Sie bestimmen, dass das Wort im Text geändert usw. wird. Normalerweise sollten Sie ein neues Wort durch das Anklicken der Schaltfläche **Zum Wörterbuch hinzufügen** in das Wörterbuch einfügen.

- Sie können auch den Cursor in das Wort stellen und dann über die rechte Maustaste das Kontextmenü aufrufen. Dabei können Sie u. a. Begriffe auswählen oder Menüpunkte auswählen.

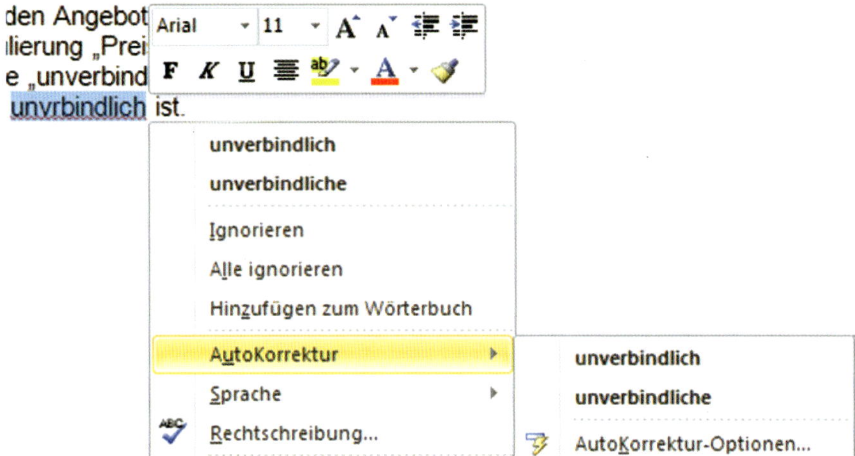

- Selbstverständlich können Sie auch eine Korrektur direkt im Text vornehmen.

- Grammatikfehler werden grün unterstrichen angezeigt. Sie können über die Schaltfläche **Ändern** im Fenster **Rechtschreibung und Grammatik: Deutsch (Deutschland)** oder manuell geändert werden.

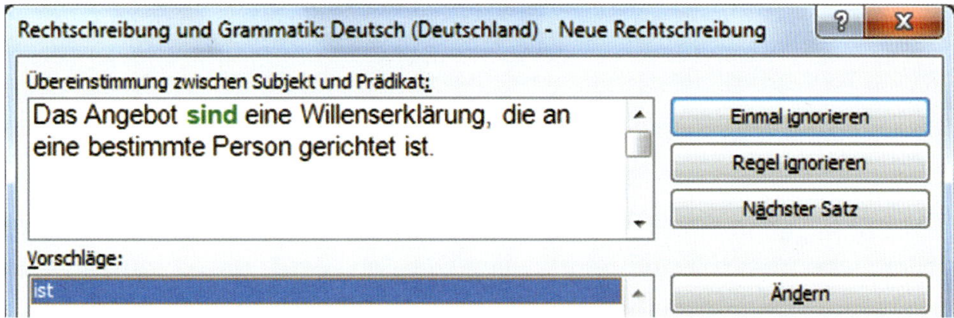

- Auch in diesem Fall kann das Kontextmenü genutzt werden.

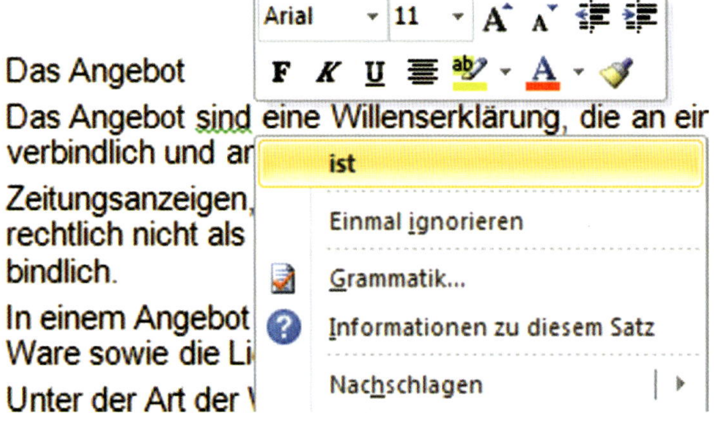

Bearbeitungsschritte (Fortsetzung):

- Eine Überprüfung, welche Sprachen in die Rechtschreib- und Grammatikprüfung einbezogen werden, bietet sich an. Klicken Sie daher im Register **Überprüfen** in der Gruppe **Sprache** die Schaltfläche **Sprache** an. Wählen Sie danach den angezeigten Menüpunkt.

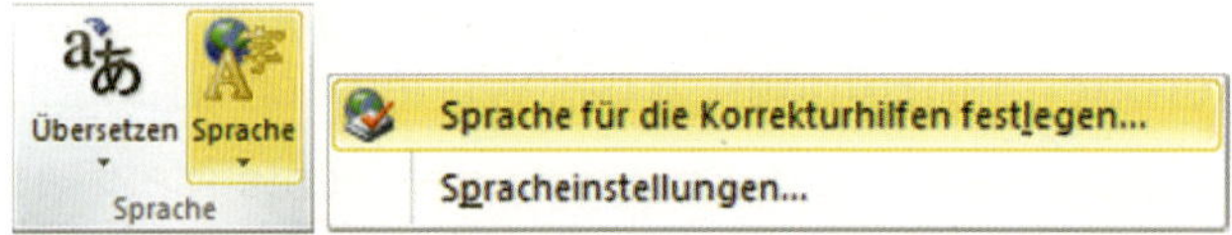

- Die ausgewählten Sprachen werden angezeigt. Festlegungen lassen sich im Fenster vornehmen.

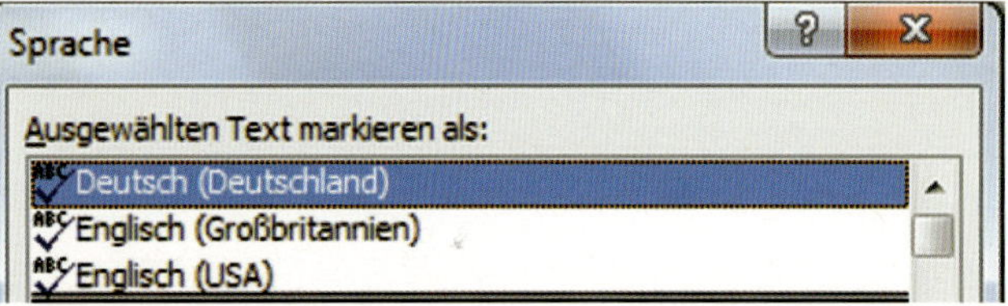

- Über den Menüpunkt **Spracheinstellungen** können Sie im Fenster **Word-Optionen** Einstellungen zur Sprache vornehmen.

3.3   Thesaurus

Der Thesaurus ermöglicht das Ersetzen eines Wortes durch ein Wort mit gleicher oder ähnlicher Bedeutung. Dadurch werden Texte abwechslungsreicher.

Bearbeitungsschritte:

- Das Wort *Angebot* soll durch ein ähnliches Wort ersetzt werden. Stellen Sie den Cursor in das Wort *Angebot*. Klicken Sie danach im Register **Überprüfen** in der Gruppe **Dokumentprüfung** die Schaltfläche **Thesaurus** an.

- Es werden im Aufgabenbereich **Recherchieren** verschiedene Synonyme für den Begriff *Angebot* angeboten. Wählen Sie das Wort *Offerte* aus. Klicken Sie danach auf den Pfeil neben dem Begriff und wählen Sie den Menüpunkt **Einfügen**. Das Wort *Angebot* wird im Text durch das Wort *Offerte* ersetzt.

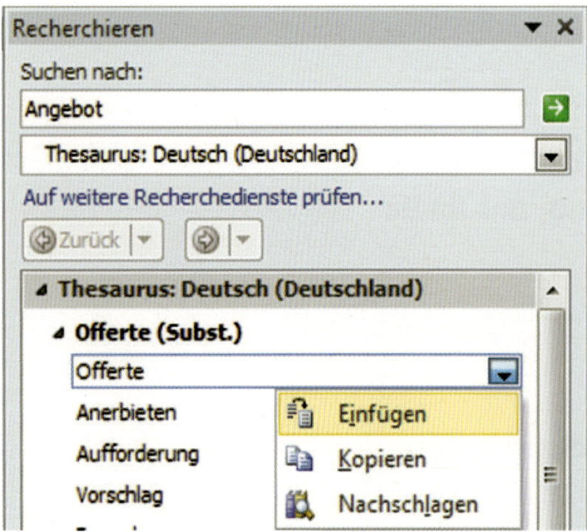

- Machen Sie danach die Ersetzung wieder rückgängig.

3.4   Übersetzen

In Texten werden heutzutage immer häufiger Wörter oder Sätze aus anderen Sprachen integriert. Außerdem werden ganze Dokumente in eine andere Sprache übersetzt. Daher sind in **Word** Übersetzungshilfen integriert. Eine perfekte Übersetzung eines Dokuments lässt sich jedoch mit den zur Verfügung stehenden Hilfen nicht erzielen.

Für die Übersetzung stehen drei Bearbeitungsmöglichkeiten zur Verfügung. Diese werden nachfolgend beschrieben.

Bearbeitungsschritte:

- Öffnen Sie das Dokument *Angebot*. Klicken Sie im Register **Überprüfen** in der Gruppe **Sprache** die Schaltfläche **Übersetzen** an. Stellen Sie eine Sprache ein.

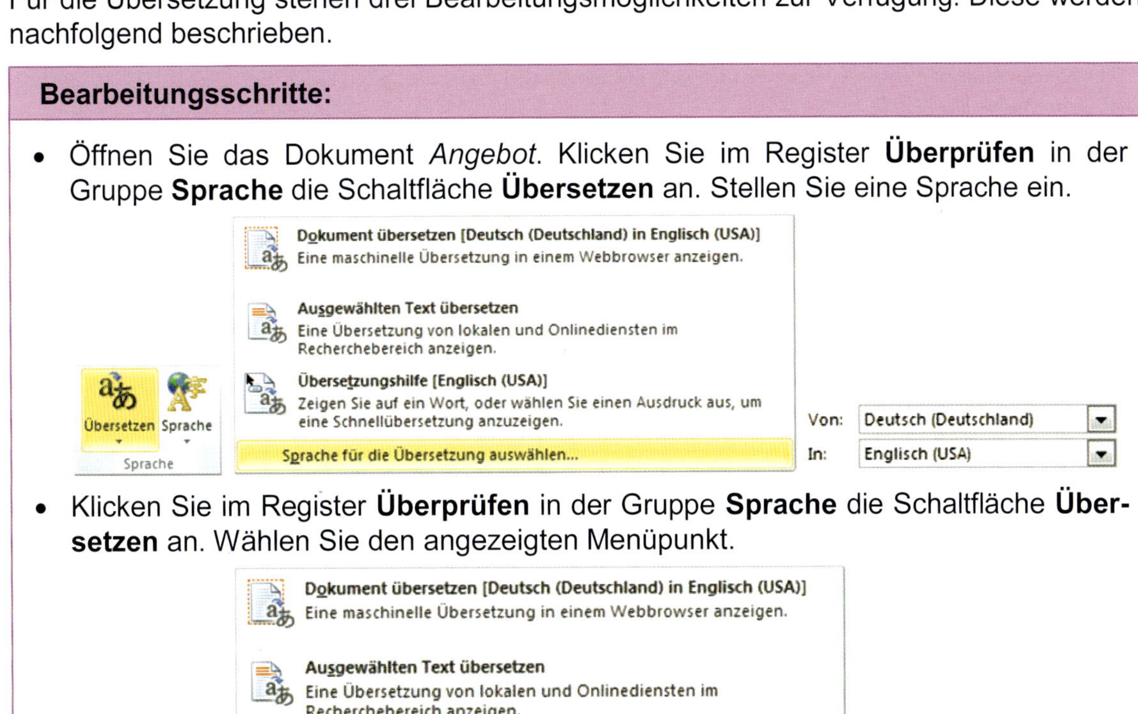

- Klicken Sie im Register **Überprüfen** in der Gruppe **Sprache** die Schaltfläche **Übersetzen** an. Wählen Sie den angezeigten Menüpunkt.

- Fahren Sie mit der Maus auf den Begriff *Angebot*. Eine Übersetzung wird angeboten.

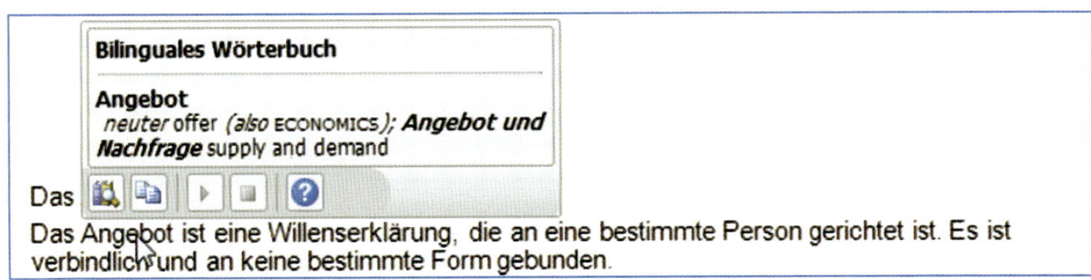

- Mit Hilfe der Schaltflächen können Sie bei Bedarf die Übersetzung einfügen.

- Markieren Sie im Text das Wort *Angebot*. Klicken Sie im Register **Überprüfen** in der Gruppe **Sprache** die Schaltfläche **Übersetzen** an. Wählen Sie den angezeigten Menüpunkt.

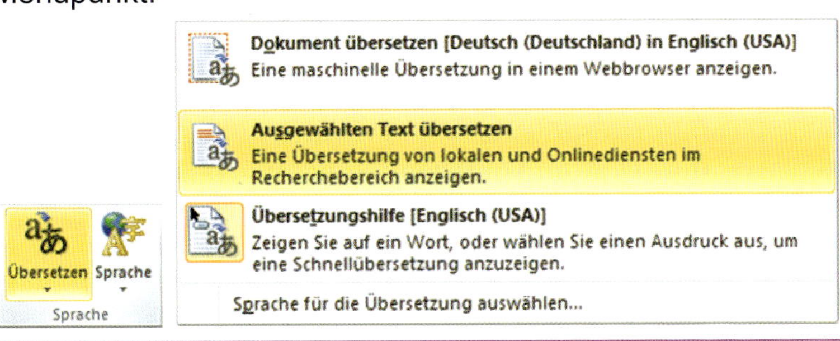

Bearbeitungsschritte (Fortsetzung):

- Eine Übersetzung des Begriffs wird angeboten.

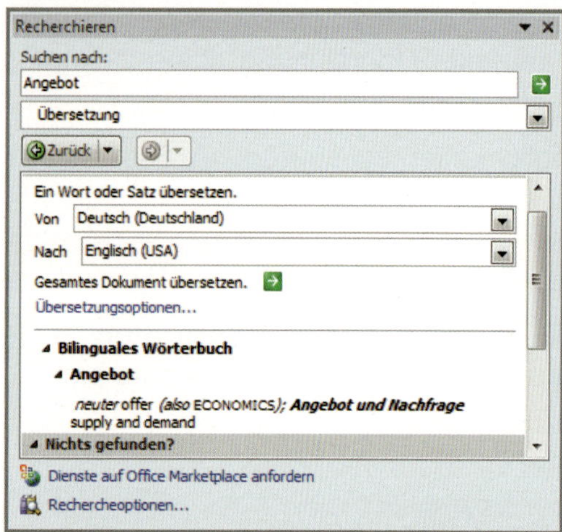

- Schließen Sie danach den Aufgabenbereich **Recherchieren**.

- Klicken Sie im Register **Überprüfen** in der Gruppe **Sprache** die Schaltfläche **Übersetzen** an. Wählen Sie den angezeigten Menüpunkt.

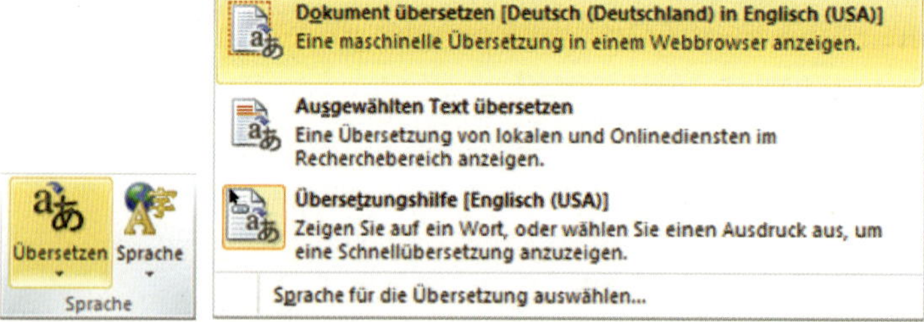

- Bei bestehender Internetverbindung können Sie den Text zur Übersetzung versenden. Eine entsprechende Sicherheitsabfrage müssen Sie mit **Senden** beantworten.

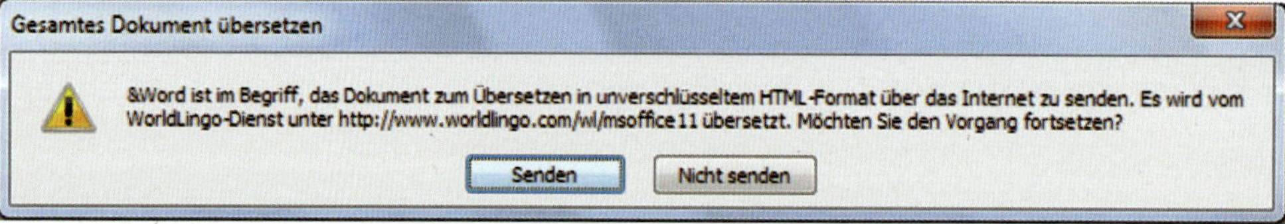

- Das Ergebnis wird im Browser angezeigt:

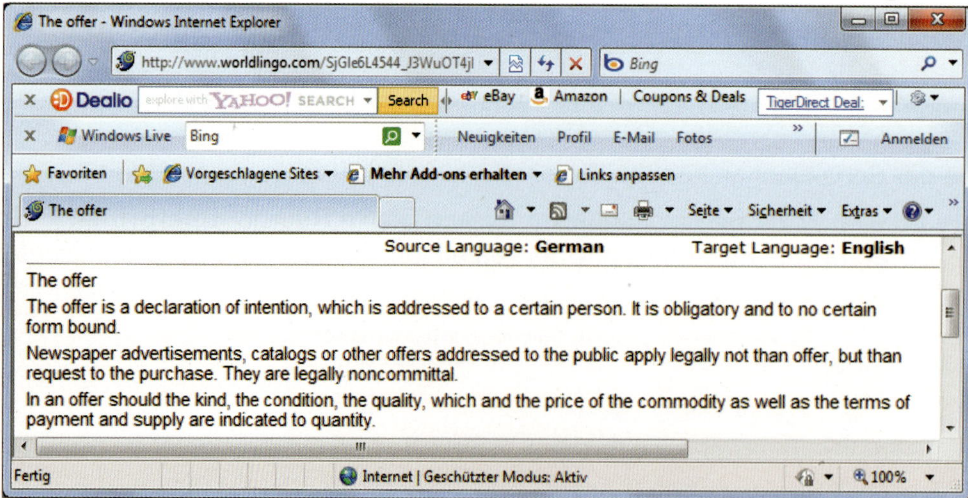

- Die Qualität der Übersetzung sollten Sie selbst beurteilen. Eine maschinelle Übersetzung ist immer mit einer gewissen Skepsis zu sehen.

3.5   Suchen und Ersetzen

In umfangreichen Texten ist das Suchen von bestimmten Begriffen nur mithilfe des Programms sinnvoll. Dasselbe gilt für das Ersetzen von Begriffen.

Bearbeitungsschritte:

- Öffnen Sie das Dokument *Angebot*. Klicken Sie im Register **Start** in der Gruppe **Bearbeiten** die Schaltfläche **Suchen** an. Danach können Sie im linken Bereich des Bildschirms im Aufgabenbereich **Navigation** einen Begriff eingeben. Die gefundenen Stellen im Dokument werden angezeigt und können durch Anklicken ausgewählt werden. Die Textstellen werden danach sofort im Dokument angezeigt.

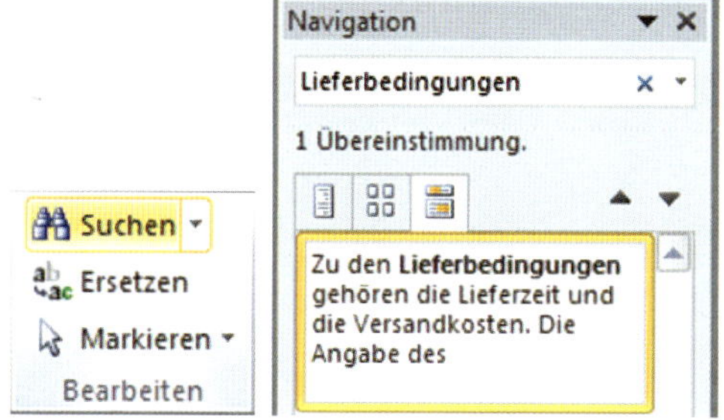

- Alternativ können Sie den Pfeil nach unten in der Schaltfläche **Suchen** anklicken und danach den Menüpunkt **Erweiterte Suche** auswählen. Geben Sie danach im Fenster **Suchen und Ersetzen** den gesuchten Begriff ein.

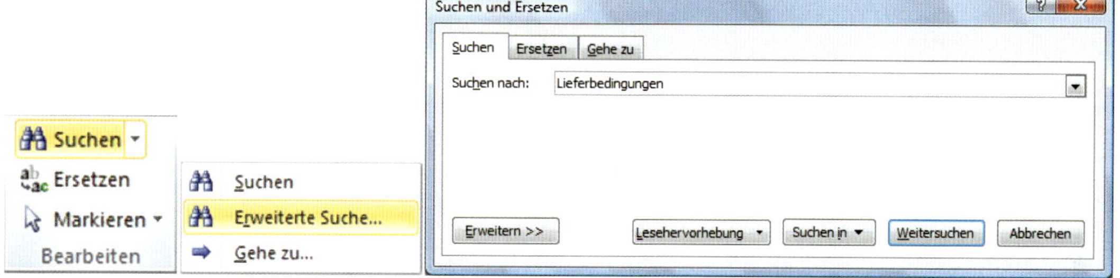

- Klicken Sie die Schaltfläche **Weitersuchen** an. Der gesuchte Begriff wird, falls er vorhanden ist, markiert. Das nochmalige Anklicken der Schaltfläche führt dazu, dass anschließend weiter nach dem Begriff gesucht wird. Das Programm gibt an, wenn die Suche abgeschlossen ist. Eventuell wird gefragt, ob die Suche am Anfang des Dokuments fortgesetzt werden soll.

- Wollen Sie nicht nur nach einem Begriff suchen, sondern auch diesen Begriff durch einen anderen ersetzen, müssen Sie im Register **Start** in der Gruppe **Bearbeiten** die Schaltfläche **Ersetzen** anklicken. Geben Sie die beiden Begriffe ein.

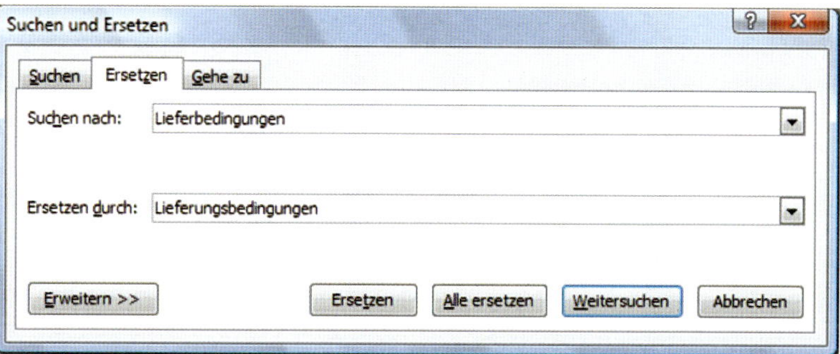

- Durch Anklicken der Schaltfläche **Ersetzen** wird das Wort *Lieferbedingungen* gesucht. Wird es gefunden, wird durch das nochmalige Anklicken der Schaltfläche das Wort durch das Wort *Lieferungsbedingungen* ersetzt. Soll das Wort *Lieferbedingungen* grundsätzlich ersetzt werden, ist die Schaltfläche **Alle ersetzen** anzuklicken.

3.6   Automatische Silbentrennung

Die Eingabe eines Textes führt oftmals dazu, dass lange Wörter in die nächste Zeile übertragen werden und daher die Zeilen eines Dokuments beim Flattersatz sehr unterschiedlich lang sind. Schreibt man im Blocksatz (wird später erklärt), haben zwar die Zeilen dieselbe Länge, es entstehen aber zwischen den Wörtern oftmals große Lücken. Durch das Einstellen der Silbentrennung lassen sich diese Effekte vermeiden.

Bearbeitungsschritte:

- Öffnen Sie den Text *Angebot*. Klicken Sie im Register **Seitenlayout** in der Gruppe **Seite einrichten** die Schaltfläche **Silbentrennung** an. Die Einstellung der Silbentrennung wird angezeigt. Wählen Sie den Menüpunkt **Silbentrennungsoptionen**.

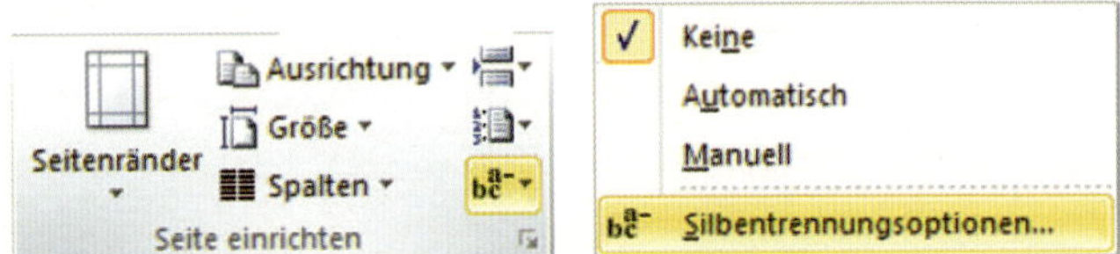

- Stellen Sie die Optionen gegebenenfalls wie folgt ein:

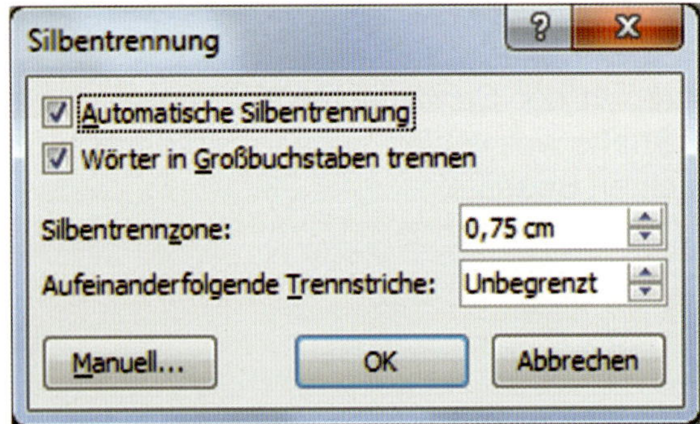

- In Zukunft wird nach dem Anklicken der Schaltfläche **OK** die Silbentrennung automatisch vorgenommen. Je nach Einstellung der Seitenränder kann es zu unterschiedlichen Trennungen kommen. Im Beispiel wird das Wort *unverbindlich* getrennt.

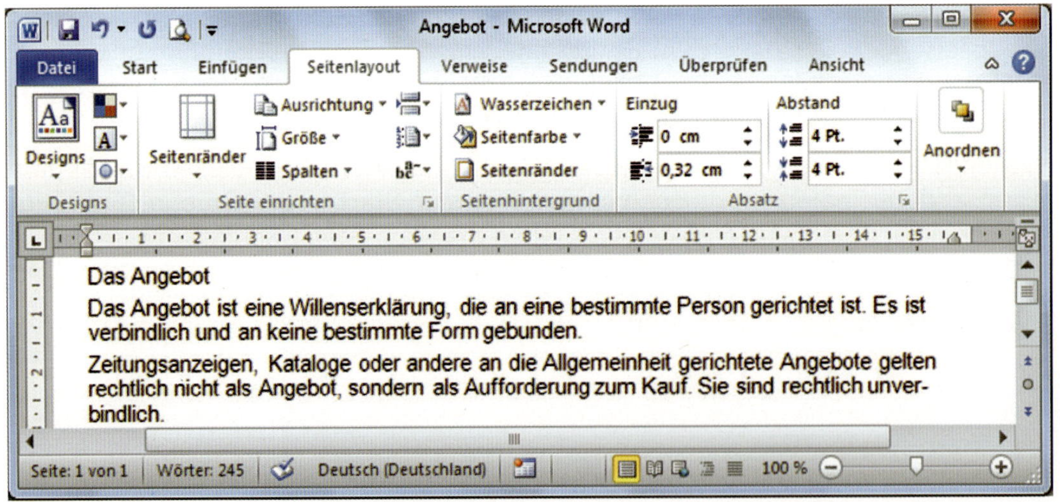

- Die aktuelle Einstellung der Silbentrennung wird über die Schaltfläche angezeigt.

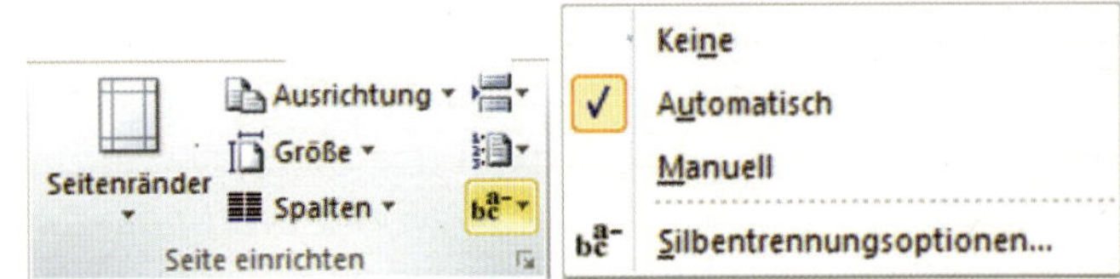

3.7 Einfügen eines bedingten Trennstrichs

Soll ein Wort nur getrennt werden, wenn es sich am Ende einer Zeile befindet, verwendet man einen bedingten Trennstrich. Ist der Trennstrich durch nachfolgende Änderungen nicht mehr erforderlich, erscheint der Trennstrich in dem angezeigten und gedruckten Dokument nicht. Achten Sie darauf, dass keine automatische Silbentrennung aktiviert ist.

Bearbeitungsschritte:

- Geben Sie dann den nachfolgenden Text ein. Achten Sie darauf, dass der rechte Einzug bei *15* steht. Ansonsten verschieben Sie ihn mit der Maus. Das Wort T*ransportbedingungen* sollte in der zweiten Zeile stehen.

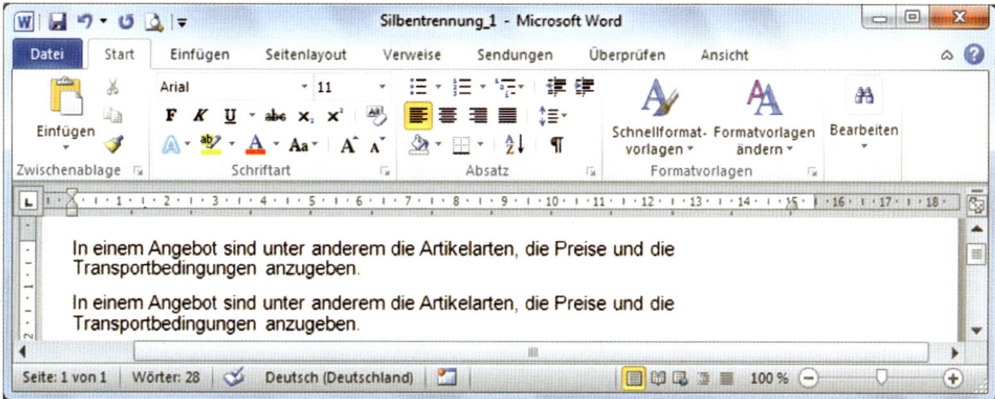

- Trennen Sie das Wort „Transportbedingungen" im ersten Absatz mithilfe des Bindestrichs [**-**] nach dem Buchstaben *t*. Ein Teil des Wortes steht dann in der ersten Zeile.

- Trennen Sie ebenfalls das Wort „Transportbedingungen" im zweiten Absatz mit der Tastenkombination [**Strg**] + [**-**].

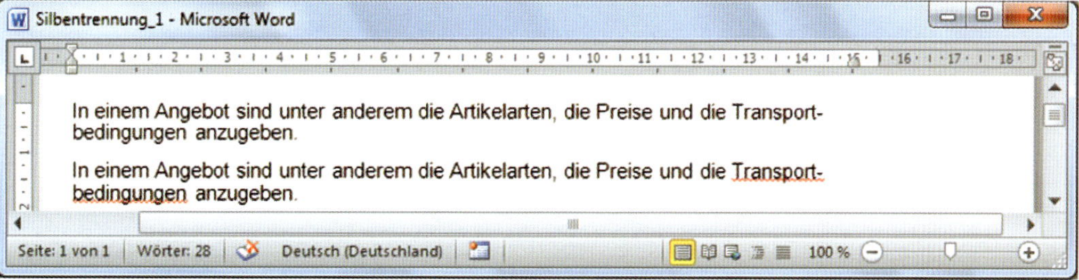

- Löschen Sie jeweils im Text den Bereich „die Artikelarten,". Während bei der normalen Trennung das Trennungszeichen sichtbar ist und gedruckt wird, ist die Trennung bei der bedingten Trennung nicht sichtbar und wird nicht gedruckt.

- Speichern Sie den Text unter dem Namen Silbentrennung_1.

3.8   Geschütztes Leerzeichen

Bei der Eingabe eines Textes besteht die Möglichkeit, dass Wörter, die unbedingt zusammengehören, in zwei verschiedenen Zeilen dargestellt werden. So kann es vorkommen, dass ein Betrag in der ersten Zeile und die dazugehörende Währung in der nächsten Zeile eingegeben werden. Durch ein geschütztes Leerzeichen wird dies verhindert. Beide Wörter werden in der zweiten Zeile angezeigt und ausgedruckt.

Bearbeitungsschritte:

- Geben Sie den ersten Absatz des Textes ein. Ändern Sie den Betrag u. U. so ab, dass der Betrag in der ersten Zeile und das Zeichen € in der zweiten Zeile steht.

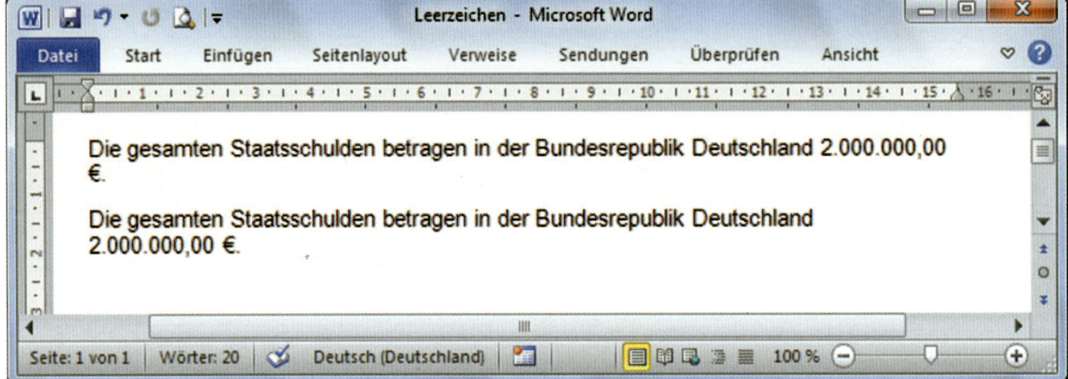

- Geben Sie den Satz nochmals ein. Drücken Sie nach dem Betrag die Tastenkombination [**Strg**] + [⇧] + [**Leertaste**]. Geben Sie dann das Zeichen € ein. Der Betrag und das Zeichen werden zusammen in die nächste Zeile übertragen.

- Speichern Sie den Text unter dem Namen *Leerzeichen*.

3.9   Verhinderung der Absatztrennung am Seitenende

In größeren Dokumenten werden Absätze am Seitenende in der Regel nicht getrennt. Dies kann im Programm eingestellt werden.

Bearbeitungsschritte:

- Klicken Sie im Register **Start** in der Gruppe **Absatz** die Schaltfläche **Absatz** an.

- Klicken Sie die Registerkarte **Zeilen- und Seitenumbruch** an. Aktivieren Sie die Schaltfläche *Nicht vom nächsten Absatz trennen*.

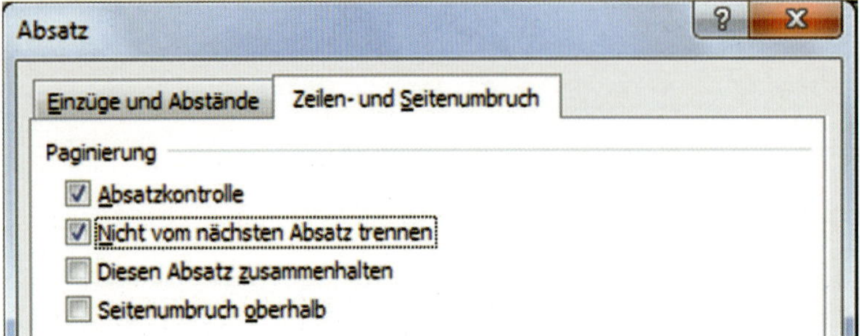

- Machen Sie die Einstellung je nach Bedarf wieder rückgängig.

3.10 AutoKorrektur

Mit der AutoKorrektur wird durch Eingabe einer Kurzbezeichnung ein Text schnell eingegeben, durch die Eingabe der Bezeichnung *fg* kann z. B. die Ausgabe Freundliche Grüße
bewirkt werden. Häufige Fehler bei der Eingabe können abgefangen werden. Das Programm ersetzt automatisch eine fehlerhafte Eingabe durch das richtige Wort.

Bearbeitungsschritte:

- Wählen Sie den Menüpunkt **Datei/Optionen**.

- Klicken Sie den Bereich **Dokumentprüfung** an. Klicken Sie danach in dem Bereich
  auf die Schaltfläche **AutoKorrektor-Optionen**.

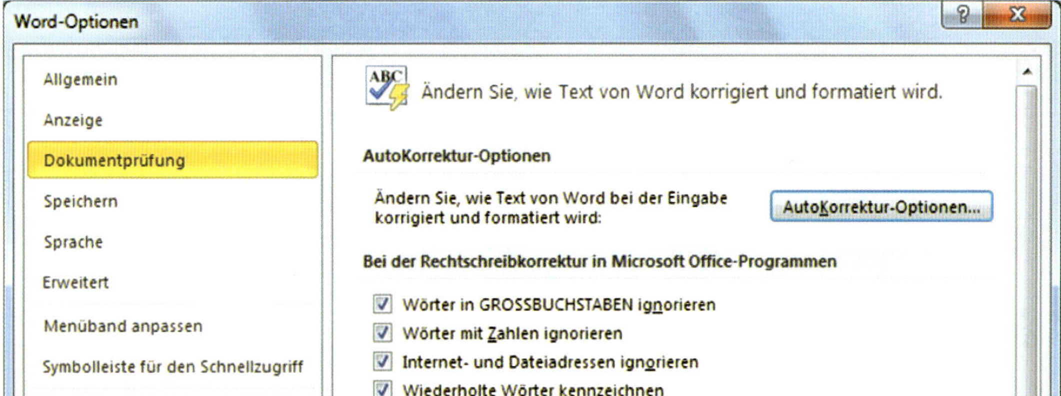

- Bestimmen Sie, dass die Bezeichnung *fg* durch den Text *Freundliche Grüße* ersetzt
  werden soll. Achten Sie darauf, dass das Kontrollkästchen *Während der Eingabe
  ersetzen* aktiviert ist.

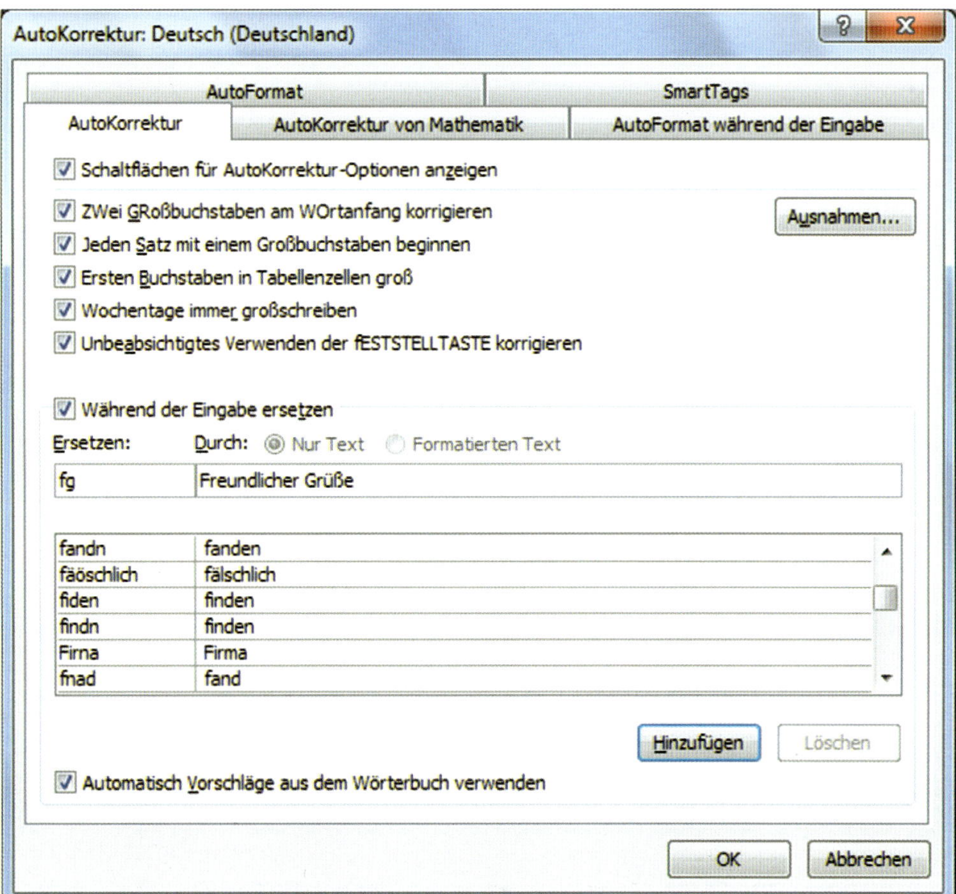

Bearbeitungsschritte (Fortsetzung):

- Klicken Sie die Schaltflächen **Hinzufügen** und **OK** an. Geben Sie den Text ein:

- Nach dem Drücken der **Leertaste** oder der Taste [**Return**] nach der Bezeichnung *fg* wird der Text automatisch in *Freundliche Grüße* geändert.

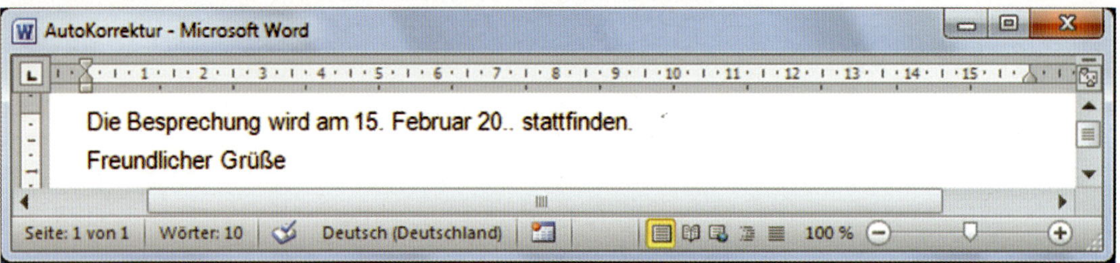

- Wählen Sie den Menüpunkt **Datei/Optionen**. Klicken Sie den Bereich **Dokumentprüfung** an. Klicken Sie danach auf die Schaltfläche **AutoKorrektor-Optionen**.

- Wählen Sie die Bezeichnung *fg* aus. Klicken Sie die Schaltflächen **Löschen** und **OK** an. Damit ist die automatische Korrektur wieder aufgehoben.

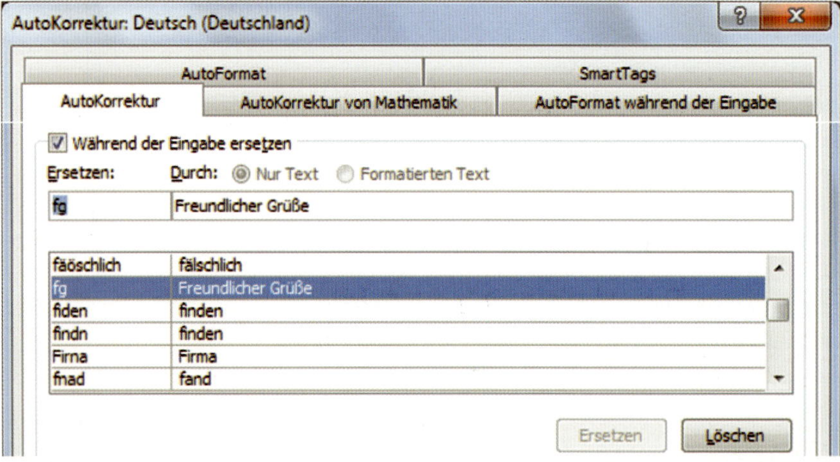

- Probieren Sie weitere Möglichkeiten der AutoKorrektur aus. Sie können z. B. einen Text (z. B. einen Briefkopf) schreiben und markieren. Anschließend können Sie wie beschrieben den Bereich **AutoKorrektor-Optionen** anwählen. Der markierte Text wird angezeigt. Im Bereich **Ersetzen** können Sie dann eine Bezeichnung angeben.

3.11 Initial

Als Initial bezeichnet man einen Anfangsbuchstaben eines Abschnittes oder eines Kapitels, der durch Größe, Schmuck usw. hervorgehoben wird. Handzettel und sonstige Druckerzeugnisse können so gestaltet werden, dass sie einen erhöhten Aufmerksamkeitsgrad erzielen.

Bearbeitungsschritte:

- Erstellen Sie den nachfolgenden Text ohne Initial:

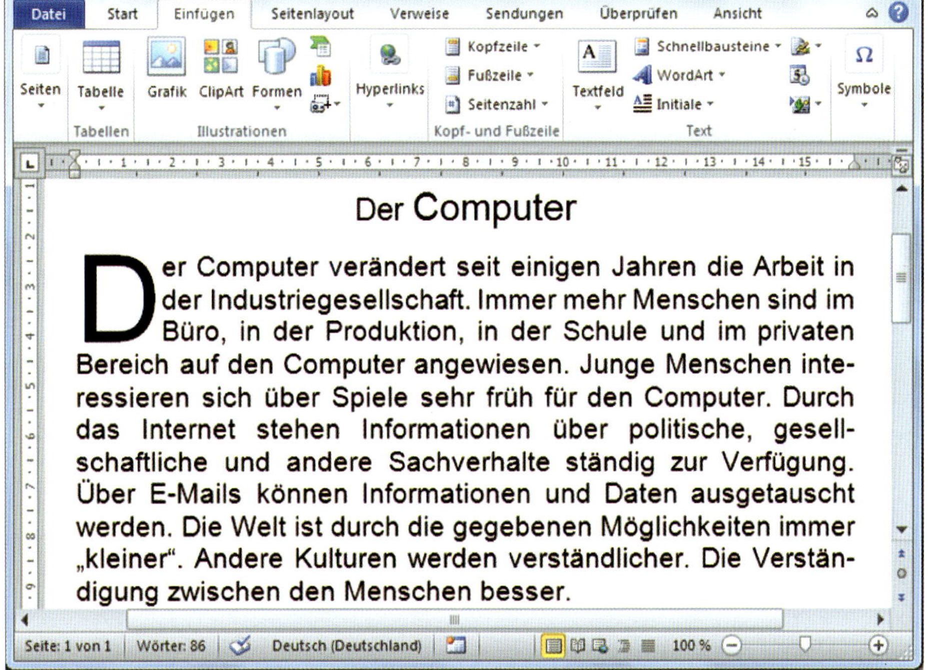

- Klicken Sie im Register **Einfügen** in der Gruppe **Text** die Schaltfläche **Initiale** an.

- Stellen Sie die Position, die Initialhöhe und den Abstand vom Text ein. Dies können Sie nach Anklicken der Menüpunkte **Im Text**, **Im Rand** oder besonders **Initialoptionen** erreichen.

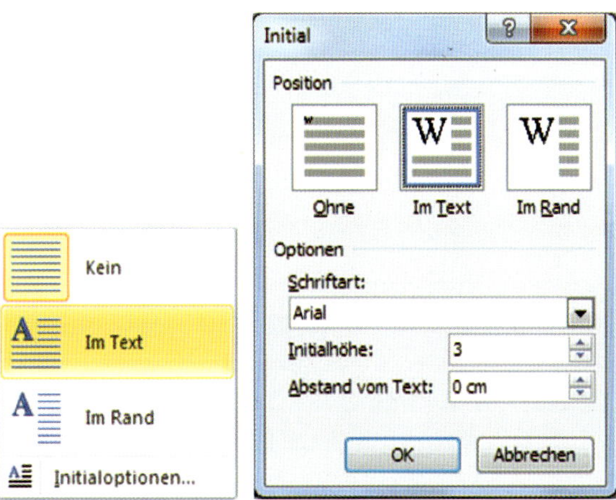

- Über den Menüpunkt **Kein** können Sie das Initial wieder entfernen.

Übungen:

Aufgabe 1: _Mangelhafte Lieferung_1_

Geben Sie den nachfolgenden Text wie angegeben ein und nehmen Sie eventuelle Korrekturen vor. Der Text wird später ansprechend gestaltet.

Die mangelhafte Lieferung

Der Käufer einer Ware ist verpflichtet, die gelieferte Ware zu prüfen und eventuelle Mängel dem Verkäufer mitzuteilen.

Von Falschlieferungen spricht man, wenn ein Mangel in der Menge (es wird zu wenig oder zu viel Ware geliefert) oder ein Mangel in der Art (eine andere als die bestellte Ware wird geliefert) vorliegt. Um einen Sach- oder Qualitätsmangel handelt es sich, wenn ein Mangel in der Güte (eine zugesicherte Eigenschaft der Ware fehlt) oder ein Mangel in der Beschaffenheit (es wird beschädigte oder verdorbene Ware geliefert) vorhanden ist.

Bei Mängeln unterscheidet man zwischen offenen, versteckten und arglistig verschwiegenen Mängeln. Offene Mängel sind sofort erkennbar, versteckte Mängel stellen sich erst später heraus und arglistig verschwiegene Mängel wurden vom Verkäufer bewusst verheimlicht.

Für den Käufer ergeben sich laut Gesetz verschiedene Rechte, die bei einer mangelhaften Lieferung gewählt werden können. Als Wandlung wird der Rücktritt vom Vertrag und als Minderung wird ein Preisnachlass bezeichnet. Bei einer Gattungsware, also einer Ware, die gegen eine gleiche Ware ausgetauscht werden kann (z. B. ein Tisch), ist ein Umtausch möglich. Schadensersatz wegen Nichterfüllung kann verlangt werden, wenn einer Ware eine zugesicherte Eigenschaft fehlt oder ein Fehler arglistig verschwiegen wurde.

Aufgabe 2: _Datenverarbeitung_

Geben Sie den nachfolgenden Text ein. Korrigieren Sie eventuelle Fehler.

1 Aufbau und Funktion eines Datenverarbeitungssystems

1.1 Hardware und Software

Eine Datenverarbeitungsanlage ist nur dann in der Lage, vernünftige Ergebnisse zu erzielen, wenn sowohl die Hardware als auch die Software eines Rechnersystems vernünftig aufeinander abgestimmt sind.

Alle physikalisch-technischen Bestandteile einer Computeranlage werden als Hardware bezeichnet. Zur Hardware gehören die Zentraleinheit als eigentlicher Computer, Eingabegeräte wie die Tastatur oder die Maus, Ausgabegeräte wie Drucker und Plotter, externe Speicher wie Festplatten usw.

Programme, die für den Betrieb eines Computers und für die Lösung bestimmter Aufgaben mit dem Computer benötigt werden, sind die Software eines Rechnersystems.

Zur Softwareausstattung eines Computers gehören z. B. das Betriebssystem und Anwendungsprogramme zur Lösung von bestimmten betrieblichen Aufgaben, wie Finanzbuchhaltungs- oder Dateiverarbeitungsprogramme. Besonders die sogenannten Office-Programme, wie etwas Textverarbeitungs-, Tabellenkalkulations- und Präsentationsprogramme erleichtern die Arbeit im Unternehmen. Auch im privatem Bereich sind diese Programme außerordentlich nützlich.

Aufgabe 3: *Präsentation mit PowerPoint*

Erstellen Sie den nachfolgenden Text und nehmen Sie eventuelle Korrekturen vor:

Präsentieren mit PowerPoint

Die bestimmende Nutzungsmöglichkeit einer Präsentationssoftware ist sicherlich die Unterstützung eines Vortrags. Neben den Ausführungen der vortragenden Person werden Informationen mithilfe des Computers und eines Projektors (Beamer) zur Unterstützung des Vortrags an einer Projektionsfläche angezeigt.

Daneben gibt es jedoch eine Reihe weiterer Nutzungsmöglichkeiten des Programms PowerPoint, z. B. können Handzettel, Grafiken usw. erstellt werden. Die gegebenen Möglichkeiten erleichtern die betriebliche und schulische Arbeit in vielfältiger Hinsicht.

Vortrag mithilfe einer Präsentation

Die Aussagen eines Vortrags können optimal mit PowerPoint-Folien unterstützt werden. Die Wirkung des gesprochenen Wortes wird durch den Inhalt der Folien verstärkt.

Der Vortrag ist die klassische Form der Nutzung einer Präsentationssoftware. Eine PowerPoint-Präsentation wird unter Nutzung eines Computers (eines Notebooks) mithilfe eines Beamers auf einer Projektionsfläche dargestellt. Der Inhalt der einzelnen Folien wird vom Vortragenden erläutert.

Selbstablaufende Präsentation

Auf einer Ausstellung, in einem Schaufenster usw. wird eine Präsentation gezeigt, die Menschen anlockt und informiert.

Ausdruck

Die einzelnen Folien (Arbeitsblätter) werden über einen Drucker ausgegeben und in Mappen usw. zusammengefasst.

Textverarbeitung Word

Eine Präsentation wird in die Textverarbeitung Word übertragen, es werden beispielsweise zusätzliche Notizen mit übertragen.

Handzettel

Handzettel ermöglichen die Wiedergabe mehrerer Folien auf einer Seite. Sie können z. B. für Werbezwecke eingesetzt werden.

Erstellung und Speicherung von Folien als Grafiken

Hintergründe, gesamte Folien usw. können als Grafiken abgespeichert werden. Diese Grafiken können dann in verschiedenen anderen Programmen eingesetzt werden.

Webseiten

Die Folien werden als Webseiten mit einer einfachen Navigation ausgegeben. Dadurch können sie im Internet veröffentlicht werden oder als Webseiten auf einem Computer angezeigt werden.

4 Markieren, Löschen usw. von Texten und Textteilen

4.1 Markieren (Auswählen) von Zeichen, Wörtern, Zeilen usw.

4.1.1 Vorbemerkungen

Neben der Texteingabe ist das Markieren eines Wortes, eines Absatzes usw. eine besonders häufige Aufgabe bei der Arbeit mit einem Textverarbeitungsprogramm. In der Regel muss zunächst ein Textteil markiert werden, um danach z. B. formatiert, gelöscht oder versetzt werden zu können. Word für Windows stellt mehrere Alternativen zur Verfügung. Die sinnvollste Art ist meistens das Markieren mithilfe der Maus (eventuell in Verbindung mit der Taste [**Strg**]), da man sich nur wenige Möglichkeiten merken muss.

4.1.2 Markieren mit der Maus

Nachstehend werden die wichtigsten Möglichkeiten des Markierens mit der Maus angegeben. Es bietet sich an, Markierungen anhand des Textes *Angebot* auszuprobieren.

Ein Zeichen oder mehrere Zeichen	Es wird mit der Maus vor das zu markierende Zeichen geklickt und dann bei gedrückter linker Maustaste mit der Maus nach rechts gefahren. Es können auch mehrere Zeichen, Absätze usw. markiert werden.
Wort	Ein einzelnes Wort wird durch einen Doppelklick mit der linken Maustaste auf das entsprechende Wort markiert.
Satz	Bei gedrückter Taste [**Strg**] wird mit der linken Maustaste auf ein Zeichen im Satz geklickt. Als Satzende wird immer ein Punkt angesehen.
Eine oder mehrere Zeilen	Mit der Maus wird zunächst der Bereich links neben einer zu markierenden Zeile angeklickt. Sollen mehrere Zeilen markiert werden, so muss die linke Maustaste gedrückt gehalten und dann die Maus nach unten oder oben bewegt werden.
Absatz	Der zu markierende Absatz wird durch einen Dreifachklick mit der linken Maustaste auf den Absatz oder einen Doppelklick links neben dem Absatz markiert.
Gesamter Text	Bei gedrückter Taste [**Strg**] wird mit der linken Maustaste links neben dem Text auf eine beliebige Stelle geklickt. Der Mauszeiger muss dabei nach rechts zeigen.

4.1.3 Markieren mit der Tastatur

Markieren kann man auch über die Tastatur durch Tastenkombinationen. Die wichtigsten Möglichkeiten werden hier dargestellt. Markiert wird jeweils von der aktuellen Cursor-Position bis zur angegebenen Position, also z. B. bis zum Ende des Dokuments.

Zeichen nach links	[⇧] [←]	vorheriges Wort	[Strg] [⇧] [←]
Zeichen nach rechts	[⇧] [→]	nächstes Wort	[Strg] [⇧] [→]
Zeile nach oben	[⇧] [↑]	Anfang des Absatzes	[Strg] [⇧] [↑]
Zeile nach unten	[⇧] [↓]	Ende des Absatzes	[Strg] [⇧] [↓]
Anfang der Zeile	[⇧] [Pos 1]	Anfang des Dokuments	[Strg] [⇧] [Pos 1]
Ende der Zeile	[⇧] [Ende]	Ende des Dokuments	[Strg] [⇧] [Ende]

4.2 Kopieren, Verschieben und Löschen von Texten

4.2.1 Löschen von Textteilen

Nicht mehr benötigte Textteile können jederzeit gelöscht werden.

Bearbeitungsschritte:

- Öffnen Sie das Dokument *Angebot* und speichern Sie es unter dem Namen *Angebot_1* nochmals ab. Wählen Sie dafür den Menüpunkt **Datei/Speichern unter**.

- Markieren Sie den dunkel dargestellten Bereich:

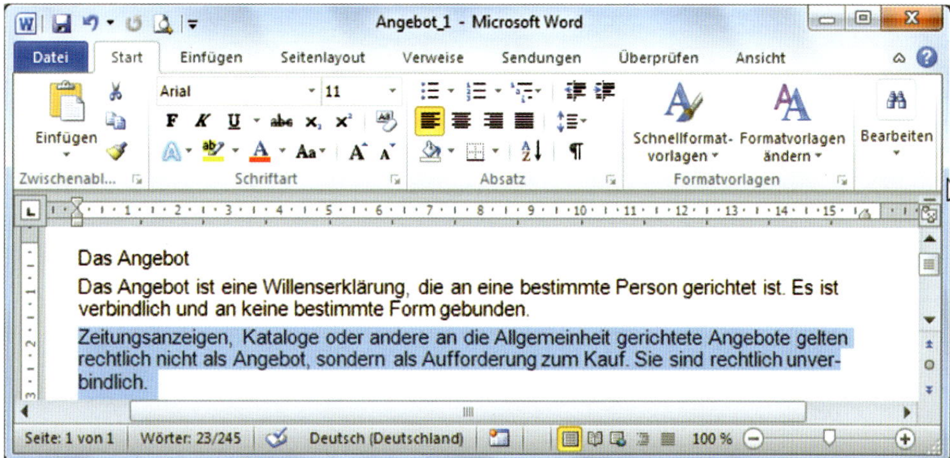

- Klicken Sie im Register **Start** in der Gruppe **Zwischenablage** die Schaltfläche **Ausschneiden** an. Alternativ können Sie auch die Taste [**Entf**] oder die Tastenkombination [**Strg**] + [**X**] drücken. Der Bereich wird gelöscht.

4.2.2 Kopieren und Einfügen von Textteilen

Ein gesamter Text oder seine Teile können kopiert und dann zusätzlich ein zweites Mal in das Dokument eingefügt werden.

Bearbeitungsschritte:

- Öffnen Sie das Dokument *Angebot* und speichern Sie es unter *Angebot_2* nochmals ab. Markieren Sie den Absatz „Zeitungsanzeigen … unverbindlich."

- Klicken Sie im Register **Start** in der Gruppe **Zwischenablage** die Schaltfläche **Kopieren** an. Alternativ können Sie auch die Tastenkombination [**Strg**] + [**C**] drücken.

- Gehen Sie mit dem Cursor an das Ende des Dokuments und drücken Sie die Taste [**Return**], um einen neuen Absatz einzufügen.

Bearbeitungsschritte (Fortsetzung):

- Klicken Sie im Register **Start** in der Gruppe **Zwischenablage** die Schaltfläche **Einfügen** an. Alternativ können Sie auch die Tastenkombination [**Strg**] + [**V**] drücken.

- Der markierte Text ist zusätzlich am Ende des Textes eingefügt.

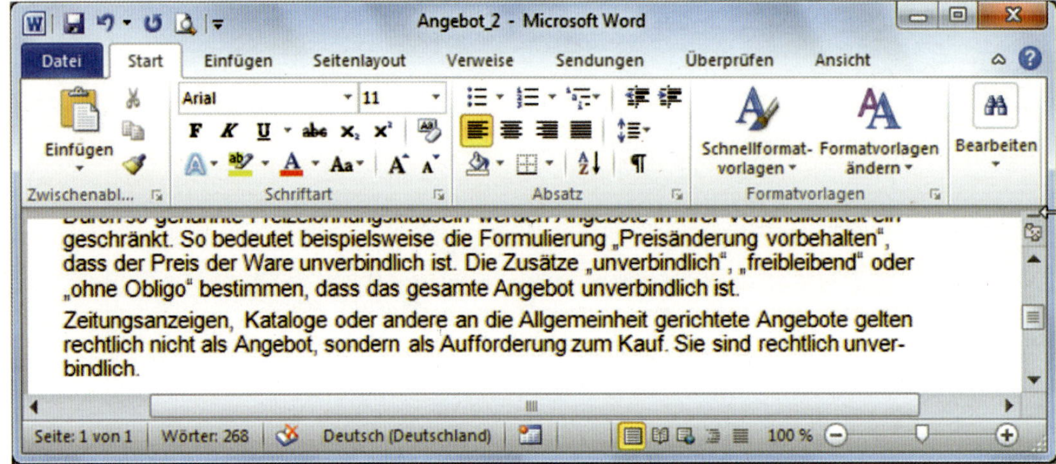

- Wenn Sie den unteren Bereich der Schaltfläche anklicken, können Sie über die dann eingeblendeten Schaltflächen Optionen für die Formatierung wählen.

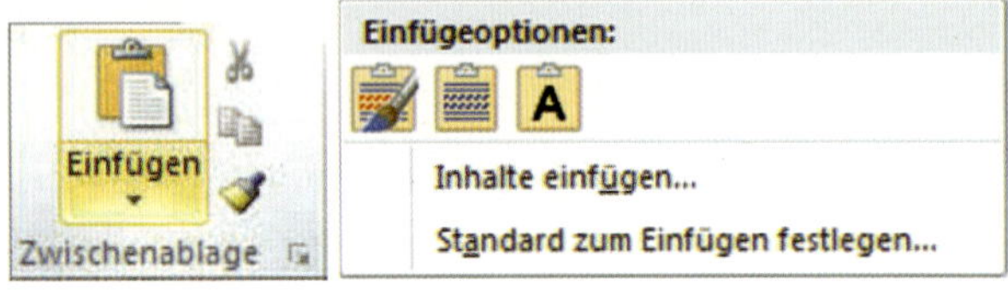
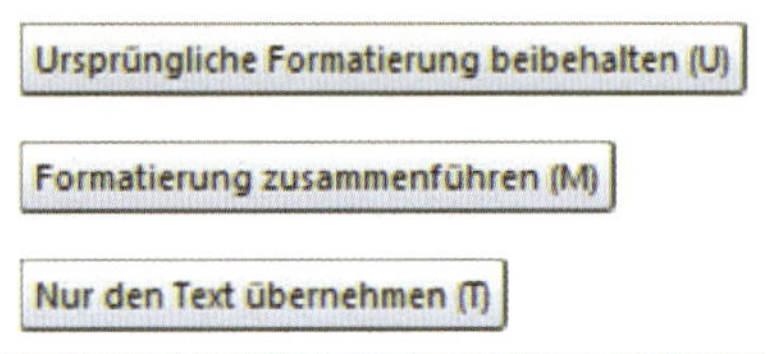

4.2.3 Einfügen in ein neues Dokument

Es besteht die Möglichkeit, den Text in ein anderes oder neues Dokument einzufügen. Damit sind identische Texte in verschiedenen Dokumenten nur einmal einzugeben.

Bearbeitungsschritte:

- Öffnen Sie das Dokument *Angebot* und speichern Sie es unter dem Namen *Angebot_3* ab. Markieren und kopieren Sie den Satz „Das Angebot ... gerichtet ist."

- Wählen Sie den Menüpunkt **Datei/Neu**. **K**licken Sie danach die Schaltfläche **Leeres Dokument** und dann die Schaltfläche **Erstellen** an, um ein zweites Dokument zu öffnen. Alternativ können Sie in der **Symbolleiste für den Schnellzugriff** die Schaltfläche **Neu** anklicken oder die Tastenkombination [**Strg**] + [**N**] drücken.

- Fügen Sie den Satz in das neue Dokument ein.

- Zwischen den Textdokumenten kann in der **Taskleiste** gewechselt werden. Außerdem können Sie über das Register **Ansicht** in der Gruppe **Fenster** nach Anklicken der Schaltfläche **Fenster wechseln** das benötigte Textdokument auswählen.

4.2.4 Ausschneiden und Einfügen

Beim Kopieren und Einfügen wird der Textausschnitt ein zweites Mal in demselben oder einem anderen Dokument eingefügt. Im Gegensatz dazu wird beim Ausschneiden und Einfügen der Text an einer Stelle gelöscht und an einer anderen Stelle eingefügt.

Bearbeitungsschritte:

- Öffnen Sie das Dokument *Angebot* und speichern Sie es unter dem Namen *Angebot_4* nochmals ab. Markieren Sie den Absatz „Die Menge ... verändert."

- Klicken Sie im Register **Start** in der Gruppe **Zwischenablage** die Schaltfläche **Ausschneiden** an. Alternativ können Sie auch die Tastenkombination [**Strg**] + [**X**] drücken.

- Gehen Sie mit dem Cursor vor den Absatz „Die Bindungsfrist ... gültig".

- Klicken Sie im Register **Start** in der Gruppe **Zwischenablage** die Schaltfläche **Einfügen** an. Alternativ können Sie auch die Tastenkombination [**Strg**] + [**V**] drücken.

- Der Text wurde damit an die gewünschte Stelle verschoben.

4.2.5 Drag and Drop

Als „Drag and Drop" (Ziehen und Ablegen) bezeichnet man die Möglichkeit, Textteile von einer Stelle zu einer anderen Stelle im Dokument allein über Mausbewegungen zu versetzen. Im Prinzip wird der Text ausgeschnitten und an einer anderen Stelle eingefügt.

Bearbeitungsschritte:

- Öffnen Sie das Dokument *Angebot* und speichern Sie es unter dem Namen *Angebot_5* nochmals ab. Markieren Sie den Absatz „Zu ... Zahlungsbedingungen."

- Klicken Sie danach auf den markierten Text und halten Sie die linke Maustaste gedrückt. Die Maus wird nun zusammen mit einem Rechteck dargestellt. Darüber hinaus wird der Cursor nun punktiert nach der Markierung dargestellt.

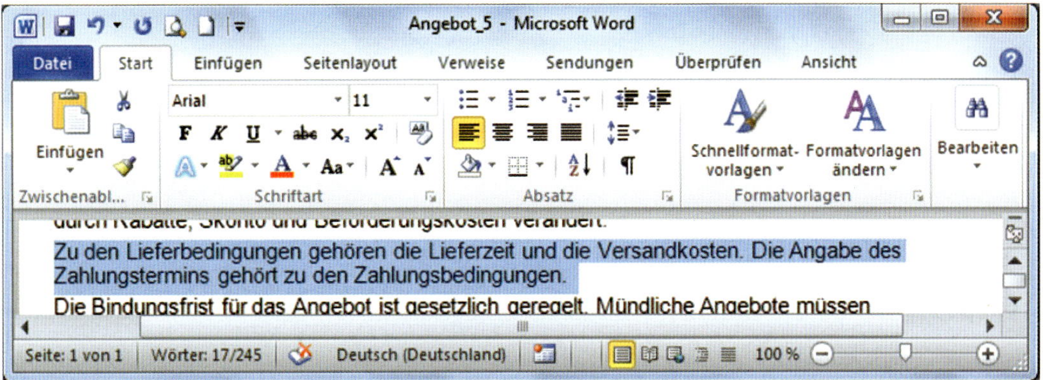

- Bei gedrückter linker Maustaste ziehen Sie nun den Text an das Ende des Textes. An der ursprünglichen Stelle wird der Text gelöscht.

4.2.6   Rückgängig und Wiederherstellen

Ein unerwünschtes Ergebnis, z. B. ein Löschen eines Absatzes, kann über die zur Verfügung stehenden Schaltflächen rückgängig gemacht werden. Außerdem können rückgängig gemachte Ergebnisse wiederhergestellt werden, wenn ein unerwartetes Ergebnis eingetreten ist.

Bearbeitungsschritte:

- Verschieben Sie den Satz „Das Angebot … gerichtet ist." an eine beliebige Stelle.

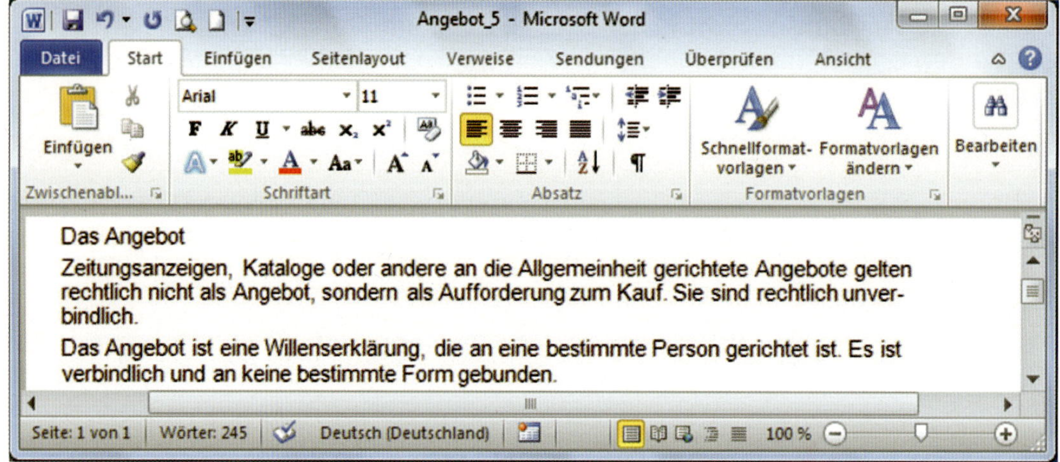

- Klicken Sie in der **Symbolleiste für den Schnellzugriff** die Schaltfläche **Rückgängig** an. Wenn Sie den Pfeil neben der Schaltfläche anklicken, können Sie auswählen, was rückgängig gemacht werden soll, in diesem Fall: **Verschieben**. Alternativ können Sie auch die Tastenkombination [**Strg**] + [**Z**] drücken.

- Stellen Sie fest, dass der Satz doch verschoben werden sollte, klicken Sie in der **Symbolleiste für den Schnellzugriff** die Schaltfläche **Wiederherstellen** an. Alternativ können Sie auch die Tastenkombination [**Strg**] + [**Y**] drücken.

- Überprüfen Sie genau, ob das von Ihnen gewünschte Ergebnis erreicht wurde.

4.2.7   Wiederholen

Die letzte Aktion, also beispielsweise das Löschen von Textpassagen oder das Formatieren von Textteilen, kann durch die Wahl eines Menüpunkts wiederholt werden.

Bearbeitungsschritte:

- Löschen Sie den Absatz „Die Menge der Ware ... verändert".

- Markieren Sie den Satz „Zu den Lieferungsbedingungen ... Versandkosten".

- Klicken Sie in der **Symbolleiste für den Schnellzugriff** die Schaltfläche **Wiederholen** an. Alternativ können Sie auch die Tastenkombination [**Strg**] + [**Y**] drücken.

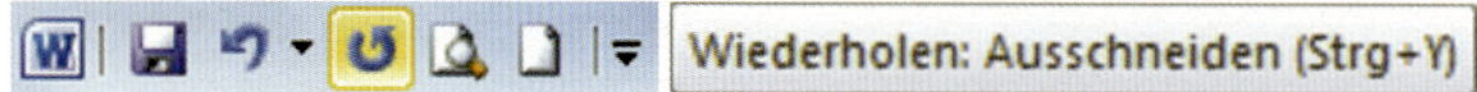

- Der zuletzt markierte Text wird ebenfalls gelöscht.

- Selbstverständlich können Sie genauso gut die Löschung mithilfe der entsprechenden Schaltfläche durchführen. Zum Beispiel bei der Formatierung bestimmter Bereiche und dem Übertragen dieser Formatierung auf andere Bereiche könnte sich die Möglichkeit des Wiederholens jedoch als besonders günstig herausstellen.

Übungen:

Aufgabe 4:   *Anfrage_1*

Erstellen und bearbeiten Sie den nachfolgenden Text:

a) Geben Sie den folgenden Text ein. Speichern Sie das Dokument unter dem Namen.

b) Markieren und löschen Sie den Absatz „Es wird ... werden." Machen Sie danach die Löschung wieder rückgängig.

c) Versetzen Sie den letzten Absatz durch Ausschneiden und Einfügen vor den vorletzten Absatz.

d) Versetzen Sie den Absatz per Drag and Drop wieder an das Ende des Textes.

Die Anfrage

Durch die Anfrage kann sich der Käufer einen Überblick darüber verschaffen, welche Waren von einem bestimmten Lieferanten angeboten werden.

Es wird normalerweise Informationsmaterial über die angebotenen Waren angefordert. Außerdem sollen die Preise und die Lieferungs- und Zahlungsbedingungen in einem entsprechenden Angebot angegeben werden.

Rechtlich ist eine Anfrage stets unverbindlich, sie verpflichtet den Anfragenden nicht zum Kauf der Ware.

Die Anfrage ist nicht an eine bestimmte Form gebunden, sie kann daher mündlich, schriftlich, telefonisch usw. erfolgen. Wenn um allgemeine Informationen über das Warensortiment in Form von Katalogen, Prospekten usw. gebeten wird, spricht man von einer allgemein gehaltenen Anfrage. Wird beispielsweise konkret nach einem bestimmten Produkt, nach dem Preis einer bestimmten Ware, nach der Güte und Beschaffenheit einer Ware usw. gefragt, handelt es sich um eine bestimmte Anfrage.

Aufgabe 5:   *Verspätete Lieferung_1*

Erstellen und Bearbeiten Sie den nachfolgenden Text:

a) Markieren und löschen Sie den Absatz „Ist der Käufer ... muss." Machen Sie danach die Löschung wieder rückgängig.

b) Tauschen Sie die beiden letzten Absätze durch Ausschneiden und Einfügen.

c) Versetzen Sie Absätze, Sätze usw. zu Übungszwecken. Stellen Sie danach den ursprünglichen Text wieder her.

Die verspätete Lieferung

Eine verspätete Lieferung tritt ein, wenn die Lieferung nicht am Fälligkeitstag erfolgt und den Verkäufer ein Verschulden trifft. Von einem Verschulden ist auszugehen, wenn die Lieferung vorsätzlich oder durch Fahrlässigkeit des Verkäufers unterbleibt. Ist der Liefertermin genau bestimmt, kommt der Lieferer ohne Mahnung in Verzug. Ansonsten muss der Käufer den Verkäufer durch eine Mahnung in Verzug setzen.

Ist der Käufer eine Privatperson, werden die Rechte im Bürgerlichen Gesetzbuch (BGB) geregelt. Ohne Einräumung einer Nachfrist kann der Käufer die Lieferung oder unter Umständen die Lieferung und Schadensersatz verlangen. Räumt der Käufer dem Verkäufer eine Nachfrist ein, kann er nach Ablauf der Nachfrist vom Vertrag zurücktreten. Außerdem kann er Schadensersatz wegen Nichterfüllung verlangen, wenn er beispielsweise die Ware nach Ablauf der Nachfrist bei einem anderen Unternehmen zu einem höheren Preis einkaufen muss.

Handelt es sich um einen Zweiseitigen Handelskauf, also ist der Käufer ebenfalls ein Kaufmann, kann der Käufer beim Lieferungsverzug den Rücktritt vom Vertrag, Schadensersatz wegen Nichterfüllung oder die Erfüllung des Vertrages verlangen.

5 Formatierung

5.1 Zeichenformatierung[1]

5.1.1 Schriftgröße, Schriftart, Schriftfarbe und Hintergrundfarbe

Sowohl für die Bildschirmanzeige als auch für die Druckausgabe sollte eine gut lesbare Schrift eingestellt werden. Besonders geeignet erscheinen die Schriftarten Arial, Times New Roman und Courier. Außerdem kann je nach Bedarf die Schriftgröße (Schriftgrad), die Schriftfarbe und ein Texthintergrund eingestellt werden.

Arial	Schriftart		Texthervorhebungsfarbe
11	Schriftgrad		Schriftfarbe
A	Schriftart vergrößern	[Strg] [>]	Texteffekte
A	Schriftart verkleinern	[Strg] [<]	Schriftart

Bearbeitungsschritte:

- Klicken Sie gegebenenfalls das Register **Start** an. In der Gruppe **Schriftart** werden alle für die Zeichenformatierung notwendigen Schaltflächen zur Verfügung gestellt.

- Stellen Sie die Schriftart **Arial** mit dem Schriftgrad **11** ein. Dazu müssen Sie den Pfeil nach unten neben der Bezeichnung für die Schriftart anklicken und dann die gewünschte Schriftart auswählen. Danach können Sie auf die gleiche Weise den Schriftgrad festlegen. Für Briefe sind Schriftgrade zwischen 10 und 12 zweckmäßig.

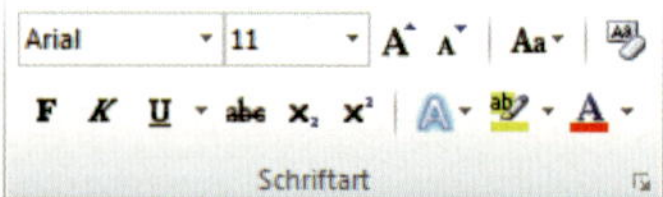

- Erstellen Sie mithilfe der Schaltflächen den nachfolgenden Text. Nutzen Sie die Optionen der Schaltflächen **Schriftfarbe** und **Texthervorhebungsfarbe**.

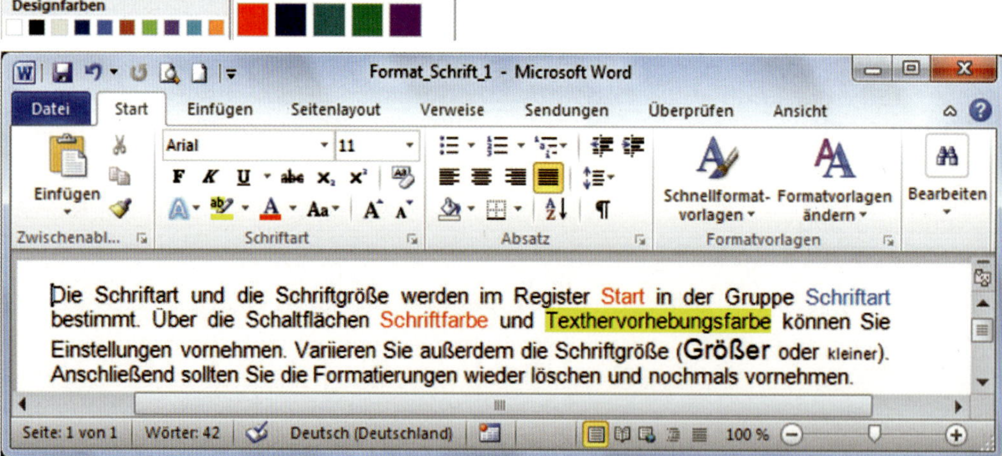

- Speichern Sie den Text unter dem Namen *Format_Schrift_1*.

- Löschen Sie die Formatierungen mithilfe der Schaltfläche **Formatierung löschen**. Stellen Sie danach die Texthervorhebungsfarbe wieder auf *Keine Farbe*.

- Speichern Sie den unformatierten Text unter dem Namen *Format_Schrift*.

---

[1] Nach DIN 5008 beginnt die Formatierung der Zeichen, z. B. durch Fettschrift oder Farbe, mit dem ersten und endet mit dem letzten Zeichen des hervorzuhebenden Teils. Dies gilt auch für das Unterstreichen.

5.1.2   Textformate

Formatierung bei der Texteingabe

Vor der Eingabe eines Textes, eines Absatzes, eines Wortes usw. wird durch Anklicken einer Schaltfläche bzw. durch eine Tastenkombination die Formatierung eines Textes vorgenommen.

Mit derselben Tastenkombination oder dem nochmaligen Anklicken der Schaltfläche wird die Formatierung nach der Eingabe wieder aufgehoben. Alle Formatierungen werden durch die Tastenkombination **[Strg]** + **[Leertaste]** wieder aufgehoben.

Die folgende Übersicht zeigt die Möglichkeiten der Formatierung von Wörtern usw. an:

F	**Fett**	**[Strg] [⇧] [F]**	x_2	Tiefgestellt	**[Strg] [#]**
K	*Kursiv*	**[Strg] [⇧] [K]**	x^2	Hochgestellt	**[Strg] [+]**
U ▾	Unterstrichen	**[Strg] [⇧] [U]**	**Aa** ▾	Groß/Kleinschreibung	
~~abc~~	~~Durchgestrichen~~			Formatierung löschen	
Doppelt unterstrichen		**[Strg] [⇧] [D]**	Nur Wörter unterstrichen		**[Strg] [⇧] [W]**
Kapitälchen		**[Strg] [⇧] [Q]**	Aufheben aller Textformate		**[Strg] [Leertaste]**

Bearbeitungsschritte:

- Geben Sie folgenden Text ein. Formatieren Sie den Text bei der Eingabe mithilfe der Tastatur bzw. mit der Maus. Speichern Sie ihn unter dem Namen *Format_Zeichen_1*.

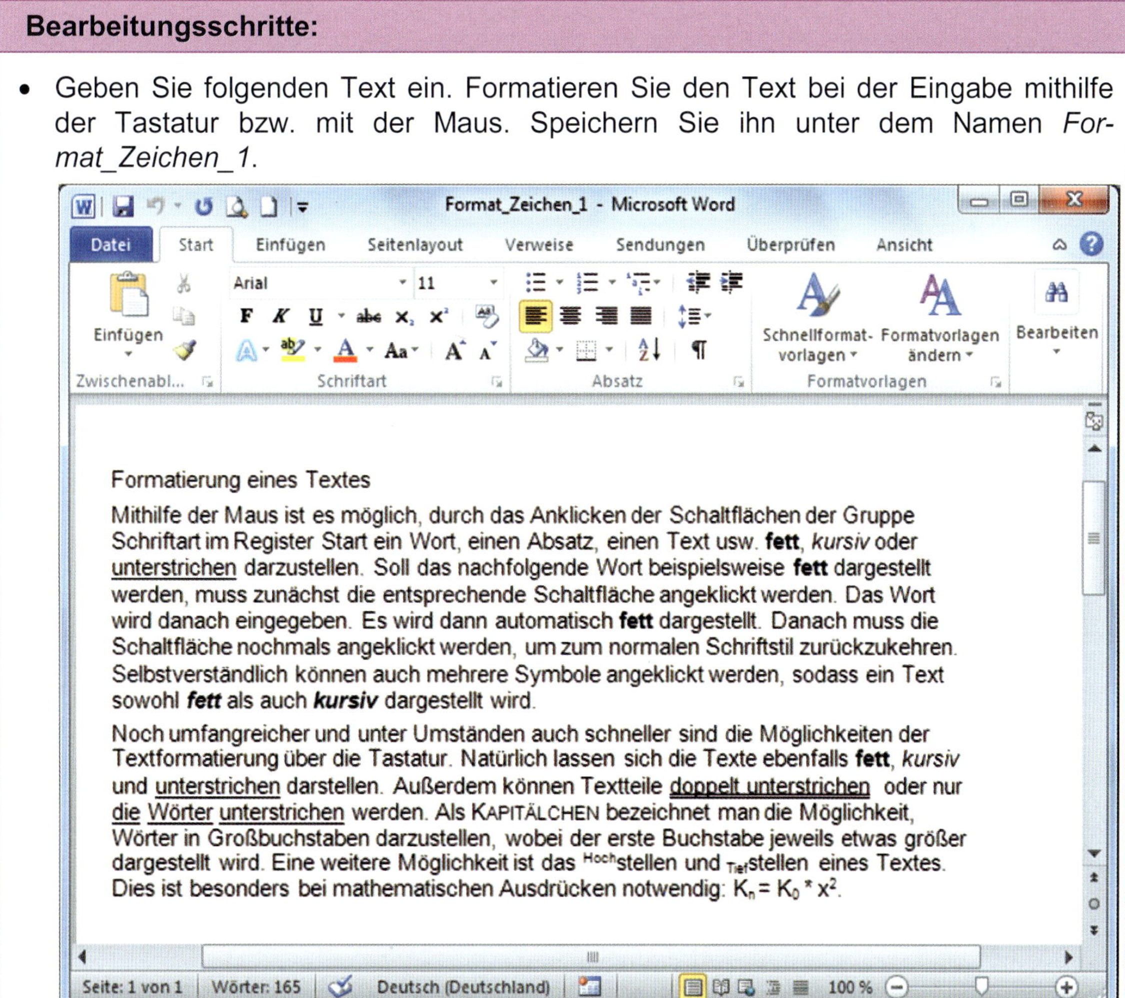

Formatierung eines Textes

Mithilfe der Maus ist es möglich, durch das Anklicken der Schaltflächen der Gruppe Schriftart im Register Start ein Wort, einen Absatz, einen Text usw. **fett**, *kursiv* oder <u>unterstrichen</u> darzustellen. Soll das nachfolgende Wort beispielsweise **fett** dargestellt werden, muss zunächst die entsprechende Schaltfläche angeklickt werden. Das Wort wird danach eingegeben. Es wird dann automatisch **fett** dargestellt. Danach muss die Schaltfläche nochmals angeklickt werden, um zum normalen Schriftstil zurückzukehren. Selbstverständlich können auch mehrere Symbole angeklickt werden, sodass ein Text sowohl ***fett*** als auch ***kursiv*** dargestellt wird.

Noch umfangreicher und unter Umständen auch schneller sind die Möglichkeiten der Textformatierung über die Tastatur. Natürlich lassen sich die Texte ebenfalls **fett**, *kursiv* und <u>unterstrichen</u> darstellen. Außerdem können Textteile <u>doppelt unterstrichen</u> oder nur <u>die Wörter unterstrichen</u> werden. Als Kapitälchen bezeichnet man die Möglichkeit, Wörter in Großbuchstaben darzustellen, wobei der erste Buchstabe jeweils etwas größer dargestellt wird. Eine weitere Möglichkeit ist das ^{Hoch}stellen und $_{Tief}$stellen eines Textes. Dies ist besonders bei mathematischen Ausdrücken notwendig: $K_n = K_0 * x^2$.

Nachträgliche Formatierung über Schaltflächen

Die nachträgliche Formatierung ist eine Alternative zur sofortigen Formatierung eines Textes.

Bearbeitungsschritte:

- Schreiben Sie zunächst den Text ohne die angegebenen Formatierungen. Speichern Sie danach den Text unter dem Namen *Format_Zeichen_2* ab.

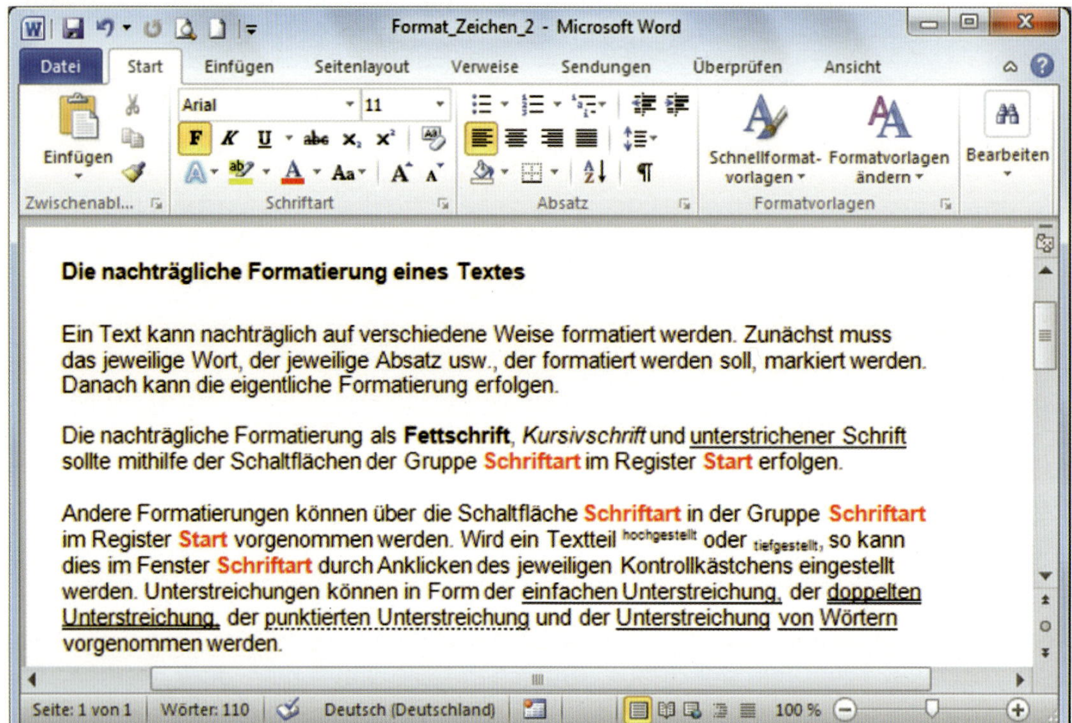

- Markieren Sie jeweils die zu formatierenden Wörter. Formatieren Sie den Text mithilfe der Schaltflächen in der Gruppe **Schriftart** im Register **Start**.

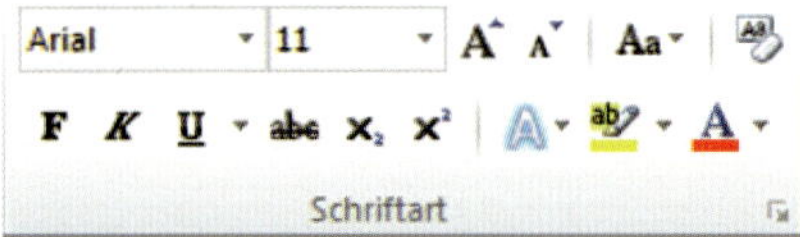

- Speichern Sie den Text unter dem Namen *Format_Zeichen_2a* nochmals ab. Schließen Sie die Datei.

- Öffnen Sie die Datei *Format_Schrift*. Speichern Sie den Text unter dem Namen *Format_Schrift_2* nochmals ab. Formatieren Sie den Text danach wie angezeigt:

Nachträgliche Formatierung über das Fenster *Schriftart*

Die nachträgliche Formatierung kann auch mithilfe der Möglichkeiten des Fensters **Schriftart** vorgenommen werden. Dies ist vor allem dann notwendig, wenn keine entsprechende Schaltfläche zur Verfügung steht.

Bearbeitungsschritte:

- Öffnen Sie den Datei *Format_Zeichen_2*. Speichern Sie den Text unter dem Namen *Format_Zeichen_2b* nochmals ab.

- Markieren Sie die Überschrift. Klicken Sie danach im Register **Start** in der Gruppe **Schriftart** die Schaltfläche **Schriftart** an. Formatieren Sie die Überschrift mithilfe der Möglichkeiten, die im Fenster **Schriftart** zur Verfügung stehen.

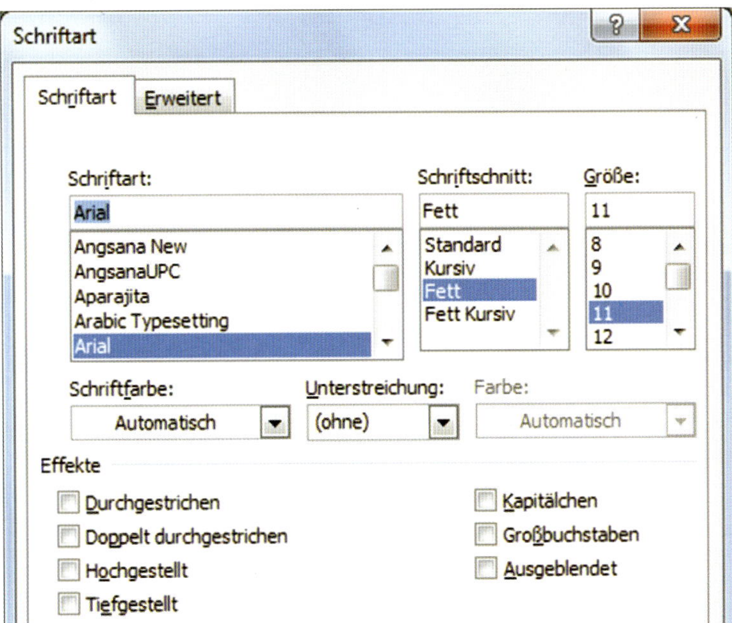

- Auf die gleiche Weise sollten Sie danach die anderen Elemente des Textes formatieren. Vor allem im Bereich **Effekte** und **Unterstreichung** können Sie die jeweils notwendigen Formatierungen vornehmen. Durch Anklicken von Kontrollkästen können Wörter, Sätze und Absätze hoch- bzw. tiefgestellt werden. Nach Anklicken des Pfeils im Bereich **Unterstreichung** wird die Art der Unterstreichung festgelegt.

- Öffnen Sie die Datei *Format_Schrift*. Speichern Sie den Text unter dem Namen *Format_Schrift_3* nochmals ab. Formatieren Sie den Text wie angezeigt:

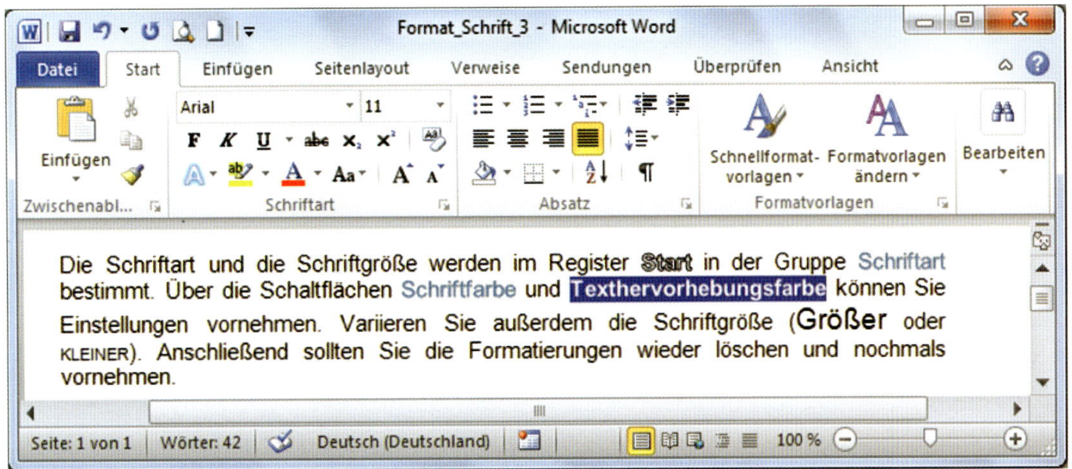

5.1.3   Formatierung übertragen

Sind Formatierungen in einem Text bereits vorgenommen worden und werden diese Formatierungen in anderen Textbereichen benötigt, so bietet es sich an, die Formatierungen zu übertragen. Die Erfahrung zeigt jedoch, dass es dabei durchaus zu nicht erwünschten Effekten kommen kann. Über die Schaltfläche **Rückgängig** in der **Symbolleiste für den Schnellzugriff** ist es jedoch möglich, Änderungen der Formatierung wieder zurückzunehmen.

Die Formatübertragung kann einmalig oder mehrmals vorgenommen werden, je nachdem, wie mit der Schaltfläche **Format übertragen** gearbeitet wird. Beide Möglichkeiten werden erklärt.

Bearbeitungsschritte:

- Schreiben Sie den nachfolgenden Text. Formatieren Sie lediglich das Wort **Format** und das Wort *Nummerierungen* wie angegeben.

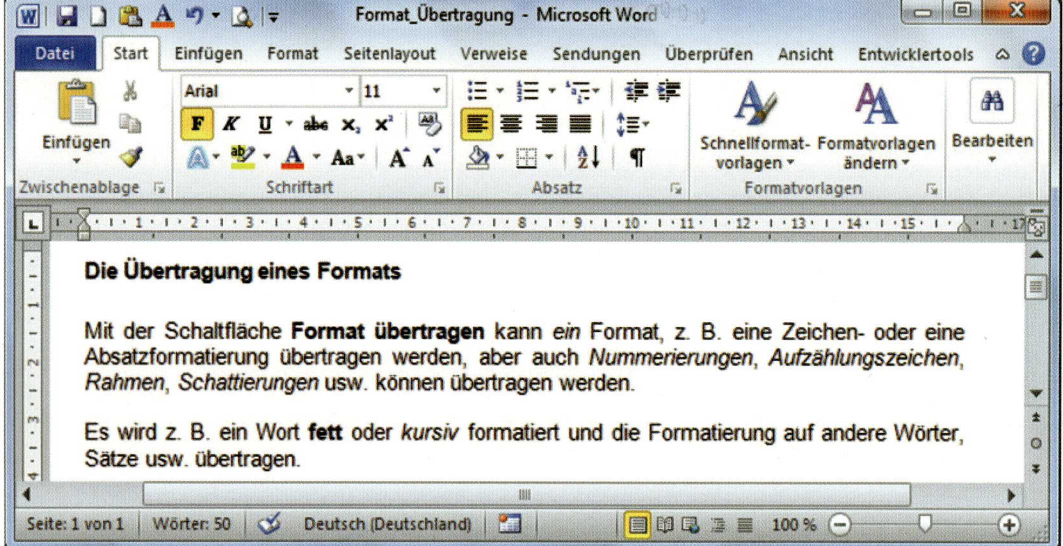

- Markieren Sie das fett formatierte Wort *Format*.

- Klicken Sie im Register **Start** in der Gruppe **Zwischenablage** die Schaltfläche **Format übertragen** an.

- Der Mauszeiger verändert sich folgendermaßen:

- Markieren Sie das Wort *übertragen*. Das Wort wird danach ebenfalls fett dargestellt.

- Wenn das Format auf mehrere Wörter oder Bereiche übertragen werden soll, muss die Schaltfläche **Format übertragen** doppelt angeklickt werden.

- Stellen Sie den Cursor in das Wort *Nummerierungen*. Klicken Sie die Schaltfläche **Format übertragen** doppelt an.

- Stellen Sie danach den Cursor in ein Wort oder markieren Sie einen Bereich. Nach Anklicken wird das Wort oder der Bereich kursiv dargestellt.

- Sie können danach weitere Wörter oder Bereiche formatieren. Erst mit dem erneuten Anklicken der Schaltfläche **Format übertragen** oder dem Drücken der Taste [**Esc**] wird das Übertragen des Formats beendet.

Übungen:

Aufgabe 6:   *Anfrage_2*

Bearbeiten Sie den nachfolgenden Text:
a) Öffnen Sie das Dokument *Anfrage_1 (Aufgabe 4, Seite 47)*.
b) Formatieren Sie den Text nachträglich wie angegeben.
c) Nehmen Sie weitere Formatierungen vor.

DIE ANFRAGE

Durch die **Anfrage** kann sich der Käufer einen Überblick darüber verschaffen, welche Waren von einem bestimmten Lieferanten angeboten werden.

Es wird normalerweise Informationsmaterial über die angebotenen Waren angefordert. Außerdem sollen die Preise und die Lieferungs- und Zahlungsbedingungen in einem entsprechenden Angebot angegeben werden.

Rechtlich ist eine **Anfrage** stets unverbindlich, sie verpflichtet den Anfragenden nicht zum Kauf der Ware.

Die **Anfrage** ist nicht an eine bestimmte Form gebunden, sie kann daher <u>mündlich,</u> <u>schriftlich, telefonisch</u> usw. erfolgen. Wenn um allgemeine Informationen über das Warensortiment in Form von Katalogen, Prospekten usw. gebeten wird, spricht man von einer allgemein gehaltenen **Anfrage**. Wird beispielsweise konkret nach einem bestimmten Produkt, nach dem Preis einer bestimmten Ware, nach der Güte und Beschaffenheit einer Ware usw. gefragt, handelt es sich um eine bestimmte **Anfrage**.

Aufgabe 7:   *Verspätete Lieferung_2*

Formatieren Sie den nachfolgenden Text:
a) Öffnen Sie das Dokument *Verspätete Lieferung_1 (Aufgabe 5, Seite 46)*.
b) Formatieren Sie den Text nachträglich wie angegeben.
d) Geben Sie den Text nochmals ein und formatieren Sie ihn bei der Texteingabe.

Die verspätete Lieferung

Eine **verspätete Lieferung** tritt ein, wenn die Lieferung nicht am *Fälligkeitstag* erfolgt und den Verkäufer ein *Verschulden* trifft. Von einem Verschulden ist auszugehen, wenn die Lieferung <u>vorsätzlich</u> oder durch <u>Fahrlässigkeit</u> des Verkäufers unterbleibt. Ist der Liefertermin genau bestimmt, kommt der Lieferer ohne Mahnung in Verzug. Ansonsten muss der Käufer den Verkäufer durch eine <u>Mahnung</u> in Verzug setzen.

Ist der Käufer eine **Privatperson**, werden die Rechte im Bürgerlichen Gesetzbuch (BGB) geregelt. Ohne Einräumung einer Nachfrist kann der Käufer die <u>Lieferung</u> oder unter Umständen die <u>Lieferung und Schadensersatz</u> verlangen. Räumt der Käufer dem Verkäufer eine Nachfrist ein, kann er nach Ablauf der Nachfrist vom <u>Vertrag zurücktreten</u>. Außerdem kann er <u>Schadensersatz wegen Nichterfüllung</u> verlangen, wenn er beispielsweise die Ware nach Ablauf der Nachfrist bei einem anderen Unternehmen zu einem höheren Preis einkaufen muss.

Handelt es sich um einen Zweiseitigen Handelskauf, ist also der Käufer ebenfalls ein **Kaufmann**, kann der Käufer beim Lieferungsverzug den <u>Rücktritt vom Vertrag, Schadensersatz wegen Nichterfüllung</u> oder die <u>Erfüllung des Vertrages</u> verlangen.

Übungen:

Aufgabe 8: *Format- und Dokumentvorlagen*

Erstellen und formatieren Sie den Text wie nachstehend angegeben:

Format- und Dokumentvorlagen

Formatvorlagen

Relativ einfach können neue **Formatvorlagen** erstellt werden, die dann wie die bestehenden genutzt werden können. Dabei können bereits vorgenommene Formatierungen innerhalb eines Dokuments die Grundlage für neue Formatvorlagen bilden.

Der als Grundlage dienende Text kann problemlos auch ohne die Anwendung von Formatvorlagen erstellt werden. Sind jedoch häufig Dokumente ähnlicher Art anzufertigen, bietet es sich an, Formatvorlagen zu erstellen. Damit wird das Formatieren der einzelnen Dokumente vereinfacht.

Außerdem ist gewährleistet, dass die Dokumente identisch aufgebaut werden können. Bei größeren Projekten, beispielsweise bei der Erstellung eines Referats, wirkt es sehr störend, wenn einzelne Abschnitte, Überschriften usw. unterschiedlich formatiert werden.

Dokumentvorlagen

Die professionelle Arbeit mit einem Textverarbeitungsprogramm erfordert die Vereinfachung von Formatierungen. Daher können neben Format- auch Dokumentvorlagen erstellt werden.

Dokumentvorlagen enthalten z. B. **Formatvorlagen**, mit denen gleichartige Dokumente einheitlich formatiert werden können. Außerdem können Briefvordrucke und sonstige Vordrucke als Dokumentvorlagen abgelegt werden.

Zunächst muss eine Dokumentvorlage erstellt werden, damit innerhalb dieser Vorlage **Formatvorlagen** definiert werden können. In der normalerweise benutzten Dokumentvorlage Normal.dot werden keine Änderungen vorgenommen.

Aufgabe 9: *Makros*

Erstellen und formatieren Sie den Text wie nachstehend angegeben:

Makros

Vorbemerkungen

Ein Makro ist eine Folge von Arbeitsanwendungen und Befehlen, die vom Programm auszuführen sind. Die Makros können dann bei Bedarf abgerufen und für die Arbeit mit Word eingesetzt werden.

Makros bergen jedoch auch Gefahren. Mit Makros können z. B. Daten vernichtet werden. Daher können in Word Texte mit und ohne Makros abgespeichert werden.

Aufzeichnung des Makros

Bestimmte Daten, etwa den Wert des Lagerbestandes, möchte man u. U. jederzeit ohne großen Arbeitsaufwand ausdrucken. Über ein Makro kann ein Teil eines Textes beispielsweise in eine PDF-Datei gedruckt werden. Soll der Ausdruck über den Drucker erfolgen, ist eine entsprechende Änderung vorzunehmen.

Folgende Arbeitsschritte sollen in einem Makro aufgezeichnet werden:

- Markierung eines bestimmten Bereichs des Textes,
- Festlegung dieses Bereichs als Druckbereich,
- Ausgabe der Tabelle als PDF-Datei (oder Ausdruck).

5.2 Absatzformatierung

5.2.1 Einfügen und Löschen von Absätzen

Durch Absätze wird ein Text in sachlogische Abschnitte unterteilt. In einem Textdokument können Absätze nach Bedarf eingefügt oder gelöscht werden.

Bearbeitungsschritte:

- Erstellen Sie den folgenden Text. Speichern Sie das Dokument unter dem Namen *Absatz*.

- Stellen Sie den Cursor hinter das Wort *bezeichnet*. Fügen Sie mithilfe der Taste [**Enter**] einen neuen Absatz ein.

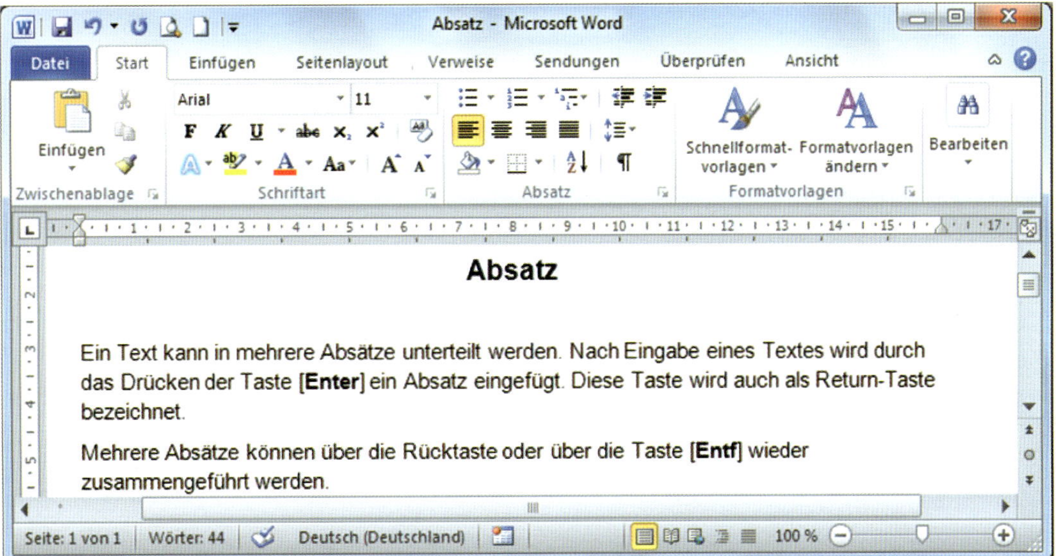

- Stellen Sie den Cursor hinter das Wort *bezeichnet.* Entfernen Sie den Absatz mithilfe der Tasten [**Entf**] bzw. [**del**].

5.2.2 Absatzausrichtung

Absatzausrichtung über Tastaturbefehle und Schaltflächen

Unter Absatzformatierung wird im Wesentlichen die Ausrichtung eines Absatzes verstanden. In der folgenden Übersicht sind die Tastaturbefehle und die Schaltflächen für die Ausrichtung von Schaltflächen zusammengestellt:

	Text linksbündig ausrichten	**[Strg] [L]**		Zeilenabstand
	Zentriert	**[Strg] [E]**		Schattierung
	Text rechtsbündig ausrichten	**[Strg] [R]**		Rahmenlinien
	Blocksatz	**[Strg] [B]**		Absatz

Bearbeitungsschritte:

- Schreiben Sie den Text. Sie können die Ausrichtung der einzelnen Absätze direkt bei der Eingabe vornehmen oder den gesamten Text zunächst schreiben und dann die Formatierung vornehmen. Die Schaltflächen stehen im Register **Start** in der Gruppe **Absatz** zur Verfügung.

- Bei der nachträglichen Formatierung müssen Sie lediglich den Cursor in den entsprechenden Absatz stellen.

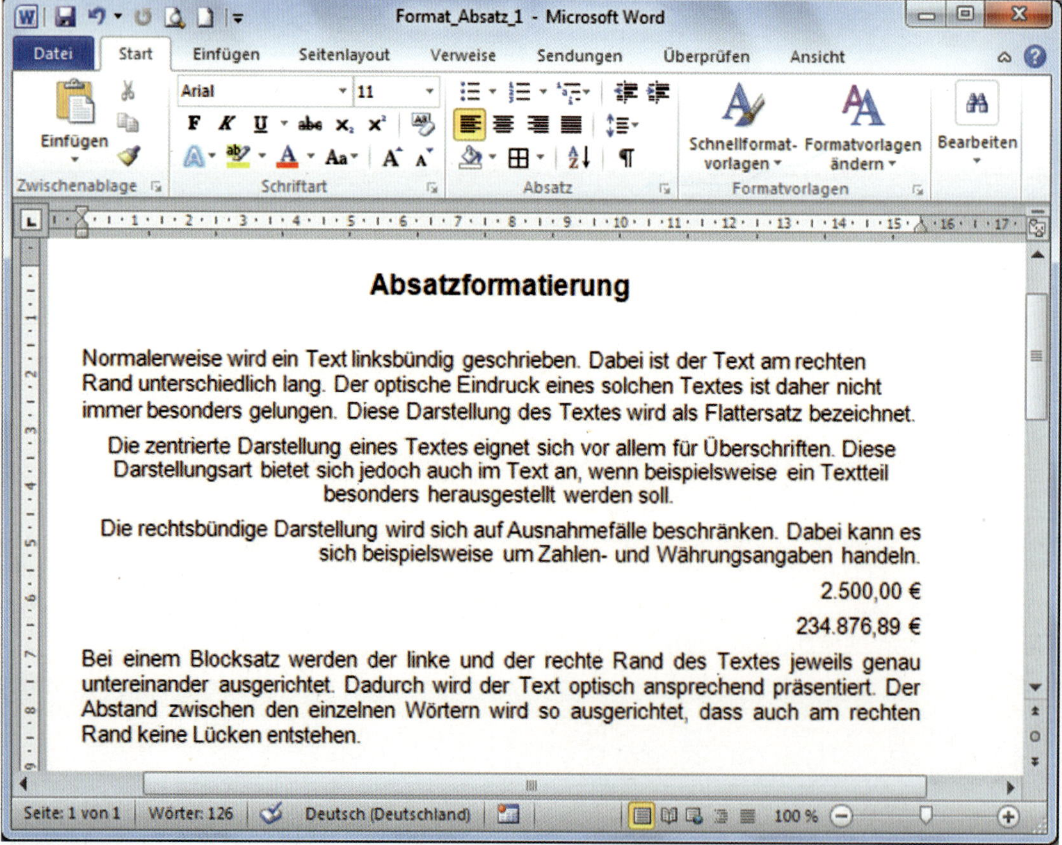

- Speichern Sie den Text unter dem Namen *Format_Absatz_1.*

Absatzformatierung mithilfe der Schaltfläche Absatz

Über die Schaltfläche **Absatz** lassen sich bei der Texteingabe umfangreiche Einstellungen für die Ausgabe eines Textes auf dem Bildschirm und auf dem Drucker vornehmen. Die Schaltfläche bietet sich immer dann an, wenn über die anderen zur Verfügung stehenden Schaltflächen kein befriedigendes Ergebnis erzielt wird.

Bearbeitungsschritte:

- Schreiben Sie den nachfolgenden Text zunächst ohne Formatierungen. Speichern Sie den Text unter dem Namen *Format_Absatz_2* ab.

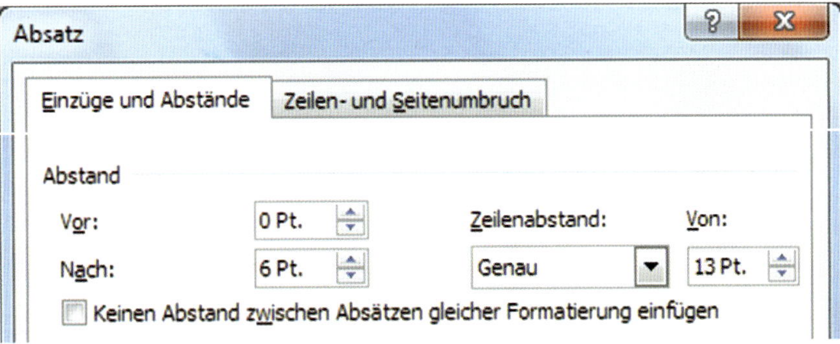

- Markieren Sie den gesamten Text. Klicken Sie danach im Register **Start** in der Gruppe **Absatz** die Schaltfläche **Absatz** an. Legen Sie die Formatierung des Textes wie angegeben fest. Je nach Schriftart und Schriftgrad können Sie das Maß des Zeilenabstandes anders festlegen.

- Speichern Sie den Text unter dem Namen *Format_Absatz_3* nochmals ab.

- Laden Sie danach das Dokument *Format_Absatz_1*. Formatieren Sie den Text entsprechend der vorherigen Formatierung. Speichern Sie das Dokument unter dem Namen *Format_Absatz_4* ab.

5.2.3   Absatzeinzug

Absatzeinzug über die Schaltfläche Absatz

Ein Absatz kann über den Absatzeinzug, beispielsweise die Einrückung der ersten Zeile, interessanter gestaltet werden. Die einzelnen Möglichkeiten des Absatzeinzugs können über das Fenster **Absatz** bestimmt werden.

Bearbeitungsschritte:

- Geben Sie den folgenden Text ein. Speichern Sie den Text unter dem Namen *Format_Einzug_1*. Stellen Sie den Cursor vor den zweiten Absatz.

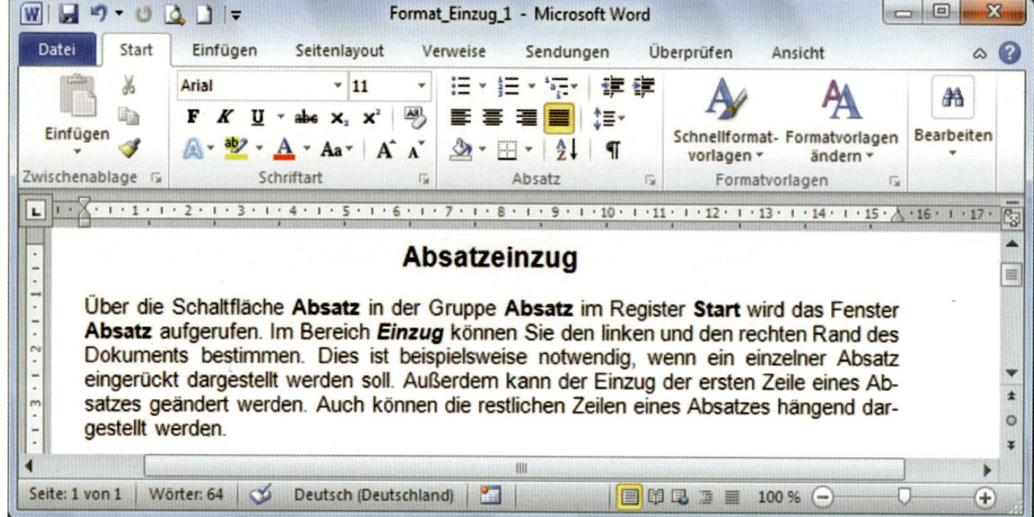

- Klicken Sie im Register **Start** in der Gruppe **Absatz** die Schaltfläche **Absatz** an.

- Stellen Sie den Einzug folgendermaßen ein:

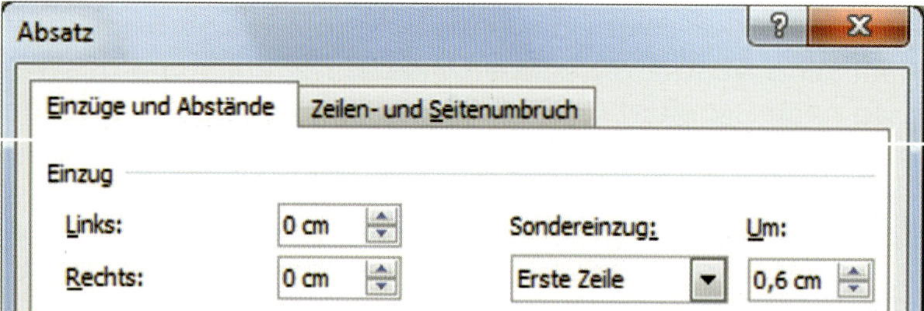

- Das Ergebnis sieht so aus:

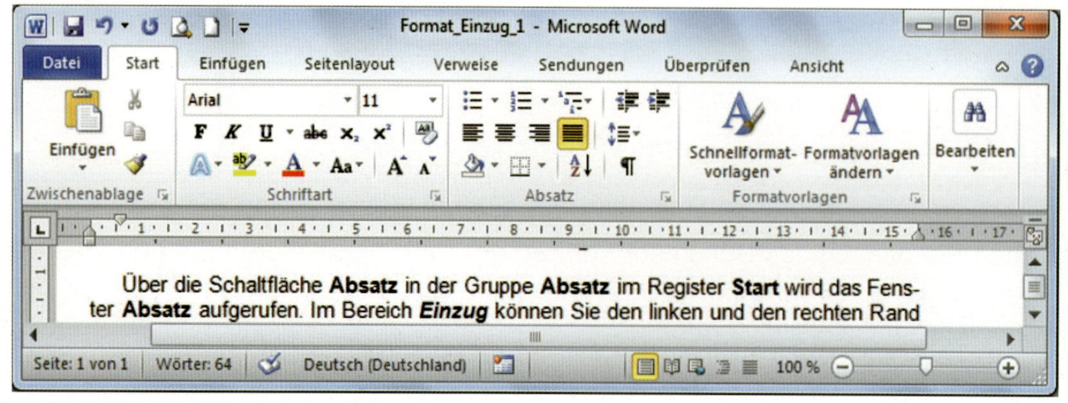

Bearbeitungsschritte (Fortsetzung):

- Stellen Sie den Einzug der ersten Zeile wieder auf *0* cm. Legen Sie danach im Fenster **Absatz** den Sondereinzug wie folgt fest:

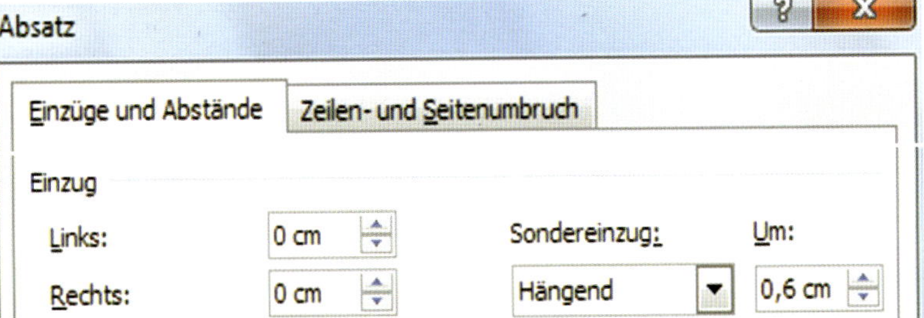

- Das Ergebnis sieht so aus:

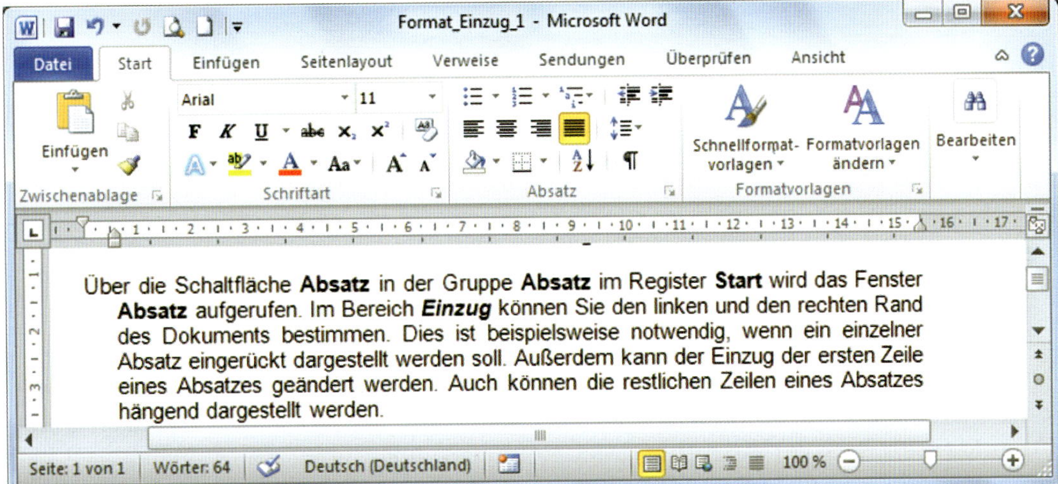

- Stellen Sie den hängenden Einzug wieder auf *0*.

- Der Rand kann auch für einen Absatz nach links und rechts verschoben werden.

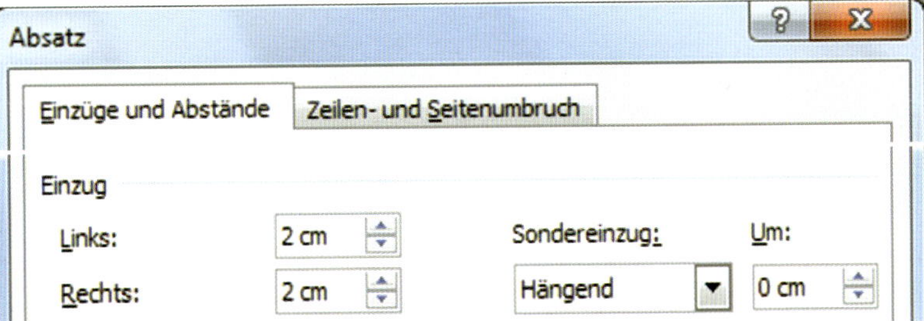

- Das Ergebnis könnte folgendermaßen aussehen:

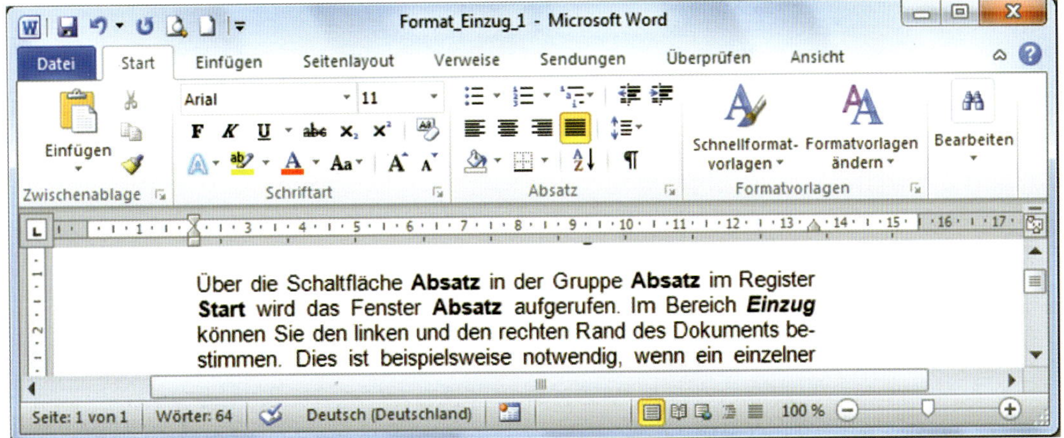

Absatzeinzug über das Lineal

Im oberen Bildschirmbereich sollte grundsätzlich das Lineal eingeblendet werden. Durch das Ziehen der Randsymbole im Lineal werden unterschiedliche Textdarstellungen ermöglicht. Die Möglichkeiten entsprechen denen, die über das Fenster **Absatz** gegeben sind.

Bearbeitungsschritte:

- Geben Sie den Text ein und speichern Sie ihn unter dem Namen *Format_Einzug_2*.

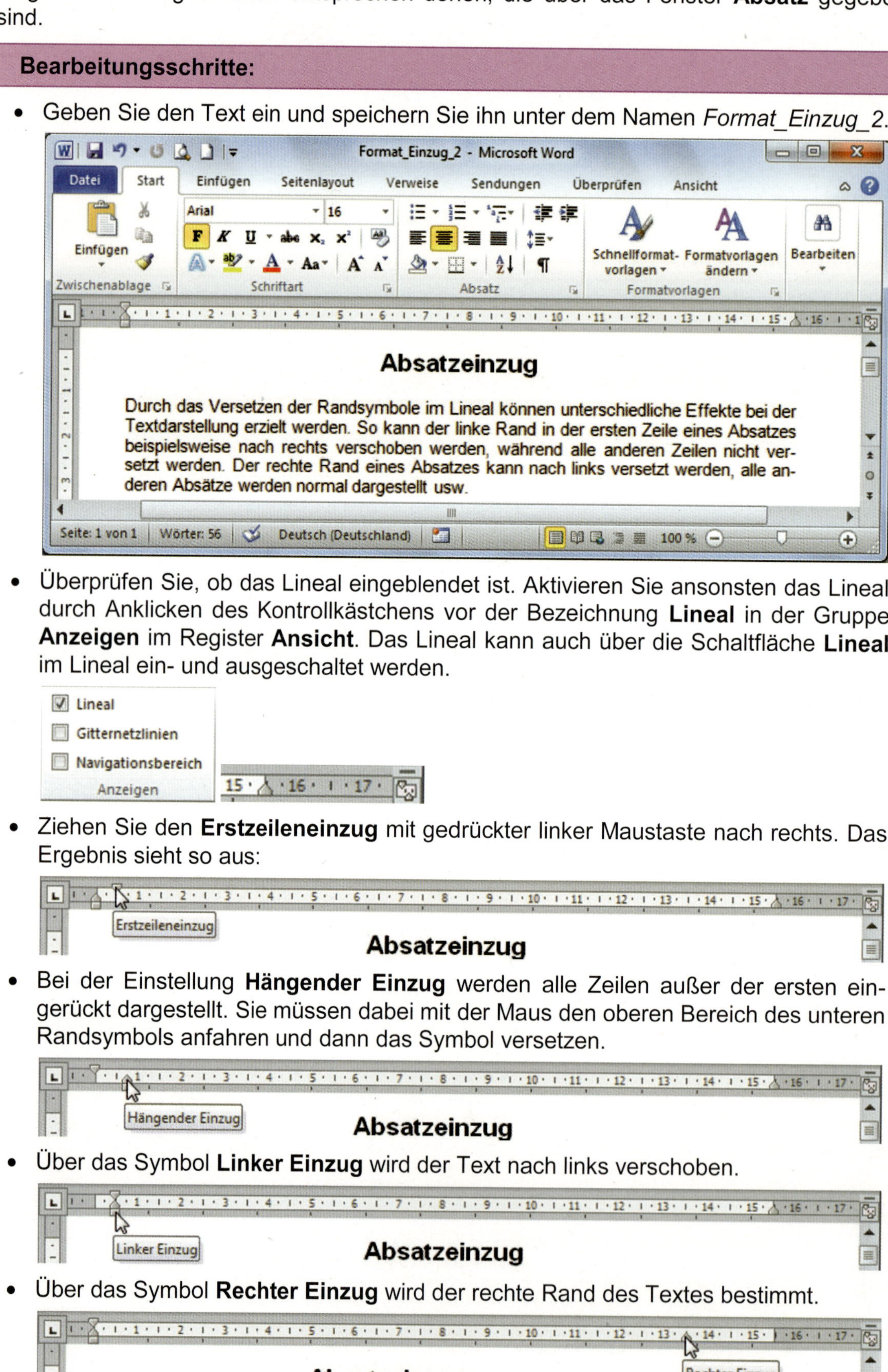

- Überprüfen Sie, ob das Lineal eingeblendet ist. Aktivieren Sie ansonsten das Lineal durch Anklicken des Kontrollkästchens vor der Bezeichnung **Lineal** in der Gruppe **Anzeigen** im Register **Ansicht**. Das Lineal kann auch über die Schaltfläche **Lineal** im Lineal ein- und ausgeschaltet werden.

- Ziehen Sie den **Erstzeileneinzug** mit gedrückter linker Maustaste nach rechts. Das Ergebnis sieht so aus:

- Bei der Einstellung **Hängender Einzug** werden alle Zeilen außer der ersten eingerückt dargestellt. Sie müssen dabei mit der Maus den oberen Bereich des unteren Randsymbols anfahren und dann das Symbol versetzen.

- Über das Symbol **Linker Einzug** wird der Text nach links verschoben.

- Über das Symbol **Rechter Einzug** wird der rechte Rand des Textes bestimmt.

5.2.4 Absätze mit einfachem oder doppeltem Zeilenabstand

Der Zeilenabstand zwischen den einzelnen Absätzen kann auf unterschiedliche Weise eingestellt werden. Die einfachste Art ist sicherlich, einen einfachen, doppelten usw. Abstand über eine Schaltfläche einzustellen.

Bearbeitungsschritte:

- Öffnen Sie das Dokument *Angebot*. Speichern Sie es unter dem Namen *Format_Zeilenabstand_1* nochmals ab.

- Formatieren Sie die Überschrift. Markieren Sie danach den gesamten Text.

- Klicken Sie im Register **Start** in der Gruppe **Absatz** die Schaltfläche **Zeilenabstand** an. Wählen Sie danach einen Zeilenabstand aus.

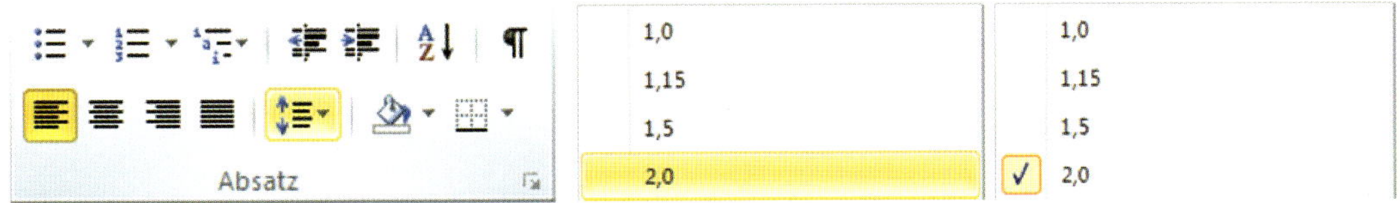

- Alternativ können Sie im Register **Start** in der Gruppe **Absatz** die Schaltfläche **Absatz** anklicken. Stellen Sie den Absatz auf die Option **Doppelt** ein.

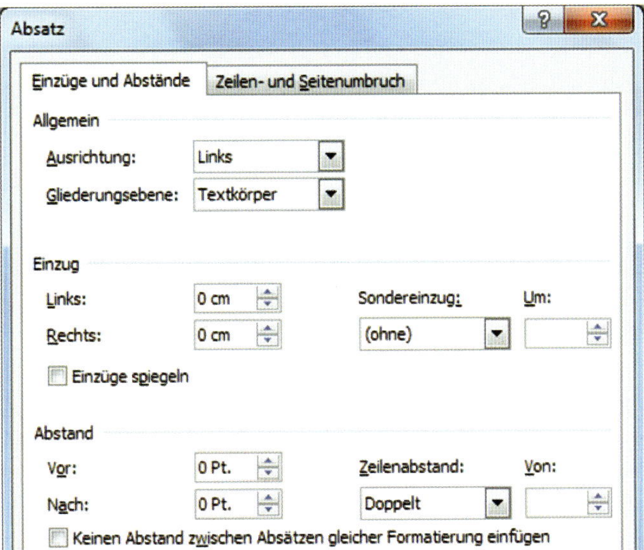

- Der Text wird entsprechend verändert dargestellt:

Aufgabe 10:   *Relationale_ Datenbanken*

Erstellen und formatieren Sie den Text wie nachstehend angegeben. Sollte Ihnen die benutzte Schriftart (Andy) nicht zur Verfügung stehen, sollten Sie eine ähnliche Schriftart nutzen.

Relationale Datenbank

Von einer RELATIONALEN DATENBANK spricht man, wenn Daten aus verschiedenen Tabellen miteinander verknüpft werden können, also beispielsweise bestimmte Artikel einem Lieferanten zugeordnet werden können.

Dabei muss eine relationale Datenbank bestimmte Mindestanforderungen erfüllen:

Alle Informationen werden in Tabellen dargestellt. Grundlage der relationalen Datenbank ist die Tabelle oder „Relation". Der Aufbau aller Datensätze in einer Tabelle muss gleich sein, die Datensätze müssen also aus denselben Datenfeldern (z. B. Artikel_Nr, Artikelart, Artikel_Bez, Bestand usw.) bestehen.

Eine Tabelle besteht aus Zeilen und Spalten. Jede Zeile enthält einen Datensatz (z. B. 1001, Schreibtisch, Gabriele, 5, usw.). Die Spalten der Tabelle enthalten ein einzelnes Datenfeld (z. B. 1001).

Aufgabe 11:   *Datenredundanz_Dateninkonsistenz_Datenintegrität*

Erstellen und formatieren Sie den Text wie nachstehend angegeben. Nutzen Sie eine zur Verfügung stehende Formatvorlage.

Datenredundanz, Dateninkonsistenz und Datenintegrität

Mehrfache Einträge desselben Sachverhaltes in einer Datenbank nennt man Datenredundanzen. Beispielsweise ist es unlogisch, in einer Tabelle zu jedem Artikel den Lieferanten einzugeben. Liefert der Lieferant mehrere Artikel, müssten jedes Mal die Daten in allen Datensätzen geändert werden, wenn sich beispielsweise der Name (Firmenbezeichnung) des Lieferanten ändert.

Bei der Datenänderung muss gewährleistet sein, dass alle betroffenen Eintragungen erfasst werden, ansonsten kommt es zur Dateninkonsistenz, also zu nicht mehr aktuellen Daten. Ein besonderes Problem ist gegeben, wenn in Tabellen unterschiedliche Daten desselben Sachverhalts entstehen. Dies muss unbedingt bei der Planung und der Arbeit mit einer Datenbank verhindert werden.

Durch mehrfache Einträge werden außerdem Platzressourcen verschwendet. Die mehrfache Erfassung führt daneben zur Zeitverschwendung, etwa bei der Dateneingabe, da Lieferanten- und Artikeldaten nicht nur einmal erfasst würden.

Unter Datenintegrität versteht man die Genauigkeit von Daten und ihre Übereinstimmung mit der erwarteten Bedeutung, insbesondere nachdem sie übertragen oder verarbeitet wurden.

Aufgabe 12: *HTML_CSS*

Erstellen und formatieren Sie den Text wie nachstehend angegeben. Wählen Sie eine ähnliche Schriftart und ähnliche Farben aus. Geben Sie die Aufzählungszeichen über die Tastatur ein.

Hypertext-Auszeichnungs-Sprache HTML

Webseiten werden mithilfe der Seitenerstellungssprache HTML (Hyper-Text Markup Language) erstellt. Die einzelnen Befehle der Sprache werden als Tags bezeichnet. Einzelne Tags können mit Attributen (Eigenschaften) ausgestattet werden, beispielsweise kann einer Webseite eine Hintergrundfarbe gegeben werden.

StyleCascadingSheets (CSS)

Mit der HTML-Ergänzungssprache Cascading Style Sheets (CSS) wird die Möglichkeit zur Verfügung gestellt, Elemente oder gesamte HTML-Seiten nach eigenen Bedürfnissen und Erfordernissen zu formatieren.

Durch die Definition von Formaten können auch nachträglich Seiten bzw. gesamte Webs geänderten Anforderungen angepasst werden. Es bietet sich also an, einige der bisher erstellten HTML-Seiten mithilfe von Stylesheets „aufzumotzen". Bei der Erstellung neuer Webseiten und/oder neuer Webs sollte man direkt eine vernünftige Formatierung miteinbeziehen. Das Aussehen einer Webseite entscheidet nicht unwesentlich über die Akzeptanz der Seiten beim Nutzer.

Die wichtigsten Formatierungsmöglichkeiten von HTML-Seiten durch Stylesheets werden in der folgenden Übersicht dargestellt:

- Schriftgröße, Schriftfarbe, Schriftart,

- Textgestaltung (Fett, Kursiv, Unterstrichen usw.),

- Textausrichtung (Links, Rechts, Zentriert, Blocksatz),

- Buchstaben- und Wortabstand,

- Zeilenabstand,

- Hyperlinks (Farbgestaltung, Unterstreichng, Hover-Effekte),

- Hintergrundfarben und –bilder,

- Rahmen,

- Randabstände,

- Formulare und Formularfelder,

- Mauszeiger,

- Positionierung von beliebigen Objekten (relativ und absolut).

Aufgabe 13:   *Internet*

Erstellen und formatieren Sie den Text wie nachstehend angegeben. Wählen Sie Schriftfarben und Hintergründe aus.

Speichern Sie den Text anschließend ein zweites Mal. Wählen Sie dann eine Schriftart für alle Bereiche des Textes aus, da es eher unüblich sein dürfte, dass verschiedene Schriftarten in einem Dokument verwendet werden.

World Wide Web

Das *World Wide Web (WWW)* (weltweites Netz) ist die grafische Oberfläche des Internets. Im World Wide Web sind Informationen zu beliebigen Themen abrufbar. Innerhalb des World Wide Web kann man sich per Mausklick von Dokument zu Dokument und damit von einem zum nächsten Internet-Rechner bewegen.

E-Mail

E-Mail bedeutet elektronische Post. Zum Schreiben und Lesen der Mails gibt es spezielle Programme, die beispielsweise mit Internet-Browsern zusammen ausgeliefert werden. Die E-Mails werden auf Rechnern, beispielsweise auf einem Rechner eines Online-Dienstes, abgespeichert und können vom Empfänger von diesem Rechner abgerufen werden.

FTP (File Transfer Protocol)

Alle Daten, die auf FTP-Servern zur Verfügung stehen, können von Internetbenutzern abgerufen werden. Über das Internet stellen Unternehmen beispielsweise Software, Dateien, die Fehler in Programmen beheben, Kurse für das Erlernen von Programmen usw. zur Verfügung.

Newsgroups

Newsgroups dienen dem Datenaustausch zwischen Personen. Jede Newsgroup (Nachrichtengruppe) ist einem Thema (Spiele, Programme usw.) gewidmet. Nachrichten in Newsgroups kann - im Unterschied zu persönlicher Post (E-Mails) – jeder Internet-Teilnehmer lesen.

Telefonieren

Das Internet lässt sich wie ein Telefon benutzen. Spezielle Programme stellen die Verbindung her.

Telefonieren über das Internet stellt schon heute eine große Konkurrenz zum herkömmlichen Telefonnetz dar. In Zukunft ist es nicht auszuschließen, dass das Telefonieren im herkömmlichen Sinne der Vergangenheit angehört.

6 Tabulatoren

6.1 Standardtabstopps

Als Tabstopps werden Positionen innerhalb einer Zeile bezeichnet, die durch das Betätigen der Taste [**Tab**] angesprungen werden können. Tabstopps werden vom Programm vorgegeben, können aber geändert und/oder individuell gesetzt werden.

Bearbeitungsschritte:

- Erstellen Sie ein neues Dokument unter dem Namen *Tabulatoren_1*. Geben Sie die Überschrift ein. Drücken Sie danach zweimal die Taste [**Return**]. Klicken Sie dann im Register **Start** in der Gruppe **Absatz** die Schaltfläche **Absatz** an.

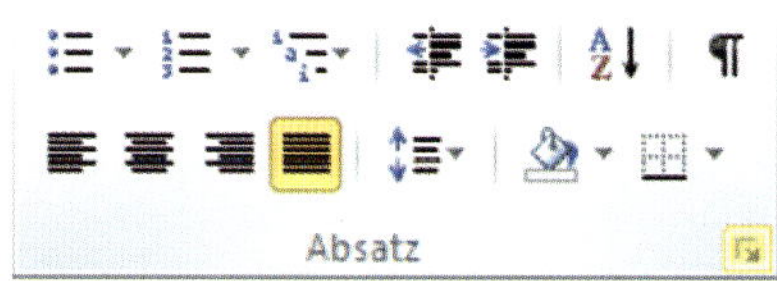

- Klicken Sie im Fenster **Absatz** die Schaltfläche **Tabstopps** an.

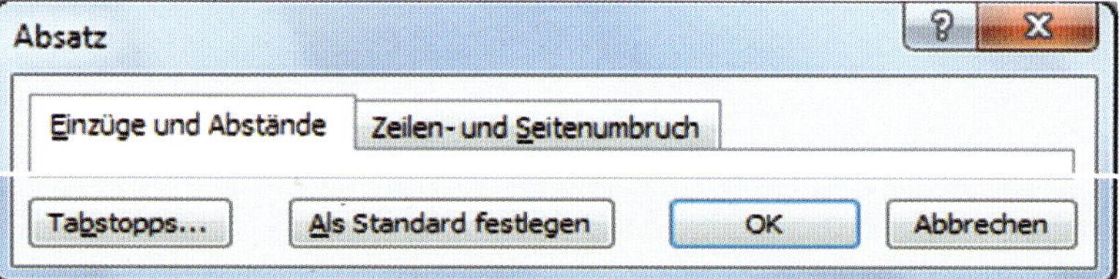

- Standardmäßig werden im Fenster **Tabstopps** nach jeweils 1,25 cm Tabstopps gesetzt. Ändern Sie den Abstand in 4 cm und schließen Sie die Bearbeitung mit dem Anklicken der Schaltfläche **OK** ab.

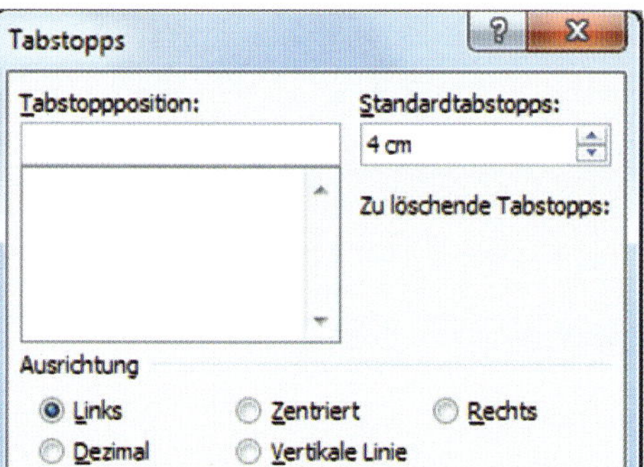

- Geben Sie den nachfolgenden Text ein. Die jeweiligen Tabstopps werden mit der Taste [**Tab**] angesprungen. Eine Zeile müssen Sie mit der Taste [**Return**] abschließen, damit der linke Rand der neuen Zeile angesprungen wird.

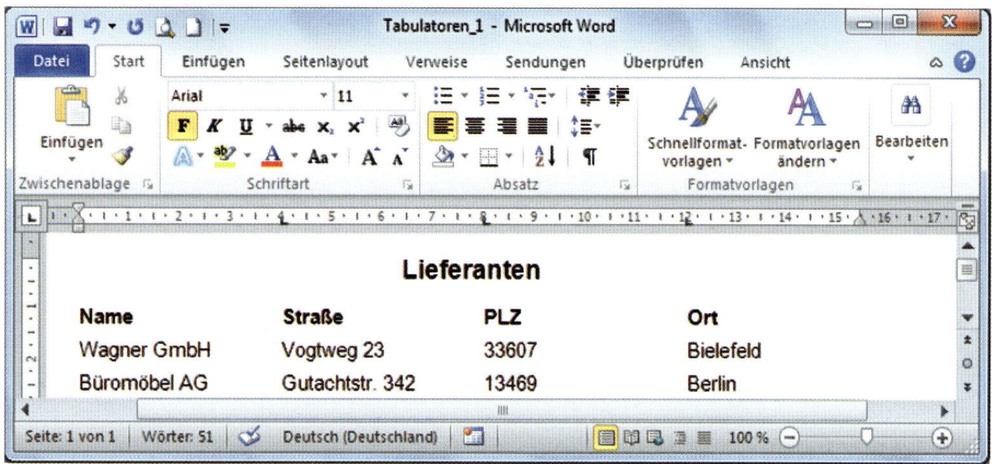

6.2   Setzen, Löschen usw. von Tabulatoren über das Lineal

Über das Setzen von Tabulatoren können die Eingaben in ein Dokument nach den jeweiligen Erfordernissen vorgenommen werden. So können beispielsweise Zahlen rechtsbündig und Währungen mit Dezimaltabulatoren eingegeben werden.

Bearbeitungsschritte:

- Erstellen Sie ein neues Dokument. Speichern Sie es unter dem Namen *Tabulatoren_2*. Das Ergebnis sollte folgendermaßen aussehen:

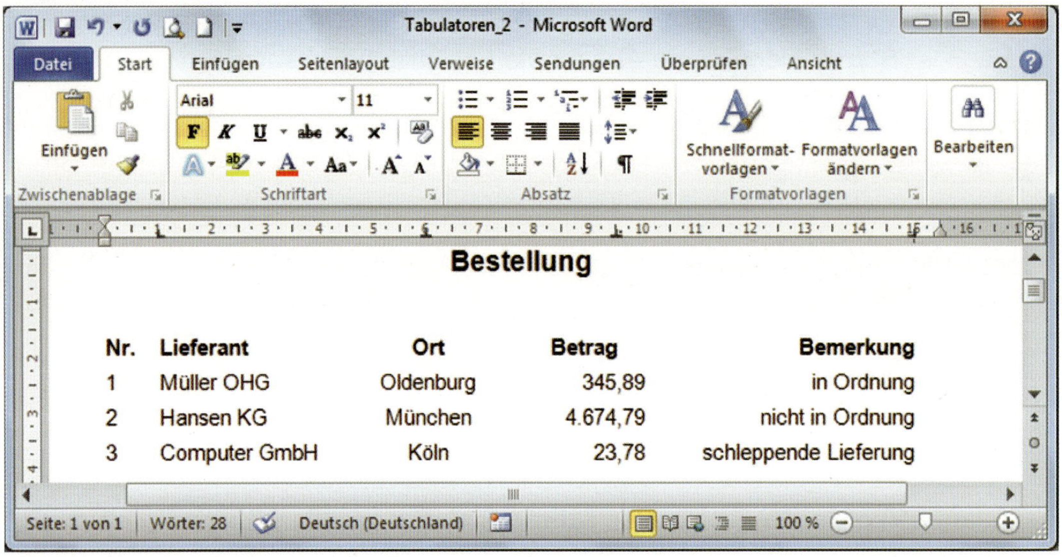

Nr.	Lieferant	Ort	Betrag	Bemerkung
1	Müller OHG	Oldenburg	345,89	in Ordnung
2	Hansen KG	München	4.674,79	nicht in Ordnung
3	Computer GmbH	Köln	23,78	schleppende Lieferung

- Geben Sie die Überschrift ein. Drücken Sie danach zweimal die Taste [**Return**].

- Klicken Sie auf das Zeichen auf der linken Seite des Lineals, bis das Zeichen für einen **Tabstopp links** erscheint. Klicken Sie danach auf die Zahl *1* auf dem Lineal. Dadurch wird ein linksbündiger Tabulator eingefügt.

- Fügen Sie danach einen zentrierten Tabulator ein.

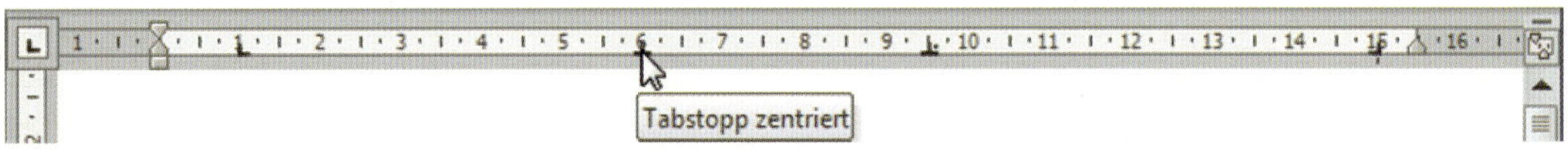

- Fügen Sie danach einen Dezimaltabulator ein. Der Dezimaltabulator sorgt dafür, dass das Komma bei Zahlenwerten untereinander steht.

- Als Letztes geben Sie einen rechtsbündigen Tabulator ein.

- Einzelne Tabulatoren können über das Lineal gelöscht werden. Zu diesem Zweck sollten Sie zunächst die gesamte Tabelle markieren und danach den Tabstopp mit der Maus anfahren und dann bei gedrückter linker Maustaste nach unten ziehen.

Bearbeitungsschritte (Fortsetzung):

- Selbstverständlich wird dadurch der Gesamteindruck des Dokuments zerstört. Entweder machen Sie daher die Änderung rückgängig oder Sie löschen nicht benötigte Daten, die bisher durch den Tabstopp eine genau bestimmte Position im Dokument innehatten.

- Das Versetzen ist relativ einfach. Fahren Sie mit der Maus auf den linksbündigen Tabstopp. Mit gedrückter linker Maustaste können Sie danach den Tabstopp nach rechts oder links versetzen.

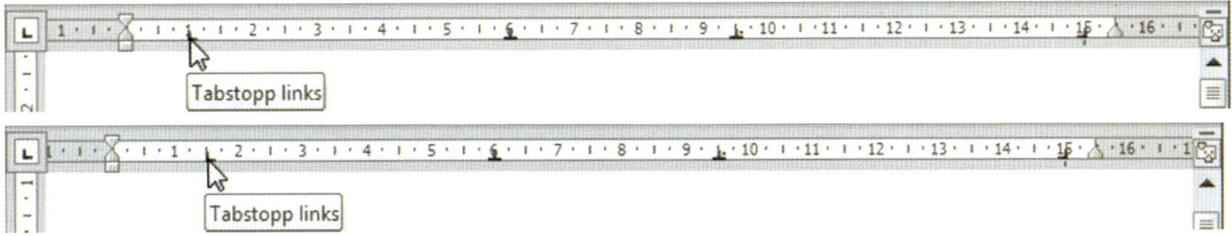

- Durch einen Doppelklick auf einen Tabstopp können Sie auch das Fenster **Tabstopps** aufrufen. Danach können Sie beispielsweise auch die Position von Tabstopps ändern. Auf der nächsten Seite wird darauf näher eingegangen.

6.3 Setzen, Löschen usw. von Tabulatoren über das Fenster *Tabstopps*

Individuelle Einstellungen sollten im Fenster **Tabstopps** vorgenommen werden.

Bearbeitungsschritte:

- Erstellen Sie ein neues Dokument. Speichern Sie es unter dem Namen *Tabulatoren_3*.

- Das Ergebnis sollte folgendermaßen aussehen:

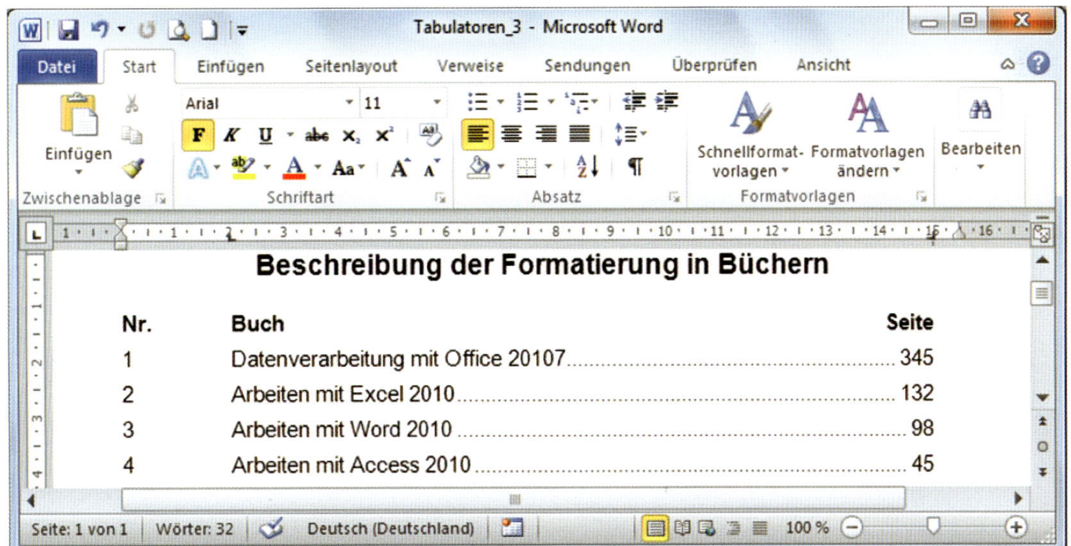

- Geben Sie die Überschrift ein. Drücken Sie danach zweimal die Taste [**Return**].

- Klicken Sie im Register **Start** in der Gruppe **Absatz** die Schaltfläche **Absatz** an. Klicken Sie im Fenster **Absatz** die Schaltfläche **Tabstopps** an.

- Legen Sie für die einzelnen Überschriften (*Buch, Seite*) einen linksbündigen Tabstopp auf die Position *2* cm und einen rechtsbündigen Tabstopp auf die Position *15* cm. Ein Tabstopp am Anfang der Zeilen ist nicht notwendig.

- Klicken Sie dann auf die Schaltflächen **Festlegen** und **OK.**

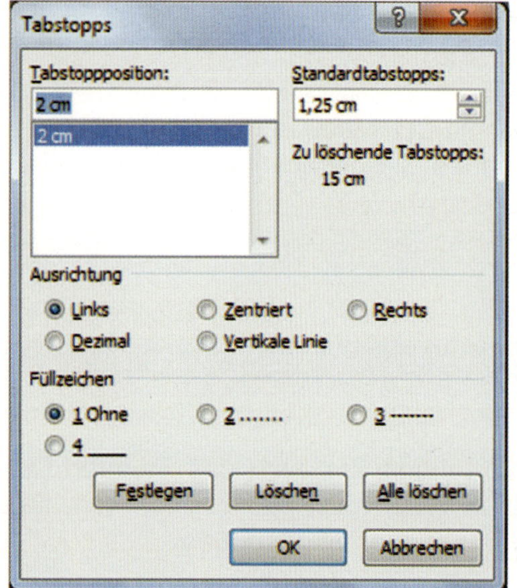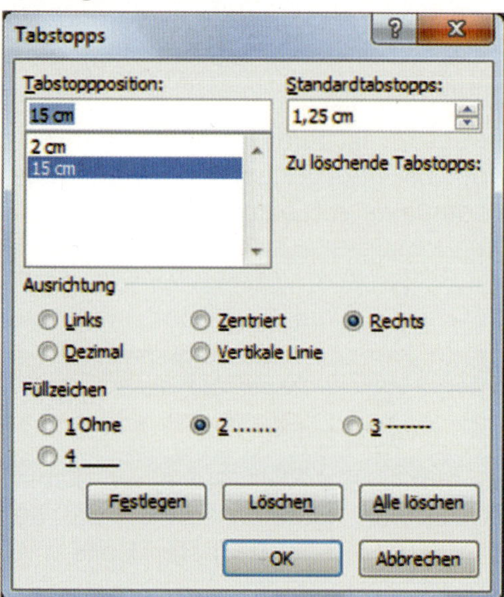

- Geben Sie die Überschriften (*Nr.* usw.) ein. Drücken Sie danach die Taste [**Return**].

- Für die einzelnen Daten in den nächsten Zeilen soll der rechtsbündige Tabstopp mit einem Füllzeichen versehen werden. Führen Sie daher mit der Maus einen Doppelklick auf den rechtsbündigen Tabstopp im Lineal aus. Alternativ können Sie im Register **Start** in der Gruppe **Absatz** die Schaltfläche **Absatz** und danach im Fenster **Absatz** die Schaltfläche **Tabstopps** anklicken. Legen Sie das angezeigte Füllzeichen fest.

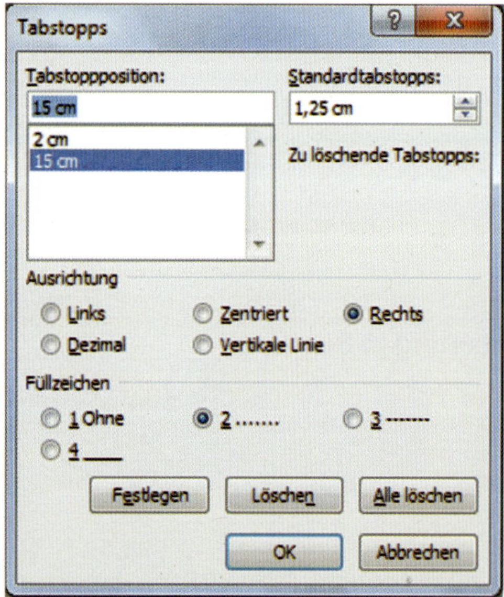

- Um einen Tabstopp über das Fenster **Tabstopps** zu löschen, müssen Sie den Tabstopp im Bereich **Tabstoppposition** markieren und dann die Schaltfläche **Löschen** anklicken. Alle Tabstopps werden über die Schaltfläche **Alle löschen** gelöscht.

- Das Versetzen über das Fenster **Tabstopps** ist nur durch das Löschen eines Tabstopps und das anschließende Setzen eines neuen Tabstopps auf die gewünschte Position möglich. Daher bietet es sich an, das Lineal für diesen Zweck zu nutzen.

- Im Fenster **Tabstopps** finden Sie alle Möglichkeiten, die Ausrichtung eines Tabstopps nachträglich zu ändern. Auch das Entfernen oder Setzen von Füllzeichen ist möglich.

6.4 Umwandlung eines Textes mit Tabstopps in eine Tabelle

Sollen die vielfältigen Möglichkeiten der Bearbeitung und der Formatierung einer Tabelle genutzt werden, bietet sich eine entsprechende Umwandlung an. Auch eine Umwandlung einer Tabelle in einen Text mit Tabstopps ist möglich und relativ einfach zu realisieren.

Bearbeitungsschritte:

- Öffnen Sie das Dokument *Tabulatoren_1*. Speichern Sie das Dokument unter dem Namen *Tabulatoren_4*. Markieren Sie den gesamten Bereich, in dem Tabulatoren verwandt wurden, jedoch nicht die Überschrift *Lieferanten*.

- Klicken Sie im Register **Einfügen** in der Gruppe **Tabellen** die Schaltfläche **Tabelle** an. Wählen Sie die Option **Text in Tabelle umwandeln**.

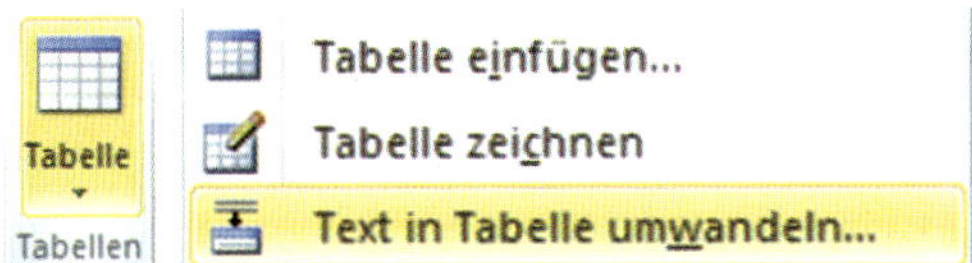

- Überprüfen Sie die Angaben im Fenster **Text in Tabelle umwandeln**. Normalerweise sind die Angaben in Ordnung.

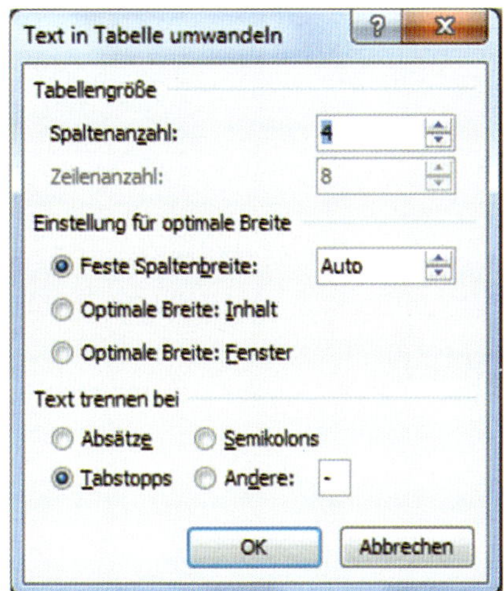

- Das Ergebnis sieht wie nachfolgend dargestellt aus. Eine vernünftige Formatierung wird ebenso wie die Umwandlung in einen Text im Kapitel *Tabellen* beschrieben.

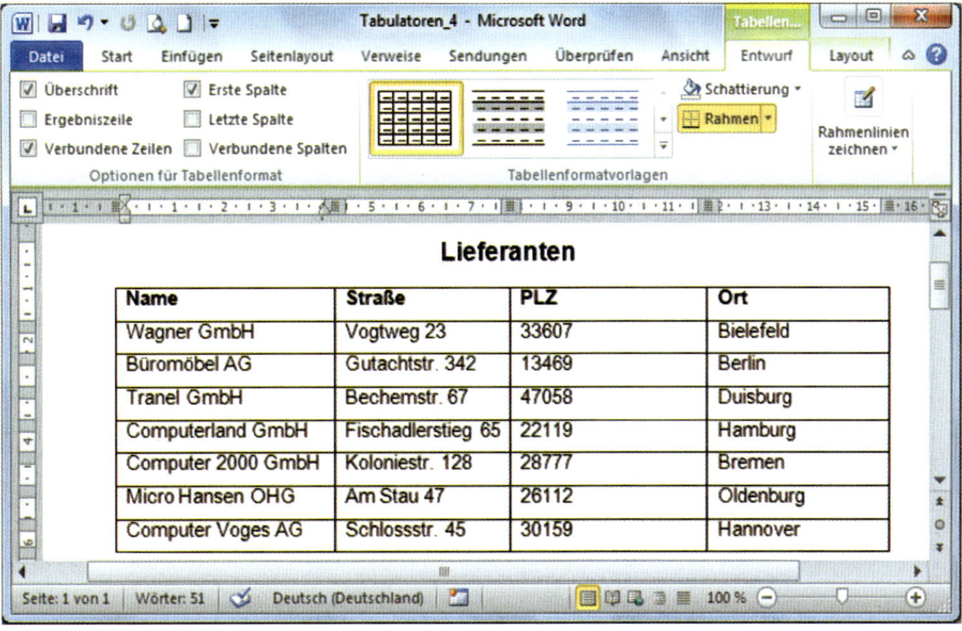

Name	Straße	PLZ	Ort
Wagner GmbH	Vogtweg 23	33607	Bielefeld
Büromöbel AG	Gutachtstr. 342	13469	Berlin
Tranel GmbH	Bechemstr. 67	47058	Duisburg
Computerland GmbH	Fischadlerstieg 65	22119	Hamburg
Computer 2000 GmbH	Koloniestr. 128	28777	Bremen
Micro Hansen OHG	Am Stau 47	26112	Oldenburg
Computer Voges AG	Schlossstr. 45	30159	Hannover

Aufgabe 14:   *Bestand_1*

Erstellen Sie die folgende Bestandsliste. Setzen Sie die einzelnen Tabstopps nach den jeweiligen Erfordernissen. Bei dem Einkaufspreis sollten Sie in der Überschrift einen rechtsbündigen Tabulator und ansonsten einen Dezimaltabulator setzen. Beim Gewicht setzen Sie einen Dezimaltabulator ein.

Bestandsliste

Art.-Nr.	Artikelart	Artikel-Bez.	Bestand	Gewicht (kg)	Einkaufspreis
1000	Schreibtisch	Gabriele	5	3,789	800,00 €
1001	Schreibtisch	Modern	10	34,56	456,00 €
1002	Schreibtisch	Exklusiv	20	345,0	1.250,00 €
1003	Büroschrank	Elegant	12	45,9877	2.400,00 €
1004	Büroschrank	Aktuell	17	321,98	897,00 €
1005	Drucker	Hanso	12	87,678	430,00 €
1006	Drucker	Stil	8	9,00	1.300,00 €
1007	Drucker	Klassic	12	8,7	2.900,00 €

Aufgabe 15:   *Kunden_1*

Erstellen Sie die folgende Kundenliste. Setzen Sie die einzelnen Tabstopps nach den jeweiligen Erfordernissen.

Verzeichnis der Kunden

Kunden-Nr.	Name1	Straße	PLZ	Ort
200	Otto Artig e. Kfm.	Mühlenstr. 45	26789	Leer
201	Hans Kassens	Am Forst 45	49809	Lingen
202	Bürohandlung GmbH	Markt 21	49716	Meppen
203	Bürobedarf Hinze KG	Auguststr. 12	49751	Sögel
204	Rohr & Co. KG	Gallotweg 67	26723	Emden
205	Willi Garstig OHG	Hachstr. 15	26725	Emden
206	Hans Truppe	Adlerstr. 45	48429	Rheine
207	Hans Terfehr KG	Sachsenstr. 12	49809	Lingen
208	Schwarte GmbH	Austenhook 12	48432	Rheine
209	Bürobedarf Müller KG	Schiffsweg 45	49808	Lingen

Aufgabe 16:   *Bestand_2*

Kopieren Sie den Text *Bestand_1 (Aufgabe 14, Seite 70)* in ein neues Dokument. Wandeln Sie danach den Text in eine Tabelle um.

Aufgabe 17:   *Kunden_2*

Kopieren Sie den Text *Kunden_1 (Aufgabe 15, Seite 70)* in ein neues Dokument. Wandeln Sie danach den Text in eine Tabelle um.

7   Tabellen

7.1   Anlegen einer Tabelle

Der grundsätzliche Aufbau einer Tabelle wird in der nachfolgenden Darstellung gezeigt. Die einzelnen Begriffe wie Spalte, Zeile, Zelle usw. und deren Bedeutung lassen sich dem Schaubild entnehmen:

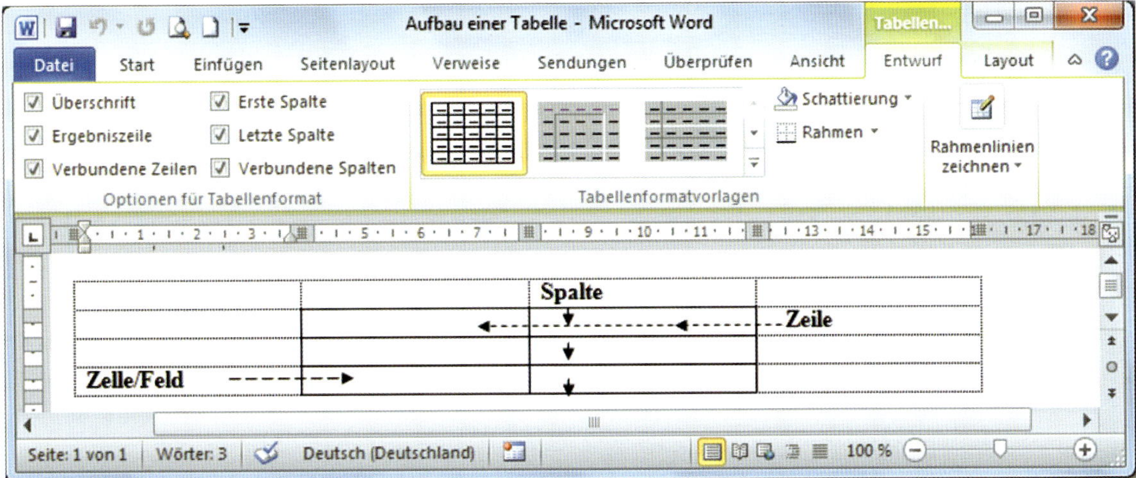

Bearbeitungsschritte:

- Erstellen Sie folgende Tabelle. Die einzelnen Arbeitsschritte werden nachfolgend erklärt. Speichern Sie die Tabelle unter dem Namen *Tabelle_1*.

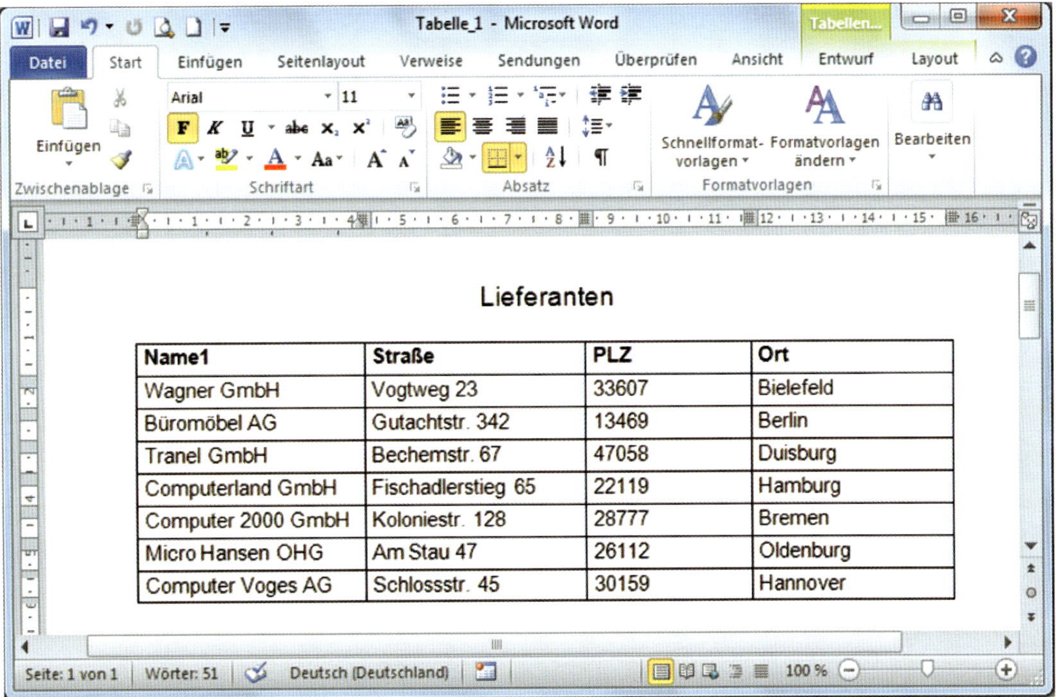

Lieferanten

Name1	Straße	PLZ	Ort
Wagner GmbH	Vogtweg 23	33607	Bielefeld
Büromöbel AG	Gutachtstr. 342	13469	Berlin
Tranel GmbH	Bechemstr. 67	47058	Duisburg
Computerland GmbH	Fischadlerstieg 65	22119	Hamburg
Computer 2000 GmbH	Koloniestr. 128	28777	Bremen
Micro Hansen OHG	Am Stau 47	26112	Oldenburg
Computer Voges AG	Schlossstr. 45	30159	Hannover

- Schreiben und formatieren Sie zunächst die Überschrift der abgebildeten Tabelle. Drücken Sie danach zweimal die Taste [**Return**]. Damit wird ein gewisser Abstand zwischen der Überschrift und der Tabelle hergestellt.

Bearbeitungsschritte (Fortsetzung):

- Klicken Sie im Register **Einfügen** in der Gruppe **Tabellen** die Schaltfläche **Tabelle** an. Wählen Sie danach mit der Maus die angezeigte Tabelle aus.

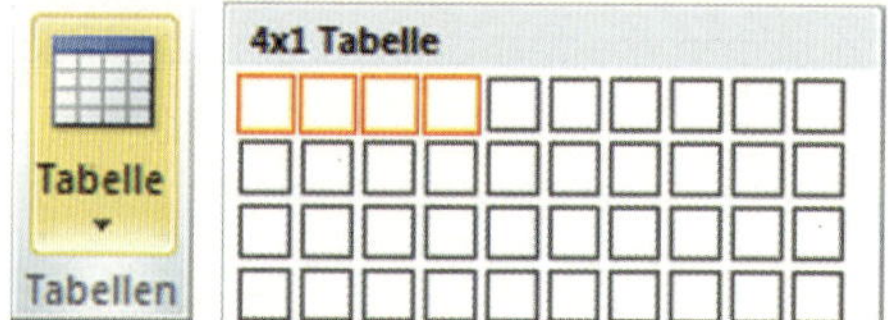

- Alternativ können Sie auch im Register **Einfügen** in der Gruppe **Tabellen** den Menüpunkt **Tabelle einfügen** wählen. Stellen Sie danach im Fenster **Tabelle einfügen** die Spalten- und Zeilenanzahl ein.

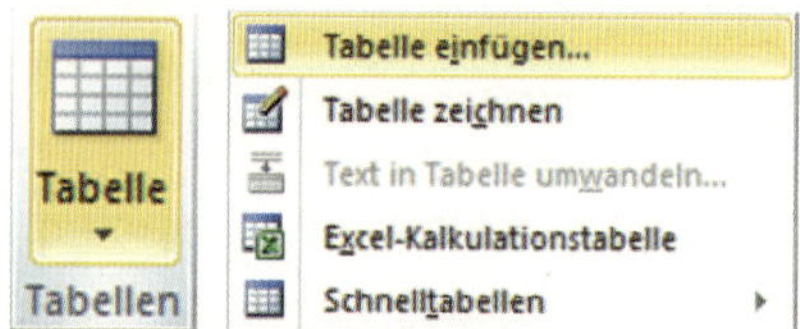 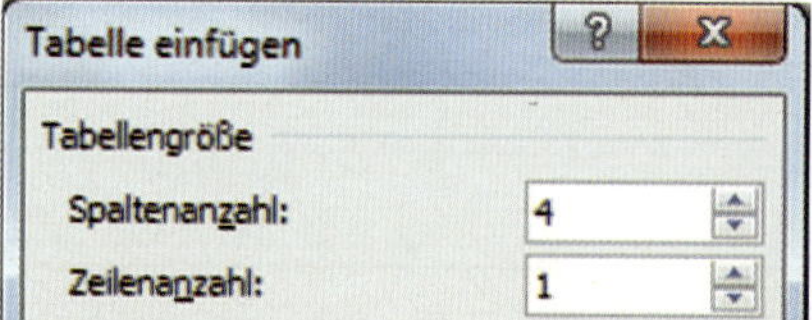

- Geben Sie die Inhalte ein. Springen Sie mit der Taste [**Tab**] die nächste Zelle an. Mit der Taste [**Return**] wird ein Zeilenumbruch in der jeweiligen Zelle vorgenommen.

- Am Ende der Tabelle wird durch das Drücken der Taste [**Tab**] in der letzten Zelle eine neue Zeile eingefügt. Speichern Sie den Text unter der Bezeichnung *Tabelle1*.

7.2 Auswählen, Formatieren usw. der gesamten Tabelle, Zeilen usw.

Nach dem Auswählen einer Tabelle ergeben sich vielfältige Möglichkeiten der Gestaltung und Veränderung der Tabelle. Auf die gleiche Weise wird eine Zelle, eine Spalte usw. formatiert.

Bearbeitungsschritte:

- Öffnen Sie das Dokument *Tabelle_1*. Speichern Sie das Dokument unter dem Namen *Tabelle_2*. Stellen Sie den Cursor in die Tabelle.

- Klicken Sie im Register **Tabellentools/Layout** in der Gruppe **Tabelle** die Schaltfläche **Auswählen** an. Wählen Sie die gesamte Tabelle aus.

- Wählen Sie im Register **Tabellentools/Entwurf** in der Gruppe **Tabellenformatvorlagen** eine Vorlage aus.

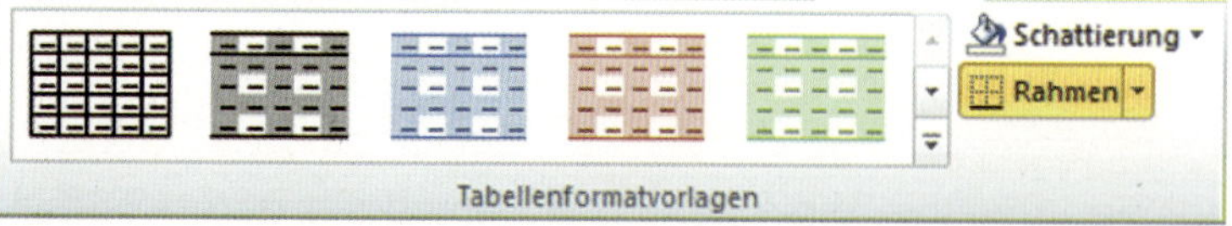

- Nach dem Anklicken des Pfeils nach unten neben den angezeigten Möglichkeiten stehen weitere zur Verfügung.

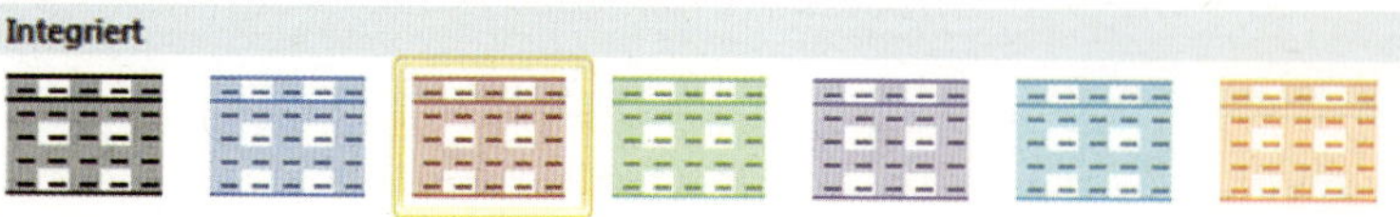

Bearbeitungsschritte (Fortsetzung):

- Das Ergebnis könnte so aussehen:

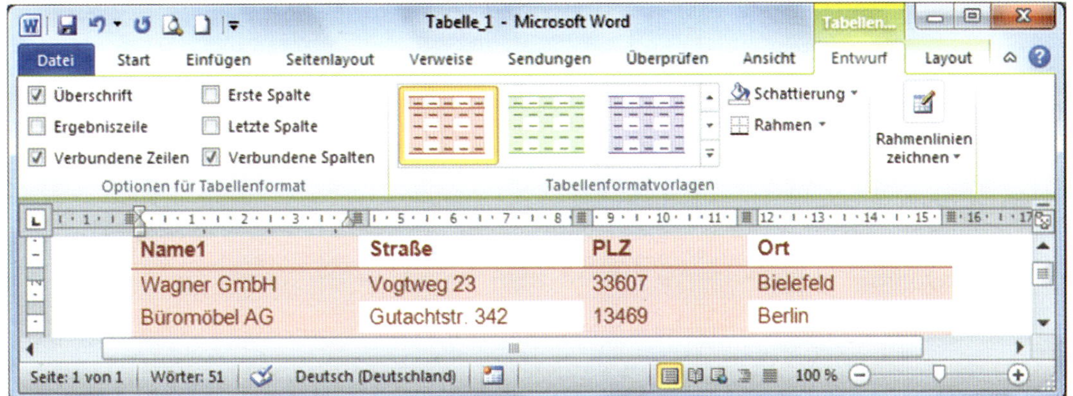

- Alternativ können Sie über die Schaltflächen **Schattierung** und **Rahmen** in der Gruppe die Gestaltung der Tabelle vornehmen, beispielsweise eine Hintergrundfarbe wählen und die Rahmen entfernen.

- Öffnen Sie das Dokument *Tabelle_1*. Speichern Sie es unter dem Namen *Tabelle_3*.

- Klicken Sie im Register **Tabellentools/Entwurf** in der Gruppe **Tabellenformatvorlagen** die Schaltfläche **Schattierung** an. Bestimmen Sie eine Hintergrundfarbe.

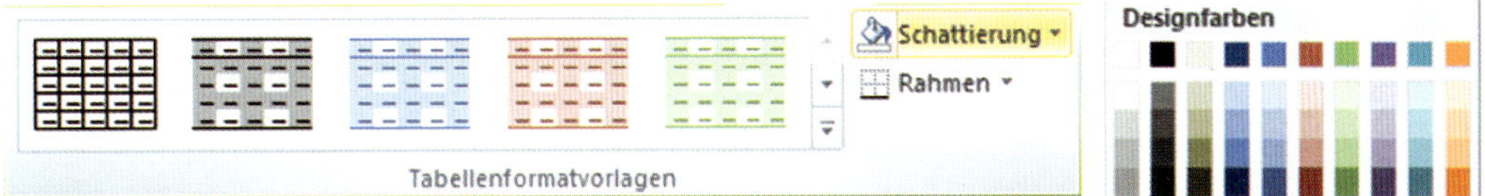

- Klicken Sie im Register **Tabellentools/Entwurf** in der Gruppe **Tabellenformatvorlagen** den Pfeil neben der Schaltfläche **Rahmen** an. Wählen Sie den Menüpunkt **Rahmen und Schattierung**. Legen Sie folgende Einstellungen fest:

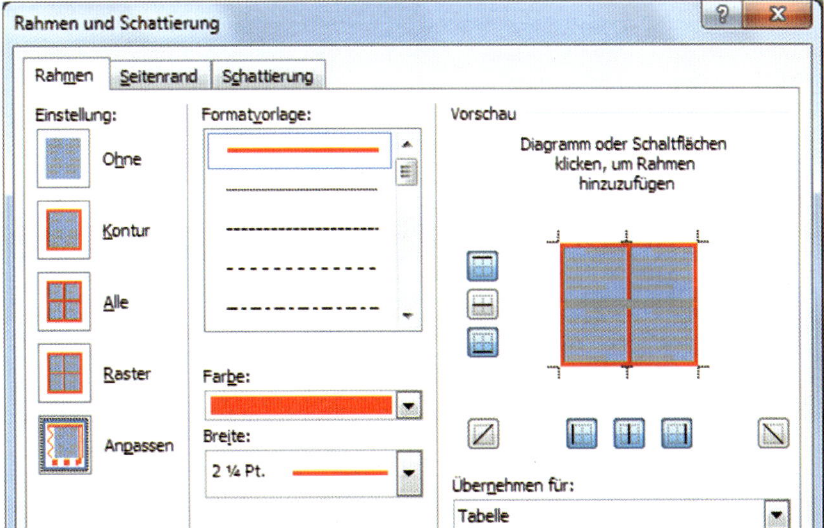

- Das Ergebnis zeigt die Tabelle mit Rahmen und Schattierung:

Name1	Straße	PLZ	Ort
Wagner GmbH	Vogtweg 23	33607	Bielefeld

7.3   Ausrichtung einer Tabelle, einer Zeile usw.

Ohne eine Ausrichtung einer Tabelle werden die Inhalte oftmals direkt an Spaltenlinien usw. gepresst. Darunter leidet besonders die Lesbarkeit. Außerdem ist das Ergebnis optisch nicht ansprechend.

Bearbeitungsschritte:

- Öffnen Sie das Dokument *Tabelle_1*. Speichern Sie das Dokument unter dem Namen *Tabelle_4*. Stellen Sie den Cursor in die Tabelle.

- Klicken Sie im Register **Tabellentools/Layout** in der Gruppe **Tabelle** die Schaltfläche **Auswählen** an. Wählen Sie die gesamte Tabelle aus.

- Klicken Sie im Register **Tabellentools/Layout** in der Gruppe **Ausrichtung** die Schaltfläche **Zellenbegrenzungen** an.

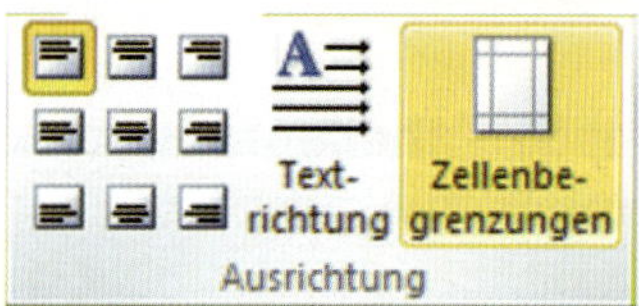

- Stellen Sie die Begrenzungen wie angegeben ein:

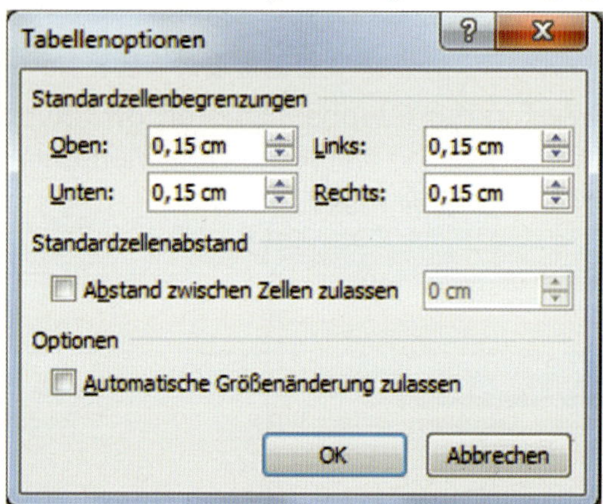

- Das Ergebnis zeigt eine optisch ansprechende und gut lesbare Tabelle:

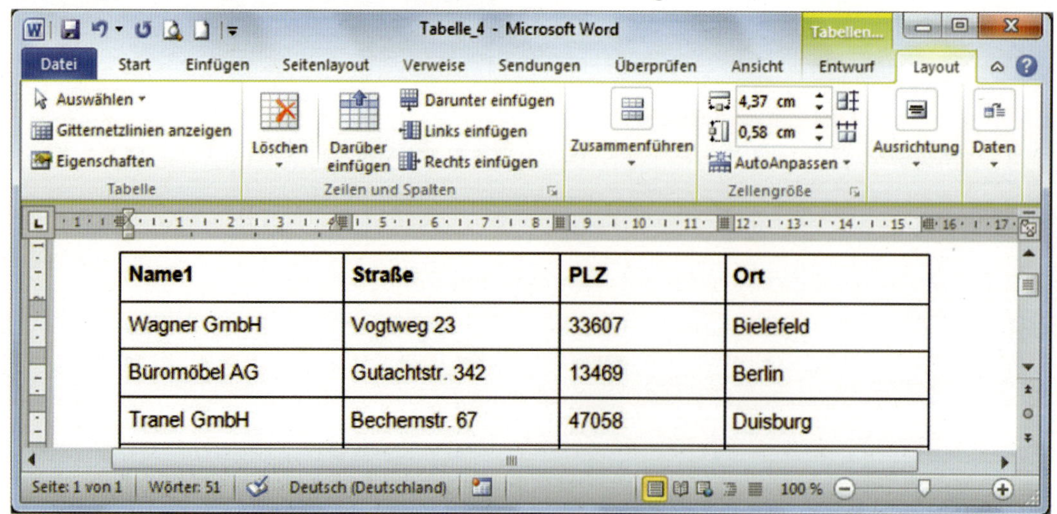

Name1	Straße	PLZ	Ort
Wagner GmbH	Vogtweg 23	33607	Bielefeld
Büromöbel AG	Gutachtstr. 342	13469	Berlin
Tranel GmbH	Bechemstr. 67	47058	Duisburg

Bearbeitungsschritte (Fortsetzung):

- Die Darstellung kann unter Umständen durch einen Zeilenabstand zwischen den Zellen noch übersichtlicher gestaltet werden.

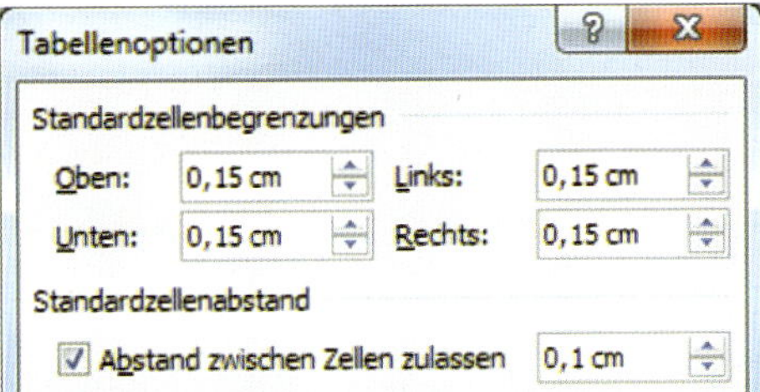

- Die Tabelle sieht danach so aus:

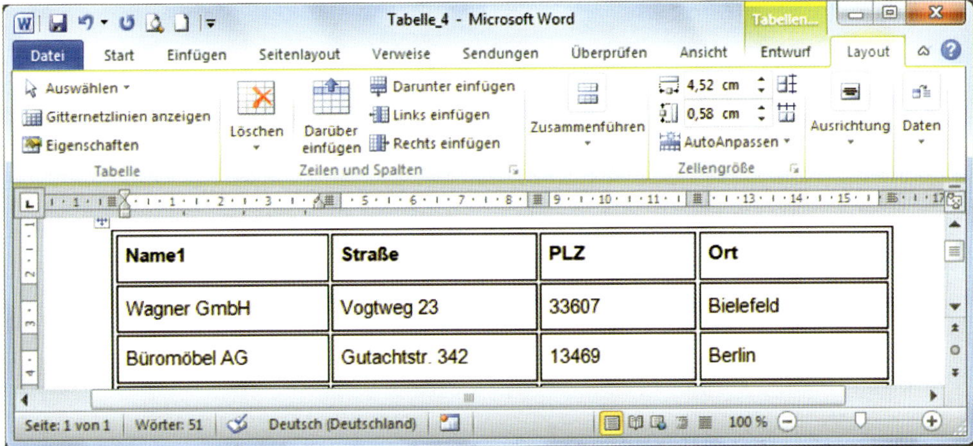

- Soll z. B. die gesamte Tabelle oder sollten nur die Überschriften der Spalten z. B. zentriert ausgerichtet werden, ist dies nach der Markierung des gewünschten Bereichs über die Ausrichtungsschaltflächen in der Gruppe **Ausrichtung** im Register **Tabellentools/Layout** zu realisieren. Probieren Sie einige Möglichkeiten aus.

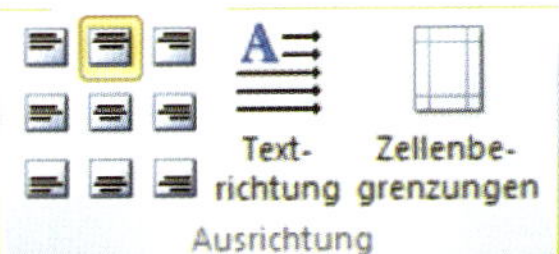

- Die Ausrichtung der Schrift in der Tabelle kann folgendermaßen eingestellt werden:

- Das Ergebnis könnte nach Änderung der Spaltenbreite beispielsweise so aussehen:

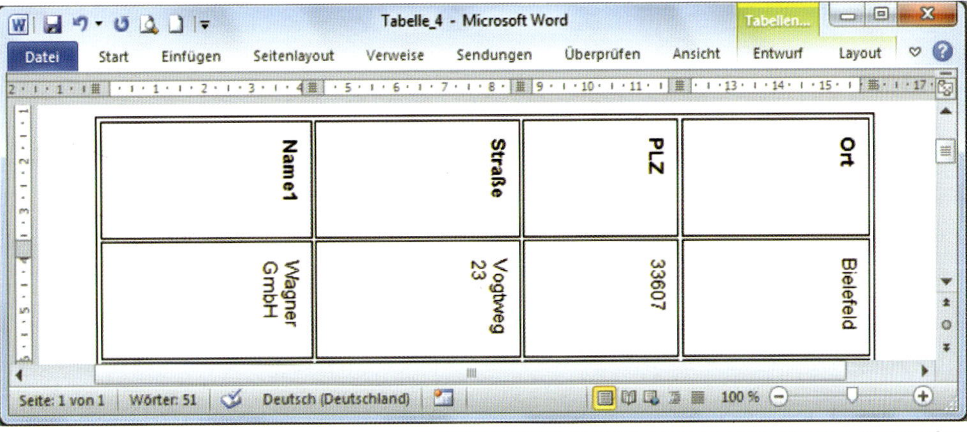

7.4 Einfügen, Löschen, Ändern usw. von Zellen

Eine Tabelle kann geteilt, einzelne Elemente in die Tabelle eingefügt oder Tabellenelemente geteilt oder zusammengefügt werden. Die Möglichkeiten sind nahezu unbegrenzt. Daher sollen nachfolgend einige Aspekte angesprochen werden.

Bearbeitungsschritte:

- Öffnen Sie das Dokument *Tabelle_1*. Speichern Sie das Dokument unter dem Namen *Tabelle_5*. Stellen Sie den Cursor in die dritte Zeile und die erste Spalte der Tabelle.

- Klicken Sie im Register **Tabellentools/Layout** in der Gruppe **Zeilen und Spalten** die Schaltfläche **Löschen** an. Wählen Sie die Alternative **Zeilen löschen** aus.

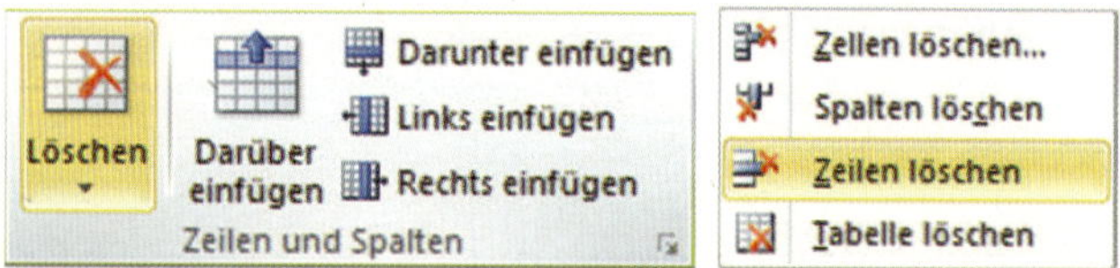

- Die ausgewählte Zeile wird gelöscht. Machen Sie anschließend die Löschung wieder rückgängig.

- Verringern Sie die Spaltenbreite über das Lineal. Bei gedrückter linker Maustaste können Sie nach Anfahren der entsprechenden Spaltenmarkierung im Lineal die Spaltenbreite ändern.

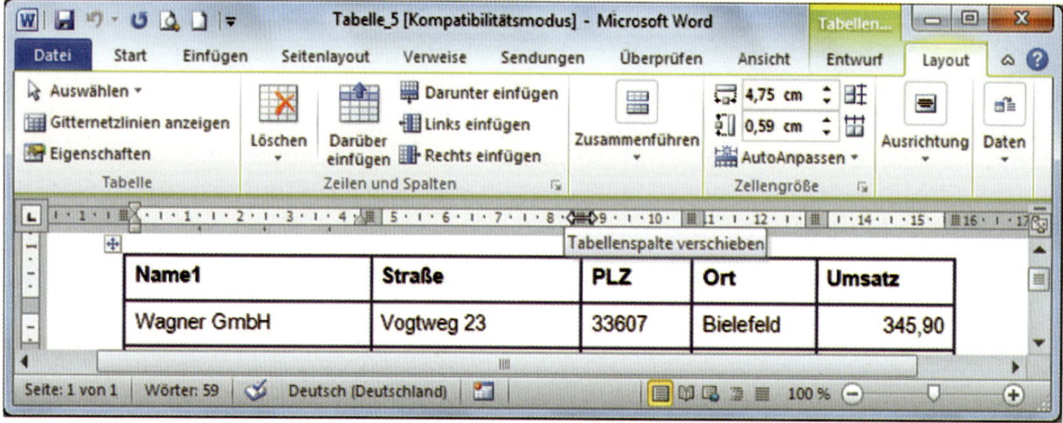

- Alternativ können Sie auch im Register **Tabellentools/Layout** in der Gruppe **Zellengröße** die Schaltfläche **AutoAnpassen** anwählen. Wählen Sie die angezeigte Alternative aus. Probieren Sie auch andere Einstellungen aus. Legen Sie auch feste Spaltenbreiten und Zeilenhöhen fest.

- Außerdem können Sie bei mehreren markierten Spalten bzw. mehreren markierten Zeilen über die Schaltflächen **Spalten verteilen** und **Zeilen verteilen** die Spaltenbreite bzw. die Zeilenhöhe gleichmäßig gestalten.

Bearbeitungsschritte (Fortsetzung):

- Als weitere Alternative können Sie auch im Register **Tabellentools/Layout** in der Gruppe **Tabelle** die Schaltfläche **Eigenschaften** anwählen.

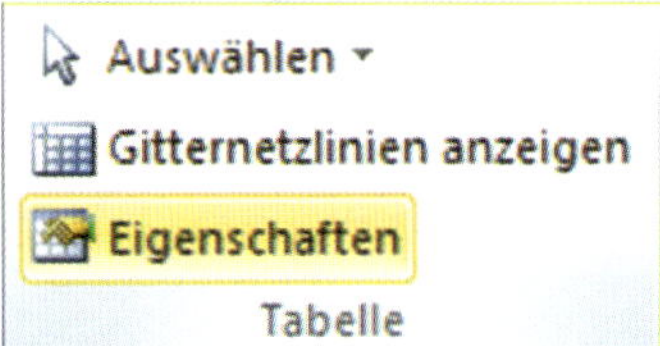

- Im Fenster **Tabelleneigenschaften** können Sie z. B. die Spaltenbreiten bestimmen.

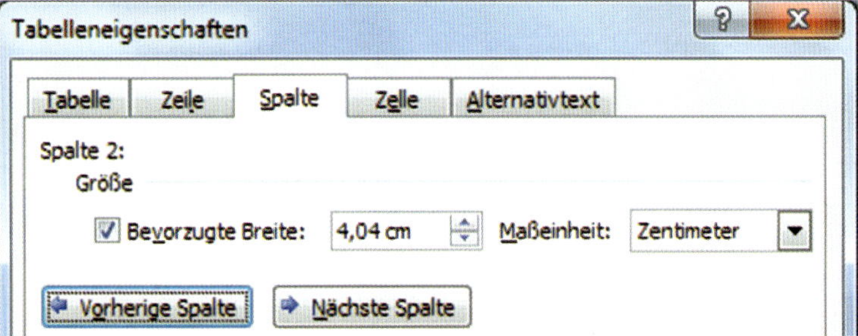

- Stellen Sie den Cursor in die letzte Spalte der Tabelle. Klicken Sie im Register **Tabellentools/Layout** in der Gruppe **Zeilen und Spalten** die Schaltfläche **Rechts einfügen** an.

- Ergänzen und formatieren Sie die Tabelle folgendermaßen:

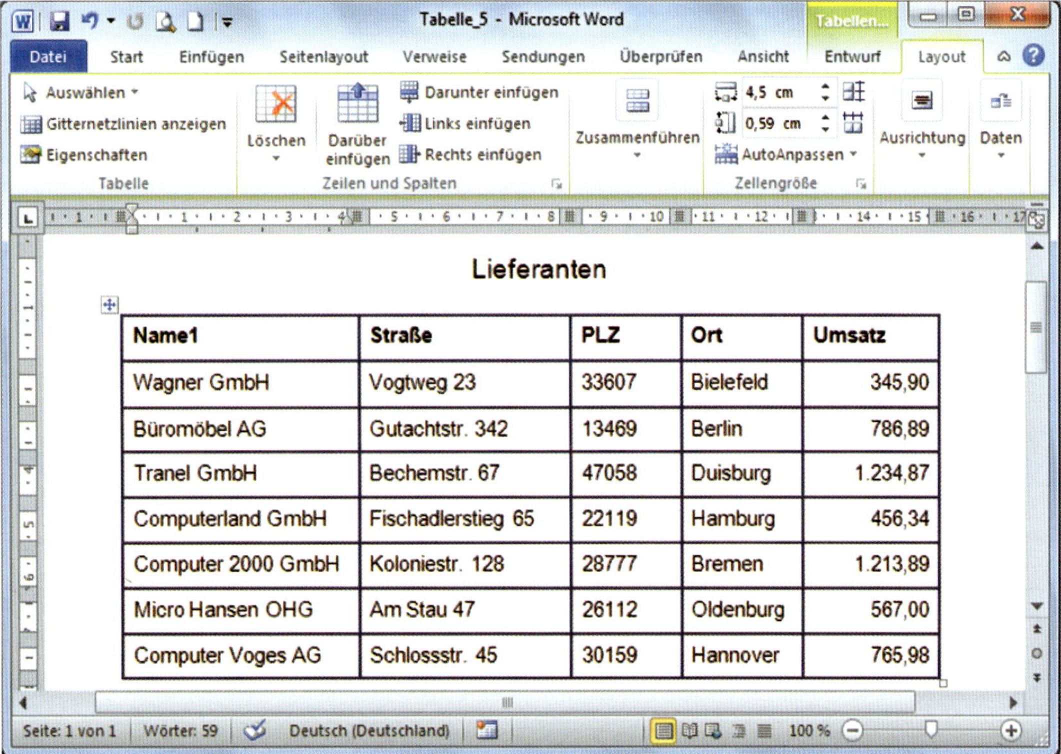

Name1	Straße	PLZ	Ort	Umsatz
Wagner GmbH	Vogtweg 23	33607	Bielefeld	345,90
Büromöbel AG	Gutachtstr. 342	13469	Berlin	786,89
Tranel GmbH	Bechemstr. 67	47058	Duisburg	1.234,87
Computerland GmbH	Fischadlerstieg 65	22119	Hamburg	456,34
Computer 2000 GmbH	Koloniestr. 128	28777	Bremen	1.213,89
Micro Hansen OHG	Am Stau 47	26112	Oldenburg	567,00
Computer Voges AG	Schlossstr. 45	30159	Hannover	765,98

- Auf die gleiche Weise könnten Sie Spalten bzw. Zeilen über die Schaltflächen der Gruppe **Zeilen und Spalten** einfügen.

7.5   Zusammenführen und Teilen von Zellen und Tabellen

Das Zusammenführen von Zellen ist relativ einfach, jedoch durchaus zeitaufwendig und mit Nachbearbeitungen verbunden. Das Teilen von Zellen ergibt praktisch keinen Sinn, da einzelne Informationen durch Kopieren und Einfügen dann in die richtige Zelle versetzt werden müssen. Daher ist es vernünftig, eine zusätzliche Spalte einzufügen und dann die Änderungen vorzunehmen. Das Teilen einer Tabelle ist hingegen unkompliziert.

Bearbeitungsschritte:

- Öffnen Sie das Dokument *Tabelle_1*. Speichern Sie es unter dem Namen *Tabelle_6*. Formatieren Sie die Tabelle vernünftig. Markieren Sie die angezeigten Zellen.

Name1	Straße	PLZ	Ort
Wagner GmbH	Vogtweg 23	33607	Bielefeld

- Klicken Sie im Register **Tabellentools/Layout** in der Gruppe **Zusammenführen** die Schaltfläche **Zellen verbinden** an. Wählen Sie die Alternative **Zeilen löschen** aus.

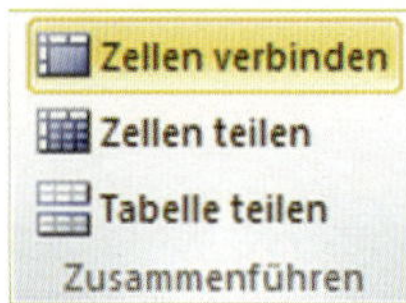

- Das Ergebnis überzeugt noch nicht.

Name1	Straße	PLZ Ort

- Mithilfe der Taste [**Entf**] und der Leertaste können Sie die richtige Darstellung erreichen. Wiederholen Sie die Zusammenfassung der Zellen in den nächsten Zeilen.

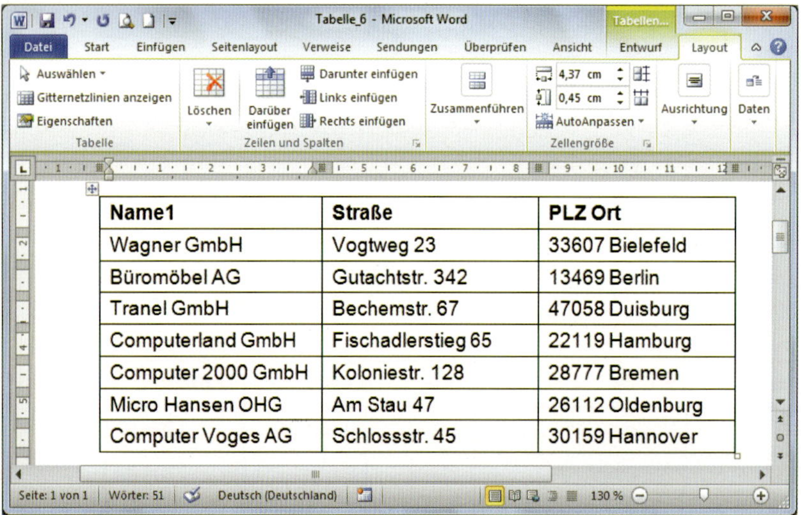

Name1	Straße	PLZ Ort
Wagner GmbH	Vogtweg 23	33607 Bielefeld
Büromöbel AG	Gutachtstr. 342	13469 Berlin
Tranel GmbH	Bechemstr. 67	47058 Duisburg
Computerland GmbH	Fischadlerstieg 65	22119 Hamburg
Computer 2000 GmbH	Koloniestr. 128	28777 Bremen
Micro Hansen OHG	Am Stau 47	26112 Oldenburg
Computer Voges AG	Schlossstr. 45	30159 Hannover

- Markieren Sie die Zellen mit der Postleitzahl und dem Ort. Klicken Sie die angezeigte Schaltfläche an. Sie werden feststellen, dass es einen sehr hohen Zeitaufwand erfordert, die Daten jeweils an die richtige Stelle zu kopieren.

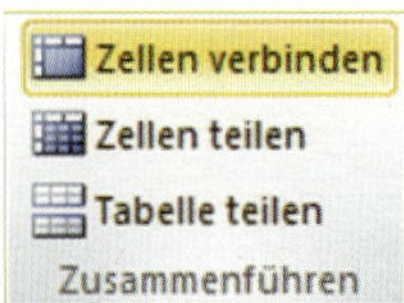

- Stellen Sie den Cursor in die dritte Zeile. Klicken Sie danach im Register **Tabellentools/Layout** in der Gruppe **Zusammenführen** die Schaltfläche **Tabelle teilen** an. Die Tabelle wird nach der zweiten Zeile getrennt.

7.6   Sortieren von Daten

Eine Tabelle kann nach verschiedenen Kriterien sortiert werden. Dabei können auch mehrere Sortierkriterien genutzt werden.

Bearbeitungsschritte:

- Öffnen Sie das Dokument *Tabelle_5*. Speichern Sie das Dokument unter dem Namen *Tabelle_7*. Markieren Sie die Tabelle.

- Klicken Sie im Register **Tabellentools/Layout** die Schaltfläche **Daten** an. Wählen Sie die Alternative **Sortieren** aus.

- Das Programm erkennt, dass eine Überschrift gegeben ist. Daher kann nach einem Begriff in den Überschriften sortiert werden. Entscheiden Sie sich für die angezeigte Möglichkeit. Ein weiteres Sortierkriterium könnte gewählt werden, ergibt jedoch in diesem Fall keinen Sinn.

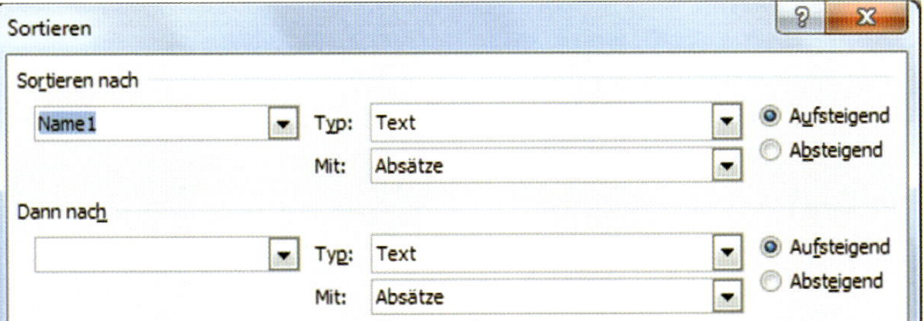

- Das Ergebnis sieht folgendermaßen aus:

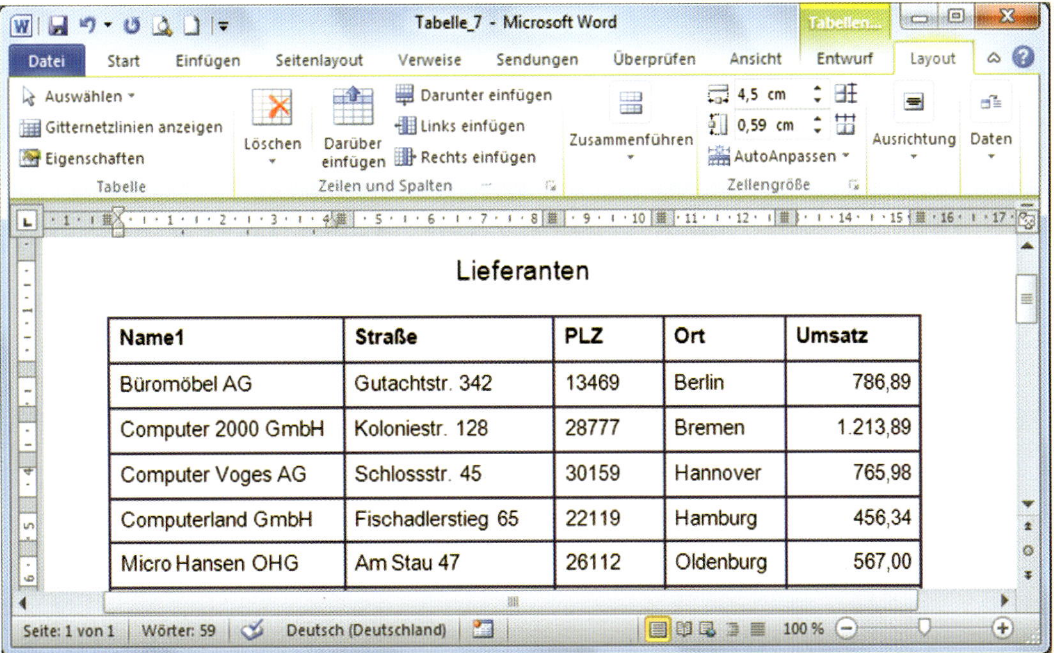

Lieferanten

Name1	Straße	PLZ	Ort	Umsatz
Büromöbel AG	Gutachtstr. 342	13469	Berlin	786,89
Computer 2000 GmbH	Koloniestr. 128	28777	Bremen	1.213,89
Computer Voges AG	Schlossstr. 45	30159	Hannover	765,98
Computerland GmbH	Fischadlerstieg 65	22119	Hamburg	456,34
Micro Hansen OHG	Am Stau 47	26112	Oldenburg	567,00

- Erkennt das Programm keine Überschriften, können Sie einstellen, ob die Tabelle eine Überschrift enthält oder nicht. Ist keine Überschrift gegeben oder wurde die Überschrift nicht mit markiert, bietet das Programm an, die Daten nach festzulegenden Spalten zu sortieren.

7.7   Berechnungen in einer Tabelle

Grundsätzlich bietet es sich an, Berechnungen mit der Tabellenkalkulation **Excel** vorzunehmen und die Daten zu übertragen. Im Kapitel *Datenaustausch* wird dies genau beschrieben. Für kleinere Berechnungen kann jedoch auch eine Word-Tabelle genutzt werden.

Bearbeitungsschritte:

- Öffnen Sie das Dokument *Tabelle_5*. Speichern Sie das Dokument unter dem Namen *Tabelle_8*. Gehen Sie mit der Maus in die letzte Spalte der letzten Zeile. Fügen Sie mit der Tab-Taste [⇆.] eine neue Zeile ein.

- Gehen Sie mit der Maus in die letzte Spalte der neuen Zeile. Klicken Sie danach im Register **Tabellentools/Layout** die Schaltfläche **Daten** an. Wählen Sie die Alternative **Formel** aus.

- Im Fenster **Formel** wird die Formel schon vorgegeben. Sie müssen lediglich noch ein Zahlenformat festlegen.

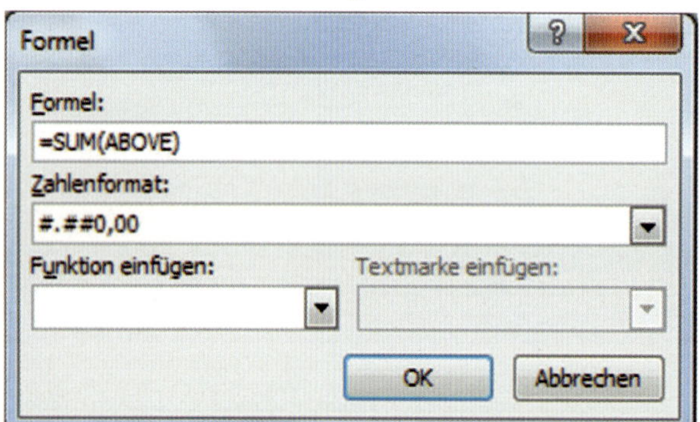

- Als Ergebnis wird die Gesamtsumme der Umsätze ausgegeben:

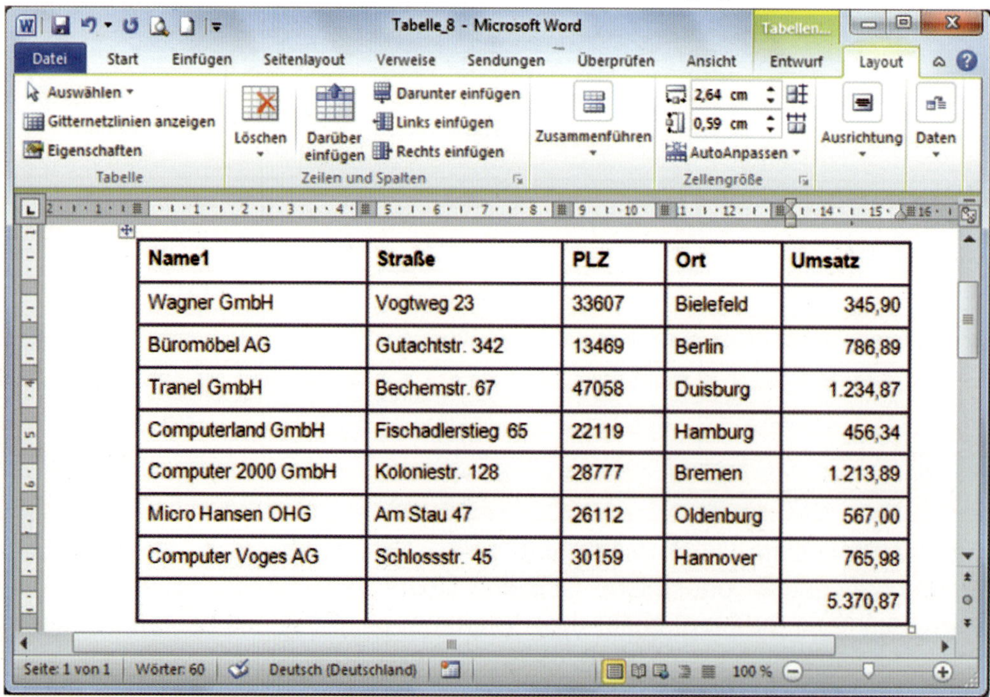

Name1	Straße	PLZ	Ort	Umsatz
Wagner GmbH	Vogtweg 23	33607	Bielefeld	345,90
Büromöbel AG	Gutachtstr. 342	13469	Berlin	786,89
Tranel GmbH	Bechemstr. 67	47058	Duisburg	1.234,87
Computerland GmbH	Fischadlerstieg 65	22119	Hamburg	456,34
Computer 2000 GmbH	Koloniestr. 128	28777	Bremen	1.213,89
Micro Hansen OHG	Am Stau 47	26112	Oldenburg	567,00
Computer Voges AG	Schlossstr. 45	30159	Hannover	765,98
				5.370,87

7.8 Umwandlung einer Tabelle in Text

Der Inhalt einer Tabelle wird in einen Text verwandelt, der z. B. durch Tabstopps voneinander getrennt wird. Die Umwandlung eines Textes mit Tabstopps in eine Tabelle wird im Kapitel Tabulatoren beschrieben.

Bearbeitungsschritte:

- Öffnen Sie das Dokument *Tabelle_5*. Speichern Sie das Dokument unter dem Namen *Tabelle_9*.

- Markieren Sie die Tabelle. Klicken Sie danach im Register **Tabellentools/Layout** die Schaltfläche **Daten** an. Wählen Sie die Alternative **In Text konvertieren** aus.

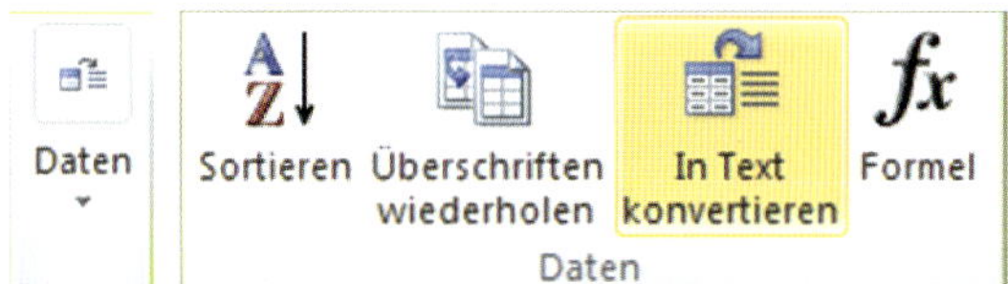

- Geben Sie an, dass der Text durch Tabstopps voneinander getrennt werden soll.

- Das Ergebnis sieht folgendermaßen aus:

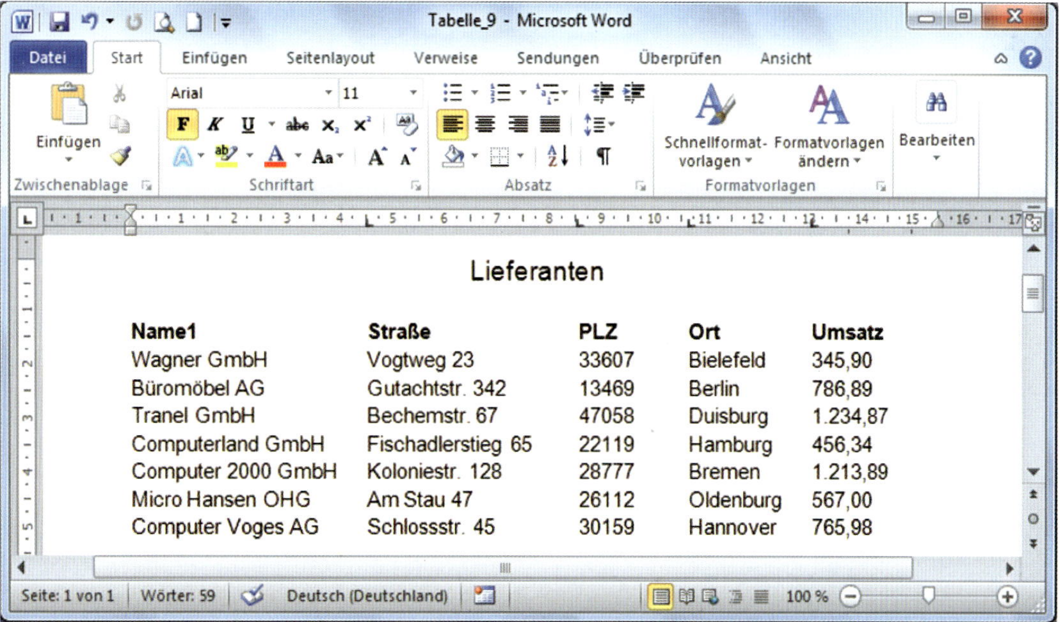

Name1	Straße	PLZ	Ort	Umsatz
Wagner GmbH	Vogtweg 23	33607	Bielefeld	345,90
Büromöbel AG	Gutachtstr. 342	13469	Berlin	786,89
Tranel GmbH	Bechemstr. 67	47058	Duisburg	1.234,87
Computerland GmbH	Fischadlerstieg 65	22119	Hamburg	456,34
Computer 2000 GmbH	Koloniestr. 128	28777	Bremen	1.213,89
Micro Hansen OHG	Am Stau 47	26112	Oldenburg	567,00
Computer Voges AG	Schlossstr. 45	30159	Hannover	765,98

- Eine Nachbearbeitung der Daten bietet sich an. So ist beispielsweise für den Umsatz ein rechtsbündiger Tabstopp zu wählen.

Aufgabe 18:   *Lebenslauf_1*

Erstellen Sie den folgenden Lebenslauf mithilfe einer Tabelle ohne Rahmen.

Lebenslauf

Name:	Helga Müller
Geburtsdatum:	20.06.1976
Geburtsort:	Hamburg
Wohnort:	Fischadlerstieg 58, 22119 Hamburg
Familienstand	ledig
Eltern:	Hans Müller, Maurermeister
	Maria Müller, Speditionskauffrau
Schulbildung:	August 1982 bis Juli 1986
	Grundschule Hamburg-Harburg
	August 1986 bis Juli 1992
	Realschule Hamburg-Harburg
Berufsausbildung:	August 1992 bis Juli 1995
	Ausbildung zur Bürokauffrau
Berufliche Tätigkeit:	Bürokauffrau in einem Autohaus

Hamburg, 20..-05-03

Aufgabe 19:   *Geschäftsfähigkeit*

Erstellen Sie den folgenden Text mithilfe einer Tabelle.

<table>
<tr><th colspan="2" align="center">Geschäftsfähigkeit</th></tr>
<tr><th>Art</th><th>Folge</th></tr>
<tr>
<td>Geschäftsunfähig ist jeder,
– der das siebte Lebensjahr noch nicht vollendet hat,
– dessen Geist dauernd krankhaft gestört ist.</td>
<td>Die Rechtsgeschäfte sind nichtig. Für solche Personen handeln ausschließlich die gesetzlichen Vertreter.</td>
</tr>
<tr>
<td>Beschränkt geschäftsfähig ist jeder,
– der das siebte Lebensjahr vollendet hat und noch keine 18 Jahre alt ist.</td>
<td>Die Rechtsgeschäfte sind schwebend unwirksam. Die Wirksamkeit hängt von der Zustimmung der gesetzlichen Vertreter ab.
Ausnahmen:
– Das Rechtsgeschäft bringt nur Vorteile.
– Das Rechtsgeschäft wird durch den Taschengeldparagrafen abgedeckt.</td>
</tr>
<tr>
<td>Voll geschäftsfähig ist jeder,
– der das 18. Lebensjahr vollendet hat.</td>
<td>Die Rechtsgeschäfte sind rechtswirksam.</td>
</tr>
</table>

Aufgabe 20:   *Lebenslauf_2*

Wandeln Sie das Dokument *Lebenslauf_1* (*Aufgabe 18, Seite 82*) in einen Text mit Tabstopps um und speichern Sie dieses Dokument unter den Namen *Lebenslauf_2*.

<table>
<tr><td>

Übungen:

</td></tr>
<tr><td>

Aufgabe 21:   *Funktionen*

</td></tr>
<tr><td>

Erstellen und formatieren Sie den Text wie nachstehend angegeben. Sollte Ihnen die benutzte Schriftart (Andy) nicht zur Verfügung stehen, sollten Sie eine ähnliche Schriftart nutzen.

</td></tr>
</table>

Funktionen

Vorbemerkungen

Die Tabellenkalkulation EXCEL kennt über 200 definierte Funktionen aus verschiedenen Bereichen. Die Funktionen sollen komplizierte Berechnungen vereinfachen.

Arten von Funktionen

Die folgende Übersicht stellt die einzelnen Bereiche, aus denen die Tabellenkalkulation EXCEL Funktionen zur Verfügung stellt, kurz vor:

Mathematik	**Komplizierte aber auch relativ einfache mathematische Berechnungen wie Wurzelberechnungen oder das Runden von Zahlen werden mithilfe dieser Funktionen durchgeführt. Gerade durch diese Funktionen werden komplizierte Formeln überflüssig.**
Finanzmathematik	**Finanzwirtschaftliche Funktionen erlauben z. B. Zins-, Renten- und Abschreibungsberechnungen. Sie sind daher vor allem im kaufmännischen Bereich hervorragend einsetzbar.**
Datum & Zeit	**Mithilfe dieser Funktionen kann der Zeitabstand zwischen verschiedenen Tagen, die Ermittlung des augenblicklichen Datums usw. vorgenommen werden. Die ermittelten Daten können dann z. B. für Zinsberechnungen weiterverwendet werden.**
Logik	**Logikfunktionen ermöglichen Alternativberechnungen, stellen fest, überprüfen Sachverhalte usw. Ohne diese Funktionen würde sich eine Tabellenkalkulation nur für das Berechnen von Werten eignen.**
Text	**Textfunktionen ermöglichen unter anderem, Texte aus verschiedenen Zellen zusammenzuführen. Damit kann z. B. ein berechnetes Ergebnis in einer Zelle sofort interpretiert werden.**
Statistik	**Der Statistik fällt die Aufgabe zu, Daten zu erfassen, aufzubereiten und auszuwerten. Aufgrund statistischer Daten können z. B. Voraussagen gemacht werden.**
Information	**Informationen über den Inhalt von Zellen werden zur Verfügung gestellt. Aufgrund der gewonnenen Informationen können Fehler abgefangen, Aussagen gemacht werden usw.**
Matrix	**Durch Matrixfunktionen werden z. B. bestimmte Datensätze aus einer Liste ausgefiltert. Steht ein Datenbankprogramm zur Verfügung, ist das Ergebnis damit u. U. einfacher zu erzielen.**
Datenbank	**Datenbankfunktionen nehmen Auswertungen in einem Datenbestand vor, z. B. kann der durchschnittliche Bestand von Waren ermittelt werden.**

<table>
<tr><td colspan="2">Übungen:</td></tr>
<tr><td>Aufgabe 22:</td><td>Adressierung</td></tr>
<tr><td colspan="2">Erstellen und formatieren Sie den Text wie angegeben. Nutzen Sie die Schriftart 18thCentury. Steht diese nicht zur Verfügung, ist eine andere Schriftart zu wählen.</td></tr>
</table>

Adressierung von Zellen in Excel

Begriff

Das Ansprechen von Zellen in Formeln nennt man Adressierung. Wenn man z. B. den Inhalt der Zelle **D6** aus der Tabelle Umsatz betrachtet, so ist in der Zelle die folgende Formel eingetragen: = **B6** * **C6**. Dies bedeutet, dass das Programm in der Zelle **D6** das Ergebnis der Multiplikation der Zellen **B6** und **C6** eintragen soll. Es werden also die Adressen (Zellen) angegeben, in denen Werte stehen, die für die entsprechende Formel benötigt werden.

Die Tabellenkalkulation EXCEL stellt mehrere Möglichkeiten der Adressierung zur Verfügung. Die Wahl der richtigen Adressierungsart ist besonders wichtig und wird daher genau beschrieben, da sich bestimmte Ergebnisse nur mit bestimmten Adressierungsarten erreichen lassen und eine sinnvolle Mischung der Adressierungsarten zu dem gewünschten Ergebnis führt.

Grundsätzlich lassen sich alle Probleme mit der relativen und absoluten Adressierung lösen. Die Verwendung von Namen wird jedoch besonders bei umfangreichen Tabellen die Arbeit erleichtern, da die Formeln in normaler Sprache eingegeben werden können, z. B. wird der **Umsatz** als **Menge** * **Preis** eingegeben.

Arten der Adressierung

Es stehen die folgenden Adressierungsarten zur Verfügung:

Relative Adressierung	Die anzusprechende Zelle steht in einem gewissen Verhältnis zu der Berechnungszelle, beispielsweise steht ein zur Berechnung benötigter Wert immer in der Zelle links neben der Berechnungszelle.	z. B. wird mit der Maus die Zelle B6 markiert.
Absolute Adressierung	Absolute Adressierung bedeutet, dass immer genau auf die angegebene Zelle zugegriffen wird. Die absolute Adressierung wird durch Dollarzeichen vor der Zeilen- und Spaltenbezeichnung gekennzeichnet.	z. B. wird die Zelle B6 mit der Angabe B6 in eine Formel eingegeben.
Adressierung über Namen (definierte Namen)	Die anzusprechende Zelle bzw. der anzusprechende Bereich wird mit einem Namen belegt. Diese Namen werden in Formeln verwandt.	z. B. wird eine Zelle mit einem Namen (Menge) belegt und kann unter diesem Namen in Formeln verwandt werden.

8 Nummerierungen und Aufzählungen

8.1 Nummerierung

8.1.1 Erstellung einer Nummerierung

Tagesordnungen, Klausuren usw. werden normalerweise nummeriert. Die Textverarbeitung bietet die Möglichkeit der automatischen Nummerierung. Diese kann über Schaltflächen und Fenster vorgenommen werden.

⋮≡ ▾	• Aufzählungszeichen	畫	Einzug verkleinern
⋮≡ ▾	1. Nummerierung	畫	Einzug vergrößern
⋮≡ ▾	1. 1 Liste	↕	Sortieren

Bearbeitungsschritte:

- Geben Sie zunächst das Wort *Tagesordnung* ein und formatieren Sie es entsprechend der nachfolgenden Darstellung.

- Drücken Sie danach zweimal die Taste [**Return**] bzw. [**Enter**]. Stellen Sie die Formatierung wieder auf linksbündig und auf einen kleineren Schriftgrad zurück. Klicken Sie im Register **Start** in der Gruppe **Absatz** den Pfeil neben der Schaltfläche **Nummerierung** an. Wählen Sie danach die angezeigte Nummerierung aus.

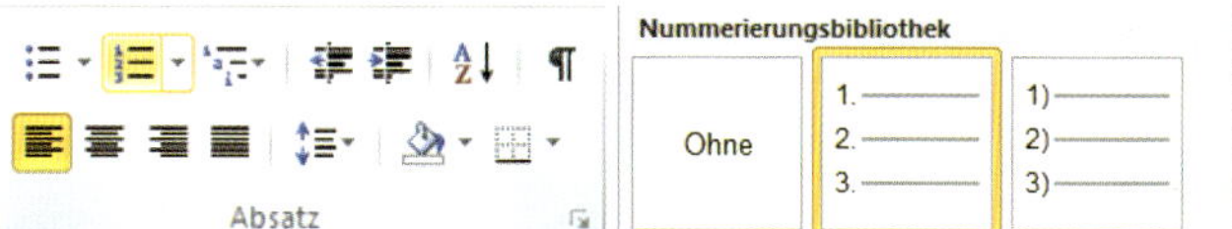

- Geben Sie den nachfolgenden Text ein. Der Text wird automatisch nummeriert. Nach dem Drücken der Taste [**Return**] bzw. [**Enter**] wird die Nummerierung jeweils fortgeführt.

Bearbeitungsschritte (Fortsetzung):

- Die Einrückung der Markierung sollte überprüft und eventuell geändert werden. Markieren Sie daher den Bereich der Nummerierung. Klicken Sie im Register **Start** in der Gruppe **Absatz** die Schaltfläche **Absatz** an. Stellen Sie den Einzug folgendermaßen ein:

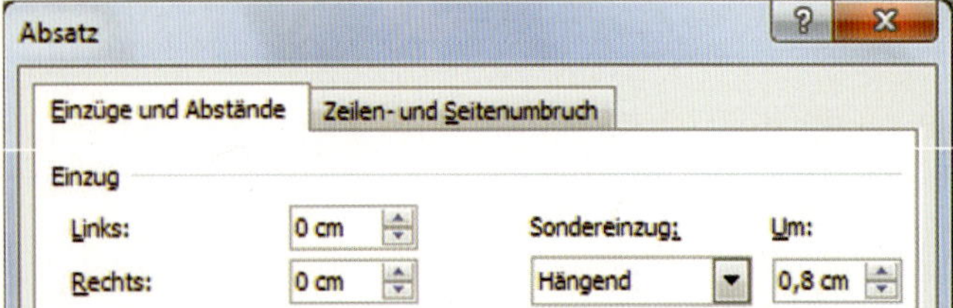

- Alternativ können Sie den gesamten Bereich der Nummerierung markieren und im Lineal den **Erstzeileneinzug** und den **Hängenden Einzug** versetzen.

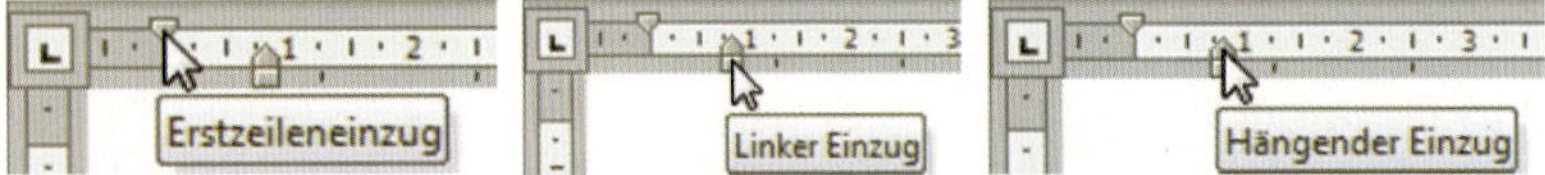

- Durch das Markieren der Tagesordnungspunkte und dem anschließenden Anklicken des Pfeils neben der Schaltfläche **Nummerierung** in der Gruppe **Absatz** im Register **Start** können Sie die Art der Nummerierung ändern. Probieren Sie verschiedene Möglichkeiten aus. Kehren Sie danach zur Ursprungsnummerierung zurück.

- Speichern Sie den Text unter dem Namen *Nummerierung_1* ab.

8.1.2 Änderung der Nummerierung

Die Nummerierung in einem Dokument wird automatisch angepasst, wenn nachträgliche Änderungen vorgenommen werden.

Bearbeitungsschritte:

- Öffnen Sie das Dokument *Nummerierung_1*. Speichern Sie das Dokument unter dem Namen *Nummerierung_2*.

- Stellen Sie den Cursor hinter den Text des Tagesordnungspunktes 4. Nach dem Drücken der Return-Taste wird automatisch ein neuer Tagesordnungspunkt eingefügt und die Nummerierung entsprechend angepasst.

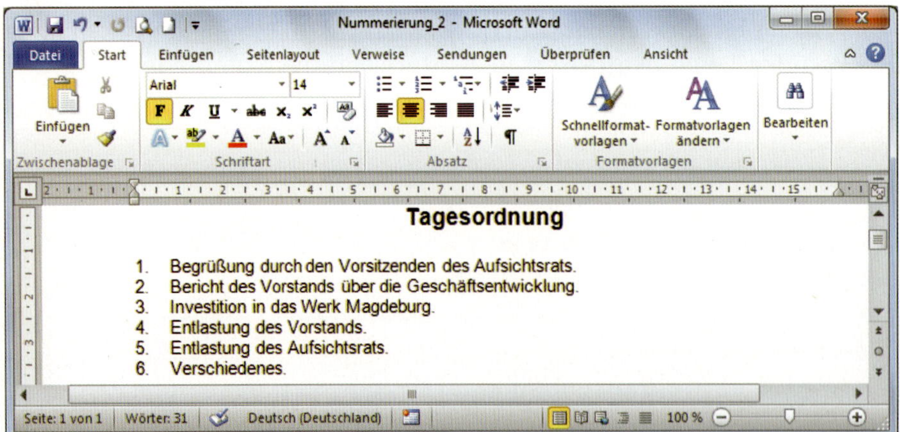

- Soll ein Tagesordnungspunkt entfernt werden, muss der entsprechende Absatz markiert (durch Anklicken mit der Maus auf der linken Seite vor der Nummerierung) und über die Schaltfläche **Ausschneiden** in der Gruppe **Zwischenablage** im Register **Start** ausgeschnitten werden. Durch das Drücken der Taste [**Entf**] wird der markierte Text ebenfalls ausgeschnitten. Die Nummerierung wird angepasst.

8.1.3 Überspringen der Nummerierung

Soll eine Eingabe nicht mit einer Nummerierung versehen werden, so kann die Nummerierung in einem bestImmten Bereich unterbleiben. Die restliche Nummerierung wird entsprechend automatisch angepasst.

Bearbeitungsschritte:

- Laden Sie das Dokument *Nummerierung_1*. Speichern Sie den Text unter dem Namen *Nummerierung_3*. Stellen Sie den Cursor in den Tagesordnungspunkt 3.

- Klicken Sie im Register **Start** in der Gruppe **Absatz** den Pfeil neben der Schaltfläche **Nummerierung** an. Wählen Sie danach die angezeigte Nummerierung aus.

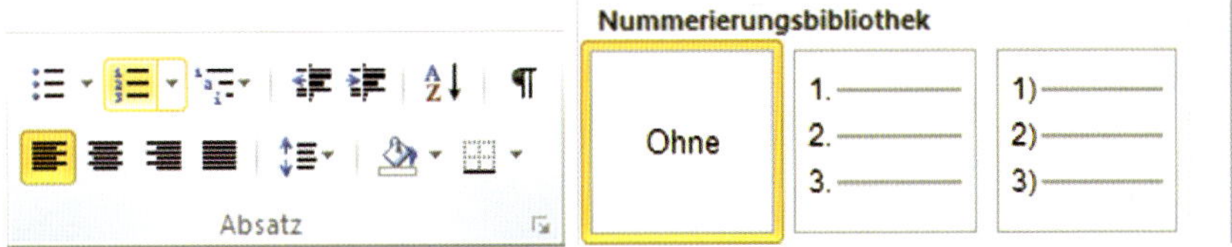

- Die Nummerierung wird angepasst, der bisherige Tagungspunkt 3. ist nicht mehr nummeriert. Allerdings ist der Text des bisherigen Tagesordnungspunktes *3* nach vorne verschoben.

- Durch das Anklicken der Schaltfläche **Einzug vergrößern** in der Gruppe **Absatz** im Register **Start** wird der Text normalerweise vernünftig angeordnet.

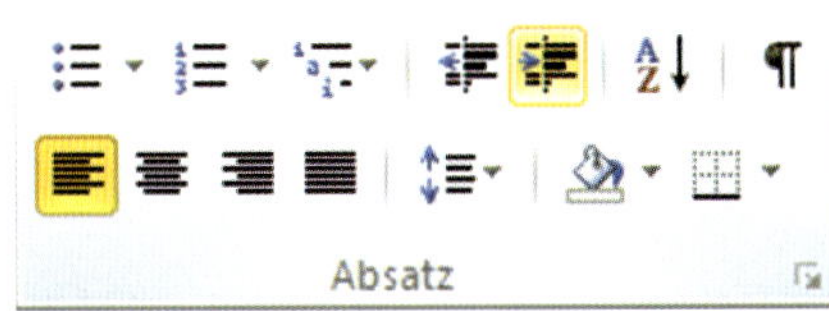

- Unter Umständen müssen Sie jedoch den Einzug über die Schaltfläche **Absatz** in der Gruppe **Absatz** im Register **Start** im Fenster **Absatz** oder über den **Erstzeileneinzug** nachbearbeiten.

- Das Ergebnis sieht folgendermaßen aus:

- Über die Schaltflächen **Einzug vergrößern** und **Einzug verkleinern** in der Gruppe **Absatz** im Register **Start** können Sie die Tagesordnungspunkte nach rechts oder links verschieben.

8.1.4   Bearbeiten der Nummerierung

Durch Bearbeitung der Nummerierung kann beispielsweise der Abstand zwischen den Nummerierungspunkten und dem Text festgelegt werden oder es kann festgelegt werden, mit welcher Zahl bzw. mit welchem Buchstaben die Nummerierung beginnen soll.

Bearbeitungsschritte:

- Laden Sie das Dokument *Nummerierung_1*. Speichern Sie den Text unter dem Namen *Nummerierung_4* ab. Markieren Sie alle Tagesordnungspunkte.

- Klicken Sie im Register **Start** in der Gruppe **Absatz** den Pfeil neben der Schaltfläche **Nummerierung** an. Wählen Sie den Menüpunkt **Neues Zahlenformat definieren**.

- Im Fenster **Neues Zahlenformat definieren** können Sie dann die von Ihnen gewünschten Einstellungen vornehmen. Nach den Anführungszeichen sollten Sie noch Leerzeichen einfügen.

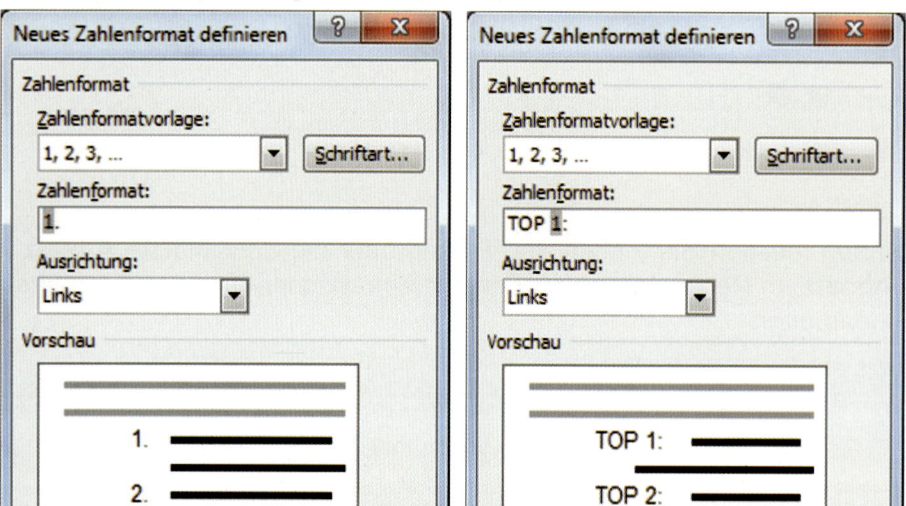

- Stellen Sie den Abstand zwischen Einzug und Text wie angegeben ein:

8.1.5 Festlegen des Nummerierungswerts

Werden in einem Text mehrere Nummerierungen vorgenommen, muss entschieden werden, ob die Nummerierung jeweils von vorne beginnt oder neu beginnen soll.

Bearbeitungsschritte:

- Laden Sie das Dokument *Nummerierung_1*. Speichern Sie den Text unter dem Namen *Nummerierung_5* ab.

- Ergänzen Sie den Text wie nachfolgend dargestellt um den Absatz *Die Sitzung…*. Fügen Sie danach eine Leerzeile durch das Drücken der Taste [**Return**] ein.

- Klicken Sie im Register **Start** in der Gruppe **Absatz** den Pfeil neben der Schaltfläche **Nummerierung** an. Wählen Sie danach die bisher genutzte Nummerierung aus.

- Als Ergebnis wird Folgendes angezeigt:

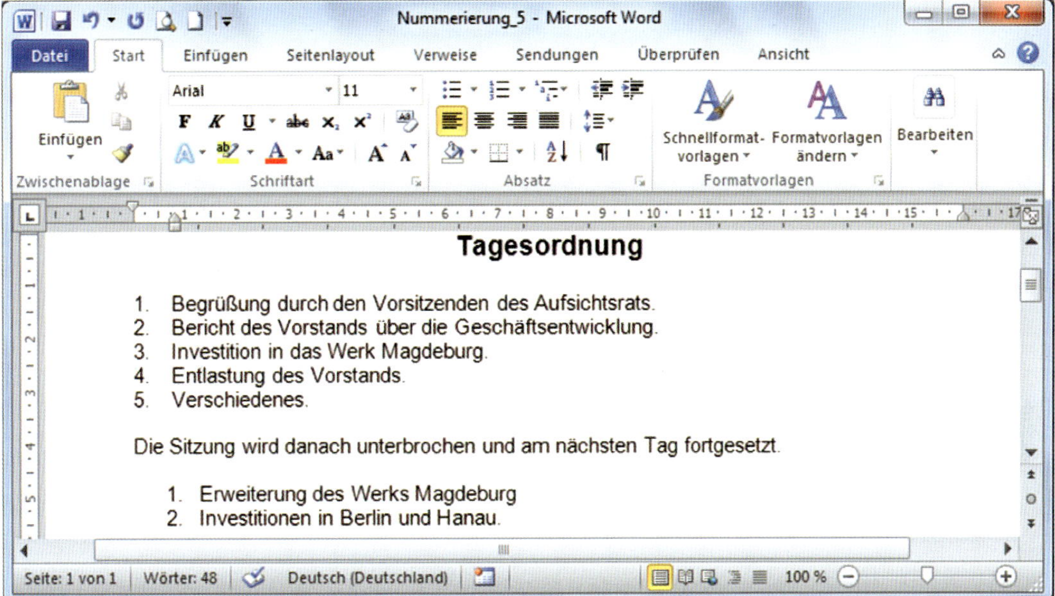

- Soll die Nummerierung wirklich neu beginnen, ist der Einzug wie beschrieben über die Schaltfläche **Absatz** in der Gruppe **Absatz** im Register **Start** oder über das Lineal zu formatieren.

Bearbeitungsschritte (Fortsetzung):

- Speichern Sie den Text. Speichern Sie ihn danach noch einmal unter dem Namen *Nummerierung_6* ab.

- Soll die Nummerierung fortgeführt werden, ist dies am einfachsten durch das Übertragen des Formats möglich.

- Stellen Sie den Cursor in den Text des Menüpunkts 5. Klicken Sie danach im Register **Start** in der Gruppe **Zwischenablage** die Schaltfläche **Format übertragen** an.

- Markieren Sie die Zeilen mit der neuen Nummerierung. Das Format wird übertragen. Das Ergebnis sieht folgendermaßen aus:

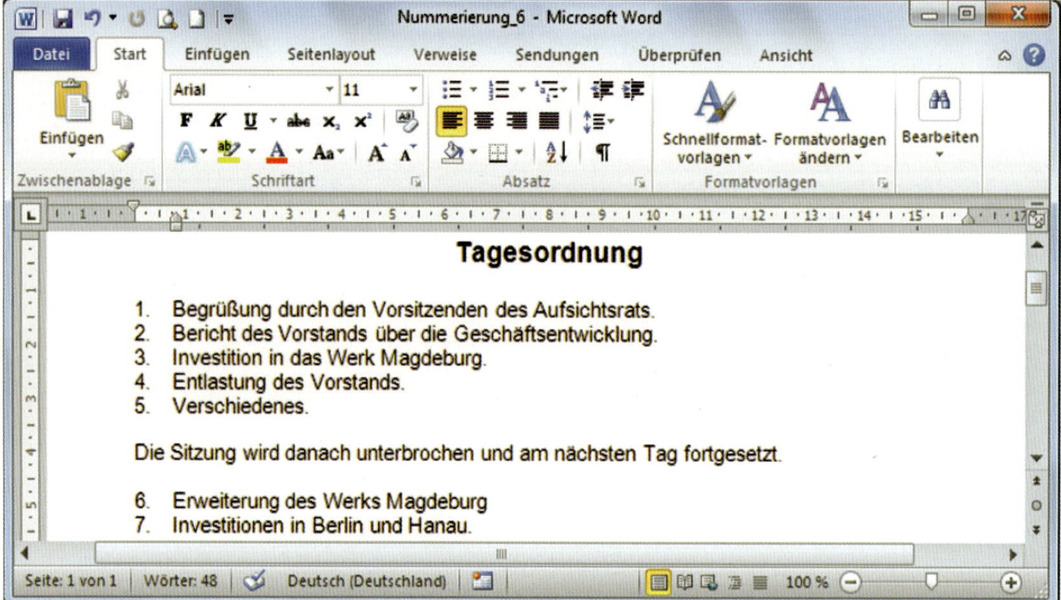

- Die Fortsetzung der Nummerierung kann auch nach Anklicken des Pfeils neben der Schaltfläche **Nummerierung** in der Gruppe **Absatz** im Register **Start** durch die Wahl des Menüpunkts **Nummerierungswert festlegen** eingeleitet werden.

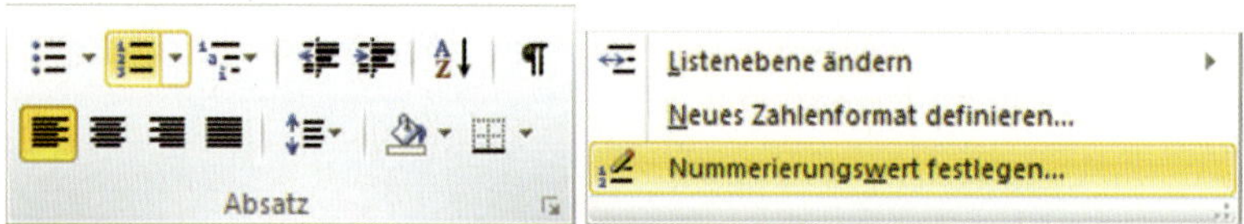

- Danach muss die folgende Einstellung vorgenommen werden:

- Anschließend muss danach eventuell die Formatierung angepasst werden.

8.2   Aufzählungszeichen

In einem Text können Aufzählungsglieder durch verschiedene Zeichen (z. B. Raute, Stern, Kreisfläche) gekennzeichnet werden. Außerdem können Symbole und Bilder, die auf einem Computer vorhanden sind, genutzt werden.

Bearbeitungsschritte:

- Geben Sie zunächst das Wort *Tagesordnung* ein und formatieren Sie es entsprechend der nachfolgenden Darstellung. Fügen Sie danach eine Leerzeile ein.

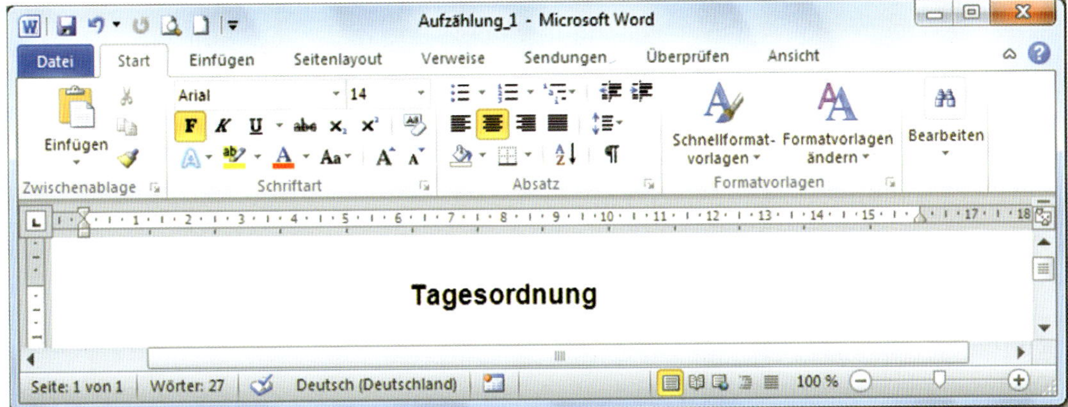

- Klicken Sie im Register **Start** in der Gruppe **Absatz** den Pfeil neben der Schaltfläche **Aufzählungszeichen** an. Wählen Sie danach das angezeigte Aufzählungszeichen.

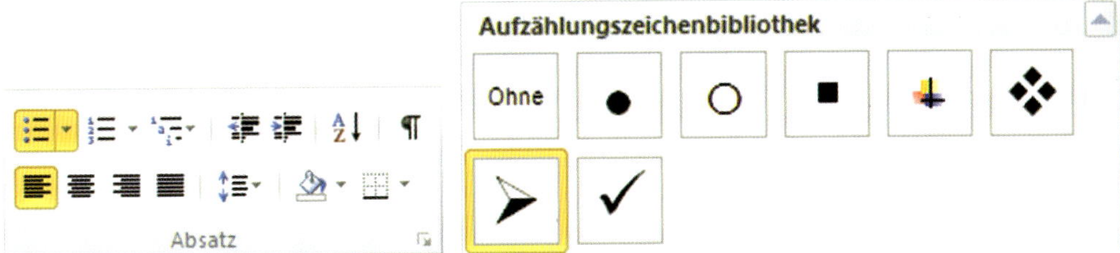

- Geben Sie den Text ein. Das Ergebnis sieht in etwa so aus:

- Speichern Sie den Text unter dem Namen *Aufzählung_1*.
- Als Aufzählungszeichen lassen sich Symbole, Bilder usw. verwenden. Damit kann ein Dokument interessanter und abwechslungsreicher gestaltet werden.

- Klicken Sie im Register **Start** in der Gruppe **Absatz** den Pfeil neben der Schaltfläche **Aufzählungszeichen** an. Wählen Sie danach den Menüpunkt **Neues Aufzählungszeichen definieren**.

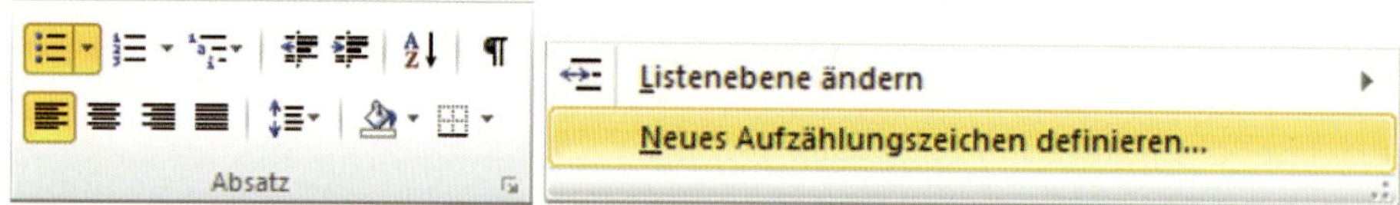

- Im Fenster **Neues Aufzählungszeichen definieren** können Sie danach nach Anklicken der entsprechenden Schaltflächen Symbole und Bilder auswählen.

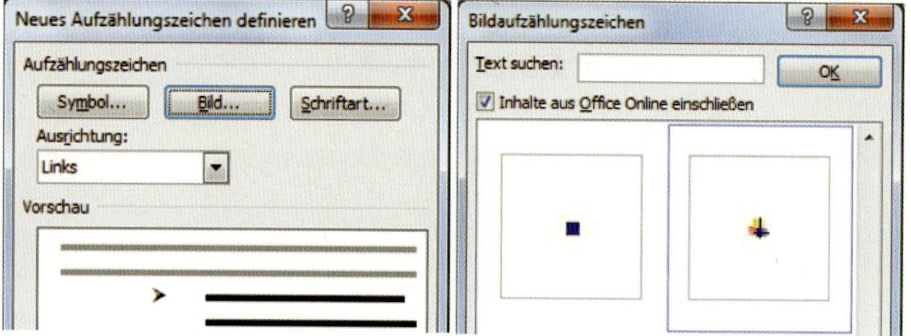

- Ein Ergebnis könnte beispielsweise so aussehen:

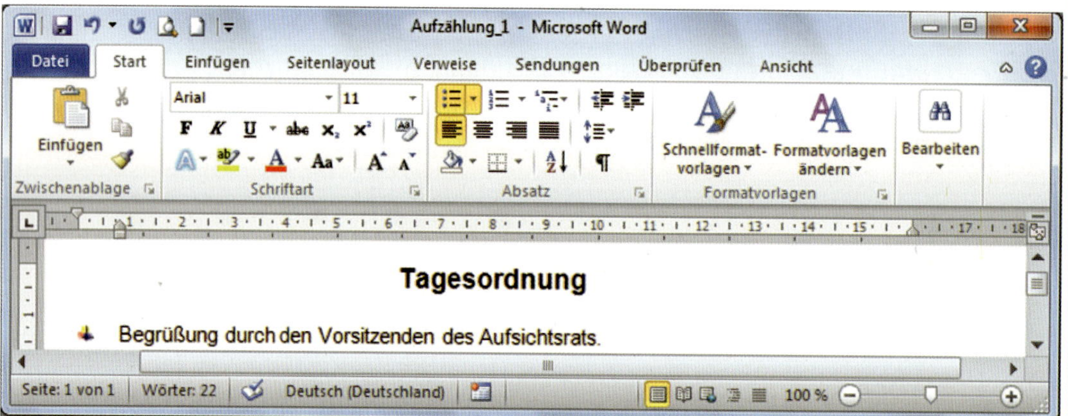

- Markieren Sie den dritten Aufzählungspunkt. Klicken Sie im Register **Start** in der Gruppe **Absatz** den Pfeil neben der Schaltfläche **Aufzählungszeichen** an. Wählen Sie danach den Menüpunkt **Listenebene ändern**.

- Das Ergebnis sieht nach einer Nachbearbeitung so aus:

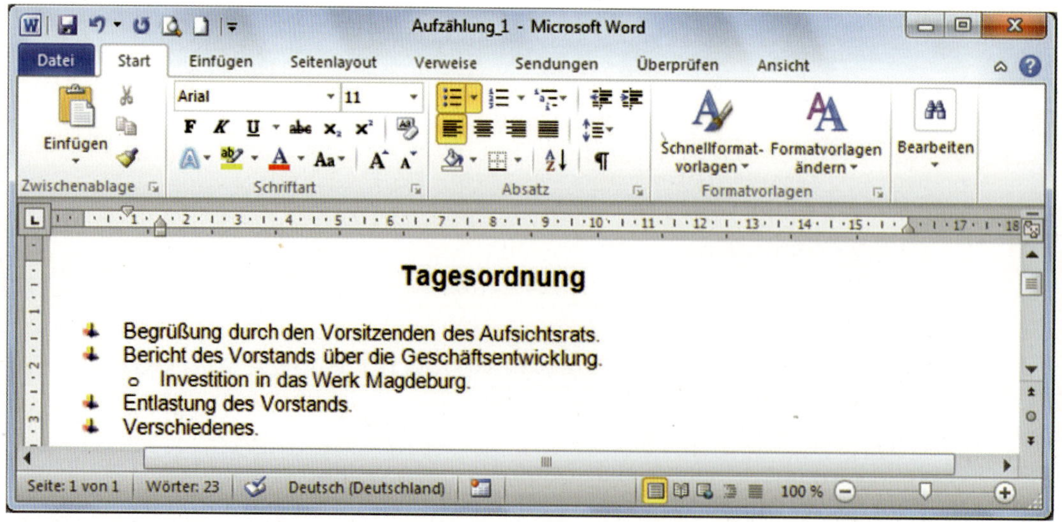

> **Übungen:**

> **Aufgabe 23:** *AGB*
>
> Erstellen Sie den nachfolgenden Text:

Allgemeine Geschäftsbedingungen

1 Umfang der Lieferung

Der Umfang der Lieferung ergibt sich aus dem schriftlichen Angebot und/oder der schriftlichen Auftragsbestätigung des Lieferanten. Bei mündlicher oder telefonischer Bestellung ist die schriftliche Auftragsbestätigung des Lieferanten maßgebend. Zusätzliche Vereinbarungen bedürfen grundsätzlich der schriftlichen Bestätigung.

2 Preise und Zahlungsbedingungen

➢ Die Preise gelten ab Lager Papenburg einschließlich Verpackung.

➢ Die Rechnungen sind innerhalb von 8 Tagen nach Rechnungsdatum unter Abzug von 2 % Skonto oder nach 30 Tagen ohne Abzug zu begleichen.

3 Eigentumsvorbehalt

Alle gelieferten Waren bleiben bis zur vollständigen Bezahlung unser Eigentum.

4 Gefahrenübergang und Versand

Wir liefern stets auf Rechnung und Gefahr des Bestellers. Die Gefahr geht auf den Kunden über, sobald die Ware unser Lager verlassen hat. Sofern der Käufer keine Versandvorschriften angegeben hat, ist uns die Wahl des Beförderungsmittels überlassen.

5 Transportschäden

Transportschäden müssen beim Empfang der Ware sofort angezeigt werden.

6 Gerichtsstand und Erfüllungsort

Erfüllungsort und Gerichtsstand ist für beide Teile Hannover.

> **Aufgabe 24:** *EDV*
>
> Erstellen Sie den nachfolgenden Text:

Hard- und Software

➢ Hardware
- o Zentraleinheit
- o Monitor
- o Drucker
  - ▪ Nadeldrucker
  - ▪ Tintenstrahldrucker
  - ▪ Laserdrucker

➢ Software
- o Betriebssystem
- o Anwendersoftware
  - ▪ Softwaretools
  - ▪ Auftragsbearbeitung

Aufgabe 25:   *StyleSheets*

Erstellen Sie das folgende Dokument:

Cascading Style Sheets (CSS)

Zweck der Stylesheets

Mit der HTML-Ergänzungssprache Cascading Style Sheets (CSS) wird die Möglichkeit zur Verfügung gestellt, Elemente oder gesamte HTML-Seiten nach eigenen Bedürfnissen und Erfordernissen zu formatieren.

Durch die Definition von Formaten können auch nachträglich Seiten bzw. gesamte Webs geänderten Anforderungen angepasst werden. Es bietet sich also an, einige der bisher erstellten HTML-Seiten mithilfe von Stylesheets „aufzumotzen". Bei der Erstellung neuer Webseiten und/oder neuer Webs sollte man zukünftig direkt die vernünftige Formatierung miteinbeziehen. Das Aussehen einer Webseite entscheidet nicht unwesentlich über die Akzeptanz der Seiten beim Nutzer.

Formatierungsmöglichkeiten durch Cascading Style Sheets

Die wichtigsten Möglichkeiten der Formatierung von HTML-Seiten durch Cascading Style Sheets werden in der folgenden Übersicht dargestellt:

⇨ Schriftgröße, Schriftfarbe, Schriftart,

⇨ Textgestaltung (**Fett**, *Kursiv*, <u>Unterstrichen</u> usw.),

⇨ Textausrichtung (*Links*, *Rechts*, *Zentriert*, *Blocksatz*),

⇨ Buchstaben- und Wortabstand,

⇨ Zeilenabstand,

⇨ Hyperlinks (Farbgestaltung, Unterstreichung, Hover-Effekte),

⇨ Hintergrundfarben und -bilder (auch für Textteile).

Art der Definition von Cascading Style Sheets

Cascading Style Sheets können auf unterschiedliche Art in Webseiten integriert werden. Grundsätzlich stehen fünf Methoden zur Verfügung:

⇨ Definition von Style-Anweisungen im Quellcode,

⇨ Definition von Style-Anweisungen für Bereiche einer HTML-Seite,

⇨ Definition von Style-Anweisungen im Seitenkopf,

⇨ Definition von Style-Anweisungen als Formatvorlagen in separaten Dateien,

⇨ Definition von Cascading Style Sheets mit dem Befehl „Class".

Anhand von einfachen Beispielen sollen die einzelnen Methoden dargestellt werden. Es wird jeweils nur Text farbig formatiert. Die weiteren Formatierungsmöglichkeiten werden später genauer erklärt.

9 Rahmen und Schattierungen

9.1 Rahmen und Schattierung in Texten

Der gesamte Text oder auch einzelne Absätze des Textes können mit Rahmen und Schattierungen ausgestattet werden. Dabei stehen Optionen zur Verfügung, die für eine übersichtliche Darstellung sorgen.

Alternativ sollten Sie jedoch immer überlegen, ob der Effekt nicht auch mit einer Tabelle erreicht werden kann.

Bearbeitungsschritte:

- Erstellen Sie ein neues Dokument. Speichern Sie es unter dem Namen *Rahmen_und_Schattierung_1*. Markieren Sie den gesamten Text.

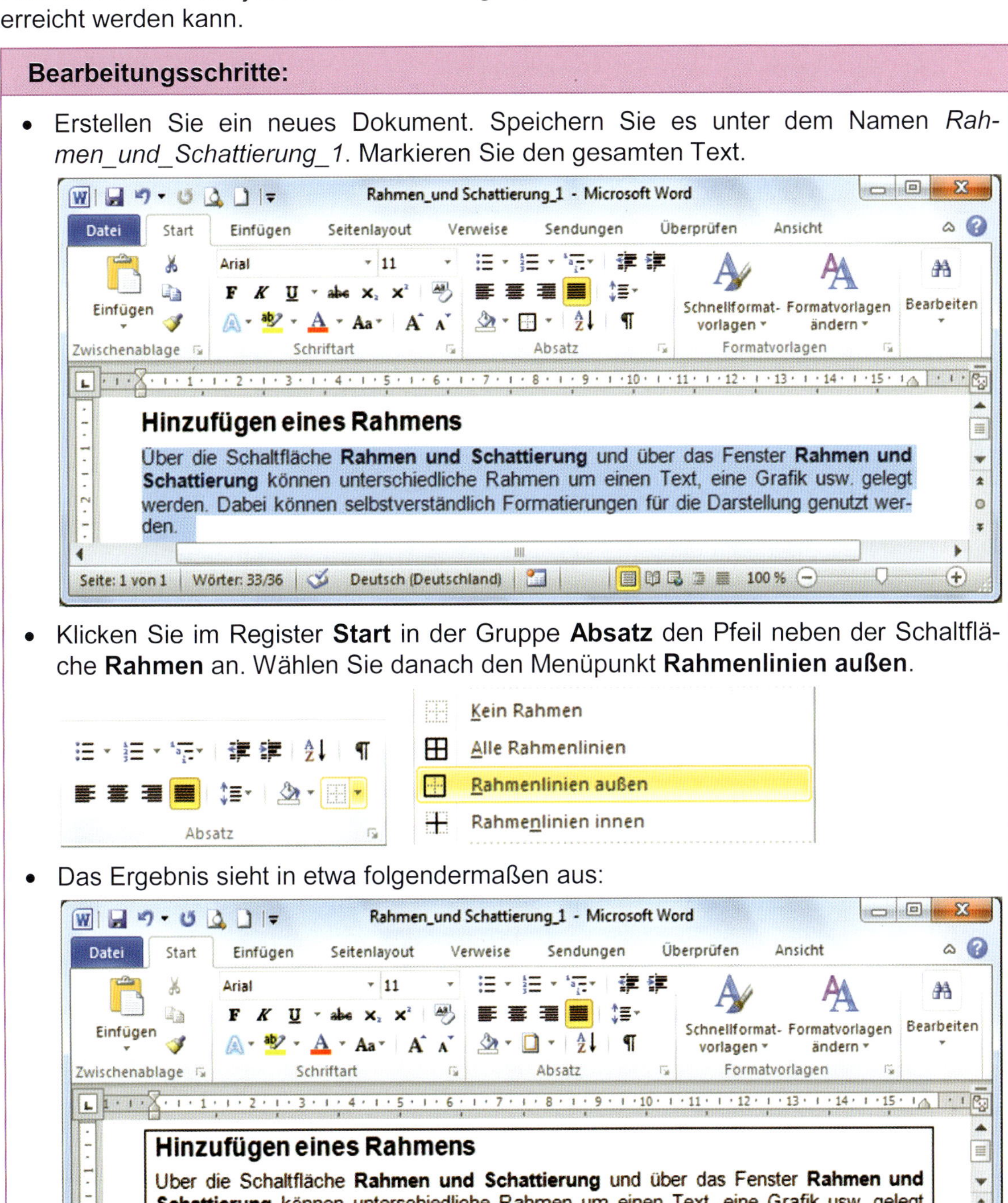

- Klicken Sie im Register **Start** in der Gruppe **Absatz** den Pfeil neben der Schaltfläche **Rahmen** an. Wählen Sie danach den Menüpunkt **Rahmenlinien außen**.

- Das Ergebnis sieht in etwa folgendermaßen aus:

- Das Ergebnis überzeugt allerdings nicht sonderlich. Machen Sie daher die Formatierung des Rahmens rückgängig.

- Probieren Sie weitere Möglichkeiten über die einzelnen Menüpunkte aus. Machen Sie danach das Ergebnis immer wieder rückgängig.

- Markieren Sie den gesamten Text. Klicken Sie danach im Register **Start** in der Gruppe **Absatz** den Pfeil neben der Schaltfläche **Rahmen** an. Wählen Sie danach den Menüpunkt **Rahmen und Schattierung**.

- Stellen Sie im Fenster **Rahmen und Schattierung** den Rahmen folgendermaßen ein:

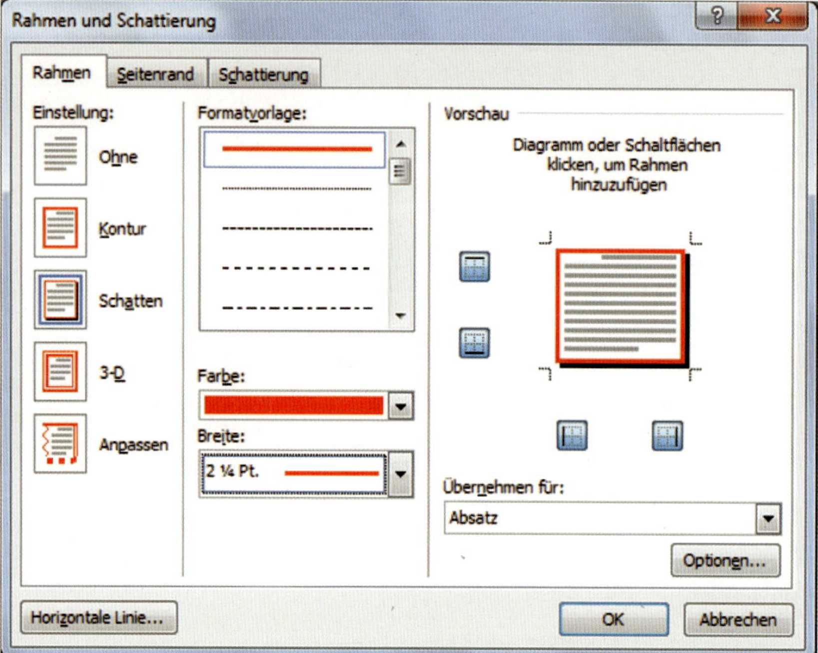

- Klicken Sie im Fenster **Rahmen und Schattierung** die Schaltfläche **Optionen** an. Stellen Sie im Fenster **Rahmen und Schattierungsoptionen** den Abstand zum Text ein.

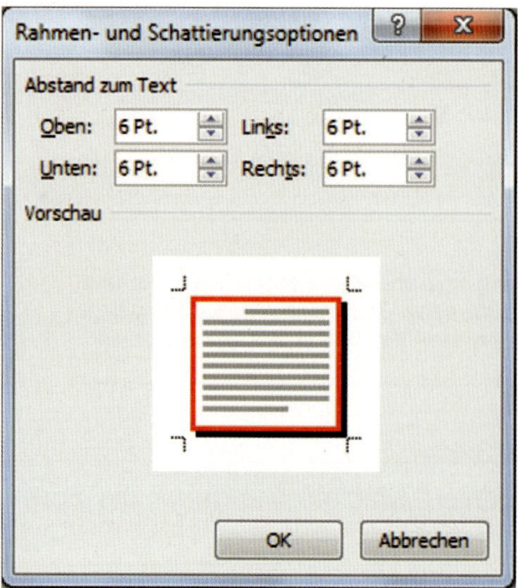

- Das Ergebnis sieht in etwa folgendermaßen aus:

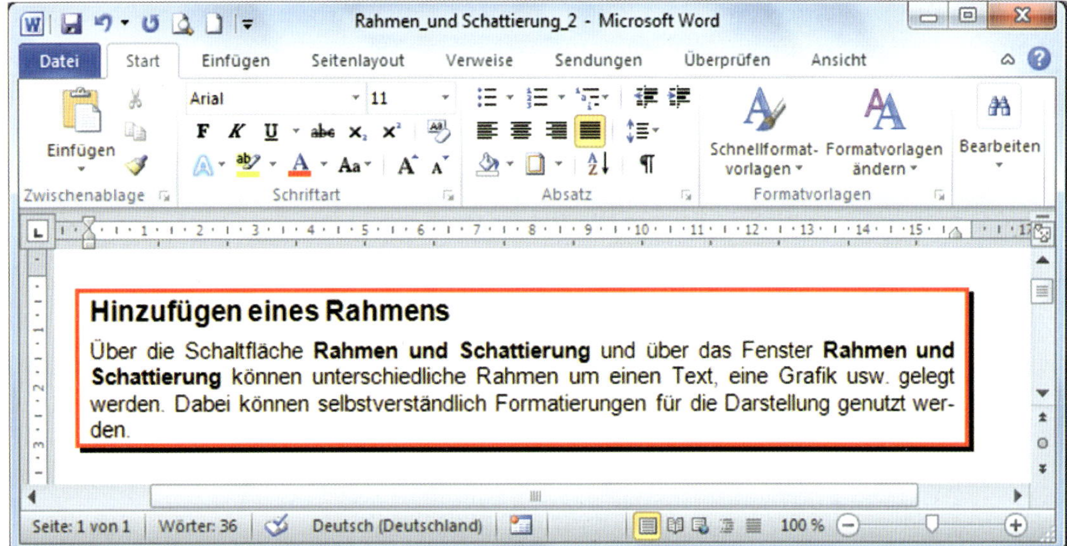

- Speichern Sie das Dokument unter dem Namen *Rahmen_und_Schattierung_2*. Speichern Sie das Dokument danach unter dem Namen *Rahmen_und_Schattierung_3*.

- Außerdem kann der Inhalt des Rahmens schattiert werden. Rufen Sie wie beschrieben das Fenster **Rahmen und Schattierung** auf. Klicken Sie die Registerkarte **Schattierung** an. Nehmen Sie die angezeigten Einstellungen vor:

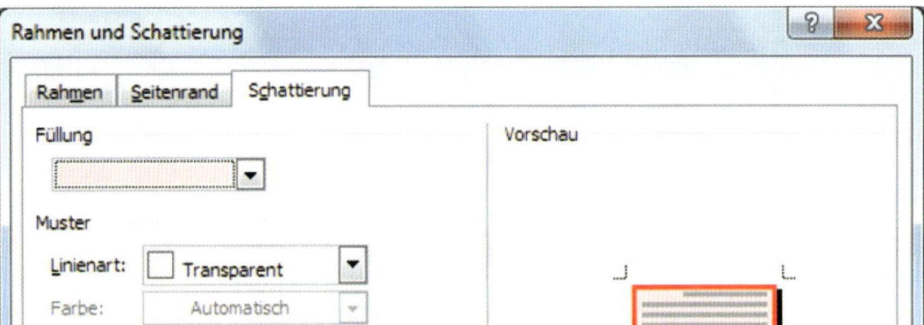

- Das Ergebnis sieht danach in etwa so aus:

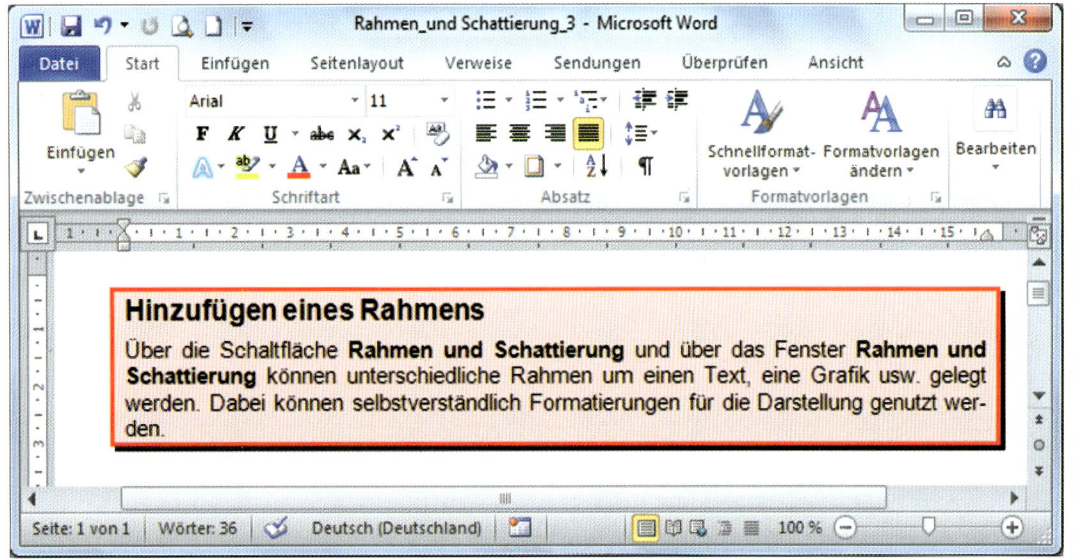

9.2   Rahmen um eine Grafik

Selbstverständlich lässt sich nicht nur ein Rahmen um oder um Teile eines Textes ziehen, sondern auch um Grafiken. Im nachfolgenden Beispiel wird die eingefügte Grafik umrahmt. Außerdem wird ein Rahmen um den Text und die Grafik gezogen.

Bearbeitungsschritte:

- Öffnen Sie das Dokument. *Rahmen_und_Schattierung_3*. Speichern Sie es unter dem Namen *Rahmen_und_Schattierung_4*. Das Ergebnis soll folgendermaßen aussehen:

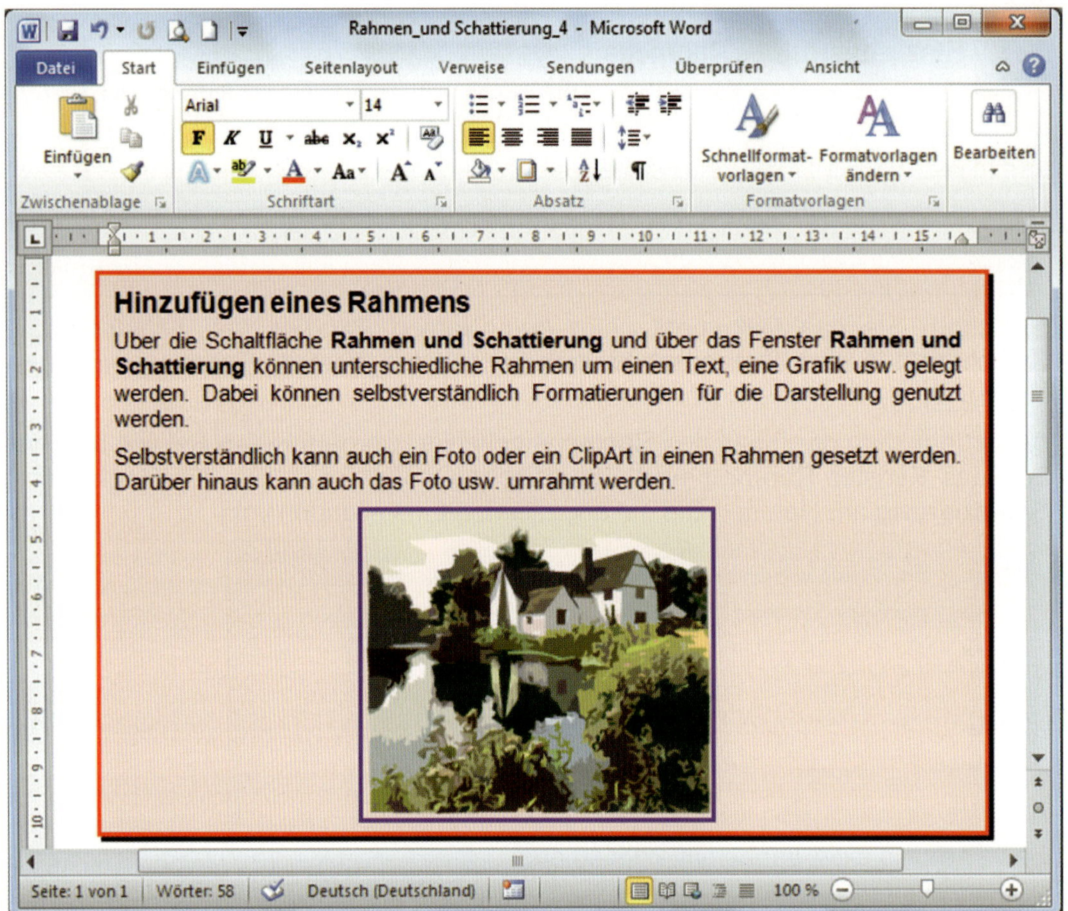

- Ergänzen Sie den Text. Fügen Sie anschließend ein Bild oder ein ClipArt in das Dokument ein. Die Vorgehensweise wird im Kapitel *Elemente von Word-Dokumenten* genau beschrieben.

- Markieren Sie die Grafik. Klicken Sie danach im Register **Start** in der Gruppe **Absatz** den Pfeil neben der Schaltfläche **Rahmen** an. Wählen Sie danach den Menüpunkt **Rahmen und Schattierung**.

- Stellen Sie im Fenster **Rahmen und Schattierung** im Register **Rahmen** den dargestellten Rahmen ein. Probieren Sie weitere Effekte aus und fügen Sie weitere Elemente in den äußeren Rahmen ein.

9.3   Seitenrahmen und Rahmenlinie unten

Ein Rahmen lässt sich unter, über, neben usw. einen Text legen. Außerdem kann das gesamte Dokument umrahmt werden.

Bearbeitungsschritte:

- Erstellen Sie die Datei *Einladung*. Das Ergebnis soll folgendermaßen aussehen:

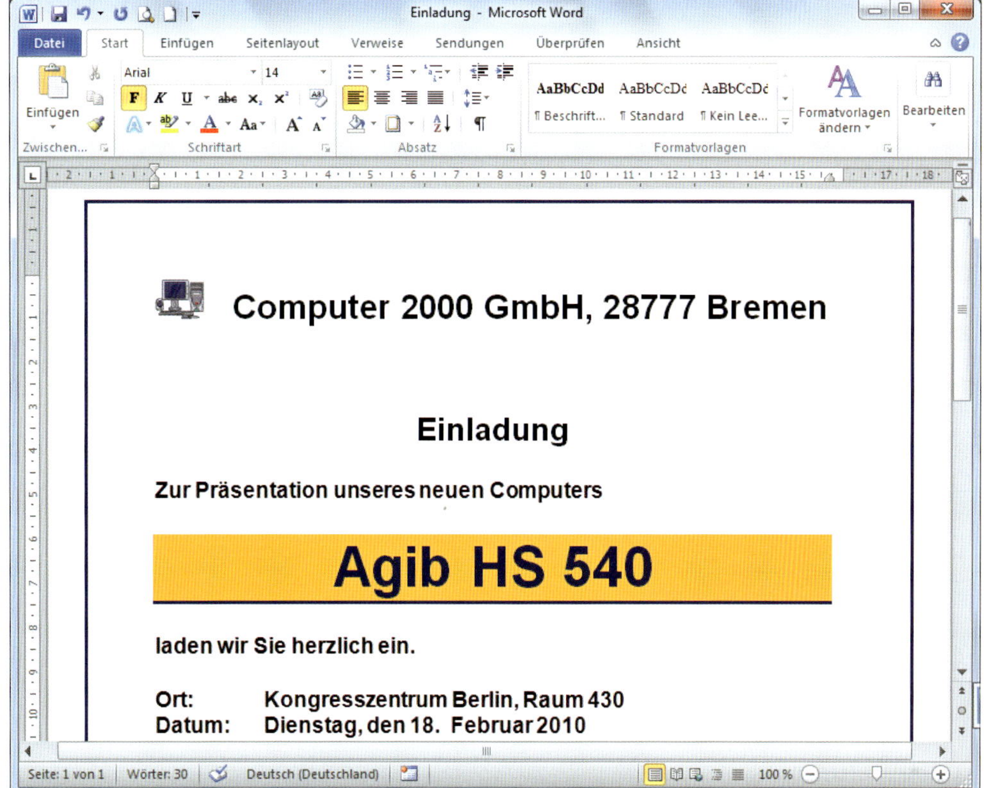

- Fügen Sie zunächst ein **ClipArt** und die Unternehmensdaten ein.
- Schattieren Sie die Produktbezeichnung und fügen eine **Rahmenlinie unten** ein.
- Markieren Sie die Grafik. Klicken Sie danach im Register **Start** in der Gruppe **Absatz** den Pfeil neben der Schaltfläche **Rahmen** an. Wählen Sie danach den Menüpunkt **Rahmen und Schattierung**. Legen Sie im Register *Seitenrand* die Farbe usw. fest.

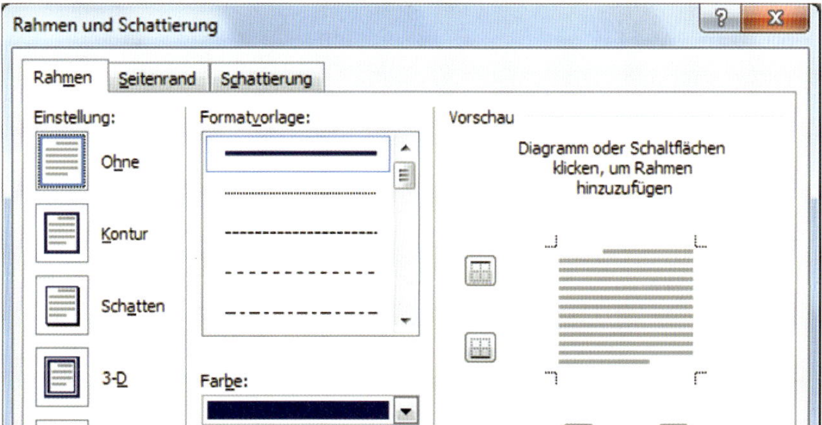

- Im dem Fenster lassen sich auch Effekte auswählen, die die Seite umranden.

9.4   Wasserzeichen

Mit dem Wasserzeichen ist es möglich, einen Text oder ein Bild in den Hintergrund einer Seite einzufügen. Das Wasserzeichen bietet daher einen gewissen Schutz, etwa dann, wenn das Dokument als PDF-Datei abgespeichert und der gewünschte Hintergrund beim Ausdruck des Dokuments mit ausgegeben wird.

Bearbeitungsschritte:

- Erstellen Sie ein neues Dokument. Klicken Sie im Register **Seitenlayout** in der Gruppe **Seitenhintergrund** die Schaltfläche **Wasserzeichen** an. Wählen Sie danach den Menüpunkt **Benutzerdefiniertes Wasserzeichen**.

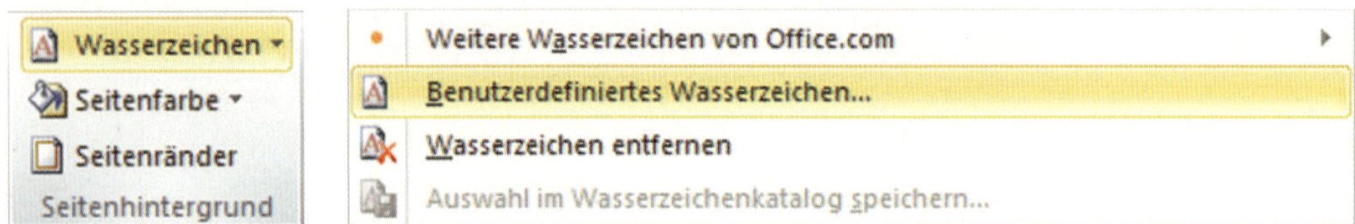

- Legen Sie die folgenden Einstellungen fest:

- Klicken Sie danach die Schaltflächen **Übernehmen** und **OK** an. Das Ergebnis sieht nach Eingabe eines Textes in etwa folgendermaßen aus:

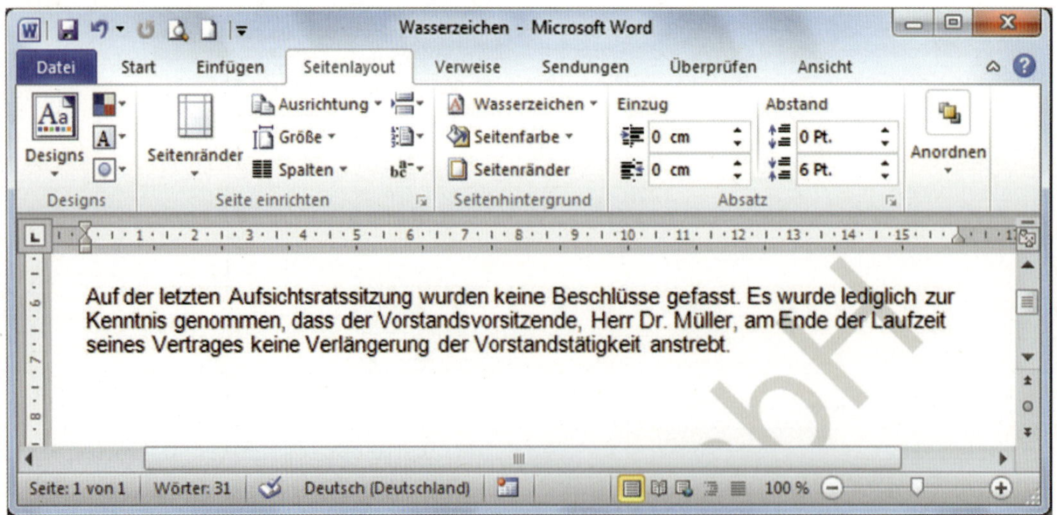

- Fügen Sie statt eines Textes ein Bild ein, z. B. ein Firmenlogo.

Übungen:

Aufgabe 26: *Grafikprojekte*

Erstellen und formatieren Sie den Text wie nachstehend angegeben. Wählen Sie Schriftfarben und Hintergründe aus.

Grafikprojekte

Grafische Darstellungen veranschaulichen Zusammenhänge meistens besser als Zahlenwerte. Daher werden verschiedene Projekte (Geschäftsdiagramme, Mathematische Funktionen, Wirtschaftliche Auswertungen) durchgeführt. In den einzelnen Programmen spielen jedoch die speziellen Grafikbefehle nur eine untergeordnete Rolle. Vielmehr soll anhand der Projekte der sinnvolle Einsatz verschiedener Befehle geübt werden.

Außerdem soll gezeigt werden, dass mithilfe von HTML, CSS und PHP sinnvolle wirtschaftliche, mathematische usw. Anwendungen erstellt werden können, die über das reine Erlernen von Befehlen usw. hinausgehen. Die Kunst des Programmierens liegt sicherlich nicht darin, einzelne Befehle zu beherrschen, vielmehr sollte es möglich sein, im Rahmen von Projekten Lösungen zu erstellen.

Aufgabe 27: *PDF*

Erstellen und formatieren Sie den Text wie nachstehend angegeben. Wählen Sie Schriftfarben und Hintergründe aus:

Ausgabe als PDF-Datei

Die Ergebnisse einer Berechnung können beispielsweise über das Internet an Geschäftspartner, im eigenen Intranet an andere Mitarbeiter usw. versandt werden. Grundsätzlich ist es natürlich möglich, ein Tabellendokument zu versenden.

Oftmals möchte man nur die Ergebnisse, nicht jedoch die Inhalte von Zellen bekannt geben. Daher sollten die Ergebnisse in einem Format versandt werden, das allgemein als Standard anerkannt und grundsätzlich auf jedem Computer gelesen werden kann. Außerdem sollten keine Änderungen des Dokuments zugelassen sein. Dazu bietet sich das PDF-Format an. Das entsprechende Tool zur Erstellung der Dateien muss eventuell aus dem Internet von der Microsoft-Seite gedownloadet werden und dann installiert werden.

PDF-Dateien können mit dem kostenlosen **Adobe-Acrobat-Reader** gelesen werden. Dieses Programm kann aus dem Internet geladen werden.

Aufgabe 28:   *Multimedia*

Erstellen und formatieren Sie den Text wie nachstehend angegeben. Wählen Sie die Schriftfarben und eine Schriftart aus. Fügen Sie ein Wasserzeichen in Form eines Bildes ein.

Multimedia

Was bedeutet *Multimedia*? Ein einheitlicher Begriff existiert nicht. Merkmale für den Begriff *Multimedia* und die Erstellung von multimedialen Dokumenten lassen sich jedoch finden.

Erstellung von digitalen Medien am Computer

▷ Daten werden am Computer verarbeitet. Daher bildet die digitale Technik die Grundlage für multimediale Dokumente und Anwendungen. Die Daten liegen entweder schon in digitaler Form vor oder müssen mithilfe der zur Verfügung stehenden Hard- und Software von analogen in digitale Daten umgewandelt werden. Letzteres ist beispielsweise dann der Fall, wenn ein analoges Fernsehprogramm digital aufgezeichnet wird.

Interaktion zwischen Computern und Benutzern

▷ Interaktionen (Kommunikation) finden zwischen den Nutzern und den Computern statt. Das Internet wird als Plattform für multimediale Anwendungen genauso wie die Pragramme und Daten eines Computers genutzt.

Integration unterschiedlicher Medien

▷ Unterschiedliche Medien werden bei der Erstellung, Weiterverarbeitung und Wiedergabe von multimedialen Dokumenten integriert. Dabei kann man statische (Text, Grafik) und dynamische Elemente (Audio, Animationen, Video) miteinander kombinieren.

Datenkompression

▷ Multimediale Dateien benötigen in der Regel sehr viel Speicherplatz. Die Übertragung eines Videobands belegt oftmals 10 und mehr Gigabyte auf einer Festplatte. Auf anderen Datenträgern lassen sich die Daten ohne Kompression überhaupt nicht mehr abspeichern. Daher kann man sich mit Multimediaprodukten erst dann vernünftig beschäftigen, wenn gewisse Grundlagen über die Kompression von Daten bekannt sind. Es wird auf die Komprimierung, z. B. im Bereich Foto und im Bereich Audio, eingegangen. Die Umwandlung von Daten in ein anderes, meist komprimiertes Format, wird mithilfe von Programmen ermöglicht.

10 Spalten

10.1 Texteingabe in Spalten

Ein Text kann übersichtlicher dargestellt werden, wenn er in Spalten ausgegeben wird. In Zeitungen und Zeitschriften wird diese Art der Darstellung daher bevorzugt. Sollen Inhalte voneinander abgegrenzt werden, ist eine Textdarstellung in Spalten sinnvoll.

Bearbeitungsschritte:

- Klicken Sie im Register **Ansicht** in der Gruppe **Dokumentansichten** die Schaltfläche **Seitenlayout** an, da die Spalten nur in der Layout-Ansicht korrekt dargestellt werden. Geben Sie zunächst die Überschrift des nachfolgenden Textes ein:

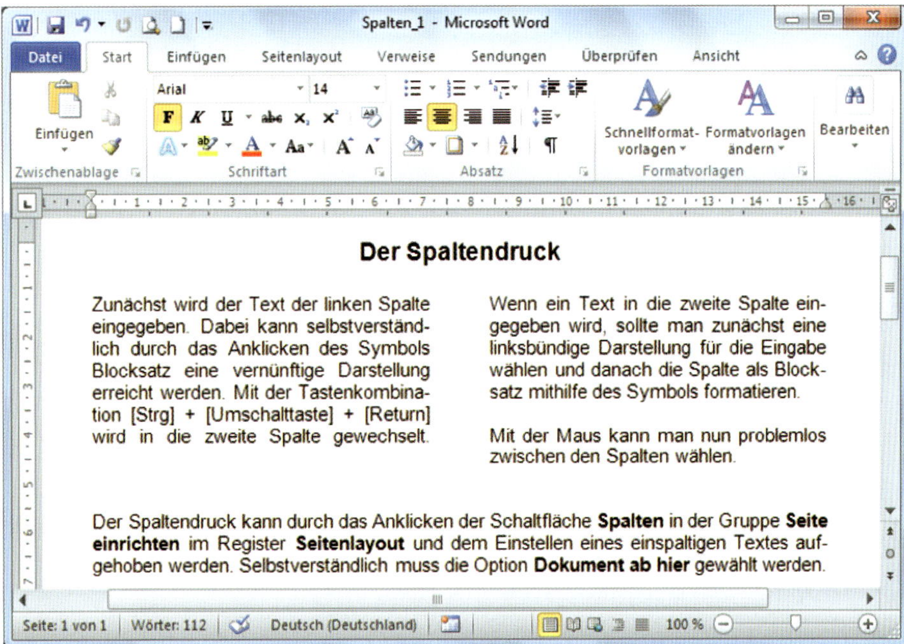

- Klicken Sie im Register **Seitenlayout** in der Gruppe **Seite einrichten** die Schaltfläche **Spalten** an. Wählen Sie den Menüpunkt **Weitere Spalten**, da diese Option genauere Einstellungsmöglichkeiten bietet.

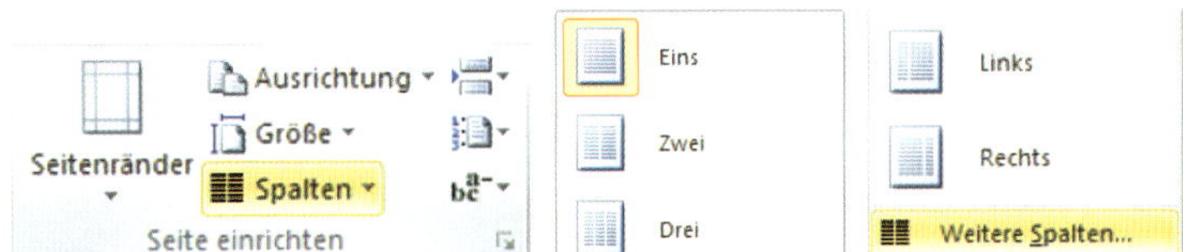

- Klicken Sie im Bereich **Voreinstellungen** die Voreinstellung **Zwei** an bzw. wählen Sie im Bereich **Spaltenanzahl** die Zahl 2.

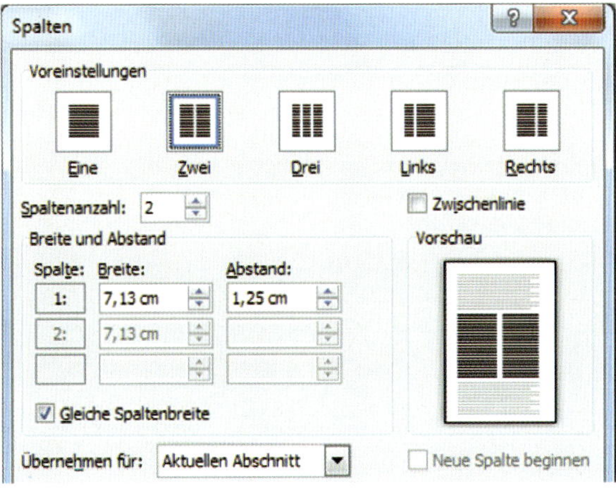

Bearbeitungsschritte (Fortsetzung):

- Im Bereich **Breite und Abstand** können Sie die Breite der einzelnen Spalten bzw. den Abstand zwischen den Spalten festlegen. Außerdem kann die Spaltenbreite unterschiedlich festgelegt werden. Legen Sie im Bereich **Übernehmen für:** fest, dass die Spalten ab hier im Dokument eingefügt werden sollen.

- Geben Sie den Text der linken Spalte ein. Wechseln Sie mit der Tastenkombination **[STRG]** + **[⇧]** + **[Return]** in die zweite Spalte und geben Sie den entsprechenden Text ein. Mit der Maus kann zwischen den beiden Spalten gewechselt werden.

- Stellen Sie die Spaltenzahl nach Eingabe des Textes in der rechten Spalte wieder auf einspaltige Texteingabe um. Dabei sollten Sie zweimal die Taste [Return] betätigen und dann die Einstellung über den Menüpunkt **Format/Spalten** vornehmen. Die Option **Dokument ab hier** muss im Fenster **Spalten** wieder eingestellt werden. Speichern Sie den Text unter dem Namen *Spalten_1*.

10.2   Nachträgliche Darstellung eines Textes in Spalten

Ein bereits geschriebener Text kann durch nachträgliche Bearbeitung in Spalten dargestellt werden. Dabei können unterschiedliche Möglichkeiten genutzt werden.

Bearbeitungsschritte:

- Geben Sie den folgenden Text ein. Speichern Sie ihn unter dem Namen *Spalten_2*.

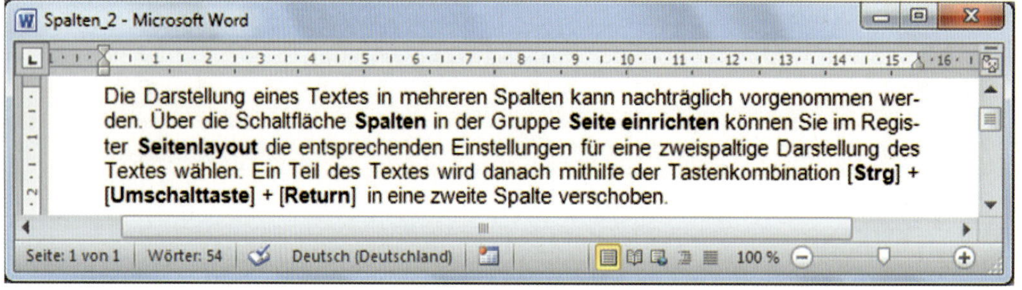

- Wählen Sie wie beschrieben eine zweispaltige Darstellung. Der gesamte Text wird nun in der ersten Spalte dargestellt. Stellen Sie den Cursor vor den Satz „Ein Teil des Textes ... verschoben.“

- Verschieben Sie mit der Tastenkombination **[STRG]** + **[⇧]** + **[Return]** den folgenden Text in die zweite Spalte. Das Ergebnis wird nachfolgend dargestellt:

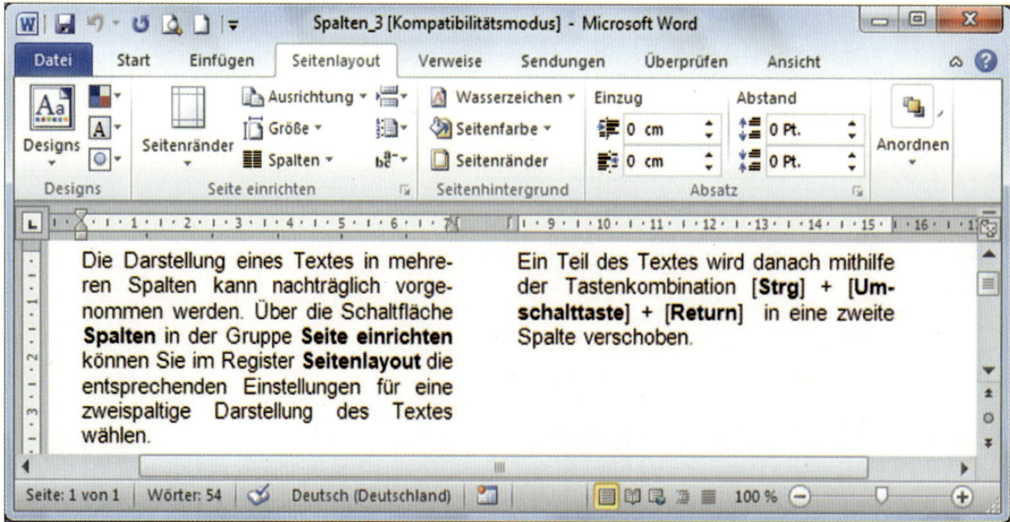

- Speichern Sie den Text unter dem Namen *Spalten_3*.

11 Bilder und Diagramme

11.1 Vorbemerkungen

Das Einfügen von Bildern, ClipArts und das Bearbeiten dieser Objekte wird im Kapitel *Elemente in Word-Dokumenten* ausführlich erklärt. Arbeiten Sie daher bei Bedarf dieses Kapitel durch. Im Kapitel *Datenaustausch* wird u. a. das Einfügen eines Diagramms in einen Word-Text beschrieben. Auch dies sollte bei Bedarf erarbeitet werden.

11.2 Einfügen und Anordnen einer Grafik

Durch eine geschickte Anordnung von Grafiken in Texten können ansprechende Flyer, Werbetexte, Einladungen usw. erstellt werden.

Bearbeitungsschritte:

- Erstellen Sie ein neues Dokument. Geben Sie den Text ein. Formatieren Sie den Text als Blocksatz. Speichern Sie das Dokument unter dem Namen *Grafik_Layout* ab. Das Ergebnis soll in etwa so aussehen:

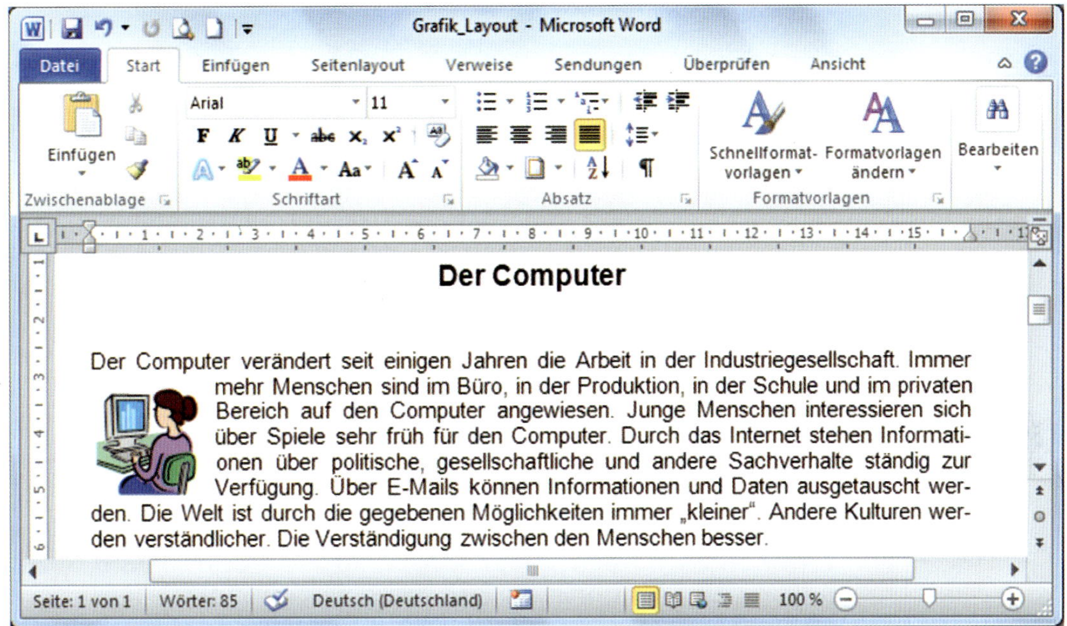

- Stellen Sie den Cursor eine Zeile hinter den Text. Klicken Sie im Register **Einfügen** in der Gruppe **Illustrationen** die Schaltfläche **ClipArt** an. Fügen Sie ein *Clip Art*, beispielsweise das angezeigte, ein.

- Markieren Sie die Grafik. Verändern Sie über die Anfasser oder über die Schaltfläche die Schaltflächen **Formenhöhe** oder **Formenbreite** in der Gruppe **Schriftgrad** im Register **Bildtools/Format**.

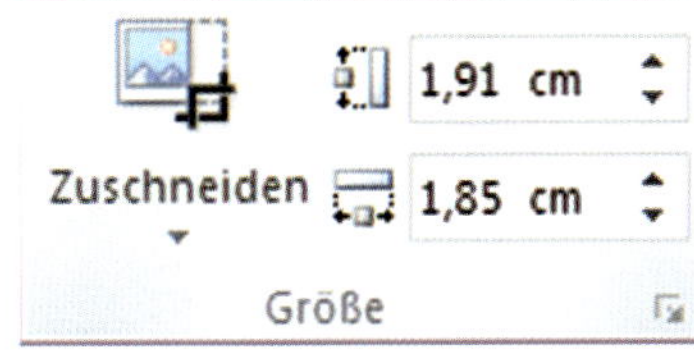

Bearbeitungsschritte (Fortsetzung):

- Ziehen Sie die Grafik an die angezeigte Position. Das Ergebnis dürfte noch nicht vernünftig sein.

- Klicken Sie im Register **Bildtools/Format** in der Gruppe **Anordnen** die Schaltfläche **Zeilenumbruch** an. Wählen Sie die Option **Passend**.

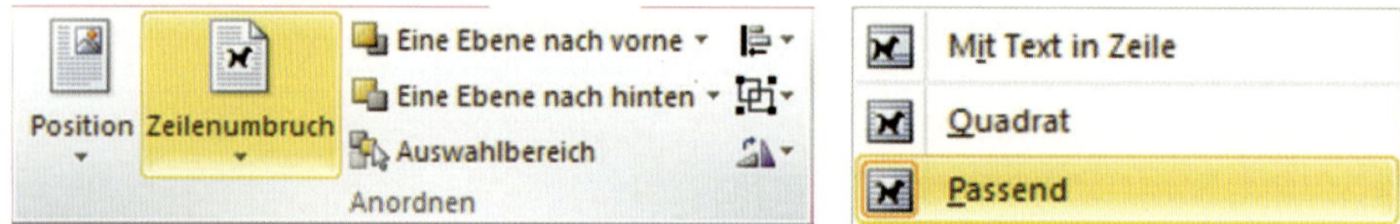

- Ziehen Sie die Grafik eventuell noch auf die gewünschte Position. Verändern Sie gegebenenfalls die Größe. Probieren Sie einige Optionen aus, z. B. die Option **Hinter den Text**. Sie werden feststellen, dass die Lesbarkeit des Textes kaum gegeben ist. Allerdings könnte bei einer entsprechenden Schriftfarbe und einem sehr blassen Bild auch dies gewährleitet werden.

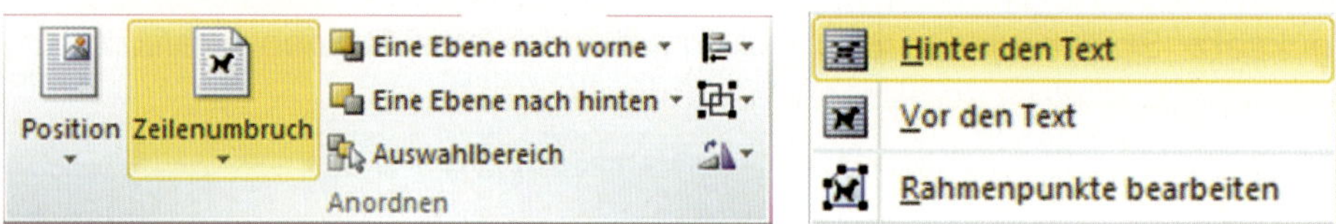

- Kehren Sie zur Option **Passend** zurück.

- Klicken Sie im Register **Bildtools/Format** in der Gruppe **Anordnen** die Schaltfläche **Textumbruch** an. Wählen Sie die Option **Weitere Layoutoptionen**.

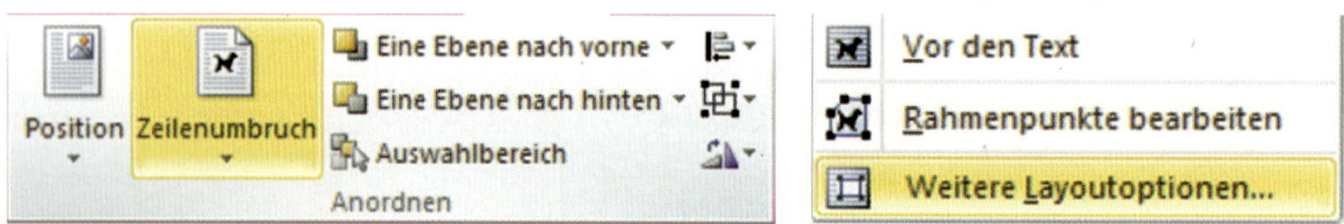

- Klicken Sie die Registerkarte *Textumbruch* an. Sie können nun beispielsweise den Abstand der Grafik vom Text festlegen. Probieren Sie einige Möglichkeiten aus. Kehren Sie dann zur ursprünglichen Einstellung zurück.

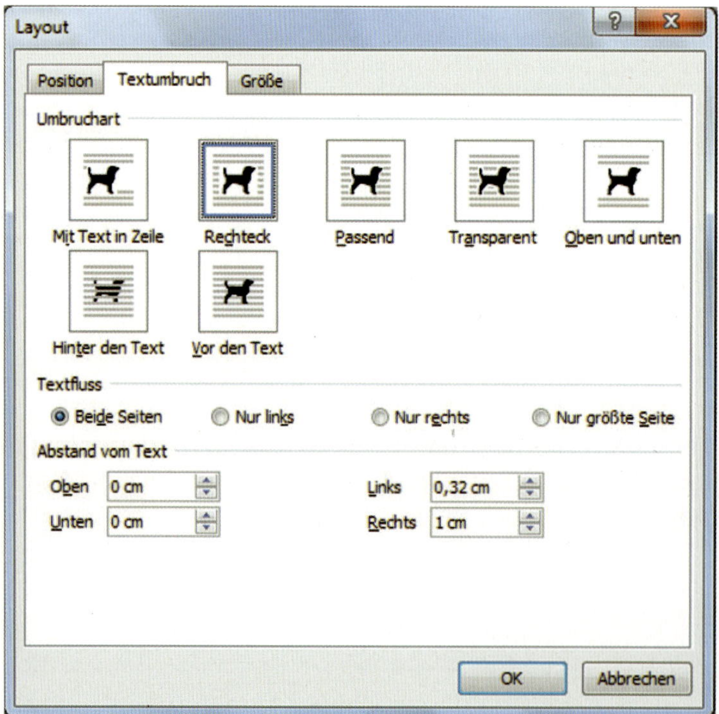

Bearbeitungsschritte (Fortsetzung):

- Klicken Sie die Registerkarte *Position* an. Wenn Sie gewährleisten wollen, dass die Grafik mit dem Text verschoben wird, müssen Sie die horizontale und vertikale Bildposition wie angezeigt absolut festlegen. Dies ist in der Regel die Voreinstellung.

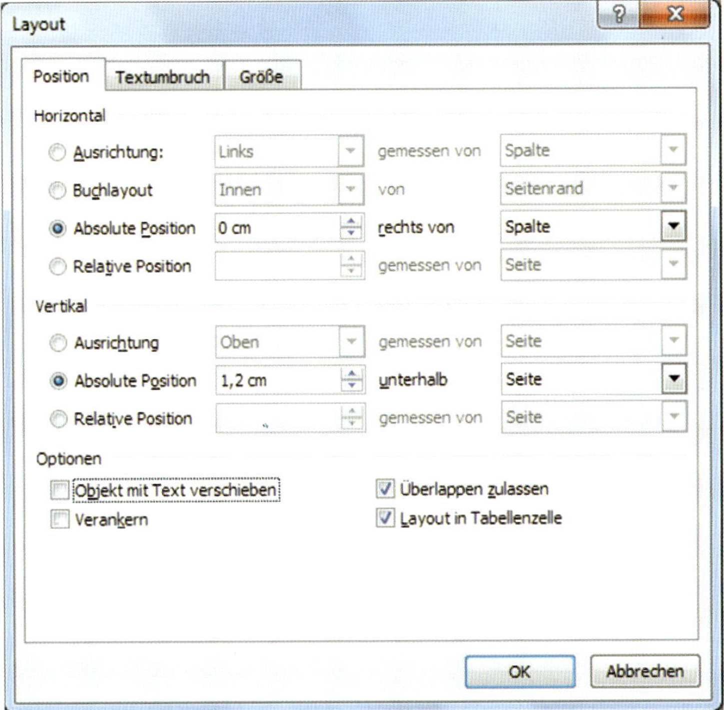

- Bei längeren Texten sollten Sie unter Umständen die Optionen (*Verankern* usw.) ausprobieren. Speichern Sie das Dokument.

- Speichern Sie das Dokument unter dem Namen *Grafik_Layout_1* nochmals ab. Realisieren Sie mithilfe der Maus die folgende Darstellung:

Bearbeitungsschritte (Fortsetzung):

- Markieren Sie die Grafik. Über die Anfasser an den Seiten der Grafik können Sie die Grafik verkleinern, sodass das Dokument dann folgendermaßen aussehen sollte. Eventuell müssen Sie jedoch noch den Abstand vom Text anpassen.

- Über den grünen runden Anfasser am oberen Rand der Grafik können Sie die Grafik drehen. Alternativ können Sie auch Einstellungen über die Schaltfläche **Drehen** in der Gruppe **Anordnen** im Register **Bildtools/Format** vornehmen.

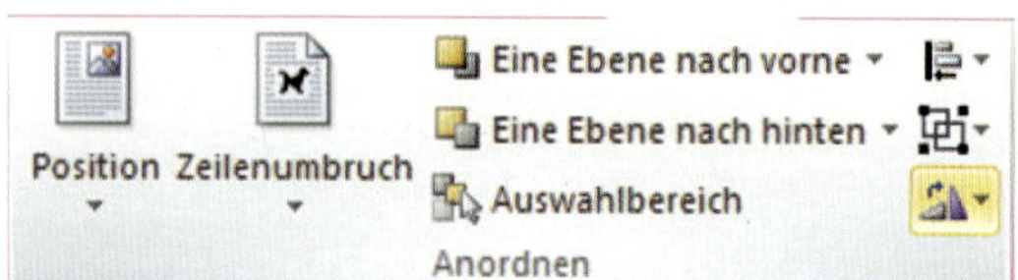

- Das Ergebnis sollte so aussehen:

- Probieren Sie weitere Einstellungen aus. Klicken Sie dazu im Register **Bildtools/Format** in der Gruppe **Anordnen** die Schaltfläche **Textumbruch** an. Wählen Sie die Option **Weitere Layoutoptionen**.

11.3 Kopieren und Einfügen von Grafiken

Das Kopieren und Einfügen von Grafiken entspricht dem normalen Kopieren und Einfügen von Texten. Daher wird der Sachverhalt nur kurz angesprochen.

Bearbeitungsschritte:

- Öffnen Sie das Dokument *Grafik_Layout*. Speichern Sie das Dokument unter dem Namen *Grafik_Layout_2*.

- Markieren Sie die Grafik.

- Klicken Sie im Register **Start** in der Gruppe **Zwischenablage** die Schaltfläche **Kopieren** an. Alternativ können Sie auch die Tastenkombination [**Strg**] + [**C**] drücken.

- Klicken Sie im Register **Start** in der Gruppe **Zwischenablage** die Schaltfläche **Einfügen** an. Alternativ können Sie auch die Tastenkombination [**Strg**] + [**V**] drücken.

- Die Grafik wird ein zweites Mal etwas versetzt zur ersten Grafik eingefügt. Ziehen Sie die Grafik an die nachfolgend angezeigte Stelle:

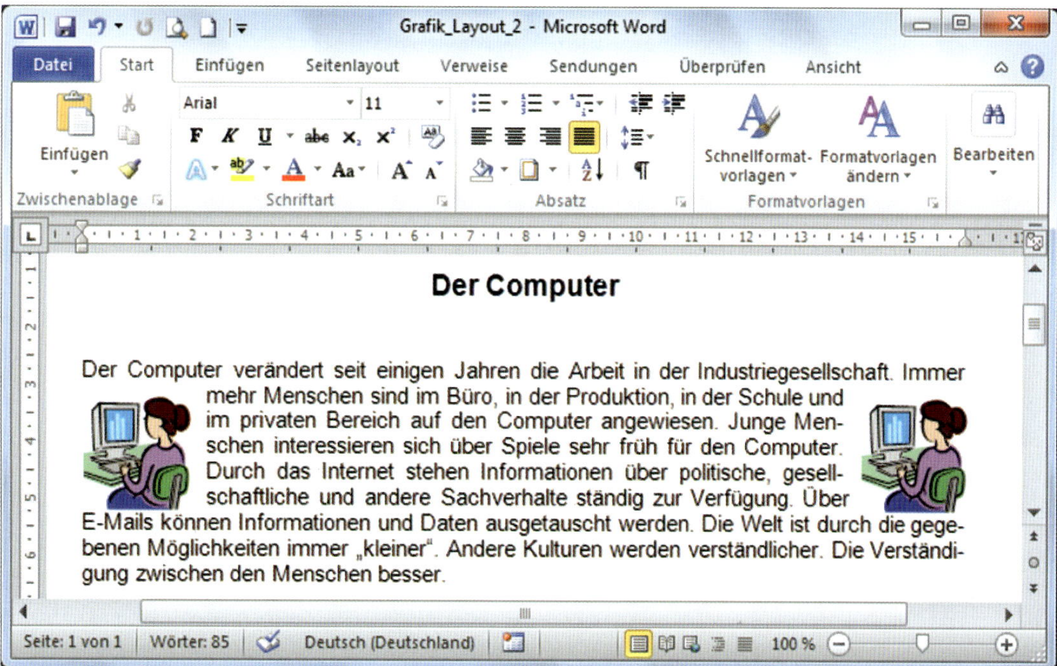

- Erstellen Sie ein neues Dokument. Kopieren Sie eine Grafik im Dokument *Grafik_Layout_2*. Fügen Sie danach die Grafik in das neue Dokument ein. Die Vorgehensweise ist im Prinzip mit dem Kopieren und Einfügen einer Grafik in einem Dokument vergleichbar.

- Die Übertragung eines Diagramms wird im Kapitel *Datenaustausch* erklärt.

<table>
<tr><td>Übungen:</td></tr>
</table>

Aufgabe 29:	***Computer_1***

Erstellen und formatieren Sie den Text wie angegeben. Nutzen Sie die Schriftart *Bitstream Vera Sans*. Steht diese nicht zur Verfügung, wählen Sie eine andere Schriftart. Die Bilder sollten Sie sich gegebenenfalls aus dem Internet laden.

Computerarten

Computer werden in unterschiedlichen Arten und verschiedenen Formen angeboten. In der nachfolgenden Übersicht werden die einzelnen Computer kurz beschrieben.

Begriff	**Erklärung**
Personal Computer - Tower	Der Personal Computer enthält neben den traditionellen Komponenten Zentraleinheit und Festplatte weitere Hardwarekomponenten, wie z. B. ein DVD-Laufwerk, Schnittstellen oder eine weitere Festplatte. Der Tower ist zu empfehlen, da er besser auf Erweiterungen ausgelegt ist. Einen kleineren Tower bezeichnet man als Minitower. Das Desktop-Gehäuse als traditionelles Gehäuse für einen Personal Computer kommt heute kaum noch vor.
Laptop/ Notebook	Der Laptop (Notebook) ist ein tragbarer Computer, der es ermöglicht, auch ohne Stromanschluss Daten zu erfassen und zu verarbeiten. Er beinhaltet alle Elemente des herkömmlichen Computers mit Festplatte, CD-/DVD-Laufwerk bzw. -Brenner und Anschlussmöglichkeiten für Drucker und Maus. Ein besonderes Kennzeichen ist das Strom sparende Flüssigkristalldisplay zur Anzeige der Daten. Besonders leichte tragbare Personal Computer werden auch als Notebooks (Notizbuch) bezeichnet.
PDA/ Handheld	Ein Handheld Computer bzw. PDA (Personal Digital Assistant) ist ein kleines tragbares Gerät, auf dem wichtige Programme wie Terminplaner, Textverarbeitung und Tabellenkalkulation für den Einsatz unterwegs zumeist installiert sind. In der Regel ist der Computer mit einer Schnittstelle ausgestattet, die es erlaubt, die Daten auf einen Personal Computer zu übertragen. Bei modernen Geräten werden die Daten z. B. per Funk auf einen anderen Computer übertragen.
Mainframe	Ein Großrechner (engl.: Mainframe, Host) ist ein umfangreiches, komplexes Computersystem. Dabei werden die Kapazitäten und Möglichkeiten eines Personal Computers weit überschritten. Auch Netzwerke können die Leistungsmerkmale eines Großrechners in der Regel nicht erreichen.
Netzwerk-Computer	Netzwerk-Computer werden zur Nutzung des Internets und in lokalen Intranetzen (Firmennetzen) eingesetzt. Sie sind im Grunde genommen Teminals, die über eigene lokale CPU-Leistung verfügen.

Aufgabe 30: *Computer_2*

Erstellen Sie die nachfolgende Tabelle mit Grafiken und Texten. Nutzen Sie gegebenenfalls schon bereits erstellten Text.

Computerarten

Computer werden in unterschiedlichen Arten und verschiedenen Formen angeboten. In der nachfolgenden Übersicht werden die einzelnen Computer kurz beschrieben:

Personal Computer - Tower

Der Personal Computer enthält neben den traditionellen Komponenten Zentraleinheit, Festplatte weitere Hardwarekomponenten, wie z. B. ein DVD-Laufwerk, Schnittstellen oder eine weitere Festplatte.

Der Tower ist zu empfehlen, da er besser auf Erweiterungen ausgelegt ist. Einen kleineren Tower bezeichnet man als Minitower. Das Desktop-Gehäuse als traditionelles Gehäuse für einen Personal Computer kommt heute kaum noch vor.

Laptop/Notebook

Der Laptop (Notebook) ist ein tragbarer Computer, der es ermöglicht, auch ohne Stromanschluss Daten zu erfassen und zu verarbeiten. Er beinhaltet alle Elemente des herkömmlichen Computers mit Festplatte, CD-/ DVD–Laufwerk bzw. -Brenner und Anschlussmöglichkeiten für Drucker und Maus. Ein besonderes Kennzeichen ist das Strom sparende Flüssigkristalldisplay zur Anzeige der Daten. Besonders leichte tragbare Personal Computer werden auch als Notebooks (Notizbuch) bezeichnet.

PDA/Handheld

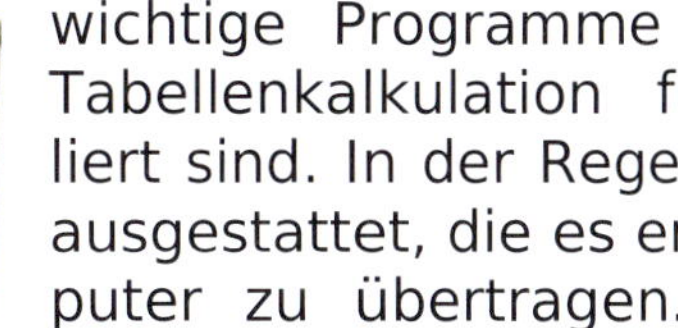

Ein Handheld Computer bzw. PDA (Personal Digital Assistant) ist ein kleines tragbares Gerät, auf dem wichtige Programme wie Terminplaner, Textverarbeitung und Tabellenkalkulation für den Einsatz unterwegs zumeist installiert sind. In der Regel ist der Computer mit einer Schnittstelle ausgestattet, die es erlaubt, die Daten auf einen Personal Computer zu übertragen. Bei modernen Geräten werden die Daten z. B. per Funk auf einen anderen Computer übertragen.

Mainframe

Ein Großrechner (engl.: Mainframe, Host) ist ein umfangreiches, komplexes Computersystem. Dabei werden die Kapazitäten und Möglichkeiten eines Personal Computers weit überschritten. Auch Netzwerke können die Leistungsmerkmale eines Großrechners in der Regel nicht erreichen. Großrechner zeichnen sich vor allem durch ihre Zuverlässigkeit und hohe Ein-Ausgabe-Leistung aus.

Aufgabe 31:   *Computer_3*

Erstellen Sie mit Hilfe von Texten und Grafiken das folgende Dokument mit Spalten:

Computer

Personal Computer - Tower

Der Personal Computer enthält neben den traditionellen Komponenten Zentraleinheit und Festplatte weitere Hardwarekomponenten, wie z. B. ein DVD-Laufwerk, Schnittstellen oder eine weitere Festplatte. Der Tower ist zu empfehlen, da er besser auf Erweiterungen ausgelegt ist. Einen kleineren Tower bezeichnet man als Minitower.

Laptop/Notebook

Das Desktop-Gehäuse als traditionelles Gehäuse für einen Personal Computer kommt heute kaum noch vor. Der Laptop (Notebook) ist ein tragbarer Computer, der es ermöglicht, auch ohne Stromanschluss Daten zu erfassen und zu verarbeiten. Er beinhaltet alle Elemente des herkömmlichen Computers mit Festplatte, CD-/DVD-Laufwerk bzw. -Brenner und Anschlussmöglichkeiten für Drucker und Maus. Ein besonderes Kennzeichen ist das Strom sparende Flüssigkristalldisplay zur Anzeige der Daten. Besonders leichte tragbare Personal Computer werden auch als Notebooks (Notizbuch) bezeichnet.

Aufgabe 32:   *Computer_4*

Erstellen Sie das vorherige Dokument mithilfe einer Tabelle.

Aufgabe 33:   *Office_Programme*

Erstellen Sie das nachfolgende Dokument mithilfe von Spalten. Verwenden Sie u. U. ClipArts oder andere Grafiken. Die Darstellung wurde u. a. durch die Bestimmung einer transparenten Farbe erzielt.

OFFICE – PROGRAMME

EXCEL

WORD

ACCSS

12   Dokumentformatierung

12.1   Seitenausrichtung und Papiergröße

Vor der Texteingabe sollten die Seiten eingerichtet werden. Dies bezieht sich vor allem auf die Seitenausrichtung und die Auswahl des Papierformats. Die Einstellungen können auch über den Menüpunkt **Datei/Drucken** vorgenommen werden, wie später gezeigt wird.

Bearbeitungsschritte:

- Öffnen Sie das Dokument *Angebot*. Speichern Sie es unter dem Namen *Angebot_Seite_1*. Klicken Sie danach im Register **Seitenlayout** in der Gruppe **Seite einrichten** die Schaltfläche **Orientierung** an. Wählen Sie die Option **Hochformat**.

- Klicken Sie im Register **Seitenlayout** in der Gruppe **Seite einrichten** die Schaltfläche **Größe** an. Wählen Sie die angezeigte Option.

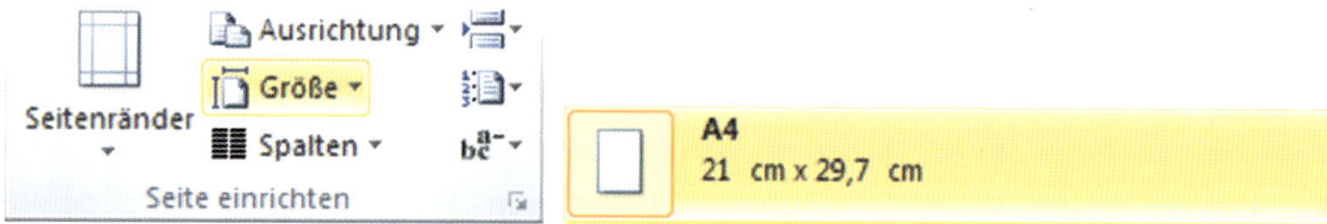

- Normalerweise ist damit eine vernünftige Einstellung für die Formatierung und spätere Ausgabe eines Dokuments gegeben. Es können jedoch weitere Einstellungen notwendig werden.

- Klicken Sie daher im Register **Seitenlayout** in der Gruppe **Seite einrichten** die Schaltfläche **Größe** nochmals an. Wählen Sie die Option **Weitere Papierformate**. Wählen Sie als Papierformat **A4 (21 cm; 29,7 cm)**.

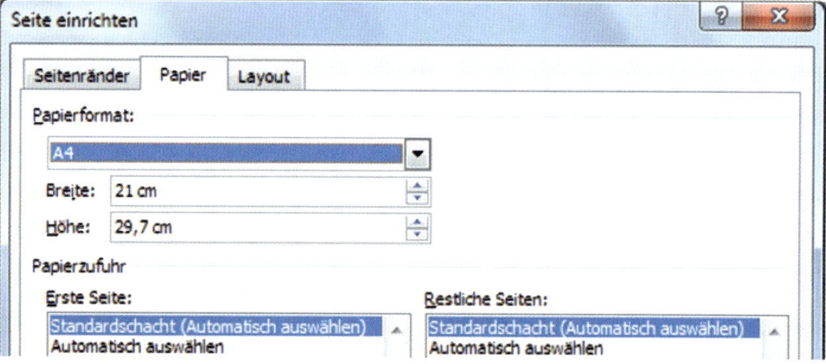

- Je nach Zweck können Sie bei Bedarf auch andere Formate einstellen.

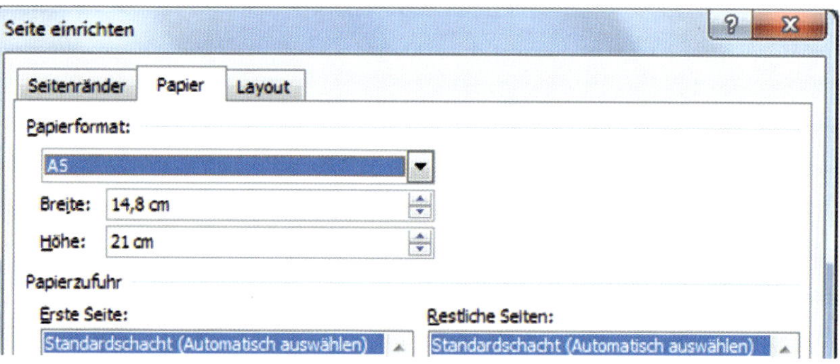

12.2   Seitenränder

Vor der Texteingabe sollten die Seiten eingerichtet werden. Dies bezieht sich vor allem auf die Auswahl des Papierformats und die Festlegung der Seitenränder.

Bearbeitungsschritte:

- Öffnen Sie das Dokument *Angebot*. Speichern Sie es unter dem Namen *Angebot_Seite_2*. Klicken Sie im Register **Seitenlayout** in der Gruppe **Seite einrichten** die Schaltfläche **Seitenränder** an. Sie können nun eine der Möglichkeiten auswählen.

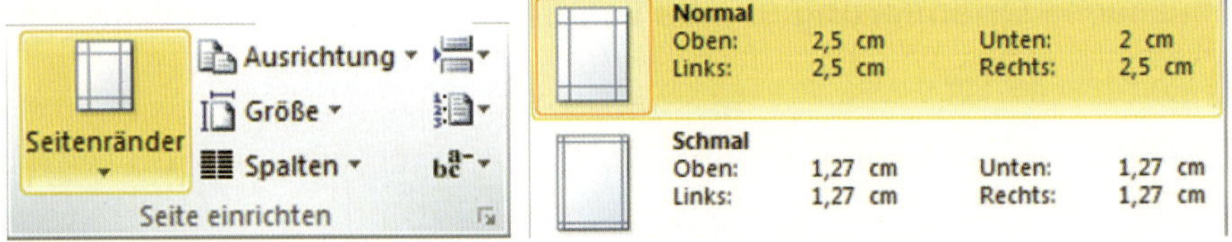

- Oftmals bietet es sich jedoch an, eine individuelle Einstellung zu wählen. Klicken Sie daher im Register **Seitenlayout** in der Gruppe **Seite einrichten** die Schaltfläche **Seitenränder** an. Wählen Sie die Option **Benutzerdefinierte Seitenränder**. Das Fenster **Seite einrichten** mit der aktivierten Registerkarte **Seitenränder** wird eingeblendet. Legen Sie das Papierformat und individuelle Einstellungen fest.

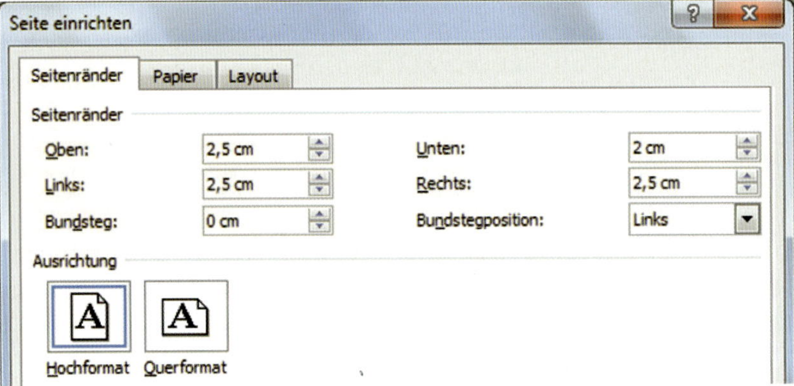

- Normalerweise erfolgt die Einstellung für das gesamte Dokument. Es ist jedoch auch möglich, die Seitenränder für Teile des Dokuments unterschiedlich zu gestalten. Dies könnte z. B. dann sinnvoll sein, wenn eine Seite besonders herausgestellt werden soll.

- Stellen Sie den Cursor vor den Absatz *Die Menge …* Bestimmen Sie andere Seitenränder und legen Sie danach die erste angezeigte Option fest. Das Dokument wird auf zwei Seiten mit unterschiedlichen Seitenrandeinstellungen aufgeteilt. Wenn Sie den gesamten Absatz markieren und die zweite angezeigte Option wählen, wird das Dokument auf drei Seiten mit unterschiedlichen Seitenrändern verteilt.

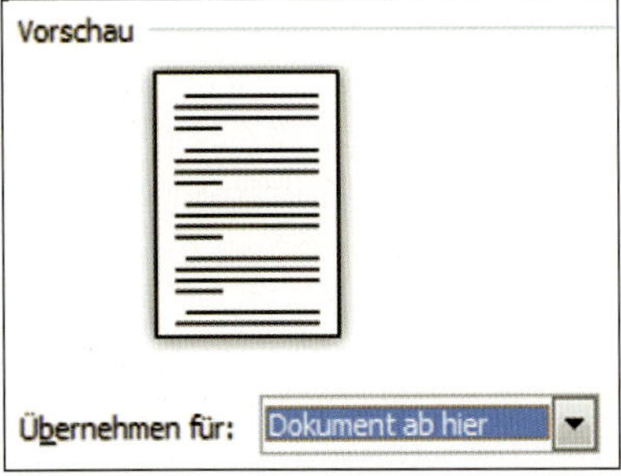

- Innerhalb von Seiten können Sie wie beschrieben mit Absatzformatierungen arbeiten.

12.3 Seitenumbruch

Normalerweise wird ein Seitenumbruch automatisch vorgenommen, wenn eine Seite ge-
füllt ist. Die nächsten Inhalte werden dann auf der folgenden Seite eingefügt und angezeigt. Soll jedoch ein Inhalt, der auf eine Seite passen würde, auf zwei oder mehrere Seiten verteilt werden, muss ein Seitenumbruch eingefügt werden.

Bearbeitungsschritte:

- Öffnen Sie das Dokument *Angebot*. Speichern Sie es unter dem Namen *Ange-
bot_Seitenumbruch*. Stellen Sie den Cursor vor den Absatz *Die Menge der Ware…*

- Klicken Sie danach im Register **Seitenlayout** in der Gruppe **Seite einrichten** die
Schaltfläche **Umbrüche** an. Wählen Sie die Option **Seite**.

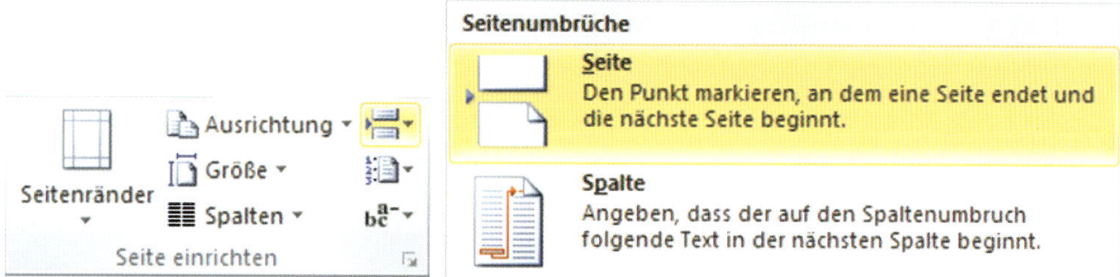

- Der Inhalt der Seite wird auf zwei Seiten verteilt. In der Statuszeile wird die jeweilige
Seite angezeigt.

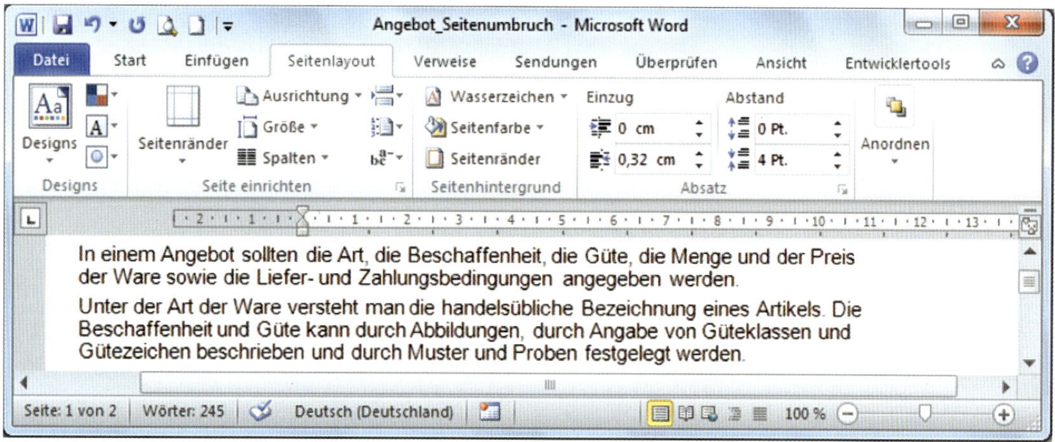

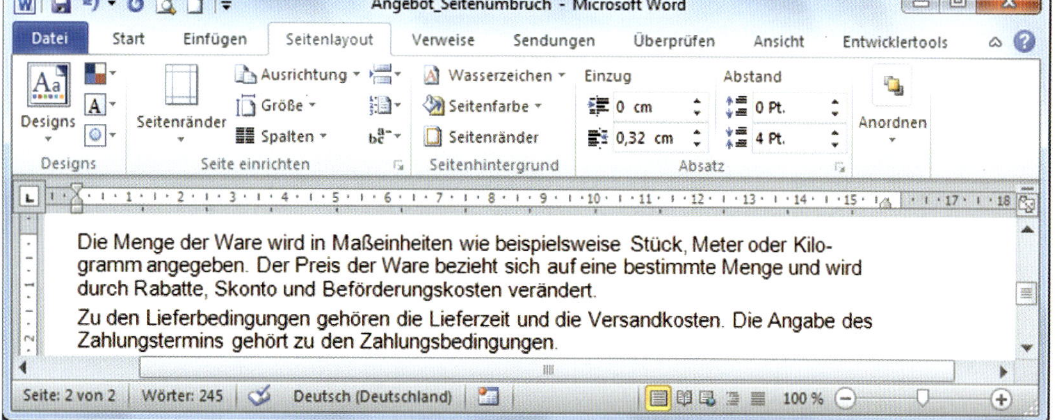

- Um den Seitenumbruch wieder aufzuheben, müssen Sie den Cursor an das Ende
der letzten Zeile auf der ersten Seite stellen. Drücken Sie danach so oft die Taste
[Entf], bis der Text wieder in die erste Seite eingefügt ist. Der Seitenumbruch ist
aufgehoben.

12.4 Einfügen von Text in der Kopf- bzw. Fußzeile

In längeren Dokumenten über mehrere Seiten bietet es sich an, Kopf- und/oder Fußzeilen mit Texten zu versehen. Die einfachste Möglichkeit bietet ein Text, der auf allen Seiten immer identisch ist.

Bearbeitungsschritte:

- Öffnen Sie das Dokument *Angebot*. Speichern Sie das Dokument unter dem Namen *Angebot_Text_Kopfzeile_1*. Führen Sie wie beschrieben einen Seitenumbruch durch.

- Klicken Sie danach im Register **Einfügen** in der Gruppe **Kopf- und Fußzeile** die Schaltfläche **Kopfzeile** an. Wählen Sie die Option **Leer**.

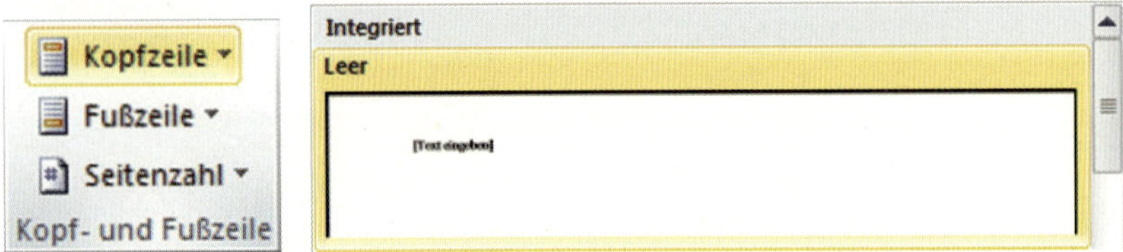

- Im Menüband wird das Register **Kopf- und Fußzeilentools** zur Verfügung gestellt. Außerdem wird die Kopfzeile eingeblendet.

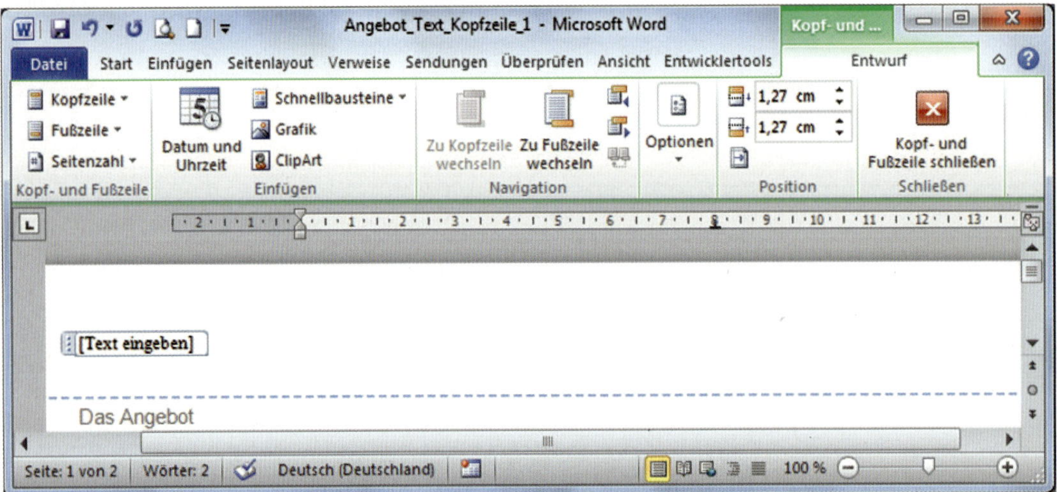

- Geben Sie einen Text ein. Formatieren Sie den Text über die Schaltflächen in den Gruppen **Schriftart und Absatz** im Register **Start**. Das Ergebnis könnte so aussehen:

Bearbeitungsschritte (Fortsetzung):

- Auf der folgenden Seite ist die Überschrift selbstverständlich ebenfalls vorhanden.
- Probieren Sie weitere Optionen aus. Klicken Sie dazu im Register **Einfügen** in der Gruppe **Kopf- und Fußzeile** die Schaltfläche **Kopfzeile** an. Wählen Sie die Option **Alphabet**.

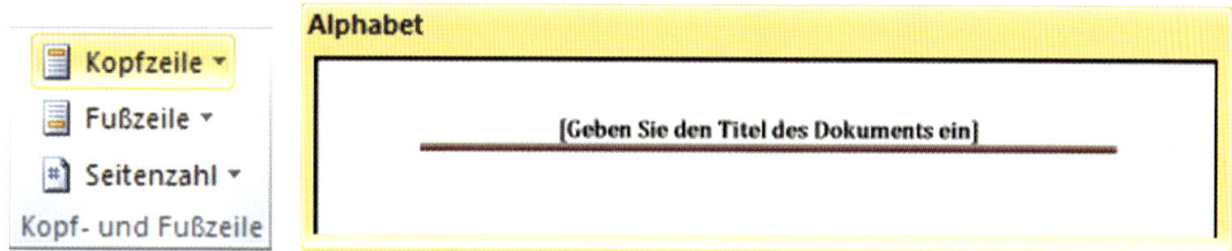

- Das Ergebnis sieht in etwa so aus:

- Kehren Sie danach zur ursprünglichen Kopfzeile zurück.
- Blenden Sie die Kopfzeile durch Anklicken der Schaltfläche **Kopf- und Fußzeile schließen** in der Gruppe **Schließen** im Register **Kopf- und Fußzeilentools/Entwurf** wieder aus.

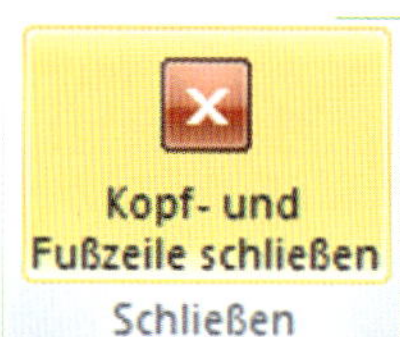

- Das Einfügen von Texten in die Kopf- und/oder Fußzeile kann auch auf eine andere Weise erfolgen. Öffnen Sie daher das Dokument *Angebot*. Speichern Sie das Dokument unter dem Namen *Angebot_Text_Kopfzeile_2*. Führen Sie wie beschrieben einen Seitenumbruch durch.
- Führen Sie oberhalb des Textes einen Doppelklick auf den leeren Bereich durch. Die Kopfzeile und damit auch die Fußzeile werden automatisch eingeblendet. Gleichzeitig wird außerdem das Register **Kopf- und Fußzeilentools/Entwurf** aufgerufen.

- Durch einen Doppelklick auf den Text kehren Sie in den Textbereich zurück.
- Auf die gezeigte Art und Weise können Sie jederzeit zwischen dem Textbereich eines Dokuments und der Kopf- und Fußzeile wechseln.

12.5 Einfügen von Seitenzahlen usw. in die Kopf- und Fußzeile

Große Dokumente werden ohne Informationen über die Seitenzahlen, den Dokumentnamen usw. sehr unübersichtlich. In den Kopf- und Fußzeilen lassen sich Informationen einblenden.

Bearbeitungsschritte:

- Öffnen Sie das Dokument *Angebot*. Speichern Sie das Dokument unter dem Namen *Angebot_Text_Kopfzeile_3*. Führen Sie wie beschrieben einen Seitenumbruch durch.

- Klicken Sie doppelt in den Kopfzeilenbereich. Eine leere Kopfzeile wird dargestellt.

- Außerdem wird das Register **Kopf- und Fußzeilentools/Entwurf** eingeblendet.

- Klicken Sie danach im Register **Kopf- und Fußzeilentools/Entwurf** in der Gruppe **Einfügen** die Schaltfläche **Datum und Uhrzeit** an.

- Legen Sie im Fenster **Datum und Uhrzeit** das folgende Datumsformat fest:

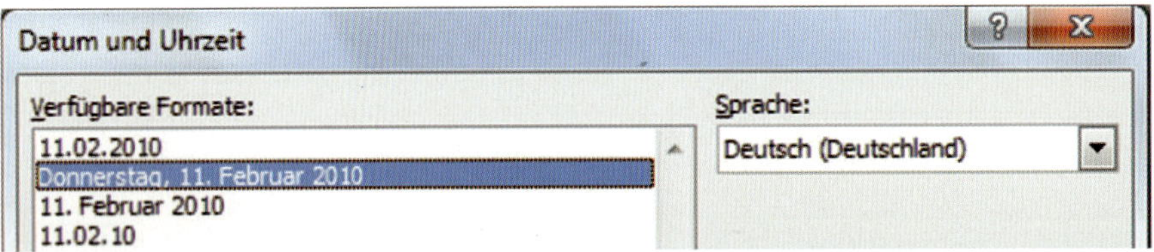

- Das aktuelle Datum wird eingefügt:

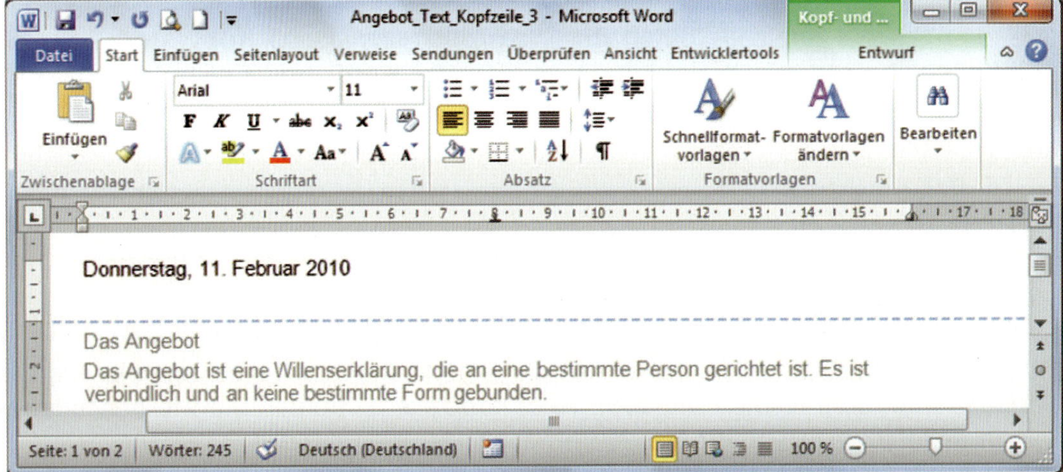

- Geben Sie mithilfe der Taste [**Tab**] in die Mitte des Dokuments. Geben Sie einen Titeltext ein. Betätigen Sie danach wieder die Taste [**Tab**].

- Klicken Sie danach im Register **Kopf- und Fußzeilentools/Entwurf** in der Gruppe **Kopf- und Fußzeile** die Schaltfläche **Seitenzahl** an. Bestimmen Sie, dass eine einfache Zahl eingefügt werden soll.

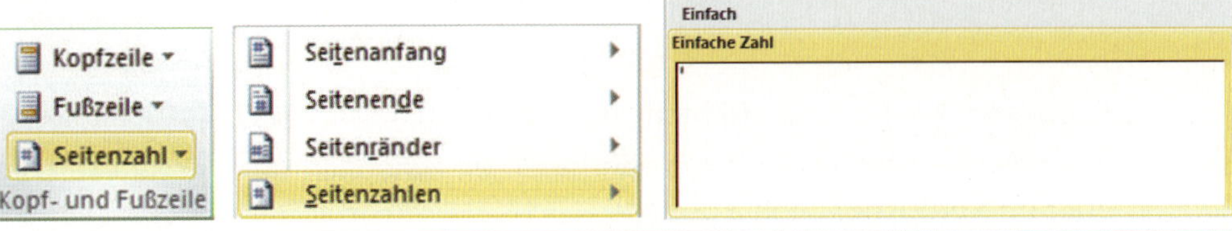

Bearbeitungsschritte (Fortsetzung):

- Das Ergebnis könnte folgendermaßen aussehen:

- Die Kopfzeilenbereich der nächsten Seite sieht identisch aus. Lediglich die Seitenzahl wird angepasst.

- Soll die Nummerierung nicht mit der Zahl *1* beginnen, so müssen Sie im Register **Kopf- und Fußzeilentools/Entwurf** in der Gruppe **Kopf- und Fußzeile** die Schaltfläche **Seitenzahlen formatieren** anklicken. Danach können Sie die Zahl bestimmen, mit der die Nummerierung beginnen soll. Außerdem können Sie bei Bedarf ein anderes Zahlenformat festlegen.

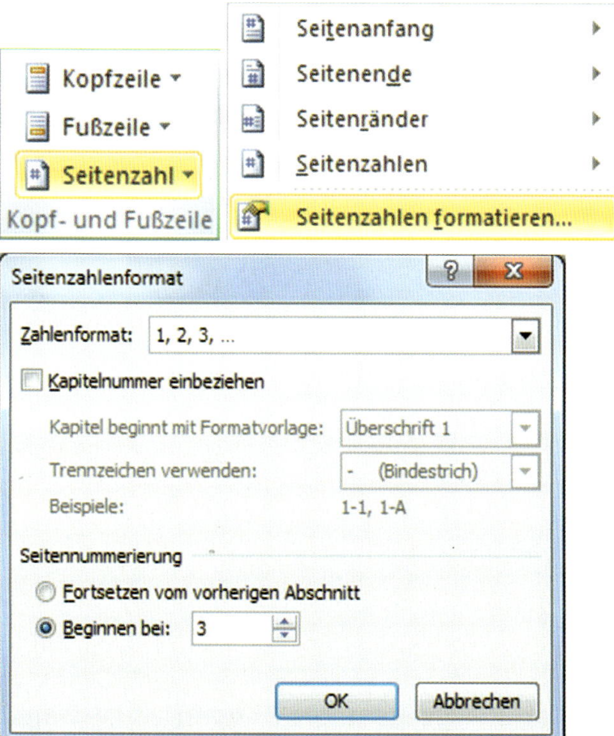

- Klicken Sie danach im Register **Kopf- und Fußzeilentools/Entwurf** in der Gruppe **Navigation** die Schaltfläche **Zu Fußzeile wechseln** an.

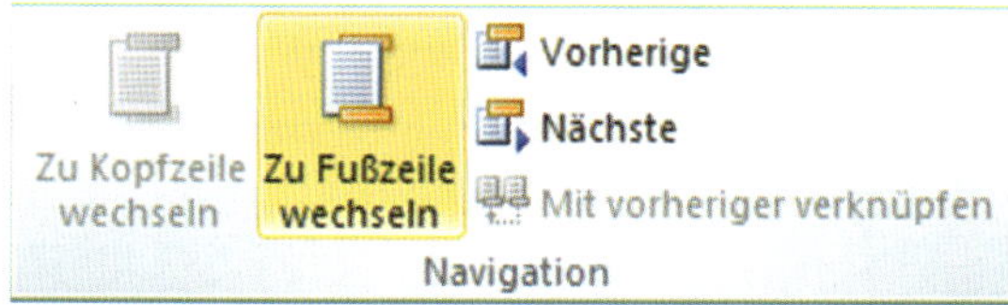

Bearbeitungsschritte (Fortsetzung):

- Der Fußzeilenbereich des Dokuments wird eingeblendet. Sie können nun auch in diesem Bereich Informationen einblenden. Dies können z. B. der Name des Autors und der Name des Dokuments sein.

- Unter Umständen stehen nicht alle nun aufgeführten Elemente zur Verfügung. Diese Elemente stehen über die Word-Optionen zur Verfügung. Wählen Sie daher gegebenenfalls den Menüpunkt **Datei/Optionen**.

- Im Bereich **Add-Ins** des Fensters **Word-Optionen** können Sie über die Schaltfläche **Gehe zu** im Fenster **Deaktivierte Elemente** deaktivierte Elemente aktivieren.

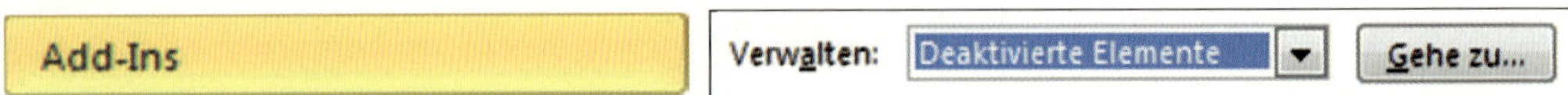

- Fügen Sie zunächst den Namen des Erstellers im linken Bereich der Fußzeile ein. Dies ist selbstverständlich nur möglich, wenn entsprechende Informationen bei der Installation des Programms eingegeben wurden. Klicken Sie im Register **Kopf- und Fußzeilentools/Entwurf** in der Gruppe **Einfügen** die Schaltfläche **Schnellbausteine** an. Wählen Sie danach den Menüpunkt **Feld**.

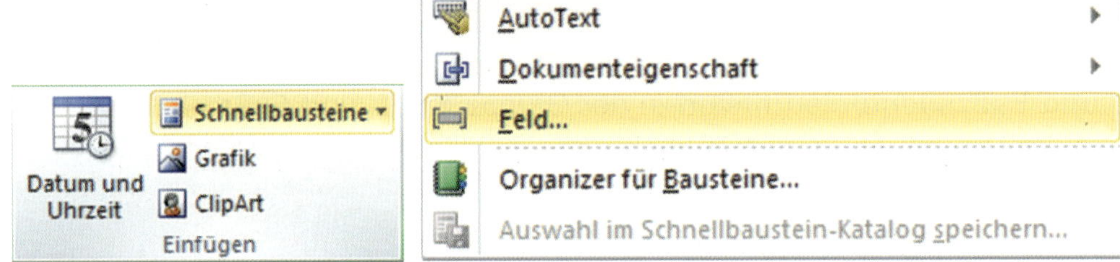

- Im Fenster **Feld** wählen Sie die Option **Autor** aus.

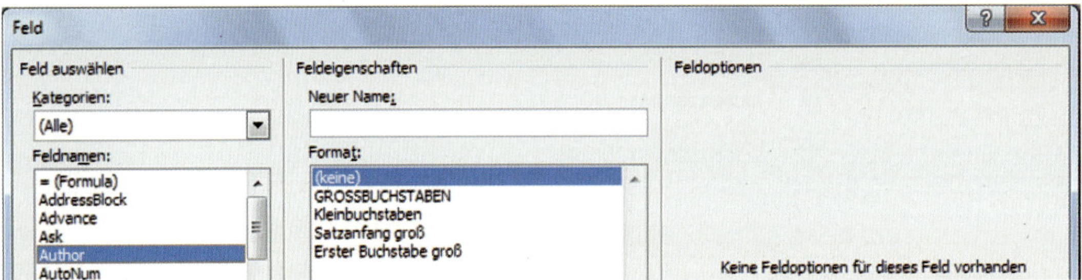

- Danach soll der Dokumenttitel in der Mitte der Fußzeile eingeblendet werden. Die Vorgehensweise ist identisch.

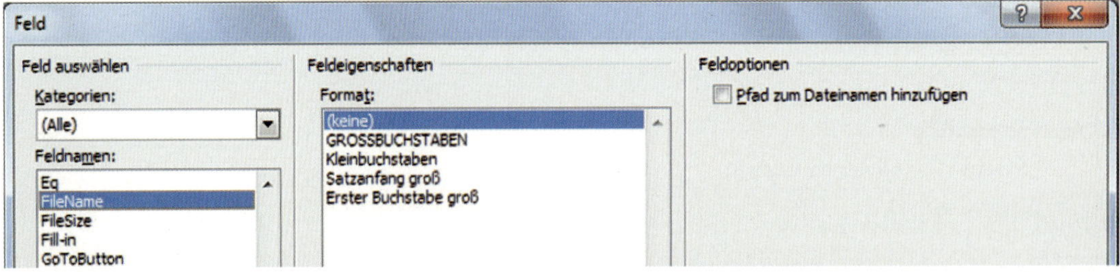

- Klicken Sie danach im Register **Kopf- und Fußzeilentools/Entwurf** in der Gruppe **Kopf- und Fußzeile** die Schaltfläche **Seitenzahl** an. Bestimmen Sie, dass eine **Seite X von Y** eingefügt werden soll.

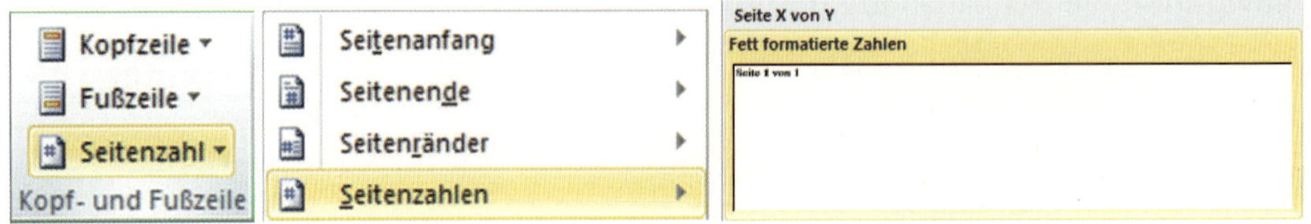

Bearbeitungsschritte (Fortsetzung):

- Das Ergebnis könnte in etwa so aussehen:

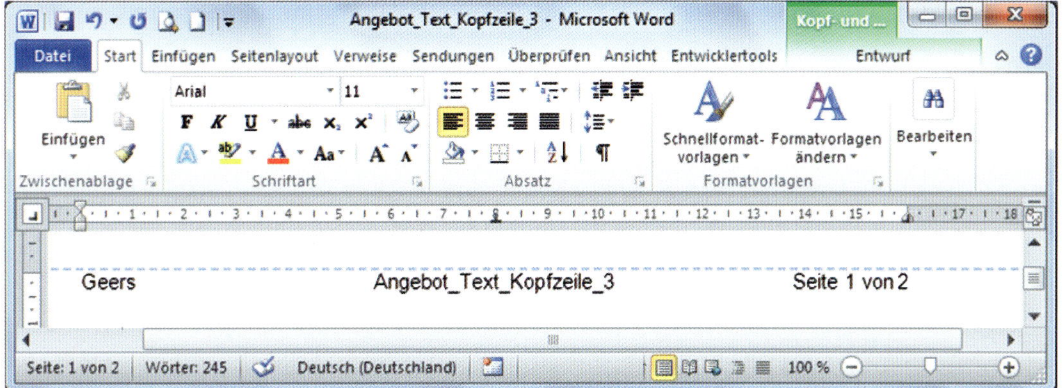

- Speichern Sie das Ergebnis.

- Erstellen Sie danach unter dem Namen *Angebot_Text_Kopfzeile_4* ein Dokument. Probieren Sie weitere Optionen aus. Klicken Sie dazu im Register **Einfügen** in der Gruppe **Kopf- und Fußzeile** die Schaltfläche **Kopfzeile** an.

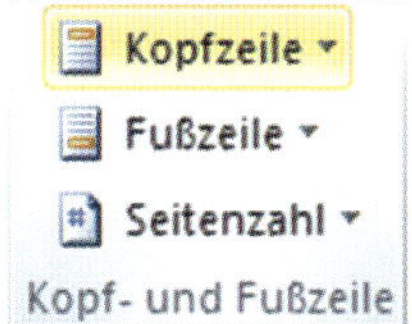

- Erstellen Sie beispielsweise die nachfolgenden Kopfzeilen:

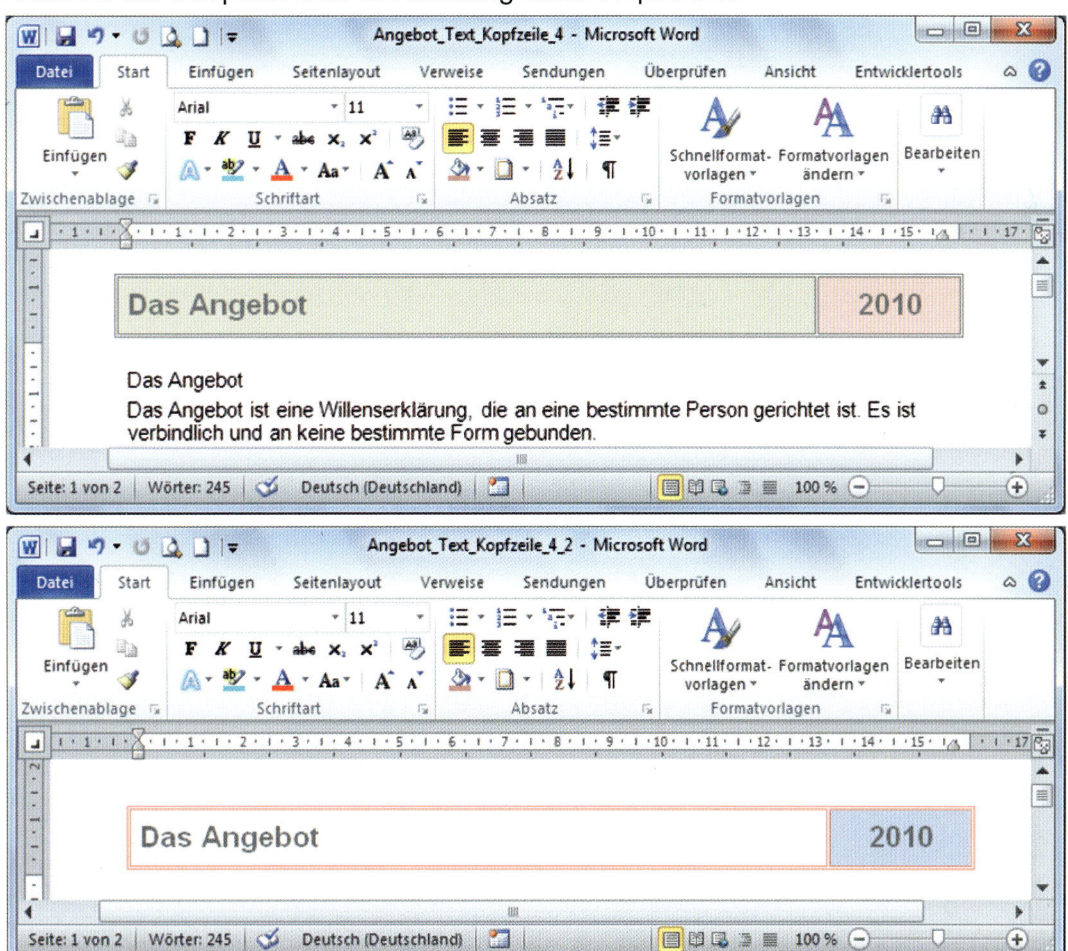

12.6 Kopfzeile der ersten Seite

Soll ein Dokument beispielsweise ein Deckblatt enthalten, so ist die erste Seite anders zu gestalten. Normalerweise sollte sie in der Kopfzeile keine Informationen enthalten.

Bearbeitungsschritte:

- Öffnen Sie das Dokument *Angebot_Text_Kopfzeile_3*. Speichern Sie das Dokument unter dem Namen *Angebot_Text_Kopfzeile_5*.

- Fügen Sie am Anfang des Dokuments einen Autor und den Titel des Dokuments ein. Führen Sie danach einen Seitenumbruch hinter dem Titel durch. Das Dokument besteht danach aus drei Seiten.

- Führen Sie oberhalb des Textes einen Doppelklick auf den leeren Bereich durch. Die Kopfzeile und damit auch die Fußzeile werden automatisch eingeblendet. Außerdem wird das Register **Kopf- und Fußzeilentools/Entwurf** aufgerufen.

- Es ist wenig sinnvoll, auf dem Deckblatt die angezeigten Informationen einzublenden. Aktivieren Sie daher im Register **Kopf- und Fußzeilentools/Entwurf** in der Gruppe **Optionen** die Option **Erste Seite anders**. Ein Häkchen wird angezeigt.

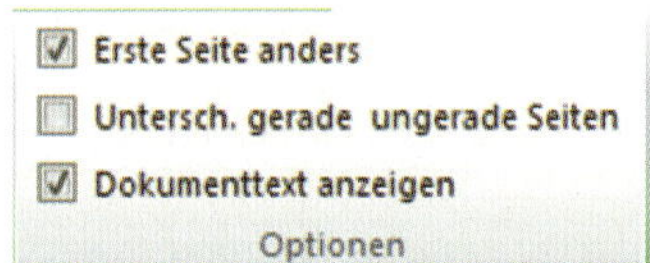

- Das Dokument enthält nun auf der ersten Seite in der Kopfzeile keinen Inhalt mehr.

- Die zweite Seite enthält jedoch noch die Seitenzahl *2*. Dies sollte in *1* geändert werden. Daher muss die Nummerierung mit *0* beginnen. Die Vorgehensweise unter Nutzung der Schaltfläche **Seitenzahlen formatieren** wurde bereits beschrieben.

12.7 Kopfzeilen von geraden und ungeraden Seiten

Umfangreiche Dokumente, beispielsweise Bücher oder Referate, sollten u. U. in der Kopf- und/oder Fußzeile unterschiedlich gestaltet werden. So ist es beispielsweise üblich, die Seitenzahl einer ungeraden Seite an den rechten Rand und die Seitenzahl einer geraden Seite an den linken Rand einer Kopfzeile zu setzen.

Bearbeitungsschritte:

- Öffnen Sie das Dokument *Angebot_Text_Kopfzeile_5*. Speichern Sie das Dokument unter dem Namen *Angebot_Text_Kopfzeile_6*.

- Führen Sie oberhalb des Textes einen Doppelklick auf den leeren Bereich durch. Die Kopfzeile und damit auch die Fußzeile werden automatisch eingeblendet. Gleichzeitig wird außerdem das Register **Kopf- und Fußzeilentools/Entwurf** aufgerufen.

- Aktivieren Sie im Register **Kopf- und Fußzeilentools/Entwurf** in der Gruppe **Optionen** die Option **Untersch. gerade und ungerade Seiten**. Ein Häkchen kennzeichnet die Aktivierung.

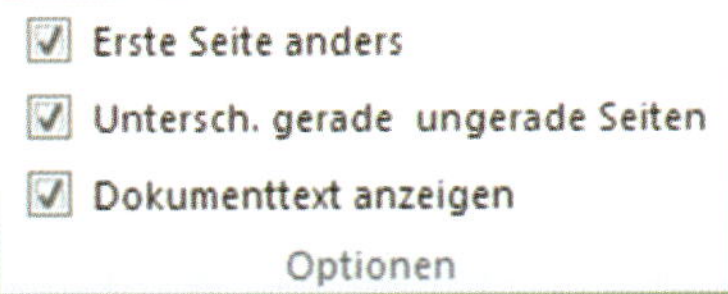

- Normal wird die Seite mit der Seitenzahl *1* nun als ungerade Seite angezeigt. Ist dies nicht der Fall, sind die einzelnen Elemente wie beschrieben einzufügen.

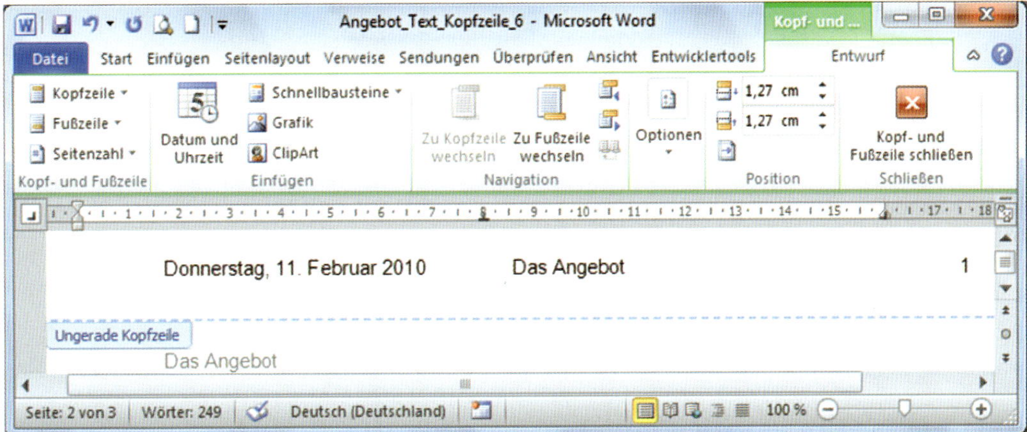

- Die Kopfzeile der geraden Seite *2* enthält keine Angaben. Fügen Sie die einzelnen Elemente wie angezeigt ein:

12.8 Fußnoten und Endnoten

In Fußnoten werden beispielsweise zusätzliche Erklärungen zu einem Sachverhalt oder Hinweise auf benutzte Quellen gegeben.

Eine Fußnote besteht aus zwei Teilen; zum einen aus dem Fußnotenzeichen im Text und zum anderen aus der eigentlichen Fußnote am Ende einer Seite. Alle Endnoten werden am Ende des gesamten Textes angezeigt.

Bearbeitungsschritte:

- Geben Sie den folgenden Text bis zum Wort „Quellen" ein:

- Klicken Sie im Register **Verweise** in der Gruppe **Fußnoten** die Schaltfläche **Fußnote einfügen** an.

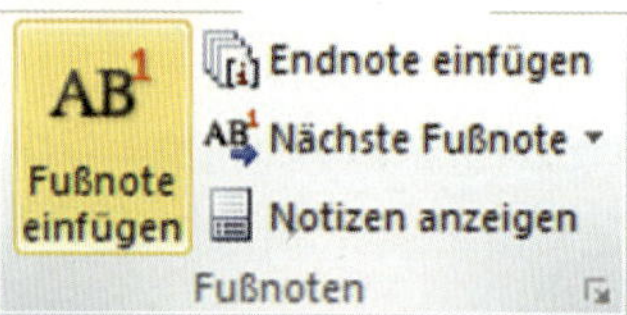

- Es wird die Zahl *1* als Hinweis auf eine Fußnote eingefügt.

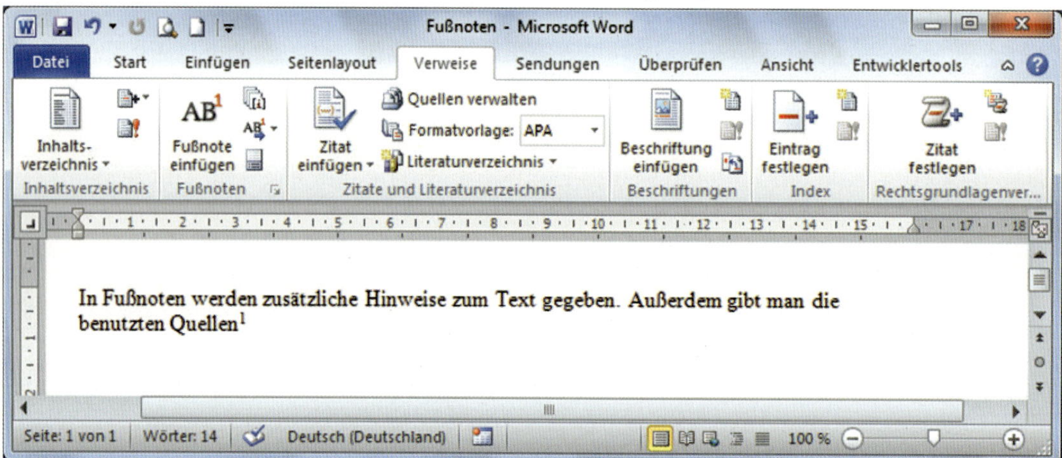

- Im unteren Bereich des Bildschirms können Sie den Text der Fußnote eingeben.

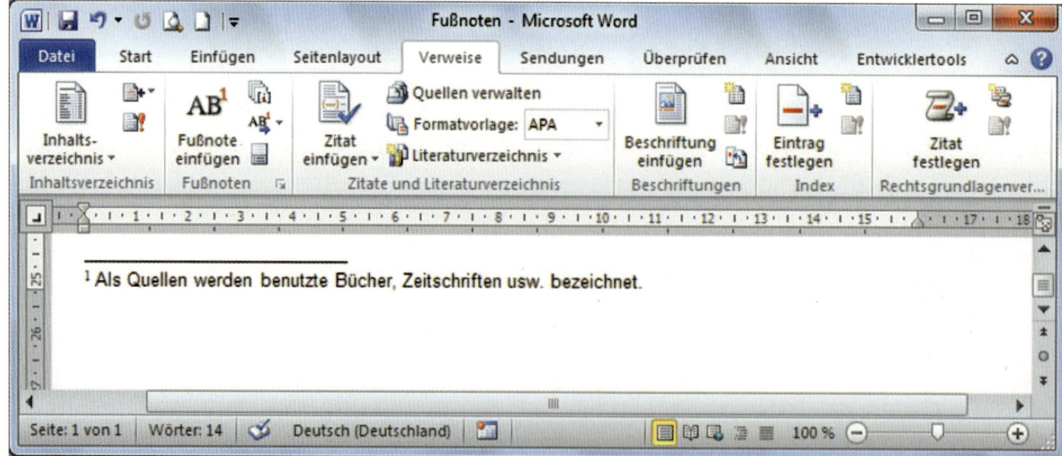

- Geben Sie danach einen frei gewählten Text mit einer zweiten Fußnote ein. Speichern Sie das Dokument unter dem Namen *Fußnoten*.

- Außerdem können Endnoten eingegeben werden. Diese werden am Ende des gesamten Dokuments eingefügt. Endnoten werden beispielsweise in Referaten und Abschlussarbeiten eingesetzt.

Übungen:

Aufgabe 34: *Bestellung*

Geben Sie den folgenden Text ein. Die erste Zeile beinhaltet die Kopfzeile mit der Seitennummerierung:

Die Bestellung ____ 1

Die Bestellung

In der Bestellung verpflichtet sich der Kunde, bestimmte Waren zu den angegebenen Bedingungen zu kaufen.

Die Bestellung erfolgt formfrei[1]. Die wesentlichen Bestimmungen des Angebots[2] sollten in der Bestellung wiederholt werden.

Rechtlich ist der Besteller an seine Bestellung gebunden. Ein Widerruf der Bestellung muss spätestens gleichzeitig mit der Bestellung beim Verkäufer eintreffen.

Eine Bestellungsannahme durch den Verkäufer ist notwendig, wenn bestellt wurde, ohne dass ein Angebot erfolgte, die Bestellung aufgrund eines unverbindlichen Angebotes erfolgte oder die Bestellung vom Angebot abweicht.

____

[1] Formfrei bedeutet, dass die Bestellung schriftlich, mündlich usw. erfolgen kann.

[2] Warenart, Menge, Preis je Einheit.

Aufgabe 35: *Kaufvertrag*

Geben Sie den folgenden Text ein. Die erste Zeile beinhaltet die Kopfzeile. Die Seitennummerierung wird am Ende der Seite vorgenommen.

Der Kaufvertrag

Der Kaufvertrag

Ein Vertrag kommt grundsätzlich durch zwei übereinstimmende Willenserklärungen zustande. Dabei wird die erste Willenserklärung als Antrag und die zweite Willenserklärung als Annahme bezeichnet.

Beim Kaufvertrag werden die beiden Willenserklärungen normalerweise aufgrund eines verbindlichen Angebotes des Verkäufers und einer Bestellung des Käufers abgegeben. Ist die Bestellung die erste verbindliche Willenserklärung, muss die Bestellung durch eine Bestellungsannahme[1] angenommen werden.

Durch den Abschluss des Kaufvertrages verpflichten sich beide Vertragspartner, den Vertrag zu erfüllen, also beispielsweise zu liefern oder zu zahlen. Der Abschluss eines Vertrages wird als Verpflichtungsgeschäft bezeichnet. Die Lieferung, Zahlung usw. der Ware ist das sogenannte Erfüllungsgeschäft.

Konkret ist der Verkäufer beim Kaufvertrag verpflichtet, die Ware ordnungsgemäß zu liefern und dem Käufer das Eigentum an der Ware zu verschaffen. Der Käufer muss die ordnungsgemäß gelieferte Ware abnehmen und den Kaufpreis vereinbarungsgemäß bezahlen.

____

[1] Auftragsbestätigung, auch eine Lieferung der Ware gilt als Bestellungsannahme.

Aufgabe 36:   *Informatik*

Geben Sie den folgenden Text mit Kopfzeilen ein. Der Text soll auf drei Seiten verteilt werden. Fügen Sie entsprechende Seitenumbrüche ein.

Datenverarbeitung   1

Hardware

Alle physikalisch-technischen Bestandteile einer Computeranlage werden als Hardware bezeichnet. Zur Hardware gehören u. a.

- die Zentraleinheit (eigentlicher Computer),
- Eingabegeräte wie die Tastatur oder die Maus,
- Ausgabegeräte wie Drucker und Plotter,
- Speicher wie Festplatten und Diskettenlaufwerke,

Datenkommunikations- und Multimedia-Geräte wie ASDL-Modem, DVD und Lautsprecherboxen.

2   Datenverarbeitung

Software

Programme, die für den Betrieb eines Computers und für die Lösung bestimmter Aufgaben mit dem Computer benötigt werden, sind die Software eines Rechner-Systems. Zur Software-Ausstattung eines Computers gehören z. B.

- Betriebssysteme,
- Softwaretools wie Textverarbeitungs-, Tabellenkalkulations- und Datenbankprogramme,
- Anwendungsprogramme zur Lösung bestimmter betrieblicher Aufgaben.

Datenverarbeitung   3

Informationstechnologie (IT)

Informationstechnologie wird auch als Informationstechnik (IT) bezeichnet. Der Begriff ist ein Oberbegriff für die Informations- und Datenverarbeitung sowie die dafür benötigte Hardware. Der Begriff kommt aus dem Englischen (information technology).

Informationstechnik (Informationstechnologie) ist die Technik der Erfassung, Übermittlung, Verarbeitung und Speicherung von Informationen mithilfe von Computer- und Telekommunikationseinrichtungen (Computer, Telekommunikation).

Informationstechnologie basiert auf den Grundlagen und Spezialbereichen der Informatik. Dies sind u. a. Betriebssysteme, Programmierung, Datenstrukturen, Rechnerarchitektur, Softwareentwicklung, Datenbanken, Computergrafik, Computertechnik, Datennetze, Netzwerke, Internet, Multimedia usw. Darüber hinaus bilden weitere physikalisch-technische Fachgebiete die Grundlage der Informationstechnik; z. B. die Nachrichten- und Übertragungstechnik, Telekommunikation, Elektrotechnik, Mikroelektronik, die Mess- und Regelungstechnik (Sensorik, Abtastung, Wandlung) usw.

13   Drucken

13.1   Vorbemerkungen

Mit dem Einrichten beginnt in der Regel die Vorbereitung auf einen späteren Druck. **Word** bietet grundsätzlich zwei Möglichkeiten, Seiten einzurichten. Zum einen bietet das Register **Seitenlayout** Möglichkeiten der Einstellung. Diese wurden im Kapitel *Dokumentformatierung* intensiv beschrieben.

Zum anderen können viele dieser Möglichkeiten über den Menüpunkt **Datei/Drucken** genutzt werden. Über den Menüpunkt steht eine Seitenvorschau zur Verfügung, die die Auswirkungen der Einstellungen sofort wiedergibt. Daher sollten diese Möglichkeiten vor allem bei der Erstellung einfacher Dokumente genutzt werden.

13.2   Einstellungsmöglichkeiten und Druckvorschau

Bevor eine Tabelle ausgedruckt wird, kann das Dokument in einer Art Druckvorschau überprüft werden. Dabei sehen Sie, ob das Ergebnis Ihren Vorstellungen entspricht. Ist dies nicht der Fall, können Sie die notwendigen Änderungen vornehmen.

Bearbeitungsschritte:

- Laden Sie die Datei *Angebot_Text_Kopfzeile_1*.

- Wählen Sie den Menüpunkt **Datei/Drucken** oder klicken Sie in der **Symbolleiste für den Schnellzugriff** die Schaltfläche **Seitenansicht** an. Alle wesentlichen Einstellungsmöglichkeiten und eine Seitenansicht des Textes werden angezeigt:

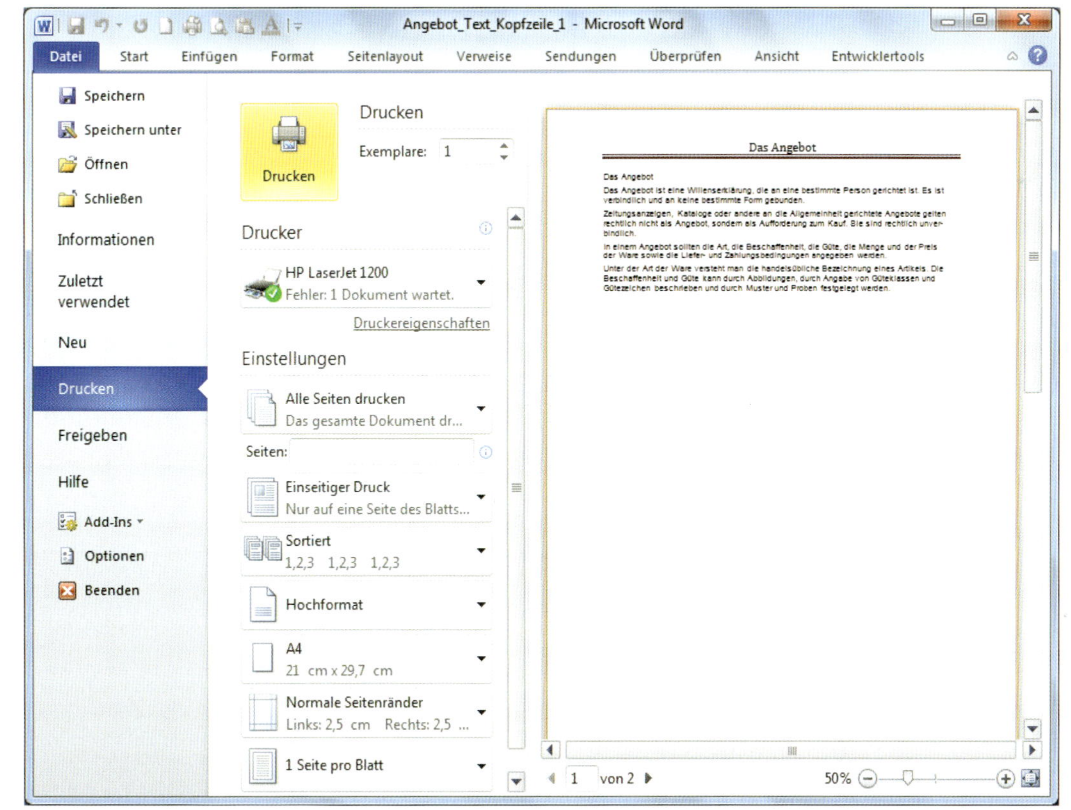

- Einzelne Seiten können Sie über die Schaltflächen am unteren rechten Rand des Bildschirms auswählen. Außerdem können Sie eine Seite zoomen. Dies bietet sich immer dann an, wenn beispielsweise die Ausnutzung der Seite nicht ideal ist. Über die Schaltfläche **Auf Seite zoomen** wird die Seite optimal ausgenutzt.

13.3 Druckerauswahl, Papierformat, Seitenformat und Seitenränder

Durch die Wahl einer bestimmten Papiergröße, der Seitenausrichtung, der Einrichtung der Seitenränder usw. wird eine Seite individuell gestaltet.

Bearbeitungsschritte:

- Im oberen Bereich können Sie den Drucker auswählen und festlegen, wie viele Exemplare gedruckt werden sollen. Spezielle Möglichkeiten des verwendeten Druckers werden über den Link **Druckereigenschaften** ausgewählt.

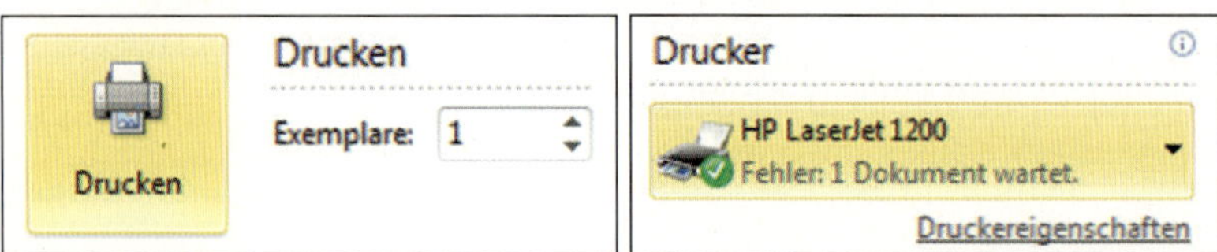

- Das Papierformat **A4** dürfte in der Regel das benötigte Format darstellen. Durch Anklicken der Schaltfläche können viele Formate ausgewählt werden, u. a. auch über den Link **Weitere Papierformate** im Fenster **Seite einrichten**.

- Damit Inhalte auf eine bestimmte Anzahl von Seiten passen, steht z. B. die Schaltfläche **Hochformat** zur Verfügung, mit der Sie zwischen dem Hoch- und dem Querformat wählen können.

- Klicken Sie die Schaltfläche **Normale Seitenränder** an. Sie können nun z. B. eine gespiegelte Ausrichtung auswählen.

- Klicken Sie den Link **Benutzerdefinierte Seitenränder** an. Danach können individuelle Einstellungen vorgenommen werden, nicht nur in Bezug auf die Seitenränder. Über die Registerkarten *Papier* und *Layout* sind ebenfalls vielfältige Einstellungen möglich.

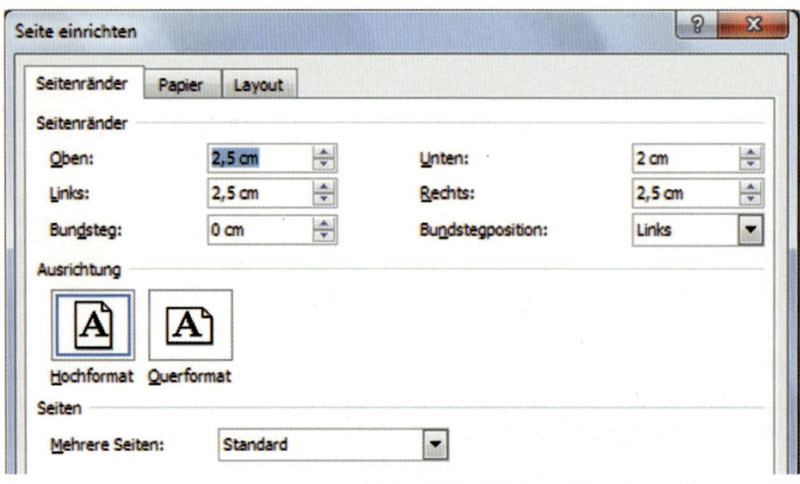

13.4 Druck des Dokuments

Nachdem alle notwendigen Einstellungen vorgenommen wurden, kann das Dokument gedruckt werden.

Bearbeitungsschritte:

- Wählen Sie einen Drucker aus, bestimmen Sie die Anzahl der Ausdrucke und klicken Sie danach die Schaltfläche **Drucken** an. Das Dokument wird gedruckt.

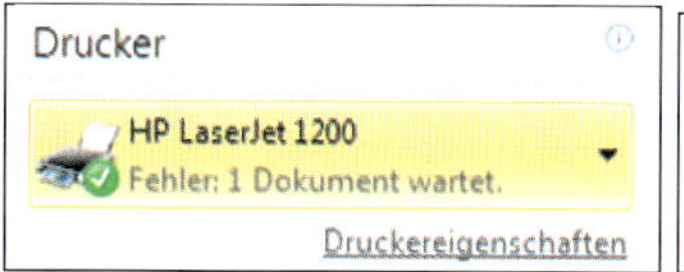
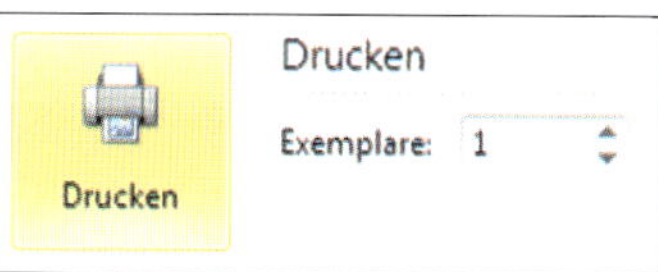

13.5 Ausgabe als PDF-Datei

Die Ergebnisse einer Berechnung können beispielsweise über das Internet an Geschäftspartner, im eigenen Intranet an andere Mitarbeiter usw. versandt werden.

Ein Dokument sollte in einem Format versandt werden, das allgemein als Standard anerkannt und grundsätzlich auf jedem Computer gelesen werden kann. Außerdem sollten keine Änderungen des Dokuments zugelassen sein. Dazu bietet sich das PDF-Format an. PDF-Dateien können mit dem kostenlosen **Adobe-Acrobat-Reader** gelesen werden. Dieses Programm kann aus dem Internet geladen werden.

Bearbeitungsschritte:

- Wählen Sie den Menüpunkt **Datei/Freigeben**. Klicken Sie danach die Schaltflächen **PDF/XPS-Dokument erstellen** und **PDF/XPS-Dokument erstellen** an.

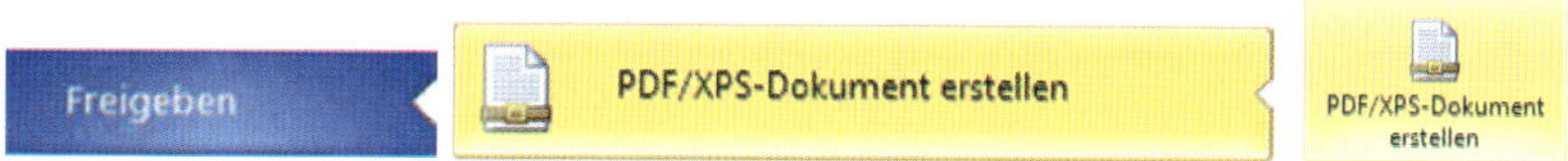

- Wählen Sie im nachfolgenden Fenster **Als PDF oder XPS veröffentlichen** ein Verzeichnis zur Speicherung aus. Nach Anklicken der Schaltfläche **Veröffentlichen** wird die Datei in dem Verzeichnis gespeichert.

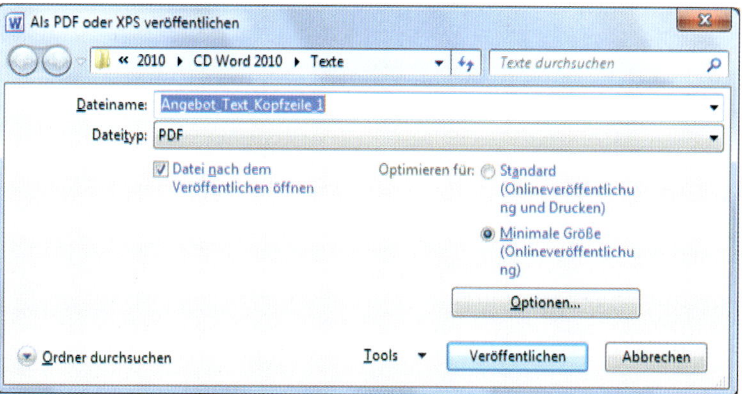

- Öffnen Sie die Datei mit dem **Acrobat-Reader**. Das Ergebnis sieht wie folgt aus:

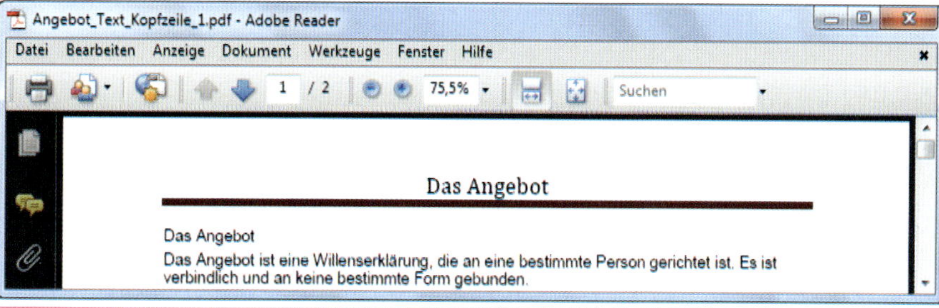

Übungen:

Aufgabe 37:   *Informatik_1*

Öffnen Sie die Datei *Informatik* (*Aufgabe 36, Seite 126*). Erstellen Sie eine PDF-Datei.

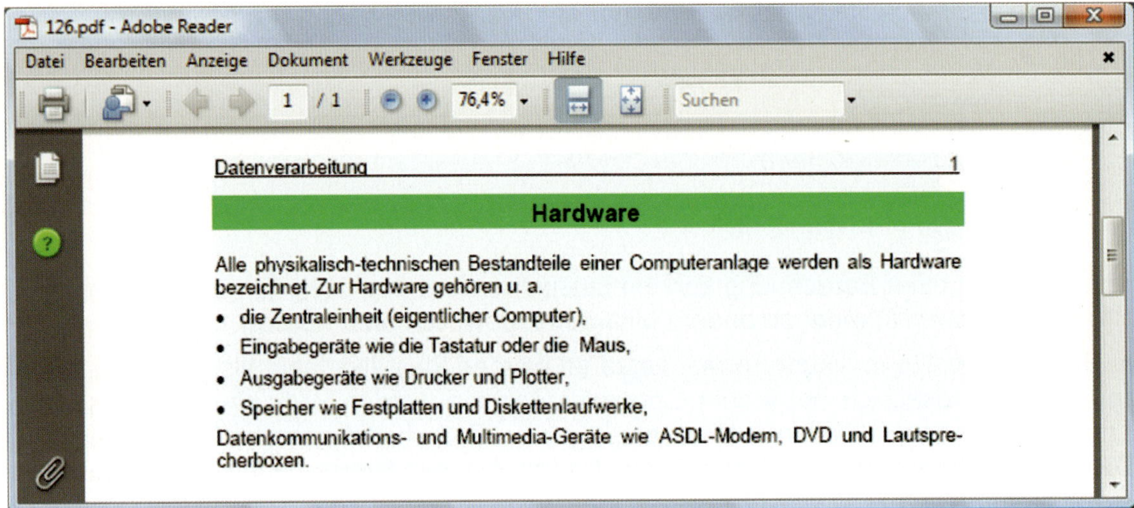

Aufgabe 38:   *Bestellung_1*

Öffnen Sie die Datei *Bestellung* (*Aufgabe 34, Seite 125*).

a)   Verändern Sie die Größe des Dokuments in *A5*.

b)   Verändern Sie die Orientierung des Dokuments in *Querformat*. Geben Sie das Dokument als PDF-Datei aus.

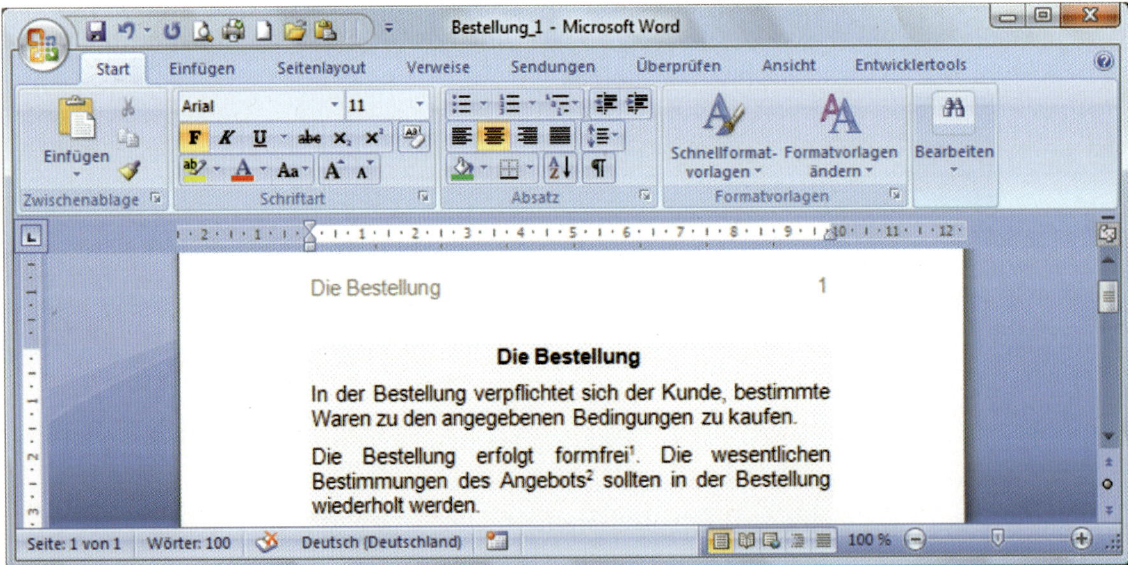

Aufgabe 39:   *Kaufvertrag_1*

Öffnen Sie die Datei *Kaufvertrag* (*Aufgabe 35, Seite 125*).

a)   Verändern Sie die Größe des Dokuments in *A5*. Legen Sie individuelle Seiten-ränder fest.

b)   Verändern Sie die Orientierung des Dokuments in *Querformat*. Geben Sie das Dokument als PDF-Datei aus.

14   Serienbriefe

14.1   Vorbemerkungen

In einem Serienbrief wird ein Text mit im Wesentlichen gleichen Inhalten an verschiedene Empfänger gerichtet. Daher muss ein Brieftext (Hauptdokument) und ein Dokument mit den einzelnen auszutauschenden Inhalten (Datenquelle) erstellt werden. Diese beiden Dokumente werden zur Erstellung eines Serienbriefs miteinander verbunden. Im Hauptdokument werden einzelne Datenfelder der Datenquelle eingefügt.

Hauptdokument

«Name1»

«Name2»

«Sraße»

«PLZ» «Ort»

Anfrage

Sehr geehrte Damen und Herren,

wir bitten Sie um ein Angebot über Computer und Drucker mit den entsprechenden Preisen und Lieferungs- und Zahlungsbedingungen.

Mit freundlichen Grüßen

Name1	Name2	Straße	PLZ	Ort
Wagner GmbH	Büromöbel	Vogtweg 23	33607	Bielefeld
Büromöbel AG	Büroeinrichtungen	Gutachtstr. 342	13469	Berlin
Tranel GmbH	Büromöbel	Bechemstr. 67	47058	Duisburg
Computerland GmbH	Computer	Fischadlerstieg 65	22119	Hamburg
Computer 2000 GmbH	EDV-Herstellung	Koloniestr. 128	28777	Bremen
Micro Hansen OHG	Computerlösungen	Am Stau 47	26112	Oldenburg
Computer Voges AG	EDV-Bedarf	Schlossstr. 45	30159	Hannover

Datenquelle

Serienbriefe

Wagner GmbH

Büromöbel

Vogtweg 23

33607 Bielefeld

Anfrage

Sehr geehrte Damen und Herren,

wir bitten Sie um ein Angebot über Computer und Drucker mit den entsprechenden Preisen und Lieferungs- und Zahlungsbedingungen.

Mit freundlichen Grüßen

14.2   Hauptdokument

Zunächst wird das Hauptdokument mit dem Text erstellt, welcher an alle Empfänger des Serienbriefes versandt werden soll. Grundsätzlich kann der Text des Hauptdokuments erst dann eingegeben werden, wenn die einzelnen Datenfelder bereits eingesetzt wurden. Dies erscheint aber nicht besonders logisch.

Bearbeitungsschritte:

- Erstellen Sie im Programm **Word** das folgende Dokument:

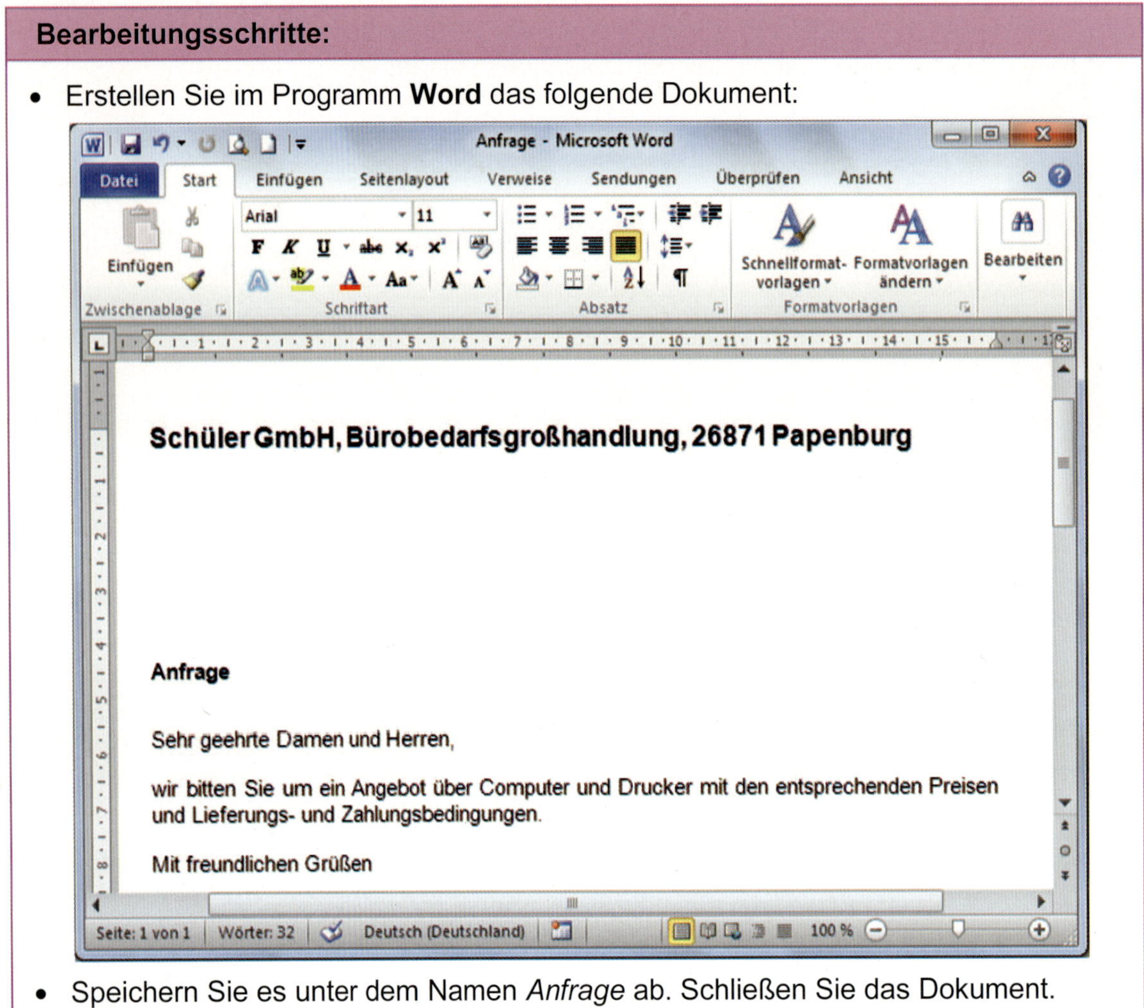

- Speichern Sie es unter dem Namen *Anfrage* ab. Schließen Sie das Dokument.

14.3   Datenquellen

14.3.1   Vorbemerkung

Zur Erstellung eines Serienbriefs sind ein Hauptdokument mit den Bestandteilen des Briefs und eine Datenquelle mit den einzelnen Datensätzen notwendig. Verschiedene Datenquellen können genutzt werden:

- Access-Tabelle,

- Excel-Tabelle,

- Word-Tabelle,

- Erstellen einer neuen Liste in Word.

Der Idealfall für die Erstellung von Serienbriefen ist die Erfassung der Daten in Access und die Ausgabe der Briefe mit Word. Dieselben Ergebnisse können jedoch auch mit den anderen Datenquellen erzielt werden.

Hinweis: Nutzen Sie zunächst nur eine der 4 Alternativen zur Erstellung des Serien-briefs. Probieren Sie später weitere Möglichkeiten aus.

14.3.2 Alternative 1: Datenquelle Access-Tabelle

Erstellen einer Datenbank mit Tabellen

Das Erstellen einer Datenbank wird in diesem Buch nicht beschrieben. Daher werden lediglich die benötigten Arbeitsschritte kurz angegeben. Die Tabelle *Lieferanten* kann für die Erstellung eines Serienbriefes eingesetzt werden, die Tabelle *Kunden* für die Erstellung eines Serienbriefs im Bereich der Übungen.

Bearbeitungsschritte:

- Erstellen Sie eine Datenbank mit dem Namen *Betrieb*.

- Erstellen Sie die Tabelle *Lieferanten* mit der folgenden Dateistruktur:

Feldname	Felddatentyp	Beschreibung
Lieferer_Nr	Zahl	
Name1	Text	
Name2	Text	
Straße	Text	
PLZ	Zahl	
Ort	Text	

- Geben Sie die folgenden Daten ein:

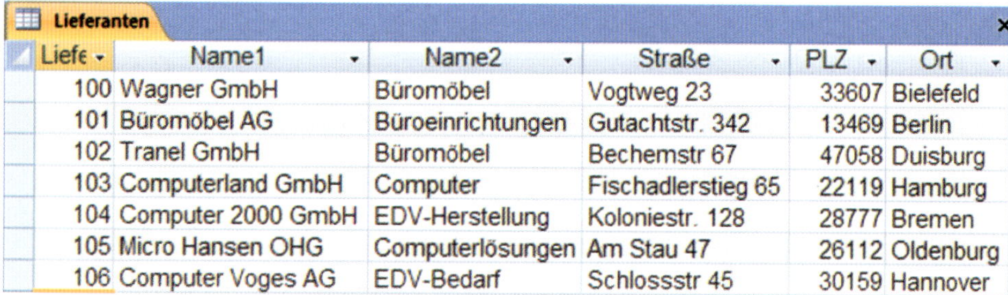

Liefe	Name1	Name2	Straße	PLZ	Ort
100	Wagner GmbH	Büromöbel	Vogtweg 23	33607	Bielefeld
101	Büromöbel AG	Büroeinrichtungen	Gutachtstr. 342	13469	Berlin
102	Tranel GmbH	Büromöbel	Bechemstr 67	47058	Duisburg
103	Computerland GmbH	Computer	Fischadlerstieg 65	22119	Hamburg
104	Computer 2000 GmbH	EDV-Herstellung	Koloniestr. 128	28777	Bremen
105	Micro Hansen OHG	Computerlösungen	Am Stau 47	26112	Oldenburg
106	Computer Voges AG	EDV-Bedarf	Schlossstr 45	30159	Hannover

- Erstellen Sie ebenfalls die Tabelle *Kunden* mit der folgenden Tabellenstruktur:

Feldname	Felddatentyp	Beschreibung
Kunden_Nr	Zahl	
Name1	Text	
Strasse	Text	
PLZ	Zahl	
Ort	Text	

- Geben Sie die folgenden Daten ein:

Kunden_Nr	Name1	Strasse	PLZ	Ort
200	Otto Artig e. Kfm.	Mühlenstr. 45	26789	Leer
201	Hans Kassens	Am Forst 45	49809	Lingen
202	Bürohandlung GmbH	Markt 21	49716	Meppen
203	Bürobedarf Hinze KG	Siemensssstr. 1	12459	Berlin
204	Rohr & Co. KG	Gallotweg 67	26723	Emden
205	Willi Garstig OHG	Alsenstr. 52	47139	Duisburg
206	Hans Truppe	Adlerstr. 45	48429	Rheine
207	Hans Terfehr KG	Sachsenstr. 12	49809	Lingen
208	Schwarte GmbH	Austenhook	48432	Rheine
209	Bürobedarf Müller OHG	Schiffsweg	49808	Lingen
210	Büroartikel Wessel GmbH	Tuchtweg 12	26129	Oldenburg

Nutzen einer Tabelle als Datenquelle

Datenfelder aus der Tabelle *Lieferanten* der Datenbank *Betrieb* werden in das Hauptdokument eingefügt.

Bearbeitungsschritte:

- Öffnen Sie die Datenbank *Betrieb*. Markieren Sie in der Navigationsleiste des Programms **Access** die Tabelle *Lieferanten*, die die Grundlage für die einzelnen Datenfelder in dem Serienbrief darstellt.

- Klicken Sie im Register **Externe Daten** in der Gruppe **Exportieren** die Schaltfläche **Word Merge** an.

- Der Seriendruckassistent von Word für Windows wird eingeblendet:

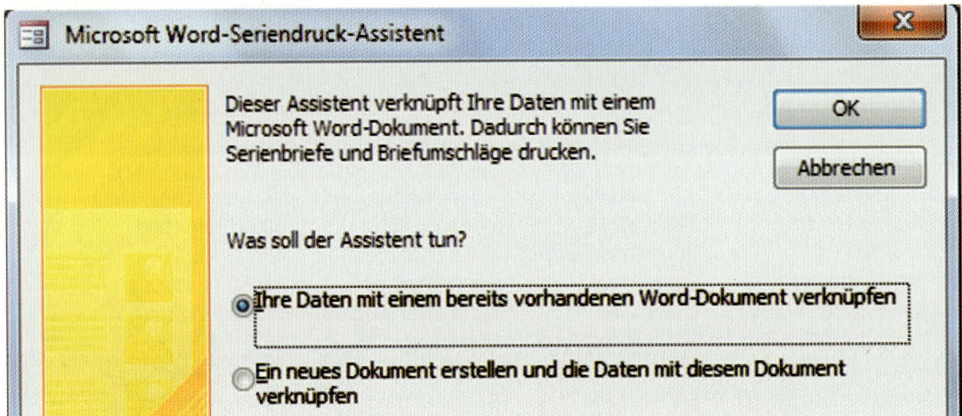

- Markieren Sie durch Anklicken, dass Sie Ihre Daten mit einem vorhandenen Word-Dokument verknüpfen wollen. Danach können Sie im Fenster **Microsoft Word-Dokument auswählen** die Datei *Anfrage* auswählen.

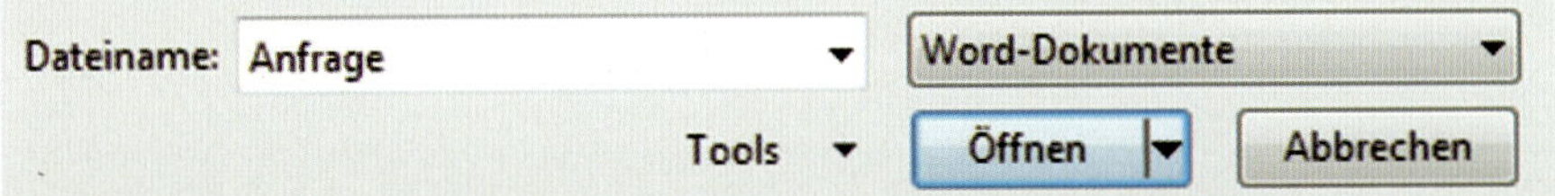

- Das Programm **Word** wird automatisch mit der ausgewählten Datei geladen.

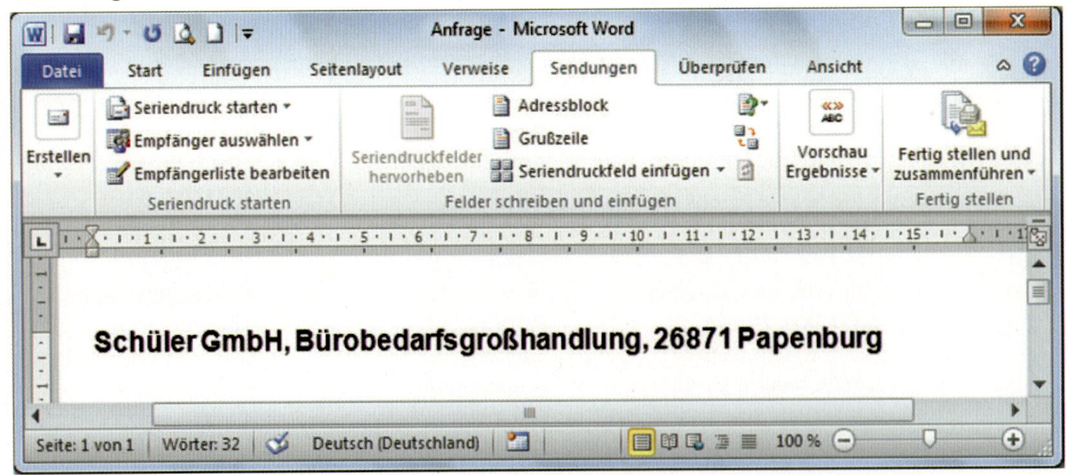

14.3.3   Alternative 2: Datenquelle Excel-Tabelle

Um einen Seriendruck mit einer Excel-Tabelle zu realisieren, muss zunächst in Excel eine Tabelle (in diesem Fall eine Datenbank) aufgebaut werden, die anschließend in Word zur Grundlage für die auszufüllenden Felder in dem Serienbrief wird.

Da die Tabelle *Lieferanten* in der Datenbank *Betrieb* zur Verfügung steht, sollte sie zunächst als Excel-Tabelle exportiert werden und danach die Grundlage für einen Serienbrief bilden.

Bearbeitungsschritte:

- Erstellen Sie in **Excel** die Datei *Lieferanten* durch Eingeben der Daten bzw. durch das Übertragen der Daten aus **Access**. Schließen Sie danach die Datei.

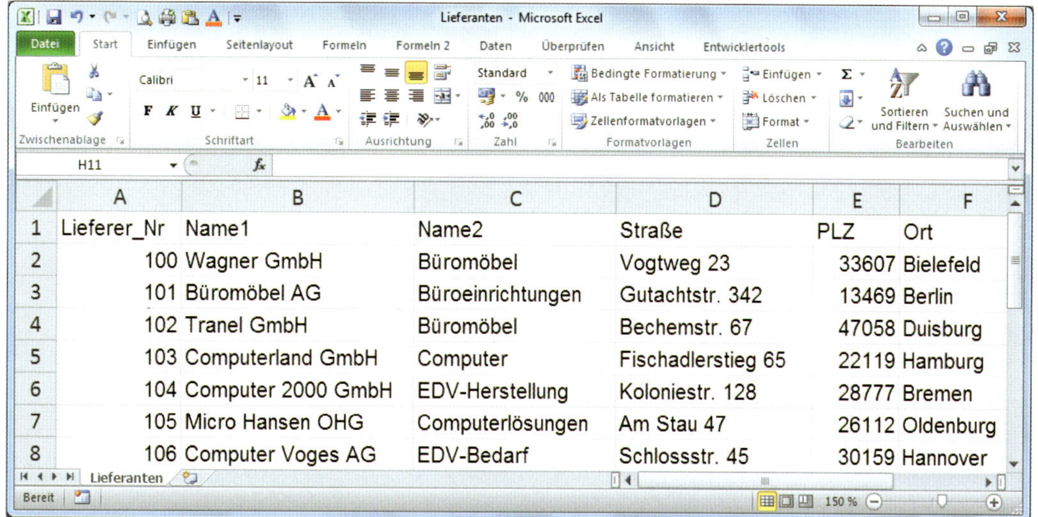

- Laden Sie im Programm **Word** das Dokument *Anfrage*. Klicken Sie anschließend im Register **Sendungen** in der Gruppe **Seriendruck starten** die Schaltfläche **Empfänger auswählen** an. Wählen Sie den Menüpunkt **Vorhandene Liste verwenden**.

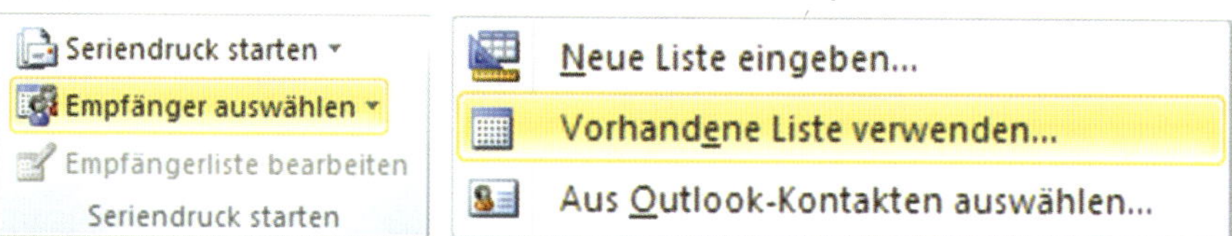

- Wählen Sie die Tabelle *Lieferanten* als Datenquelle aus.

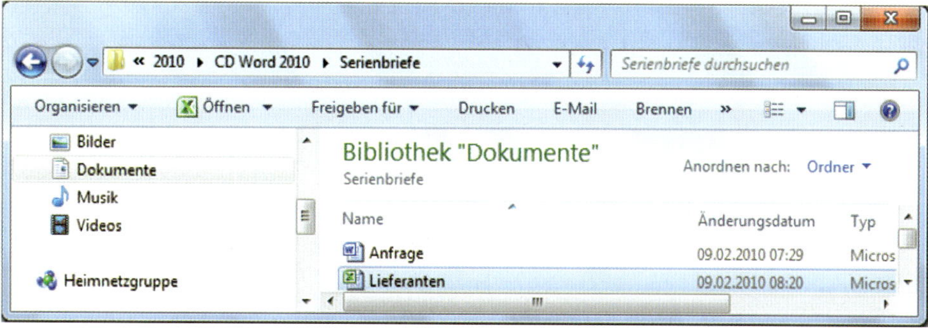

- Wählen Sie im nächsten Fenster die richtige Tabelle aus:

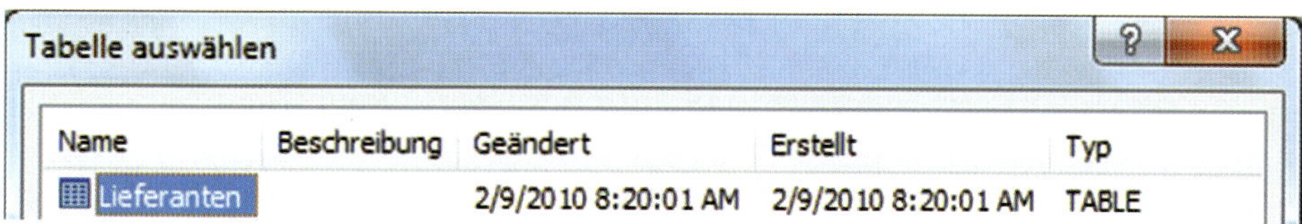

- Danach können Sie den Seriendruck wie später beschrieben vornehmen.

14.3.4 Alternative 3: Datenquelle Word-Tabelle

Um einen Seriendruck mit einer Word-Tabelle zu realisieren, muss zunächst in Word eine Tabelle aufgebaut werden, die anschließend in **Word** zur Grundlage für die auszufüllenden Felder in dem Serienbrief wird.

Bearbeitungsschritte:

* Erstellen Sie in **Word** die Datei *Lieferanten* durch Eingeben der Daten bzw. durch das Übertragen der Daten aus einen anderen Programm. Das Übertragen von Daten wird an anderer Stelle genauer erklärt. Schließen Sie danach die Datei, damit sie als Datenquelle ausgewählt werden kann.

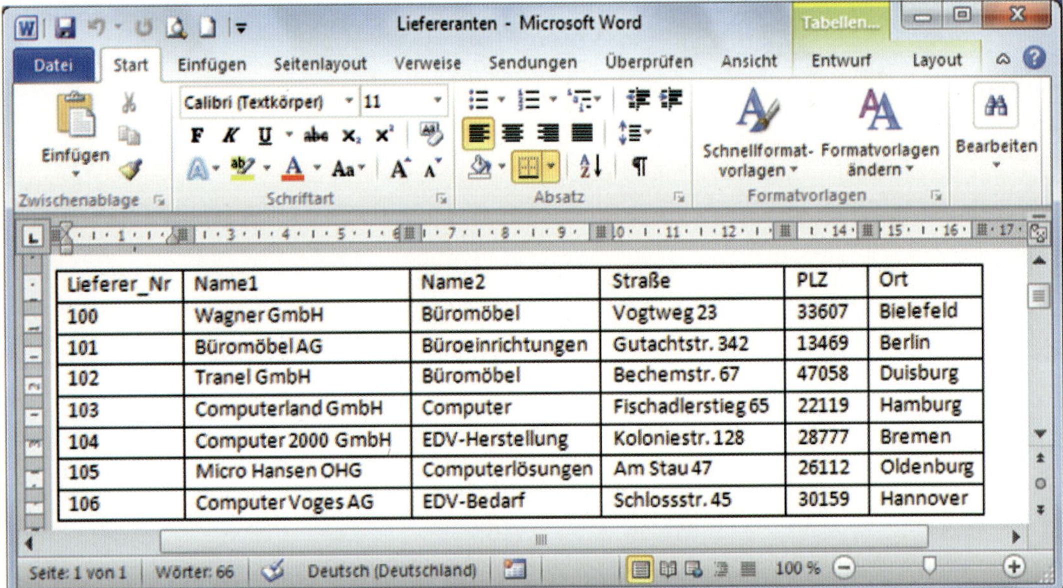

* Laden Sie im Programm **Word** das Dokument *Anfrage*. Klicken Sie anschließend im Register **Sendungen** in der Gruppe **Seriendruck starten** die Schaltfläche **Empfänger auswählen** an. Wählen Sie den Menüpunkt **Vorhandene Liste verwenden**.

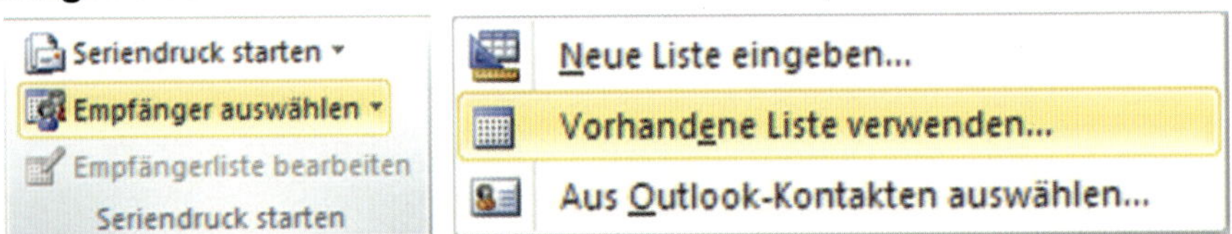

* Wählen Sie die Tabelle *Lieferanten* als Datenquelle aus.

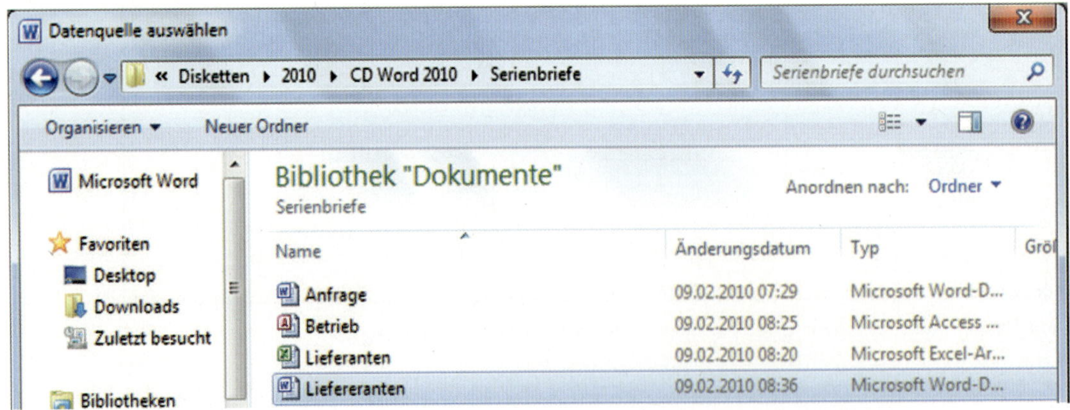

* Danach können Sie den Seriendruck wie später beschrieben vornehmen.

14.3.5 Alternative 4: Erstellen einer neuen Liste in Word

Eine Datenquelle kann auch im Programm **Word** erstellt werden. Dazu muss eine neue Liste erstellt werden. Diese Liste kann dann wie jede andere Datenquelle zur Erstellung von Serienbriefen genutzt werden.

Bearbeitungsschritte:

- Erstellen Sie in **Word** ein neues leeres Dokument. Speichern Sie die Datei unter dem Namen *Lieferanten_Daten*.

- Klicken Sie im Register **Sendungen** in der Gruppe **Seriendruck starten** die Schaltfläche **Empfänger auswählen** an. Wählen Sie den Menüpunkt **Neue Liste eingeben**.

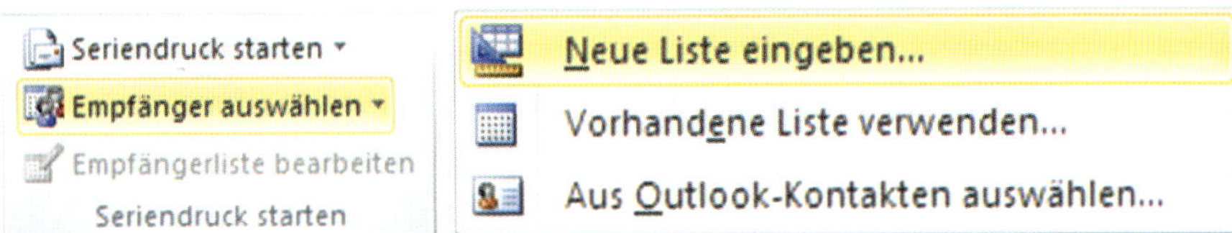

- Die zur Verfügung stehenden Datenfelder dürften in der Regel nicht den Erfordernissen entsprechen. Daher sollten vor der Dateneingabe nicht benötigte Datenfelder gelöscht und benötigte Datenfelder eingetragen werden.

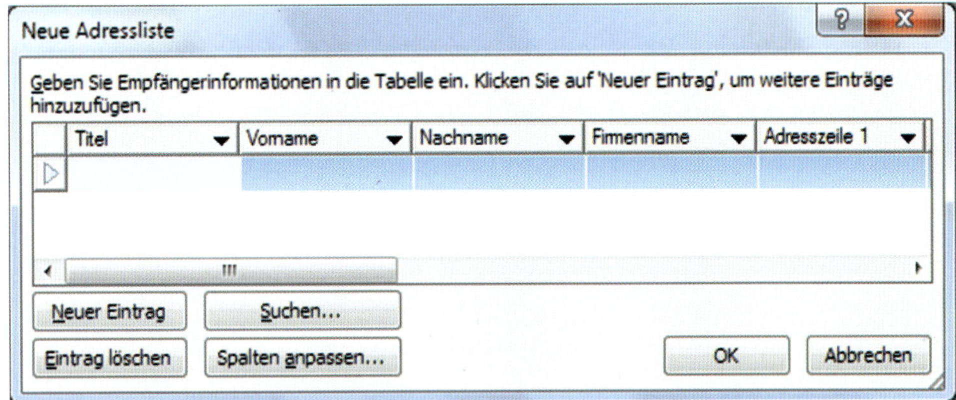

- Klicken Sie die Schaltfläche **Spalten anpassen** an. Das Fenster **Adressliste anpassen** wird eingeblendet und bietet verschiedene Möglichkeiten.

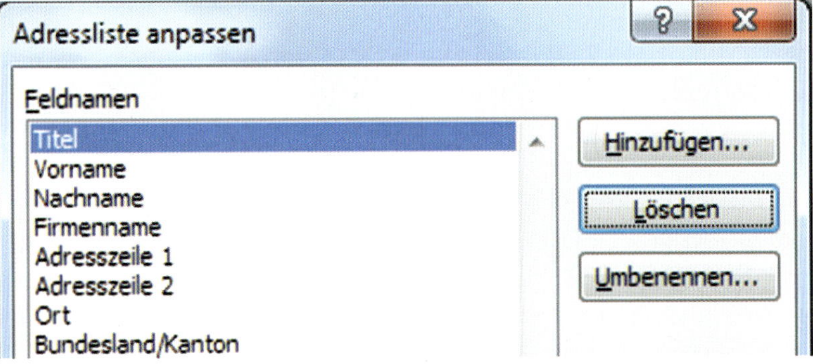

- Klicken Sie die Schaltfläche **Löschen** an.

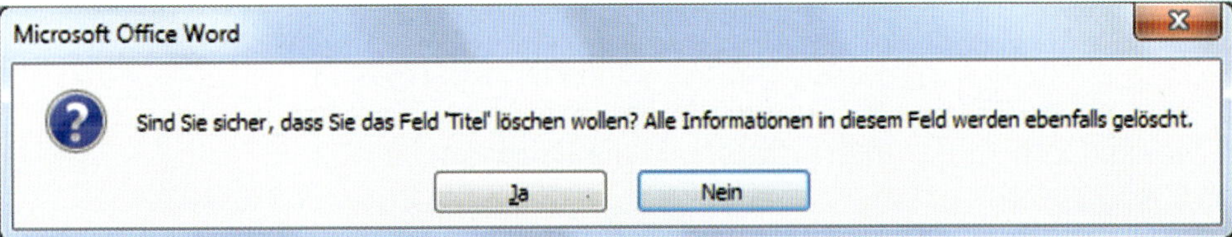

- Bestätigen Sie die Löschung. Löschen Sie danach auch alle anderen Datenfelder.

Bearbeitungsschritte (Fortsetzung):

- Klicken Sie die Schaltfläche **Hinzufügen** an. Geben Sie den Namen des ersten Datenfeldes ein.

- Fügen Sie auch die anderen benötigten Datenfelder hinzu.

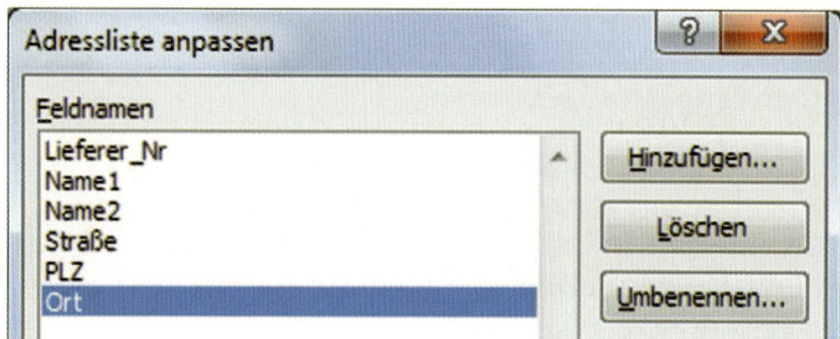

- Klicken Sie die Schaltfläche **OK** an. Anschließend können Sie die Datensätze eingeben. Ein neuer Datensatz kann jeweils nach dem Anklicken der Schaltfläche **Neuer Eintrag** eingegeben werden.

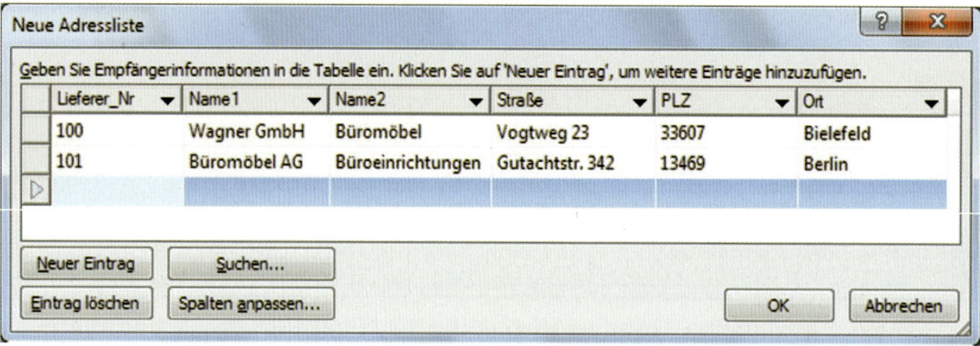

- Nach dem Anklicken der Schaltfläche **OK** werden Sie aufgefordert, die Datenquelle abzuspeichern. Wählen Sie den Namen *Lager_Daten_1*. Die Datei wird im Access-Format abgespeichert und kann in jedes Hauptdokument eingelesen werden. Schließen Sie das Dokument *Lieferanten_Daten*.

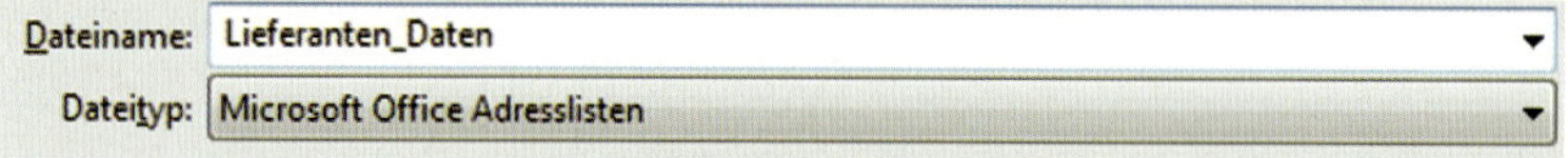

- Laden Sie im Programm **Word** das Dokument *Anfrage*. Klicken Sie anschließend im Register **Sendungen** in der Gruppe **Seriendruck starten** die Schaltfläche **Empfänger auswählen** an. Wählen Sie den Menüpunkt **Vorhandene Liste verwenden**.

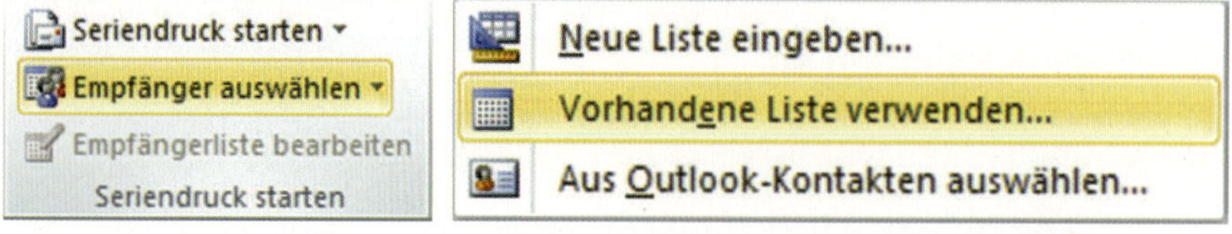

- Wählen Sie die Datei *Lieferanten_Daten_1* als Datenquelle aus.

- Danach können Sie den Seriendruck wie später beschrieben vornehmen.

14.4 Einfügen der Seriendruckfelder in das Hauptdokument Anfrage

Unabhängig davon, womit die Datenquelle erstellt wurde, können durch die Verbindung des Hauptdokuments mit der Datenquelle Serienbriefe erstellt werden. Bei den nachfolgenden Erörterungen wird davon ausgegangen, dass Sie auf eine der beschriebenen Arten eine Datenquelle in das Dokument *Anfrage* eingefügt haben.

Zunächst müssen in das Hauptdokument die benötigten Datenfelder eingefügt werden. Es können alle Datenfelder ausgewählt werden, dies ist jedoch nicht zwingend notwendig. Später wird gezeigt, dass auch nur bestimmte Datensätze verwandt werden können.

Es bestehen verschiedene Möglichkeiten, nun einen Serienbrief zu erstellen. Es soll hier eine schnelle Möglichkeit mit individuellen Gestaltungsmöglichkeiten beschrieben werden.

Bearbeitungsschritte:

- Klicken Sie im Register **Sendungen** in der Gruppe **Felder schreiben und einfügen** die Schaltfläche **Seriendruckfeld einfügen** an.

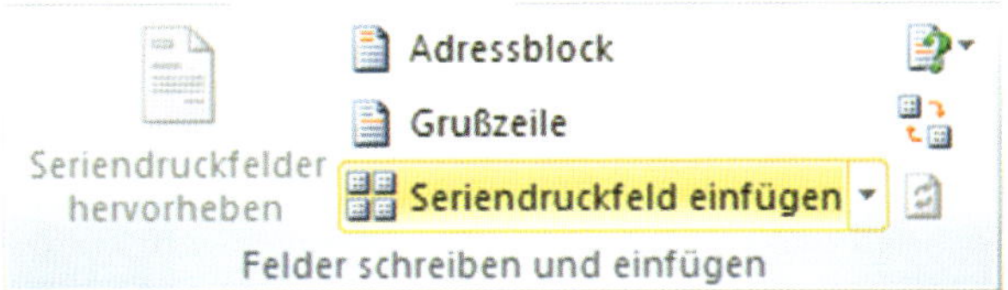

- Bestimmen Sie im Fenster **Seriendruckfeld einfügen**, dass Datenbankfelder eingefügt werden sollen. Die in der Tabelle *Lieferanten* vorhandenen Datenfelder werden in dem Fenster **Seriendruckfeld einfügen** angezeigt.

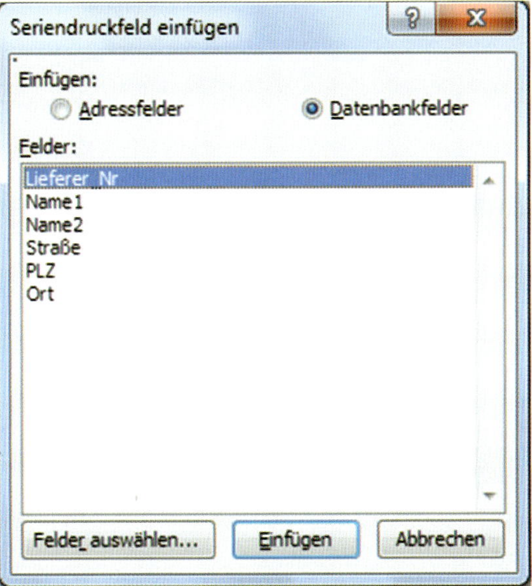

- Alternativ können Sie auch den Pfeil nach unten neben der Schaltfläche anklicken und ein Datenfeld auswählen. Benutzen Sie jedoch zunächst die erste Methode.

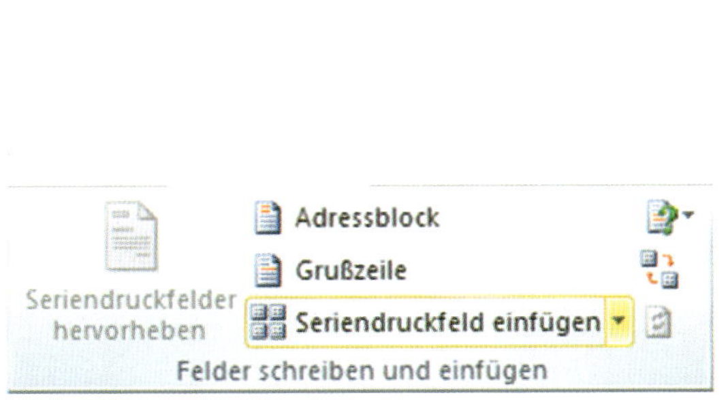

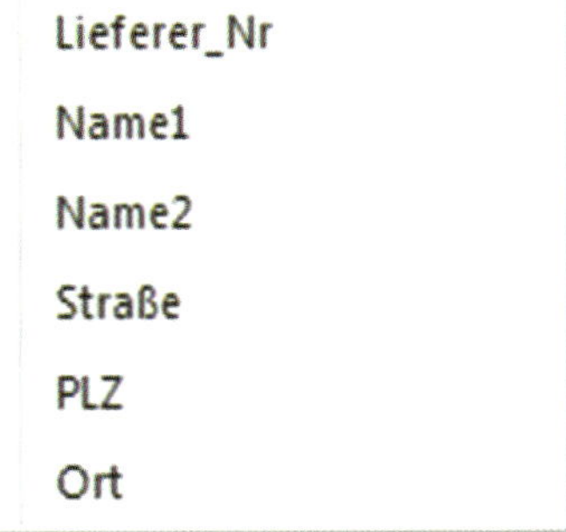

Bearbeitungsschritte (Fortsetzung):

- Markieren Sie jeweils die nachstehend angegebenen Datenfelder und klicken Sie danach jeweils die Schaltfläche **Einfügen** an. Sie können die Datenfelder auch durch einen Doppelklick einfügen.

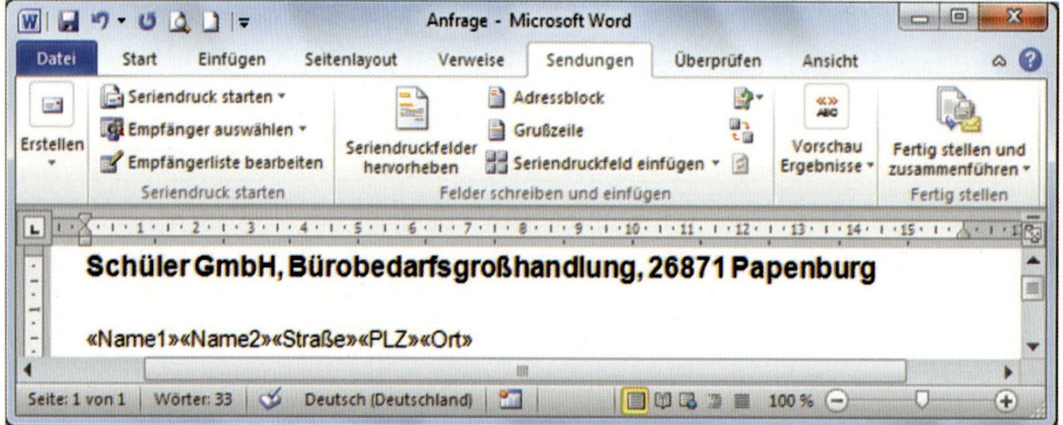

- Nachdem die gewünschten Datenfelder ausgewählt wurden, klicken Sie die Schaltfläche **Abbrechen** an.

- Verändern Sie danach die Anordnung der Datenfelder wie nachstehend dargestellt, indem Sie mit dem Cursor zwischen die Datenfelder gehen und dann die Taste [**Return**] drücken. Fügen Sie außerdem weitere Angaben ein:

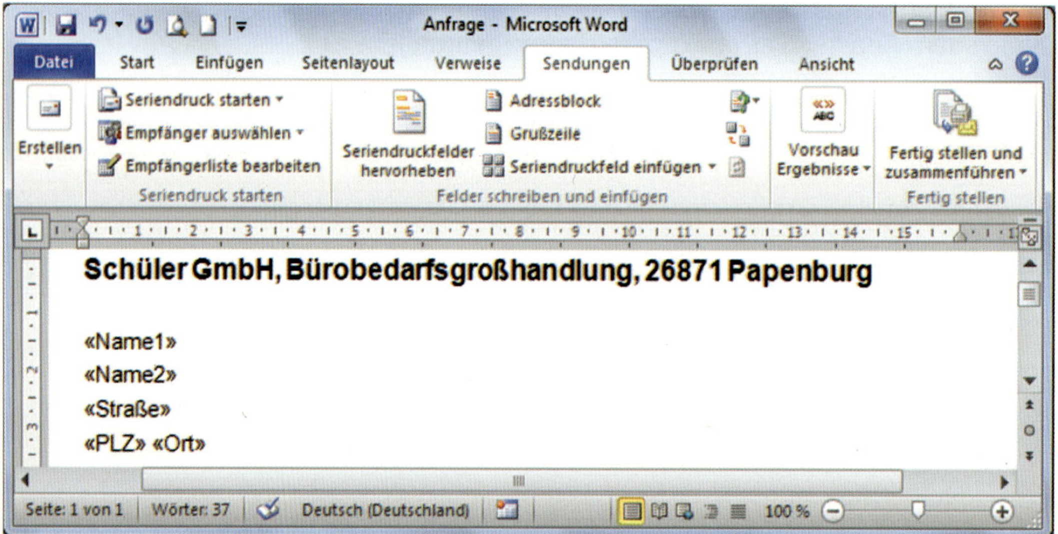

- Sollten Sie ein Seriendruckfeld nicht benötigen, klicken Sie im Register **Start** in der Gruppe **Zwischenablage** die Schaltfläche **Ausschneiden** an.

- Durch Anklicken der Schaltfläche **Seriendruckfelder hervorheben** in der Gruppe **Felder schreiben und einfügen** im Register **Sendungen** können Sie die Seriendruckfelder im Dokument dunkel unterlegen.

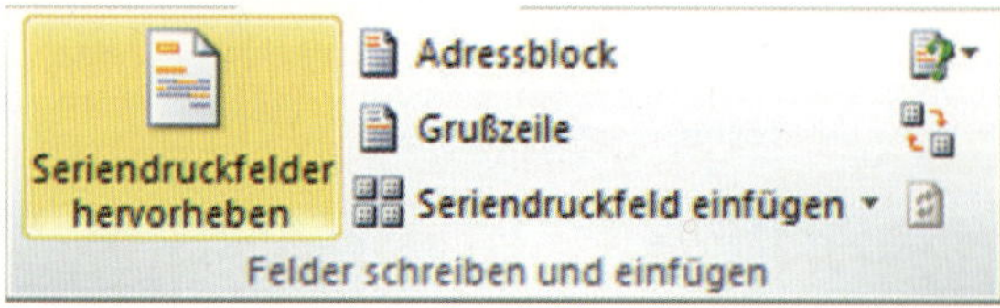

- Speichern Sie das Dokument unter dem Namen *Serienbrief*.

14.5 Ausgeben des Serienbriefes

Als Nächstes soll der Serienbrief ausgegeben werden.

Bearbeitungsschritte:

- Klicken Sie im Register **Sendungen** in der Gruppe **Vorschau Ergebnisse** die Schaltfläche **Weitere** an.

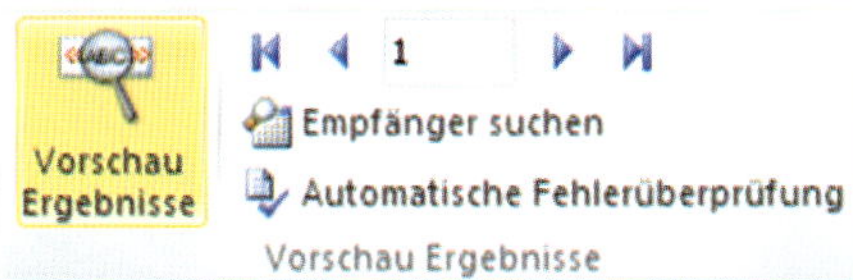

- Der erste Datensatz wird angezeigt. Damit können Sie überprüfen, ob die gewünschte Darstellung gegeben ist. Außerdem können Sie über die Schaltflächen andere Datensätze auswählen.

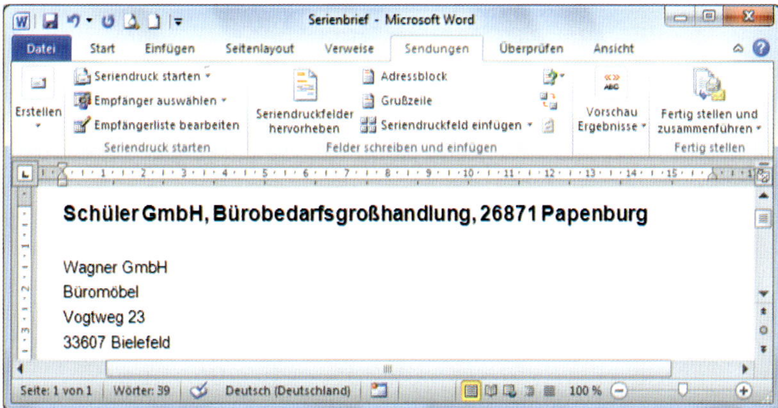

- Klicken Sie im Register **Sendungen** in der Gruppe **Fertig stellen** die Schaltfläche **Fertig stellen und zusammenführen** an. Wählen Sie den angegebenen Menüpunkt.

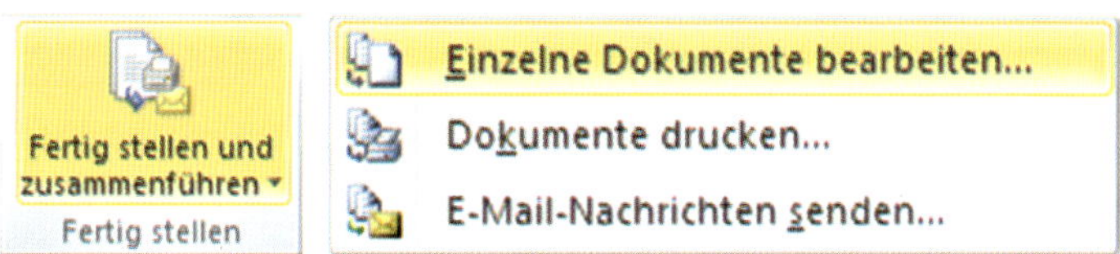

- Sie können nun bestimmen, was ausgegeben werden soll.

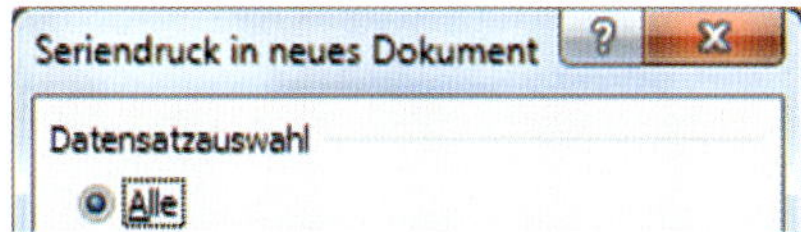

- In der Normalansicht sieht z. B. der dritte Brief folgendermaßen aus:

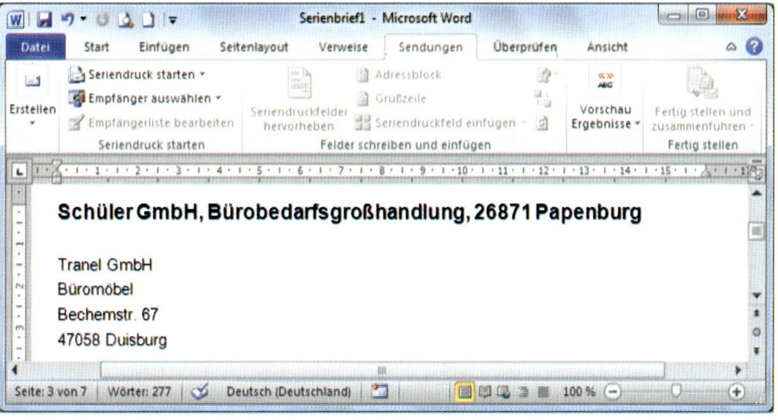

Bearbeitungsschritte (Fortsetzung):

- Wechseln Sie wieder in das Dokument *Serienbrief*, in dem die einzelnen Serien-druckfelder eingefügt werden.

- Wenn Sie im Register **Sendungen** in der Gruppe **Fertig stellen** die Schaltfläche **Fertig stellen und zusammenführen** anklicken und danach den Menüpunkt **Dokumente drucken** wählen, werden die einzelnen Seiten über den Drucker ausgegeben.

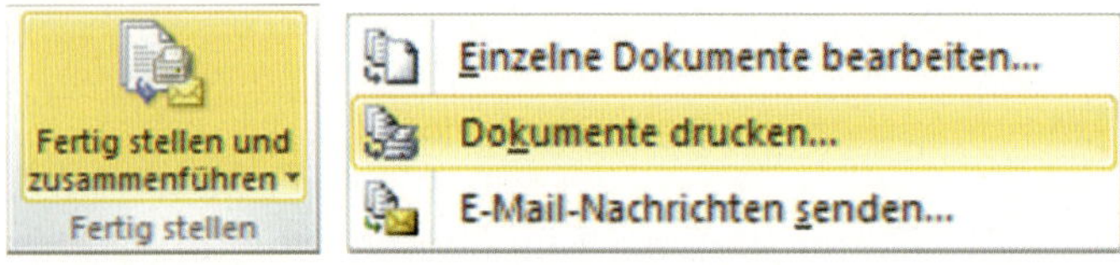

14.6   Einfügen von Bedingungsfeldern – Überspringen von Datensätzen

Unter Umständen sollen nur bestimmte Datensätze in Serienbriefen verwandt werden. So kann es sein, dass nur Lieferanten in einem bestimmten Postleitzahlbereich oder mit einem bestimmten Anfangsbuchstaben angeschrieben werden sollen. Selbstverständlich bietet es sich auch an, diese Steuerung in Access über Abfragen, die dann für die Serienbriefe verwandt werden, durchzuführen.

Bearbeitungsschritte:

- Speichern Sie die Datei *Serienbrief* unter dem Namen *Serienbrief_Überspringen*. Stellen Sie den Cursor unter das letzte Datenfeld.

- Klicken Sie im Register **Sendungen** in der Gruppe **Felder schreiben und einfügen** die Schaltfläche **Regeln** an. Wählen Sie den angegebenen Menüpunkt.

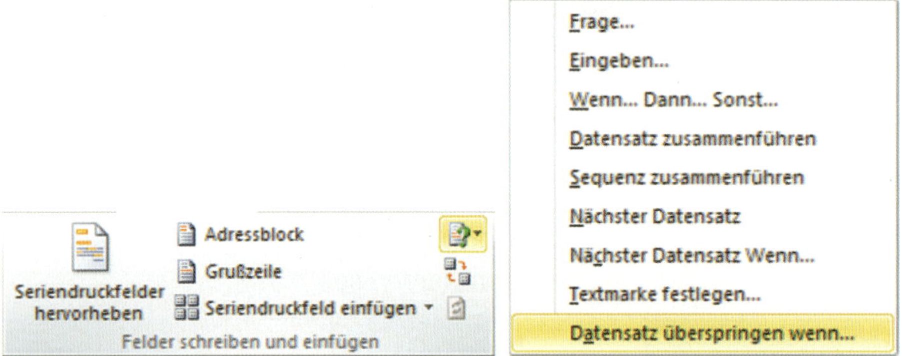

- Bestimmen Sie danach, dass alle Datensätze mit einer Postleitzahl unter 30000 nicht ausgegeben werden.

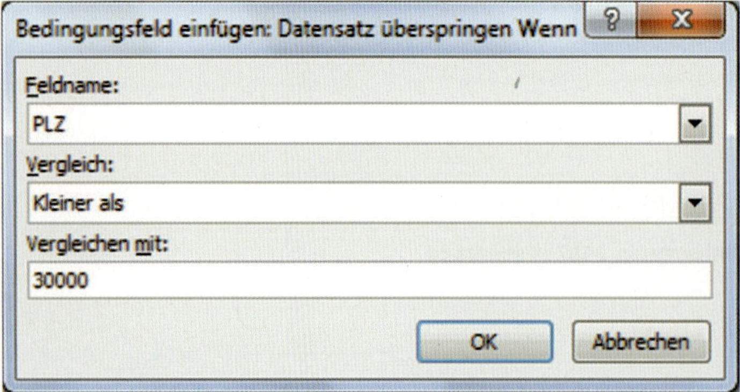

- Als Ergebnis werden nur die Datensätze mit einer Postleitzahl von 30000 oder höher in den Serienbriefen verarbeitet.

14.7　Einfügen von Bedingungsfeldern – alternativer Text

Bei einer Anfrage, einer Bestellung oder eines sonstigen Textes besteht die Möglichkeit, in Abhängigkeit von einer Bedingung einen alternativen Text in einen Serienbrief einzubauen. So kann z. B. eine unterschiedliche Transportbedingung in einen Brief eingebaut werden.

Bearbeitungsschritte:

- Speichern Sie die Datei *Serienbrief* nochmals unter dem Namen *Serienbrief_Alternativer_Text*.

- Stellen Sie den Cursor zwei Zeilen unter das letzte Datenfeld bzw. wenn Sie einen vollständigen Brief entwickelt haben, an der für das Bedingungsfeld vorgesehenen Stelle.

- Klicken Sie im Register **Sendungen** in der Gruppe **Felder schreiben und einfügen** die Schaltfläche **Regeln** an. Wählen Sie den angegebenen Menüpunkt.

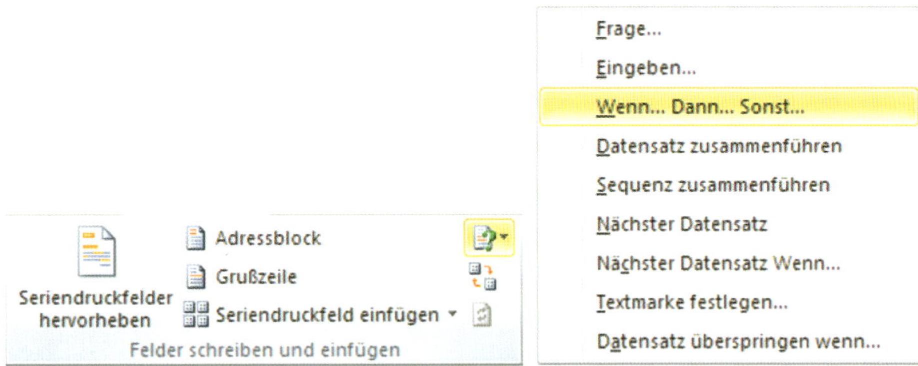

- Geben Sie die nachfolgenden Bedingungen ein:

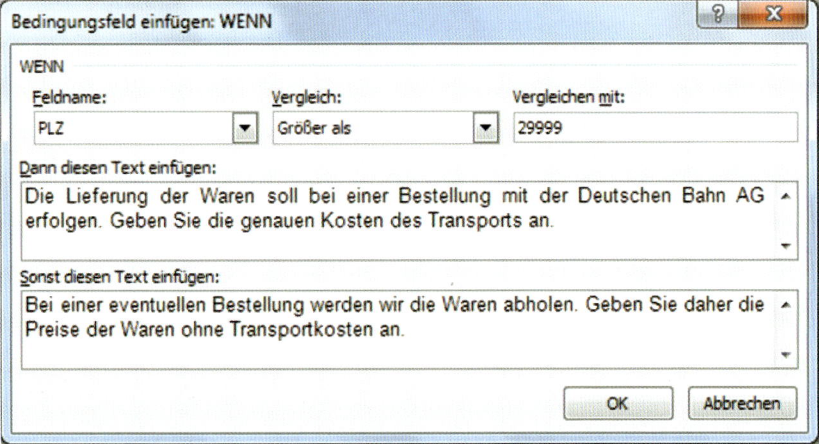

- Klicken Sie danach die Schaltfläche **OK** an.

- Klicken Sie im Register **Sendungen** in der Gruppe **Fertig stellen** die Schaltfläche **Fertig stellen und zusammenführen** an. Wählen Sie den angegebenen Menüpunkt.

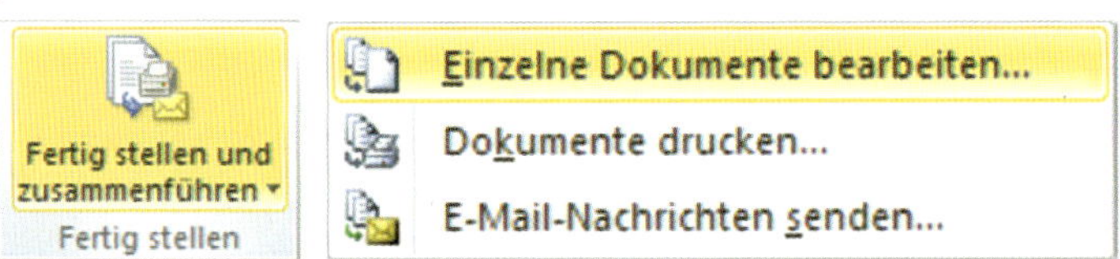

- Wenn Sie im Register **Sendungen** in der Gruppe **Fertig stellen** die Schaltfläche **Fertig stellen und zusammenführen** anklicken und den Menüpunkt **Dokumente drucken** wählen, werden die einzelnen Seiten über den Drucker ausgegeben.

14.8   Manuelle Auswahl bestimmter Datensätze

Bestimmte Datensätze können ausgewählt und dann als Serienbrief in ein neues Dokument oder über den Drucker ausgegeben werden. Sollen beispielsweise alle Büromöbelunternehmen angeschrieben werden, kann die Datenquelle zunächst sortiert werden. Danach werden die entsprechenden Datensätze ausgewählt.

Bearbeitungsschritte:

- Rufen Sie, falls notwendig, das Hauptdokument *Seriendruck* auf.

- Klicken Sie im Register **Sendungen** in der Gruppe **Seriendruck starten** die Schaltfläche **Empfängerliste bearbeiten** an.

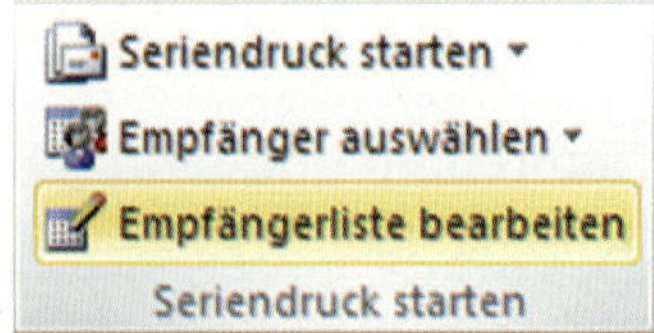

- Durch Anklicken der Kontrollkästchen im Fenster **Seriendruckempfänger** bestimmen Sie, wer einen Brief erhalten soll.

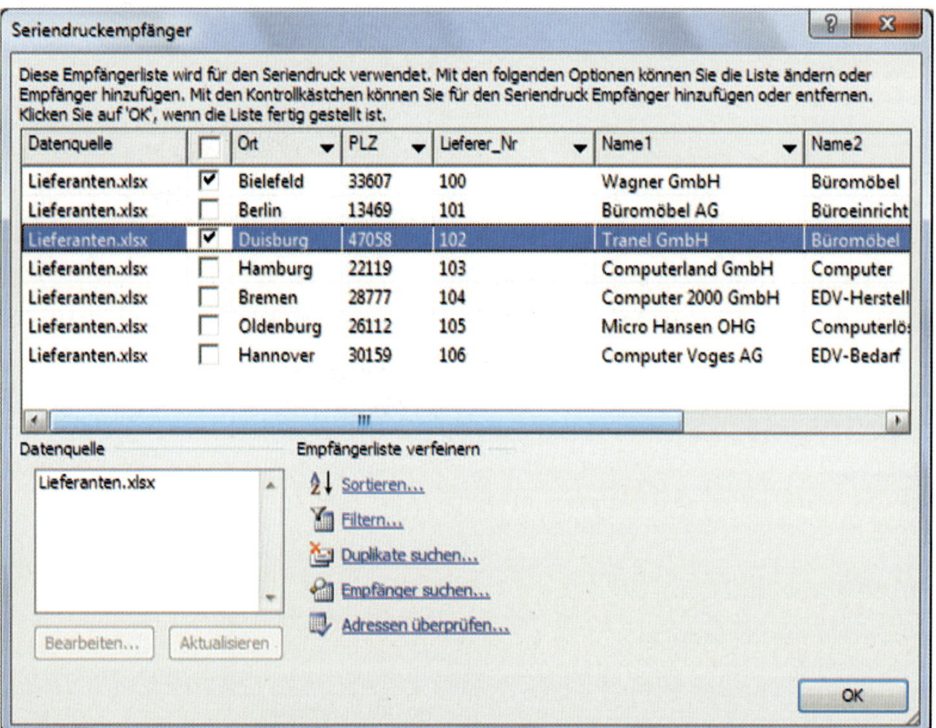

Datenquelle		Ort	PLZ	Lieferer_Nr	Name1	Name2
Lieferanten.xlsx	☑	Bielefeld	33607	100	Wagner GmbH	Büromöbel
Lieferanten.xlsx	☐	Berlin	13469	101	Büromöbel AG	Büroeinricht
Lieferanten.xlsx	☑	Duisburg	47058	102	Tranel GmbH	Büromöbel
Lieferanten.xlsx	☐	Hamburg	22119	103	Computerland GmbH	Computer
Lieferanten.xlsx	☐	Bremen	28777	104	Computer 2000 GmbH	EDV-Herstell
Lieferanten.xlsx	☐	Oldenburg	26112	105	Micro Hansen OHG	Computerlö:
Lieferanten.xlsx	☐	Hannover	30159	106	Computer Voges AG	EDV-Bedarf

- Klicken Sie die Schaltfläche **OK** an. Nun können Sie, wie beschrieben, Serienbriefe erstellen. Es werden nur die Datensätze verwendet, die ausgewählt wurden.

- Blenden Sie alle Datensätze wieder ein, indem Sie die Kontrollkästchen im Fenster **Seriendruckempfänger** neben der Bezeichnung *Datenquelle* anklicken.

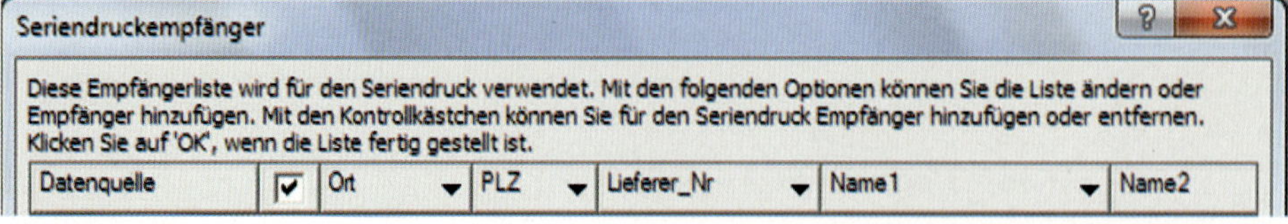

Datenquelle	☑	Ort	PLZ	Lieferer_Nr	Name1	Name2

- Einzelne Datensätze werden durch das Anklicken einzelner Kontrollkästchen wieder eingeblendet.

14.9　Sortieren und Filtern der Datensätze

14.9.1　Sortieren von Datensätzen

Datensätze der Datenquelle können nach einem Datenfeld oder mehreren Datenfeldern sortiert werden. Damit wird die Auswahl bestimmter Datensätze erleichtert.

Bearbeitungsschritte:

- Rufen Sie, falls notwendig, das Hauptdokument *Serienbrief* auf.

- Klicken Sie im Register **Sendungen** in der Gruppe **Seriendruck starten** die Schaltfläche **Empfängerliste bearbeiten** an.

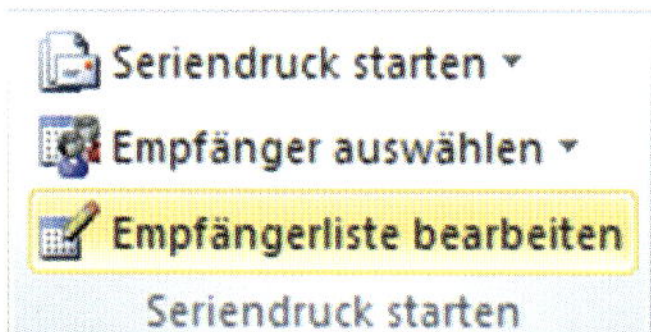

- Wählen Sie im Fenster **Seriendruckempfänger** den Link **Sortieren**. Im linken Bereich des Fensters wird die Datenquelle angegeben, in diesem Fall *Lieferanten.xlsx*.

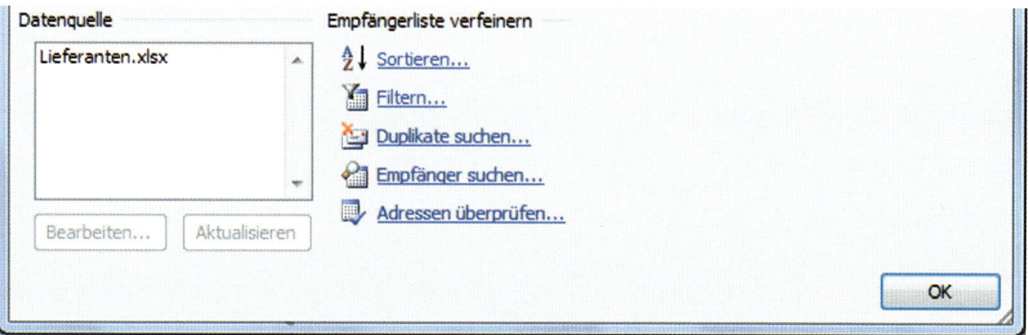

- Legen Sie im Fenster **Filtern und Sortieren** die Sortieroptionen fest.

- Die Datensätze werden aufsteigend nach dem Ort sortiert.

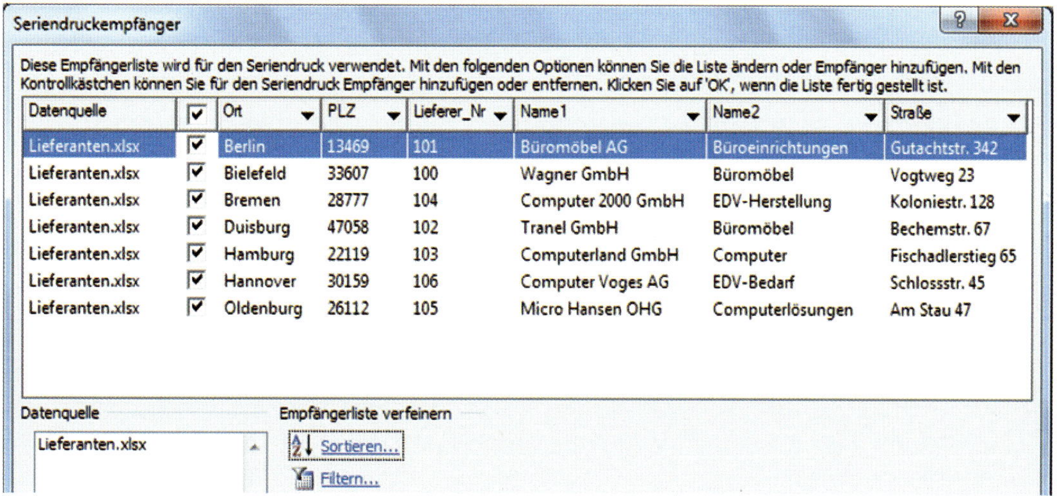

Datenquelle	☑	Ort	PLZ	Lieferer_Nr	Name1	Name2	Straße
Lieferanten.xlsx	☑	Berlin	13469	101	Büromöbel AG	Büroeinrichtungen	Gutachtstr. 342
Lieferanten.xlsx	☑	Bielefeld	33607	100	Wagner GmbH	Büromöbel	Vogtweg 23
Lieferanten.xlsx	☑	Bremen	28777	104	Computer 2000 GmbH	EDV-Herstellung	Koloniestr. 128
Lieferanten.xlsx	☑	Duisburg	47058	102	Tranel GmbH	Büromöbel	Bechemstr. 67
Lieferanten.xlsx	☑	Hamburg	22119	103	Computerland GmbH	Computer	Fischadlerstieg 65
Lieferanten.xlsx	☑	Hannover	30159	106	Computer Voges AG	EDV-Bedarf	Schlossstr. 45
Lieferanten.xlsx	☑	Oldenburg	26112	105	Micro Hansen OHG	Computerlösungen	Am Stau 47

14.9.2 Filtern von Datensätzen

Datensätze der Datenquelle können nach einem Datenfeld sortiert werden. Damit wird die Auswahl bestimmter Datensätze erleichtert.

Bearbeitungsschritte:

- Rufen Sie, falls notwendig, das Hauptdokument *Seriendruck* auf.

- Klicken Sie im Register **Sendungen** in der Gruppe **Seriendruck starten** die Schaltfläche **Empfängerliste bearbeiten** an.

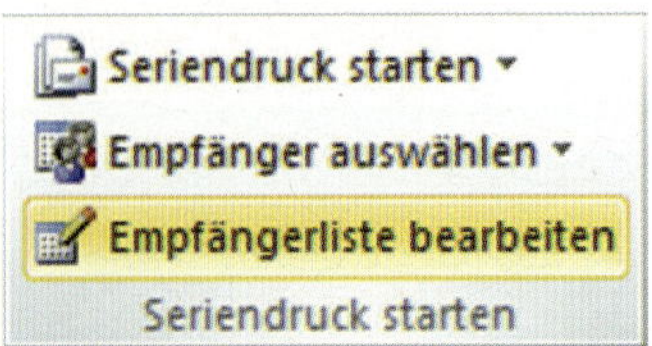

- Wählen Sie im Fenster **Seriendruckempfänger** den Link **Filtern**. Im linken Bereich des Fensters wird die Datenquelle angegeben, in diesem Fall *Lieferanten.xlsx*.

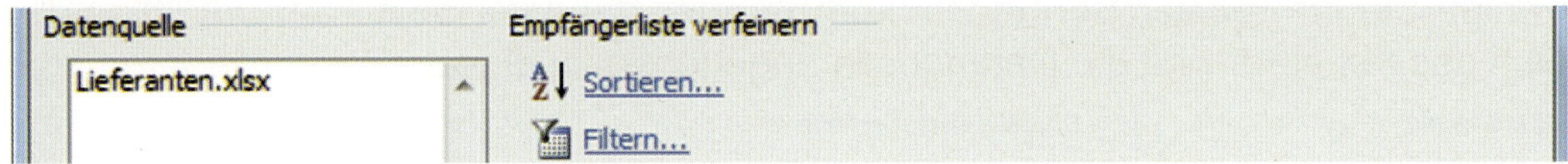

- Legen Sie im Fenster **Filtern und Sortieren** die Filteroptionen fest. Verwenden Sie dabei die **UND-Bedingung**.

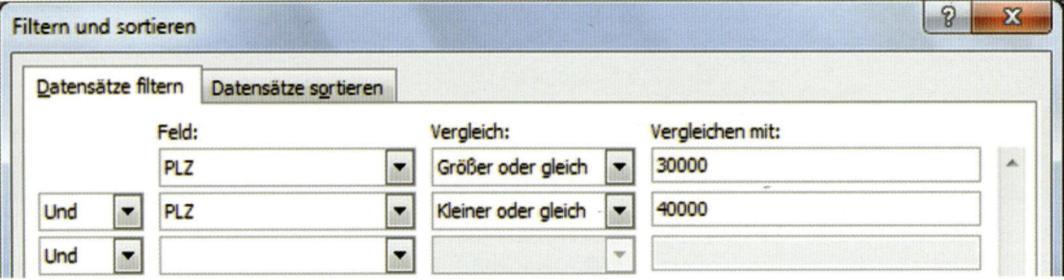

- Die herausgefilterten Datensätze werden ausgegeben.

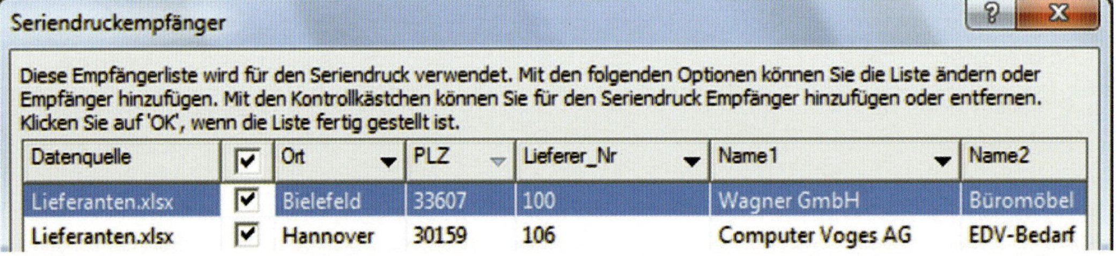

- Durch Anklicken der Schaltfläche **Alle löschen** im Fenster **Filtern und Sortieren** werden die Filteroptionen entfernt.

- Sie können auch eine **ODER-Bedingung** verwenden. Die Auswahl der Datensätze lautet dann beispielsweise:

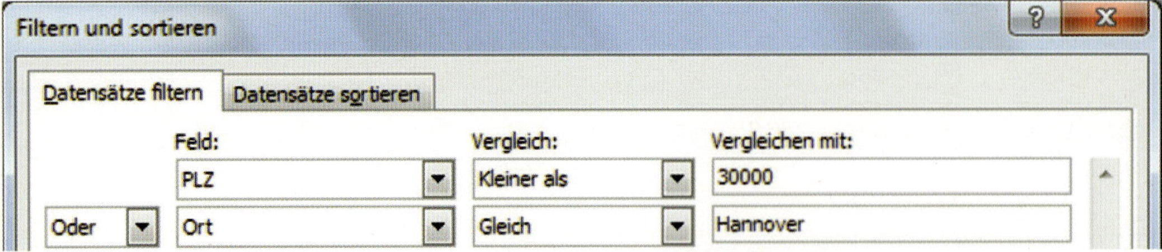

- Entsprechend der Auswahl werden danach Datensätze für den Seriendruck verwandt.

14.10 Bearbeiten der Datensätze

Datensätze lassen sich bei der Erstellung eines Serienbriefs im Hauptdokument bearbeiten, also beispielsweise ändern, löschen oder neu erfassen. Grundsätzlich erscheint es jedoch sinnvoller, die Bearbeitung in der Datenquelle, also z. B. in der Access-, Word- oder Excel-Tabelle vorzunehmen. Werden die Datensätze jedoch im Hauptdokument (Alternative 4) erfasst, ist es sinnvoll, eine Bearbeitung im Dokument vorzunehmen.

Nachfolgend sollen grundsätzliche Bearbeitungsmöglichkeiten angesprochen werden:

Bearbeitungsschritte:

- Rufen Sie, falls notwendig, das Hauptdokument *Seriendruck* auf.

- Klicken Sie im Register **Sendungen** in der Gruppe **Seriendruck starten** die Schaltfläche **Empfängerliste bearbeiten** an.

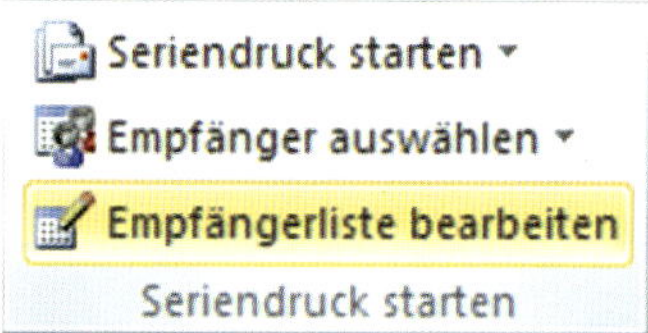

- Markieren Sie die Datenquelle.

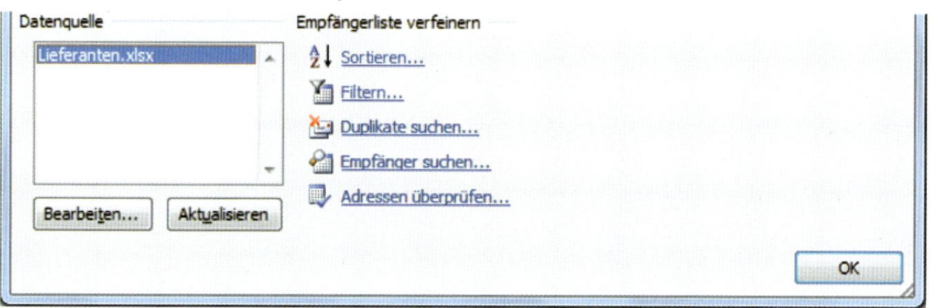

- Klicken Sie danach die Schaltfläche **Bearbeiten** an. Sie können nun über die Schaltfläche **Neuer Eintrag** zusätzliche Datensätze eingeben. Markierte Datensätze lassen sich über die Schaltfläche **Eintrag löschen** aus der Datenquelle entfernen.

- Nach Anklicken der Schaltfläche **OK** wird darauf hingewiesen, dass Änderungen in der Datenquelle noch nicht gespeichert wurden. Speichern Sie die eventuellen Änderungen ab.

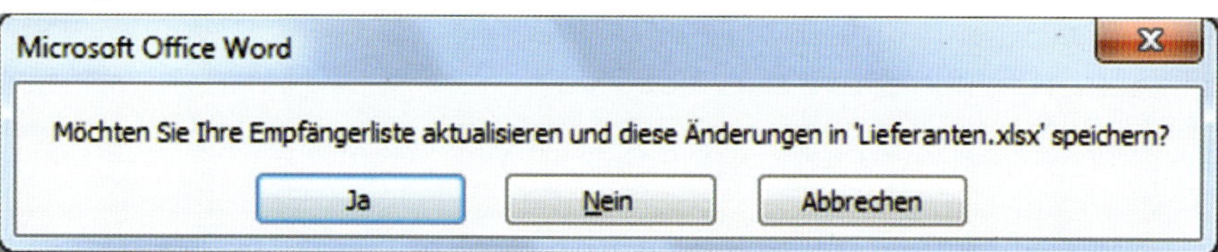

- Über die Schaltfläche **Suchen** können Sie nach bestimmten Datensätzen suchen.

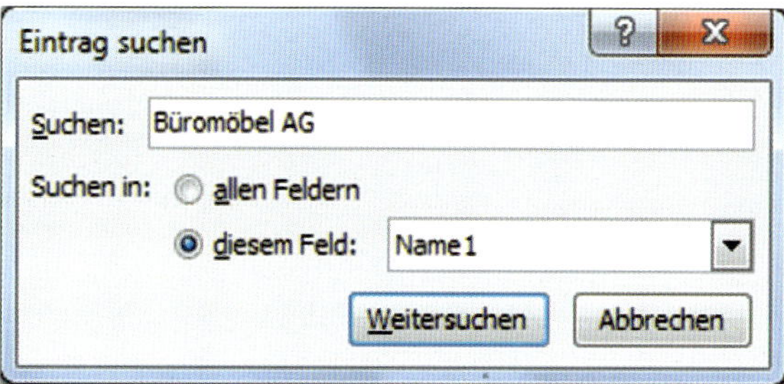

Aufgabe 40:   *Kunden_Serienbrief*

Den Kunden eines Betriebes soll per Serienbrief ein Angebot gemacht werden.

a) Erstellen Sie eine Kundenliste. Für die Erstellung dieser Liste können Sie eine beliebige Möglichkeit wählen.

b) Erstellen Sie ein Dokument, in dem die Seriendruckfelder eingefügt werden können.

c) Geben Sie die Serienbriefe in ein neues Dokument aus.

d) Erstellen Sie den Serienbrief für alle Kunden mit einer Postleitzahl, die mit einer 2 beginnt.

e) Geben Sie die Briefe an Kunden im Ort *Emden* mit folgendem zusätzlichen Text aus: *Es wird wegen einer Spezialaktion zusätzlich ein Sonderrabatt von 5 % gewährt.*

Kunden_Nr.	Name1	Straße	PLZ	Ort
200	Otto Artig e. Kfm.	Mühlenstr. 45	26789	Leer
201	Hans Kassens	Am Forst 45	49809	Lingen
202	Bürohandlung GmbH	Markt 21	49716	Meppen
203	Bürobedarf Hinze KG	Auguststr. 12	49751	Sögel
204	Rohr & Co. KG	Gallotweg 67	26723	Emden
205	Willi Garstig OHG	Hachstr. 15	26725	Emden
206	Hans Truppe	Adlerstr. 45	48429	Rheine

«Name1»
«Straße»
«PLZ» «Ort»

Angebot

Sehr geehrte Damen und Herren,

aufgrund einer Sonderaktion bieten wir Ihnen die folgenden Computer an:

- Trup AK 1200, Artikel-Nr. 102, zum Preis von 3.456,00 €
- Akko Super, Artikel-Nr. 104, zum Preis von 5.645,00 €
- Groves PC 2, Artikel-Nr. 105, zum Preis von 1.899,00 €

Zu den Preisen kommt die gesetzliche Mehrwertsteuer.

Die Ware wird frei Haus durch ein Firmenfahrzeug geliefert. Ab einem Bestellwert von 20.000,00 € gewähren wir einen Rabatt von 10 %. Der Rechnungsbetrag ist zahlbar innerhalb von 30 Tagen netto Kasse.

Mit freundlichen Grüßen

Schüler GmbH

i. A.

Anton Schulte

15 Adressaufkleber, Umschläge und Etiketten

15.1 Adressaufkleber

Daten, die für Serienbriefe erfasst wurden, können selbstverständlich auch für die Erstellung von Adressaufklebern und Briefumschlägen genutzt werden.

Durch Adressaufkleber können Briefe, Pakete usw. schnell und ohne großen Aufwand adressiert werden.

Bearbeitungsschritte:

- Erstellen Sie ein neues leeres Dokument. Speichern Sie es unter dem Namen *Adressaufkleber* ab.

- Klicken Sie im Register **Sendungen** in der Gruppe **Seriendruck starten** die Schaltfläche **Seriendruck starten** an. Wählen Sie die Option **Etiketten** aus.

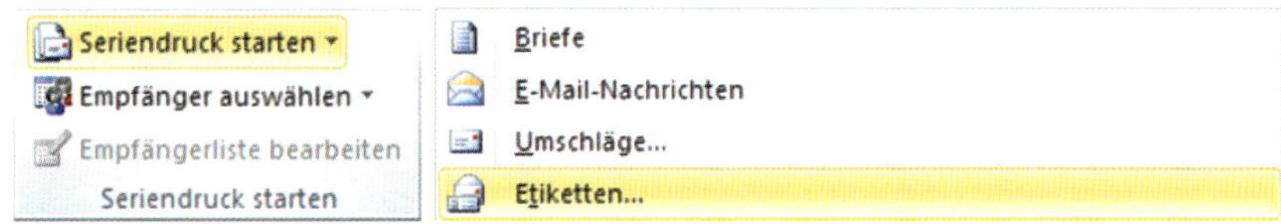

- Wählen Sie einen Etikettenhersteller und eine Etikettennummer aus, z. B. zu Übungszwecken die nachfolgend angezeigte Möglichkeit:

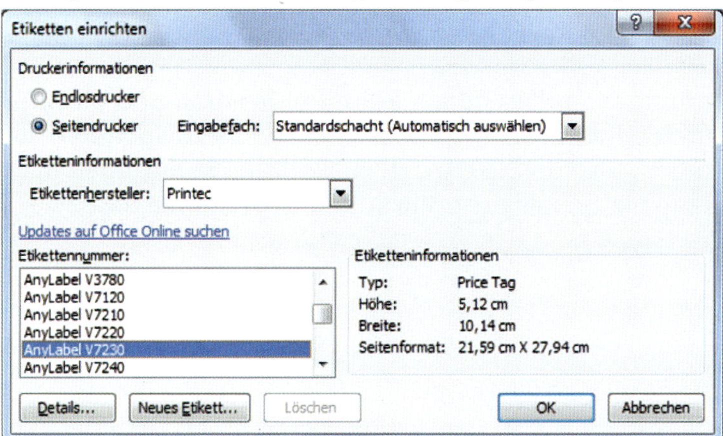

- Klicken Sie im Register **Sendungen** in der Gruppe **Seriendruck starten** die Schaltfläche **Empfänger auswählen** an. Wählen Sie danach die Option **Vorhandene Liste verwenden** aus.

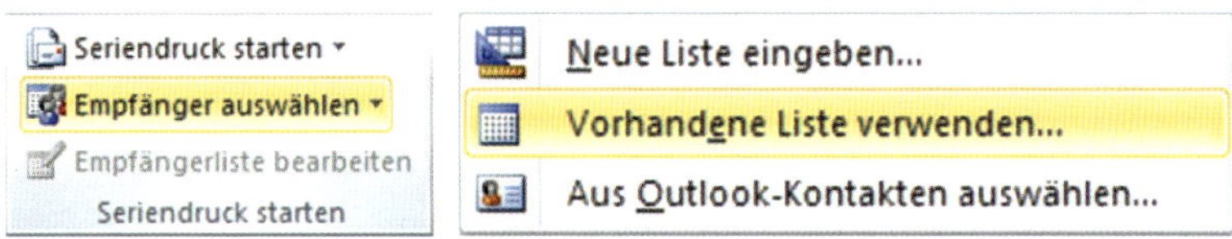

- Wählen Sie eine Datenquelle aus. Die Datenquellen wurden für die Erstellung von Serienbriefen angelegt. Klicken Sie danach die Schaltfläche **Öffnen** an.

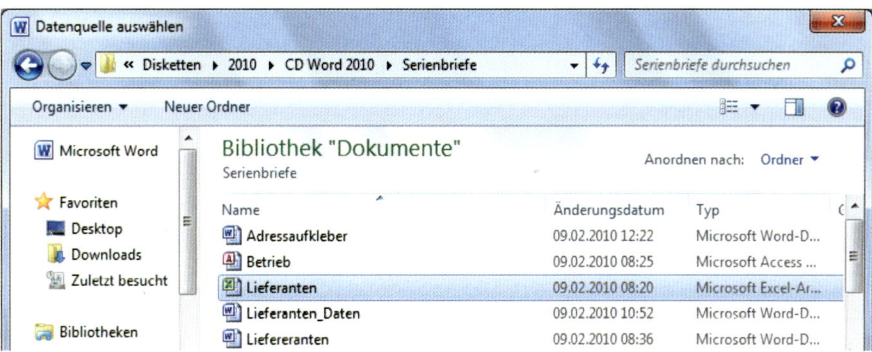

Bearbeitungsschritte (Fortsetzung):

- Klicken Sie im Register **Sendungen** in der Gruppe **Felder schreiben und einfügen** den Pfeil nach unten in der Schaltfläche **Seriendruckfeld einfügen** an.

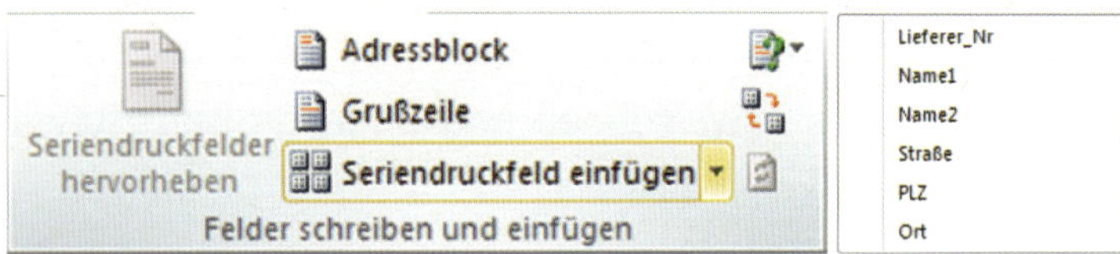

- Fügen Sie die Datenfelder wie folgt ein:

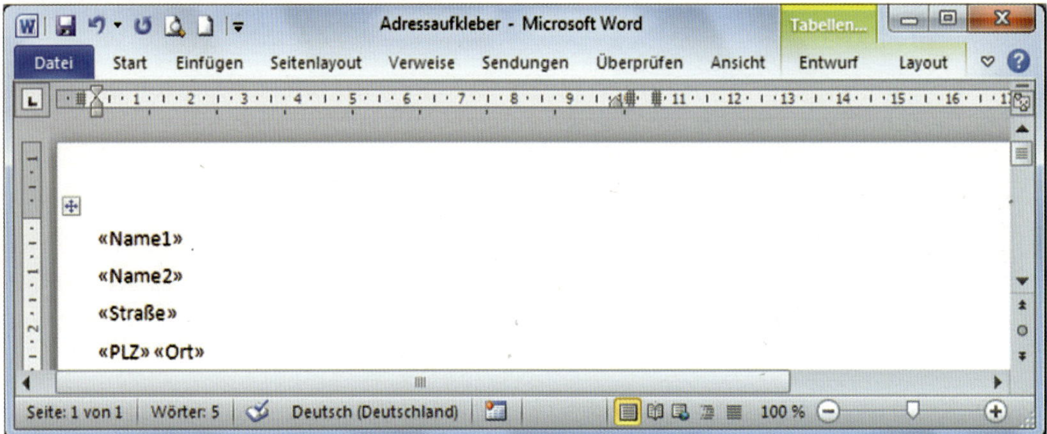

- Klicken Sie im Register **Sendungen** in der Gruppe **Felder schreiben und einfügen** die Schaltfläche **Etiketten aktualisieren** an. Die restlichen Adressetiketten werden mit Seriendruckfeldern versehen. Klicken Sie danach im Register **Sendungen** in der Gruppe **Vorschau Ergebnisse** die Schaltfläche **Vorschau Ergebnisse** an.

- Die einzelnen Adressaufkleber werden angezeigt:

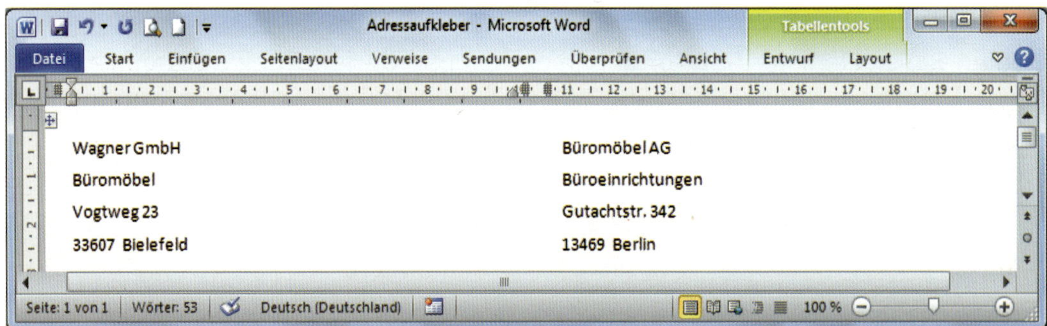

- Klicken Sie im Register **Sendungen** in der Gruppe **Fertig stellen** die Schaltfläche **Fertig stellen und zusammenführen** an. Danach können Sie die Etiketten drucken, in eine neue Datei übertragen und danach bearbeiten oder E-Mail-Nachrichten senden.

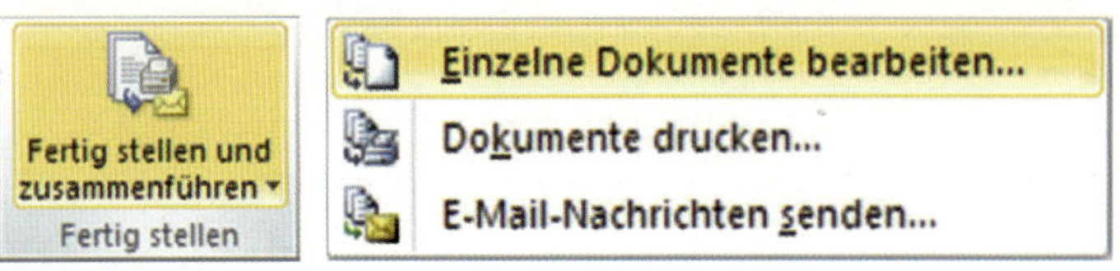

15.2   Umschläge

Briefumschläge können in einer gewünschten Zahl mit der Textverarbeitung problemlos und schnell erstellt werden.

Bearbeitungsschritte:

- Erstellen Sie ein neues Dokument. Klicken Sie im Register **Sendungen** in der Gruppe **Erstellen** die Schaltfläche **Umschläge** an.

- Geben Sie die folgenden Adressen normgerecht ein:

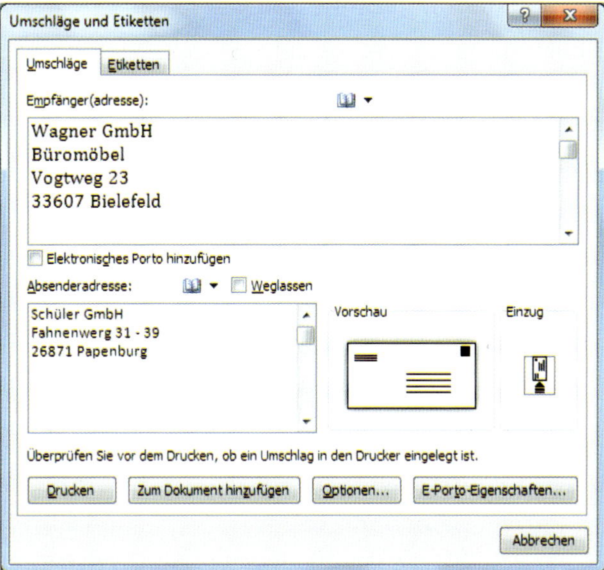

- Geben Sie durch das Anklicken der Schaltfläche **Zum Dokument hinzufügen** den Umschlag in ein neues Dokument aus. Durch das Anklicken der Schaltfläche **Drucken** wird der Umschlag gedruckt. Wenn Sie die Absenderadresse geändert haben, können Sie bestätigen, dass die neue Adresse als Standard-Absenderadresse gespeichert werden soll.

- Nach Anklicken der Schaltfläche **Optionen** können Sie Umschlag- und Druckoptionen festlegen. Speichern Sie das Dokument unter dem Namen *Umschlag*.

15.3   Etiketten

Etiketten werden auf Briefumschläge, Zeitschriften usw. vor dem Versand aufgeklebt.

Bearbeitungsschritte:

- Erstellen Sie ein neues Dokument. Klicken Sie im Register **Sendungen** in der Gruppe **Erstellen** die Schaltfläche **Beschriftungen** an.

- Normalerweise wird die Anschrift, die bei den Umschlägen eingegeben wurde, für den Etikettendruck vorgegeben. Sie können aber die Adresse auch beliebig ändern.

- Geben Sie in ein Dokument eine Seite mit Etiketten aus. Speichern Sie das Dokument unter dem Namen *Etikett*.

Aufgabe 41: *Personal*

Ein Betrieb möchte mehrere Briefe und ein Formular mithilfe der Serienbrieffunktion einer Textverarbeitung erstellen bzw. ausfüllen.

a) Erstellen Sie eine Mitarbeiterliste. Für die Erstellung dieser Liste können Sie eine beliebige Möglichkeit wählen.

b) Für verschiedene Aufgaben wird ein Formular mit den unten angezeigten Informationen benötigt. Erstellen Sie das Formular und fügen Sie die Daten über Seriendruckfelder in das Formular ein.

c) Erstellen Sie einen Serienbrief, in dem Sie den Mitarbeitern Termin und Ort des nächsten Betriebsfests mitteilen.

d) Erstellen Sie einen Serienbrief an alle weiblichen Mitarbeiter, in dem Sie auf die Möglichkeit hinweisen, eine Frauenbeauftragte im Betrieb zu wählen.

e) Erstellen Sie den Serienbrief für alle Mitarbeiter, die vor dem Jahr 1990 geboren wurden. Den Mitarbeitern wird eine Sonderprämie von 500,00 € gewährt.

f) Allen Sachbearbeitern soll ein Weihnachtsgeld in Höhe eines Monatsgehalts gewährt werden. Abteilungsleiter sollen 70 % eines Monatsgehalts erhalten. Teilen Sie den einzelnen Mitarbeitern die Höhe ihres jeweiligen Weihnachtsgelds mit.

M_Nr	Name	Vorname	Ort	Ges	Stellung	Geburtsdatum
1	Lager	Hermann	Papenburg	m	Sachbearbeiter	22.04.1990
2	Sender	Konrad	Rhede	m	Abteilungsleiter	01.04.1961
3	König	Katja	Dörpen	w	Sachbearbeiterin	01.04.1988
4	Redde	Josef	Papenburg	m	Abteilungsleiter	01.07.1965
5	Hansen	Heiner	Börger	m	Sachbearbeiter	01.07.1988
6	Jansen	Marita	Sustrum	w	Abteilungsleiter	01.04.1978
8	Binga	Peter	Leer	m	Sachbearbeiter	01.09.1992

Name Lager		**Vorname** Hermann	
Ort Papenburg			
Stellung Sachbearbeiter	**Geburtsdatum** 22.04.1990		**Geschlecht** M
Hinweise:			

Aufgabe 42: *Personal_Adressaufkleber*

Innerbetriebliche Mitteilungen sollen in einem verschlossenen Briefumschlag den einzelnen Mitarbeitern im Betrieb zugestellt werden.

a) Erstellen Sie einen Adressaufkleber per Seriendruck mit dem Namen, Vornamen und dem Wohnort des Arbeitnehmers. Benutzen Sie zu diesem Zweck die Daten der Mitarbeiterliste (*Aufgabe 41, Seite 152*)

b) Erstellen Sie Umschläge mit den Daten des ersten Arbeitnehmers.

16 Datenaustausch

16.1 Vorbemerkungen

Unter Datenaustausch versteht man das Exportieren und Importieren von Daten, die mit unterschiedlichen Programmen erstellt wurden. Eine erstellte Tabelle oder Grafik der Tabellenkalkulation **Excel** kann beispielsweise in ein Textdokument eingefügt oder in **Word**, **Excel** oder **Access** erfasste Daten können für einen Serienbrief genutzt werden. Daten des Programms **Excel** können beispielsweise auch in Datenbanken, die mit **Access** erstellt wurden, eingelesen werden.

Die Erstellung einer Tabelle in **Excel** ist eine Alternative zur Erstellung einer Tabelle in Word. Außerdem können die Daten zwischen den Programmen verknüpft werden, sodass eine Änderung in der Excel-Tabelle in **Word** automatisch übernommen wird.

16.2 Datenexport von Excel in Word

16.2.1 Erstellung einer Excel-Tabelle mit Diagramm

Eine Tabelle und ein Diagramm, welche in Excel erstellt werden sollen, bilden die Grundlage für den Export von Daten.

Hinweis: Die Erstellung der Tabelle und des Diagramms werden an dieser Stelle nicht erklärt. Bücher mit den entsprechenden Erklärungen sind vom selben Autor im Bildungsverlag1 erschienen.

Bearbeitungsschritte:

- Erstellen Sie in **Excel** die Mappe *Umsatz_Diagramm*.

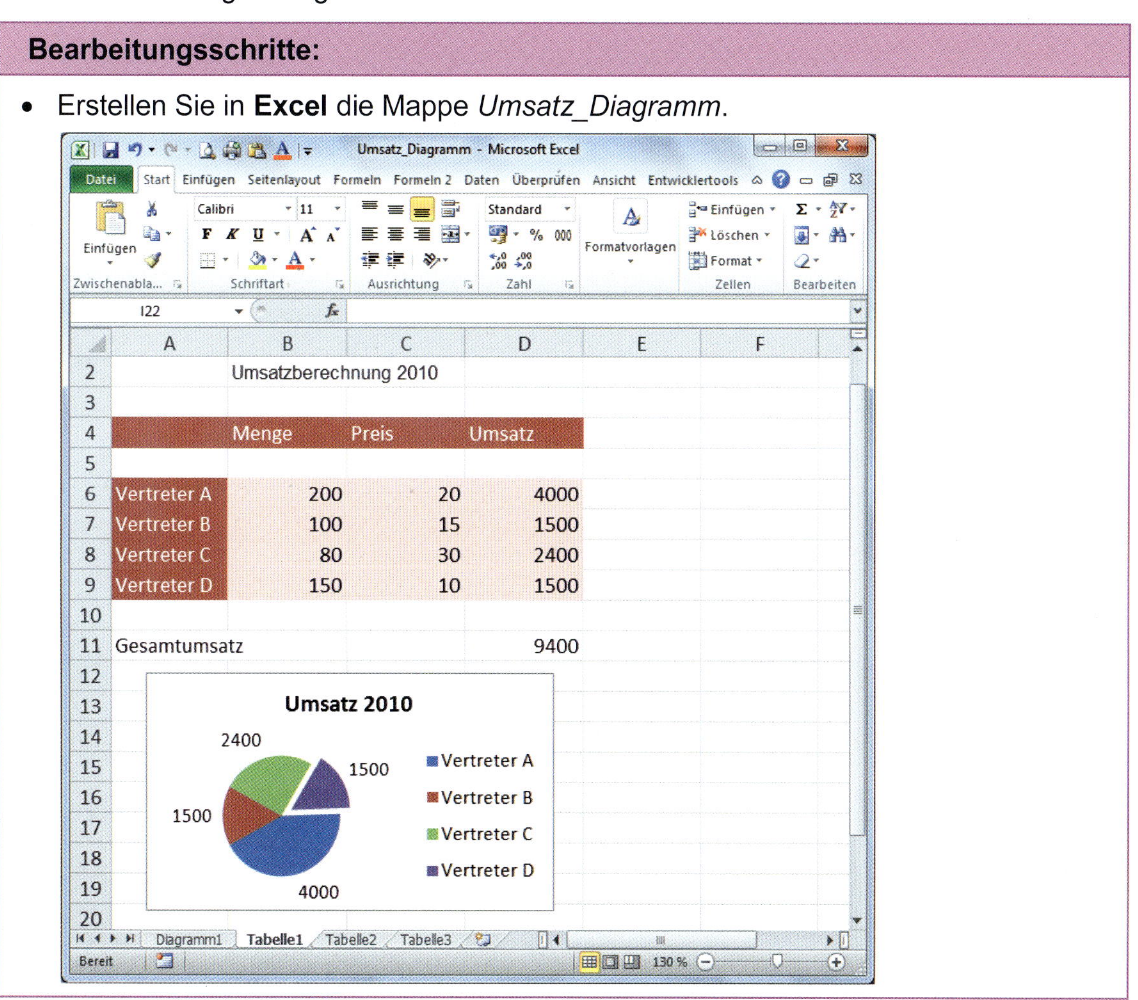

16.2.2 Übertragen einer EXCEL-Tabelle in die Textverarbeitung Word

Die häufigste Anwendung des Datenaustauschs dürfte sicherlich darin bestehen, dass Zahlenwerte von der Tabellenkalkulation in die Textverarbeitung übertragen werden. Damit können die Zahlenwerte in einen Text integriert werden.

Bearbeitungsschritte:

- Öffnen Sie die Programme **Word** und **Excel**. Öffnen Sie in **Excel** die Arbeitsmappe *Umsatz_Diagramm*. In der Taskleiste ergibt sich z. B. das folgende Bild:

- Formatieren Sie die Tabelle wie unten angezeigt. Markieren Sie den Bereich **A4** bis **D9**. Klicken Sie danach im Register **Start** in der Gruppe **Zwischenablage** die Schaltfläche **Kopieren** an.

- Klicken Sie in der Taskleiste die Textverarbeitung **Word** an. Klicken Sie im Register **Start** in der Gruppe **Zwischenablage** die Schaltfläche **Einfügen** an.

- Das Ergebnis sieht etwa so aus. Eventuell muss eine Nachbearbeitung erfolgen.

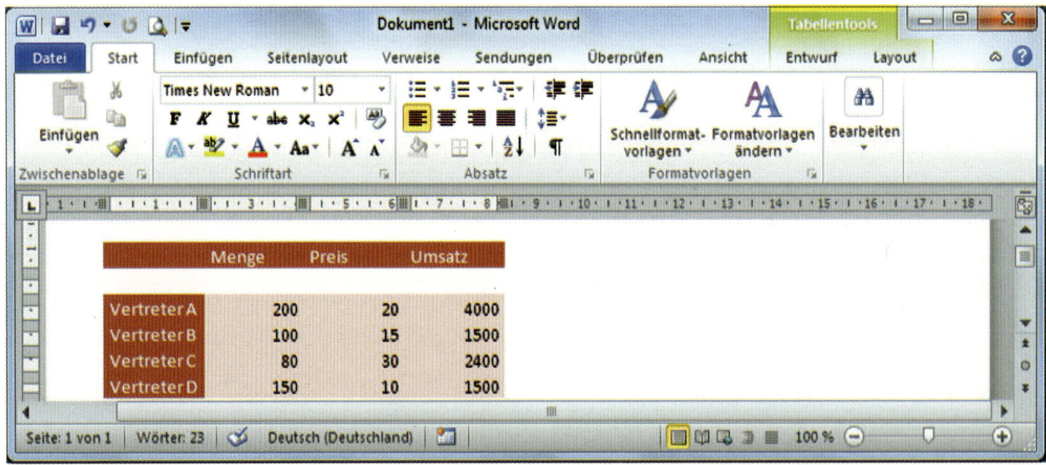

- Die Übertragung der Daten in alle anderen Windows-Programme ist identisch.

16.2.3 Übertragen eines Diagramms

Als eine weitere Möglichkeit des Datenaustauschs ist die Übertragung einer Grafik von der Tabellenkalkulation **Excel** in die Textverarbeitung **Word** oder ein anderes Programm interessant.

Ein mit einer Textverarbeitung erstellter Text kann durch das Einfügen einer Grafik besonders ansprechend gestaltet werden. Die Aufmerksamkeit, die das Dokument erzielt, wird deutlich gesteigert.

Bearbeitungsschritte:

- Laden Sie die Programme **Word** und **Excel**. Danach öffnen Sie in **Excel** die Arbeitsmappe *Umsatz_Diagramm*.

- Markieren Sie durch einfaches Anklicken mit der Maus das Diagramm.

- Klicken Sie im Register **Start** in der Gruppe **Zwischenablage** die Schaltfläche **Kopieren** an.

- Klicken Sie in der Taskleiste die Textverarbeitung **Word** an. Klicken Sie im Register **Start** in der Gruppe **Zwischenablage** die Schaltfläche **Einfügen** an.

- Das Ergebnis sieht in etwa folgendermaßen aus:

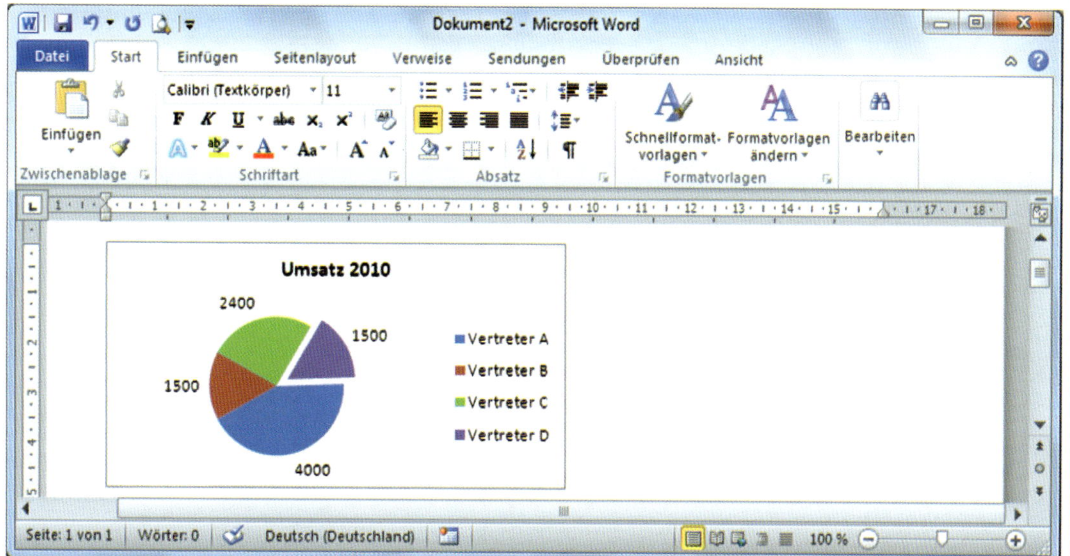

- Die Übertragung von Diagrammen in andere Windows-Programme ist auf die gleiche Weise vorzunehmen.

- Besonders die Übernahme von Diagrammen in eine PowerPoint-Präsentation bietet sich an. Bei einem Vortrag wirken grafische Darstellungen oftmals überzeugender als Zahlen.

16.2.4 Verknüpfung von Daten

Werden Daten verknüpft, so werden diese Daten bei einer Änderung im Programm, in dem sie erfasst wurden (z. B. in **Excel**), automatisch auch in dem Programm geändert, in das sie übertragen wurden.

Daher können in **Excel** erfasste Daten immer aktuell z. B. in einer Word- oder in einer PowerPoint-Datei gespeichert werden.

Bearbeitungsschritte:

- Laden Sie die Programme **Word** und **Excel**. Danach öffnen Sie in **Excel** die Arbeitsmappe *Umsatz_Diagramm*.

- Markieren Sie mit der Maus den Bereich **A4** bis **D9**.

- Klicken Sie im Register **Start** in der Gruppe **Zwischenablage** die Schaltfläche **Kopieren** an.

- Klicken Sie in der Taskleiste die Textverarbeitung **Word** an. Klicken Sie dann im Register **Start** in der Gruppe **Zwischenablage** den Pfeil in der Schaltfläche **Einfügen** und danach den Menüpunkt **Inhalte einfügen** an.

- Im Fenster **Inhalte einfügen** bestimmen Sie, dass es sich um Excel-Daten handelt und dass die Daten verknüpft werden sollen. Wird die Verknüpfung nicht aktiviert, werden lediglich normal Daten übertragen. Diese Daten werden dann nicht bei einer Übertragung von Excel in ein anderes Programm aktualisiert.

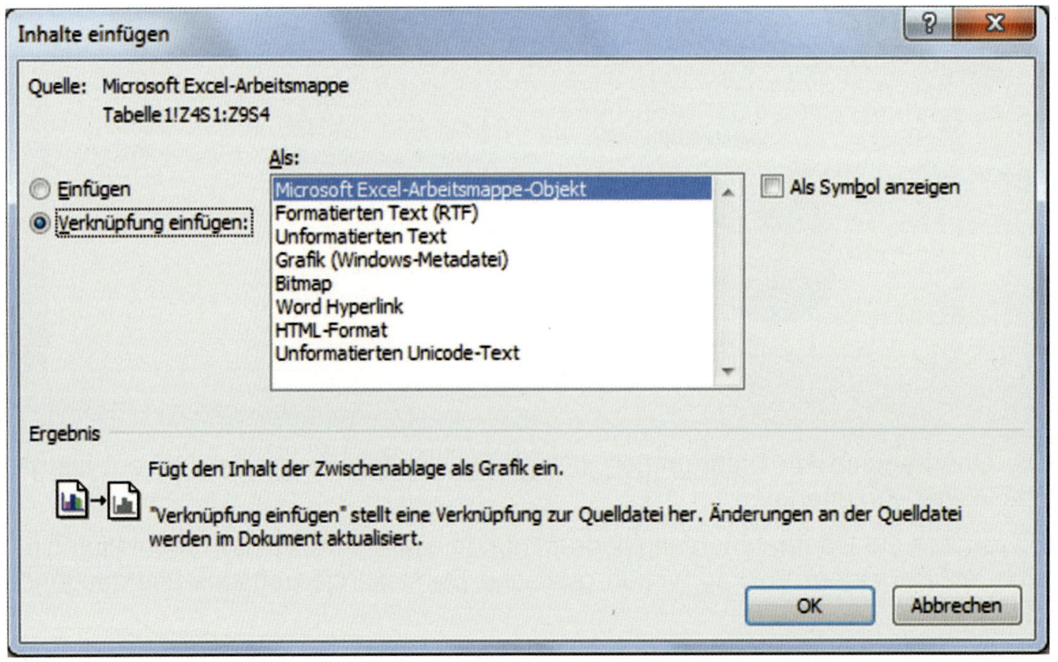

Bearbeitungsschritte (Fortsetzung):

- Nach Anklicken der Schaltfläche **OK** werden die Inhalte übertragen.

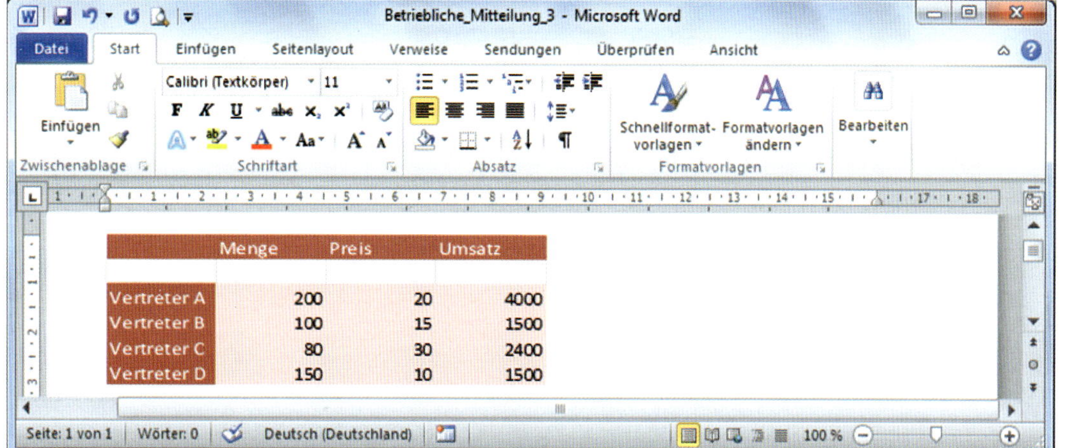

- Verändern Sie im Programm Excel die Mengen wie nachfolgend dargestellt. Speichern Sie die neuen Daten durch Anklicken der Schaltfläche **Speichern**.

	A	B	C	D
2		Umsatzberechnung 2010		
3				
4		Menge	Preis	Umsatz
5				
6	Vertreter A	300	20	6000
7	Vertreter B	100	15	1500
8	Vertreter C	80	30	2400
9	Vertreter D	150	10	1500

- Wechseln Sie zum Programm Word. Das Ergebnis sieht ungefähr so aus. Eventuell müssen Sie die Änderung bestätigen.

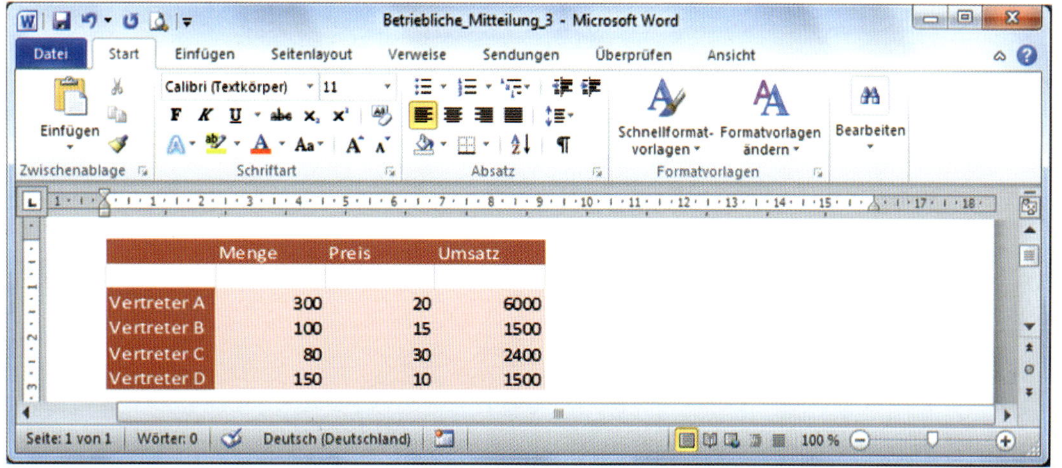

Aufgabe 43:   *Lager*

Führen Sie den nachfolgenden Datenaustausch durch:

a) Erstellen Sie in der Tabellenkalkulation EXCEL die nachfolgende Tabelle und die beiden dargestellten Tabellen.

b) Übertragen Sie den Inhalt der Tabelle in die Textverarbeitung. Führen Sie danach auch eine Verknüpfung der Daten durch.

c) Übertragen und verknüpfen Sie die beiden Tabellen in die Textverarbeitung.

Artikel_Nr	Artikelart	Artikel_Bez	Bestand	Mindestbestand	Höchstbestand
1000	Schreibtisch	Gabriele	5	5	10
1001	Schreibtisch	Modern	10	15	30
1002	Schreibtisch	Exklusiv	20	10	30
1003	Büroschrank	Elegant	12	5	10
1004	Büroschrank	Aktuell	17	10	40
1005	Drucker	Hanso	12	15	25
1006	Drucker	Stil	8	5	15
1007	Drucker	Klassic	12	6	10
2000	Scanner	Swift	8	10	20
2001	Scanner	Akura	4	2	5
3000	Computer	AGIB HS	10	8	16
3001	Computer	Trup AK	5	6	10
3002	Computer	Ambro Super	21	12	18

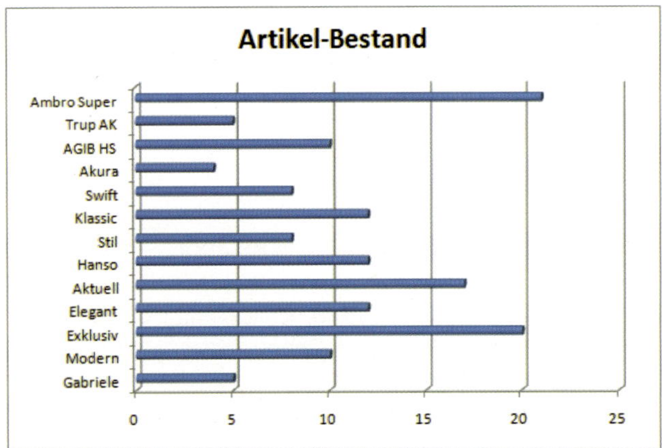

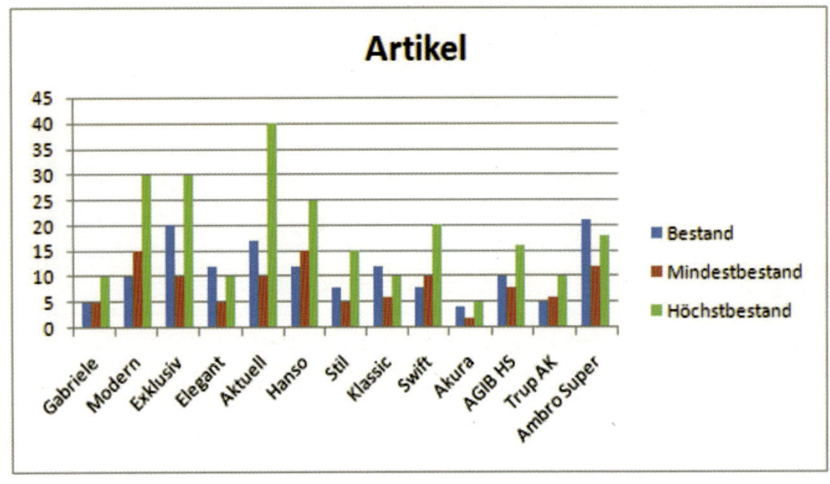

17 Schnellbausteine – AutoText – Textbausteine

17.1 Erklärung des Begriffs

Häufig benutzte Textteile werden normalerweise nicht immer wieder neu geschrieben, sondern als Schnellbausteine, auch als AutoText oder Textbaustein bezeichnet, abgespeichert. Dieser Textbaustein kann dann an einer beliebigen Stelle in ein Dokument eingefügt werden. Sollen beispielsweise Arbeitszeugnisse mit Textbausteinen erstellt werden, so kann man einzelne mögliche Elemente zunächst erfassen, als Schnellbausteine abspeichern und dann in zu erstellende Arbeitszeugnisse integrieren.

17.2 Erstellung einer Dokumentvorlage für die Textbausteine

Mit der Erstellung eines neuen Dokuments wird grundsätzlich auch die Dokumentvorlage Normal.dotm geladen. Werden nun Textbausteine erstellt, werden sie als Bestandteil der Dokumentvorlage oder in einer separaten Datei mit dem Namen Building Blocks abgespeichert.

Es ist jedoch nicht besonders günstig, dass alle Textbausteine, die irgendwann erstellt werden, in einer Dokumentvorlage abgelegt sind. Vielmehr bietet es sich an, Dokumentvorlagen für bestimmte Zwecke zu erstellen und die jeweils benötigten Schnellbausteine zusammen mit der Dokumentvorlage zu speichern. Ansonsten führt die Anzahl der Bausteine schnell zu einer sehr unübersichtlichen Verwaltung.

Im Kapitel *Dokumentvorlagen* wird die Erstellung von Dokumentvorlagen genau erklärt. Daher wird an dieser Stelle die Erstellung nicht noch einmal erklärt.

Sollten Sie keine neue Dokumentvorlage erstellen wollen, können Sie die Textbausteine auch in den oben genannten Dateien abspeichern.

Bearbeitungsschritte:

- Erstellen Sie eine neue Dokumentvorlage unter dem Namen *Arbeitszeugnis.dotx*. Die Dokumentvorlage enthält keinerlei Text oder sonstige Inhalte. Schließen Sie danach die Dokumentvorlage.

17.3 Eingeben von Schnellbausteinen

Zunächst werden die einzelnen Textbestandteile in einem Dokument erfasst, welches auf der Dokumentvorlage *Arbeitzeugnis.dotx* beruht.

Bearbeitungsschritte:

- Erstellen Sie ein Dokument aufgrund der Dokumentvorlage *Arbeitszeugnis*. Geben Sie das folgende Wort mit entsprechender Formatierung ein und markieren Sie es:

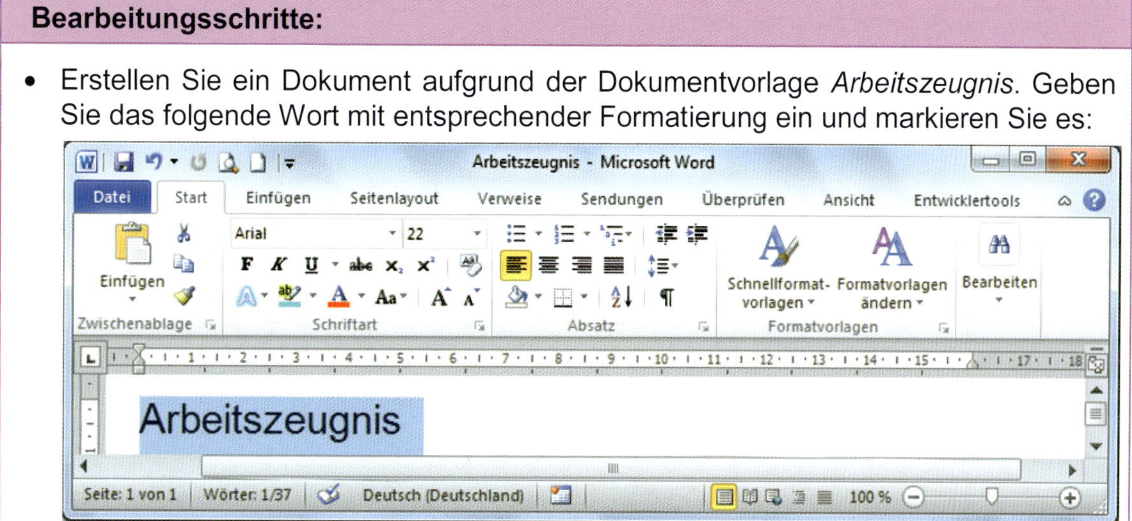

Bearbeitungsschritte (Fortsetzung):

- Klicken Sie im Register **Einfügen** in der Gruppe **Text** die Schaltfläche **Schnellbausteine** an. Wählen Sie danach den Menüpunkt **Auswahl im Schnellbaustein-Katalog speichern**.

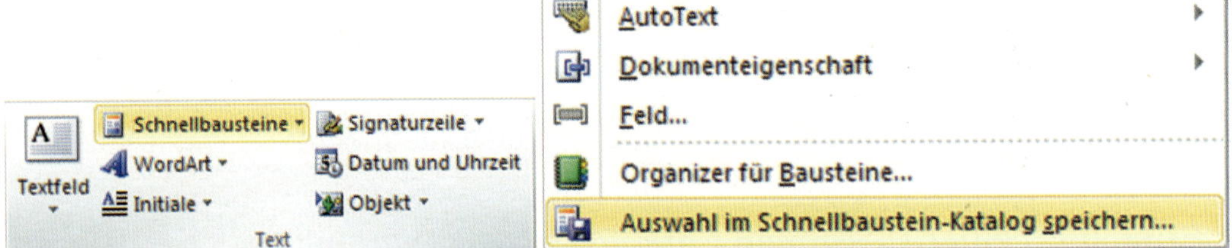

- Versehen Sie den neuen Baustein mit einem Namen, der möglichst kurz ist. Unter diesem Namen kann der Schnellbaustein später aufgerufen werden. Im Bereich **Kategorie** können Sie ein spezielles Verzeichnis erstellen und festlegen, in dem der Schnellbaustein gespeichert werden soll. Dies soll hier nicht geschehen. Im Bereich **Speichern in:** legen Sie fest, dass die Textbausteine in der Dokumentvorlage *Arbeitszeugnis* gespeichert werden sollen.

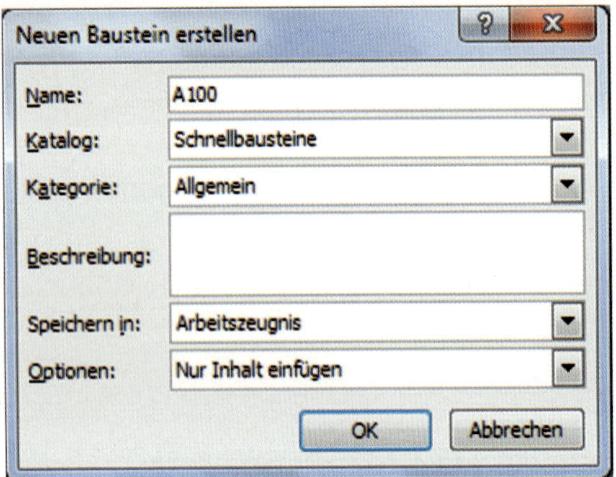

- Nach dem Anklicken der Schaltfläche **OK** ist der Schnellbaustein gespeichert.

- Klicken Sie im Register **Einfügen** in der Gruppe **Text** die Schaltfläche **Schnellbausteine** an.

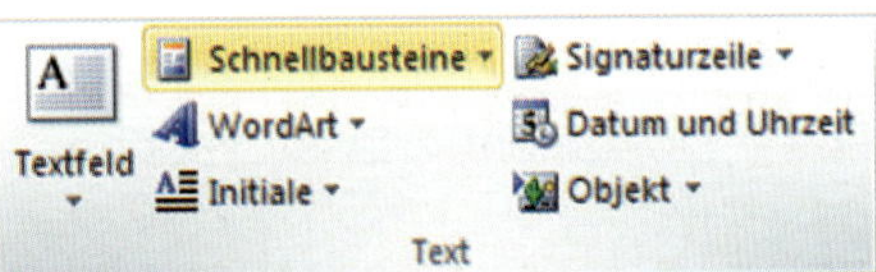

- Der erstellte Schnellbaustein wird angezeigt:

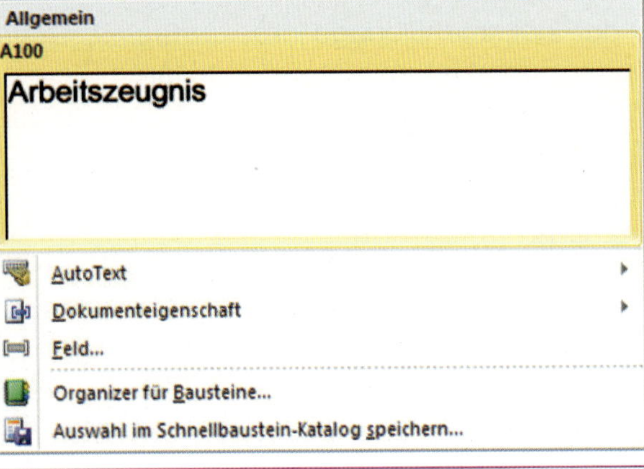

17.4 Erstellen weiterer Schnellbausteine

Um Schnellbausteine effektiv einsetzen zu können, sollten immer wieder benötigte Bereiche von Texten als solche abgelegt werden. Oftmals wird zu diesem Zweck zusätzlich ein Texthandbuch erstellt, aus dem Mitarbeiterinnen und Mitarbeiter die einzelnen Bausteine und ihre Kurzbezeichnung entnehmen können.

Die einzelnen Bausteine können auch über einen Drucker ausgegeben werden. Diese Ausgabe kann ein gut gegliedertes Texthandbuch zwar nicht ersetzen, reicht aber als Übersicht weitestgehend aus.

Bearbeitungsschritte:

- Erstellen Sie ein Dokument aufgrund der Dokumentvorlage *Arbeitszeugnis*. Erstellen Sie danach wie beschrieben weitere Textbausteine. Die Schnellbausteine können Sie aus dem nachstehenden Texthandbuch entnehmen.

Ein Texthandbuch könnte z. B. folgendermaßen aussehen:

Texthandbuch: Arbeits- und Ausbildungszeugnis	
Sel.-Nr.	**Volltext**
A100	**Arbeitszeugnis**
A101	**Ausbildungszeugnis**
A105	Herr ... war in unserem Unternehmen vom ... bis zum ... als ... beschäftigt.
A106	Frau ... hat in unserem Unternehmen vom ... bis zum ... eine Ausbildung als ... absolviert.
A107	Herr ... hat in unserem Unternehmen vom ... bis zum ... eine Ausbildung als ... absolviert. Danach war er in unserem Unternehmen vom ... bis zum ... als ... beschäftigt.
A110	Er hat die ihm übertragenen Arbeiten immer zu unserer vollsten Zufriedenheit erledigt.
A111	Er hat die ihm übertragenen Arbeiten immer zu unserer Zufriedenheit erledigt.
A112	Er hat die ihm übertragenen Arbeiten im Großen und Ganzen zu unserer Zufriedenheit erledigt.
A114	Sie hat alle Aufgaben ordnungsgemäß erledigt.
A115	Er zeigte für seine Arbeit Verständnis.
A116	Mit den Vorgesetzten ist er gut zurechtgekommen.
A117	Er hat sich im Rahmen seiner Fähigkeiten eingesetzt.
A120	Wir lernten ihn als umgänglichen Kollegen kennen.
A121	Durch ihre Geselligkeit trug sie zur Verbesserung des Arbeitsklimas bei.

17.5 Erstellen eines Textes mit AutoText-Einträgen

Schnellbausteine werden je nach Bedarf in Dokumente eingefügt. Dabei wird u. U. zunächst ein Schreibauftrag erstellt, in dem angegeben wird, welche Textbausteine benutzt werden sollen. Unter Umständen müssen in die Texte Angaben eingefügt werden, die beispielsweise im Schreibauftrag mit angegeben werden.

Folgende Schnellbausteine, z. T. mit Einfügungen, sollen benutzt werden:

Schreibauftrag	
Sel.-Nr.	**Einfügung**
A100	
A105	Hagen; 1. August 20..; 30. Juni 20..; Sachbearbeiter im Einkauf
A111	
A120	

Bearbeitungsschritte:

- Erstellen Sie ein Dokument aufgrund der Dokumentvorlage *Arbeitszeugnis*.

- Klicken Sie im Register **Einfügen** in der Gruppe **Text** die Schaltfläche **Schnellbausteine** an. Klicken Sie danach den einzufügenden Schnellbaustein an. Fügen Sie danach die weiteren Bausteine ein.

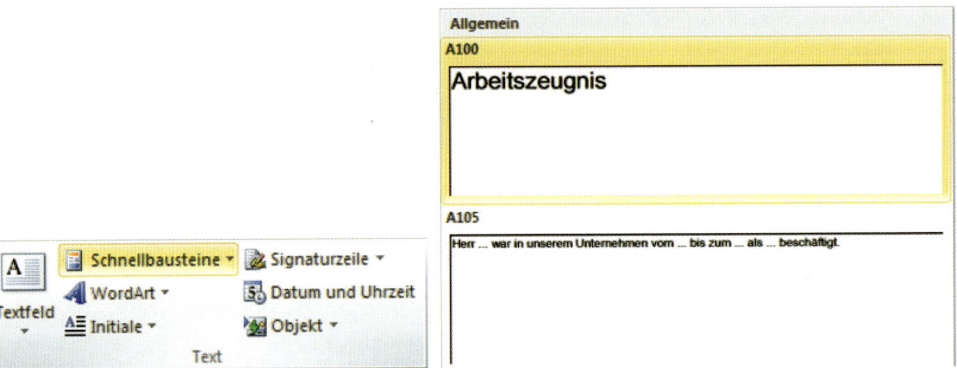

- Das Ergebnis sollte folgendermaßen aussehen:

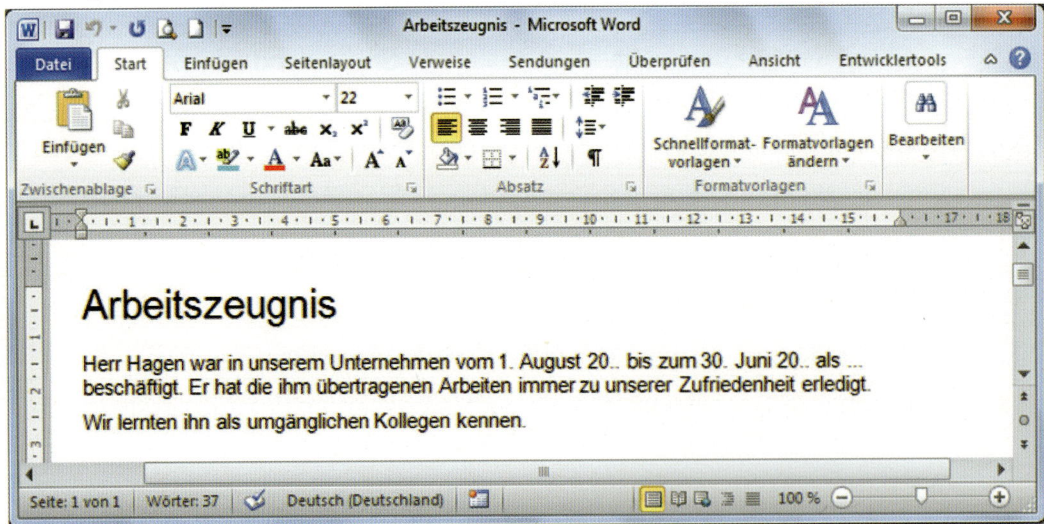

- Danach sollen die durch drei Punkte gekennzeichneten Platzhalter ausgefüllt werden.

Bearbeitungsschritte (Fortsetzung):

- Die oftmals schnellere Art des Aufrufens von Textbausteinen ist die Eingabe des Namens des Textbausteines und das anschließende Drücken der Funktionstaste [**F3**].

- Erstellen Sie ein Dokument aufgrund der Dokumentvorlage *Arbeitszeugnis*.

- Geben Sie den Namen des Textbausteins ein.

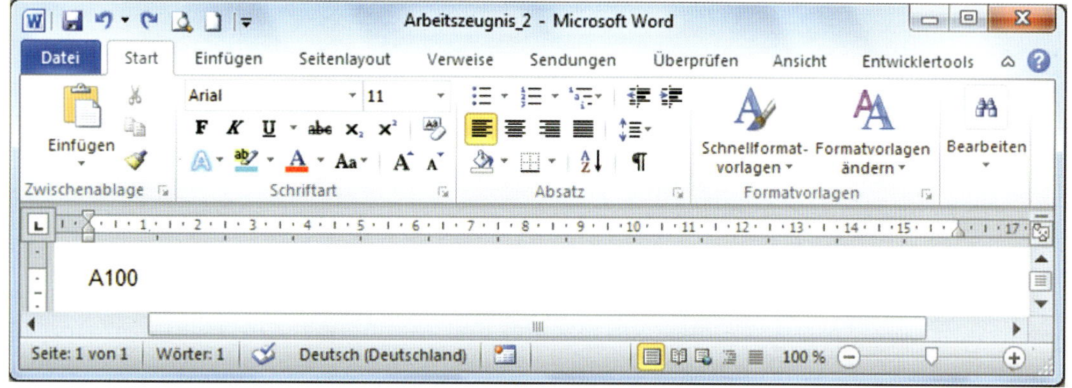

- Drücken Sie danach die Funktionstaste [**F3**]. Der Textbaustein wird eingefügt.

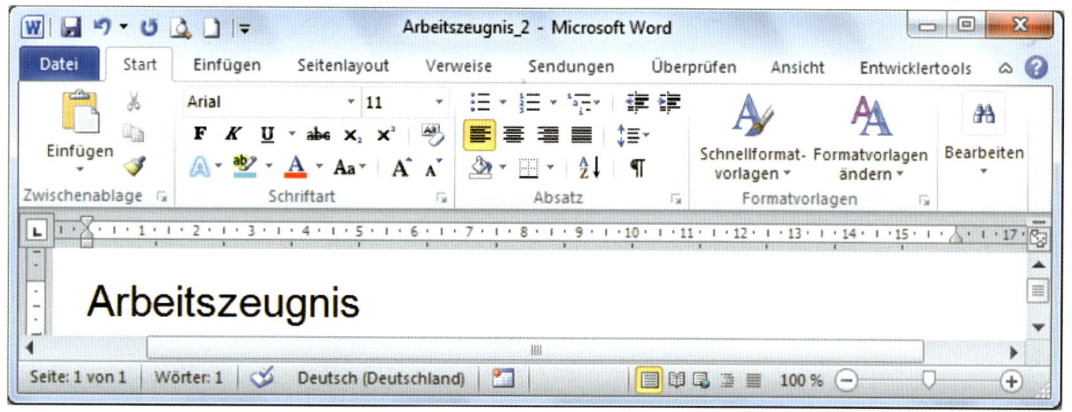

17.6　Ausdruck der Schnellbaustein-Einträge

Die Schnellbausteine können ausgedruckt werden, sodass man einen Überblick über die vorhandenen Einträge gewinnen kann.

Bearbeitungsschritte:

- Erstellen Sie ein Dokument aufgrund der Dokumentvorlage *Arbeitszeugnis*.

- Wählen Sie danach den Menüpunkt **Datei/Drucken**. Klicken Sie danach im Bereich *Einstellungen/Alle Seiten drucken* den Pfeil nach unten an.

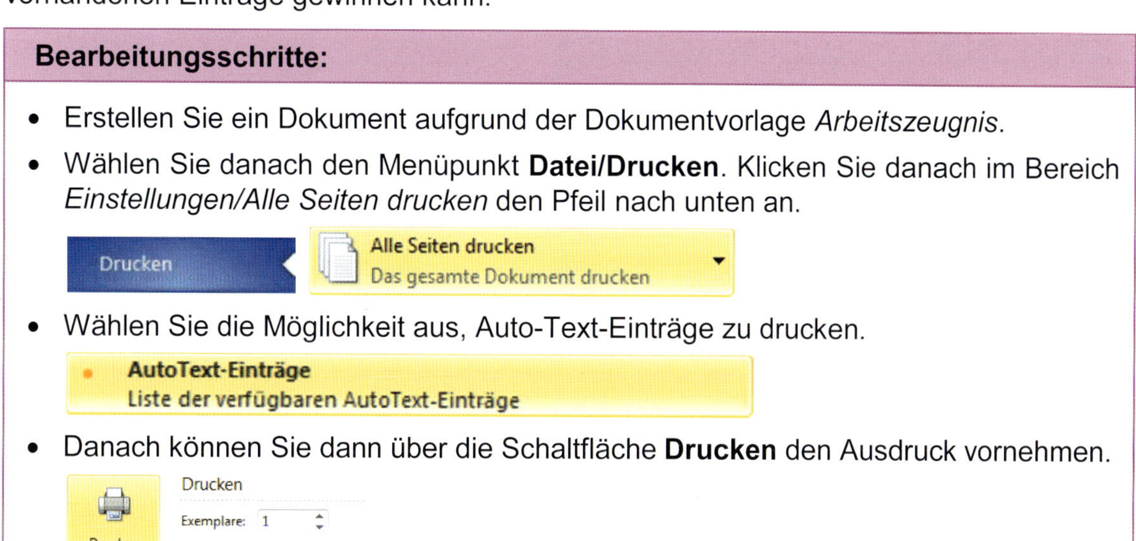

- Wählen Sie die Möglichkeit aus, Auto-Text-Einträge zu drucken.

- Danach können Sie dann über die Schaltfläche **Drucken** den Ausdruck vornehmen.

17.7   Löschen und Organisieren von Schnellbausteinen

Erstellte Textbausteine können je nach Bedarf gelöscht oder durch einen Textbaustein mit einem veränderten Text ersetzt werden. Die beschriebene Methode sorgt dafür, dass ein gesuchter Textbaustein schnell gefunden und dann bearbeitet werden kann.

Bearbeitungsschritte:

- Erstellen Sie ein Dokument aufgrund der Dokumentvorlage *Arbeitszeugnis*.

- Klicken Sie im Register **Einfügen** in der Gruppe **Text** die Schaltfläche **Schnellbausteine** an.

- Klicken Sie mit der rechten Maustaste auf einen Schnellbaustein, der gelöscht oder bearbeitet werden soll. Wählen Sie danach den Menüpunkt **Organisieren und löschen**.

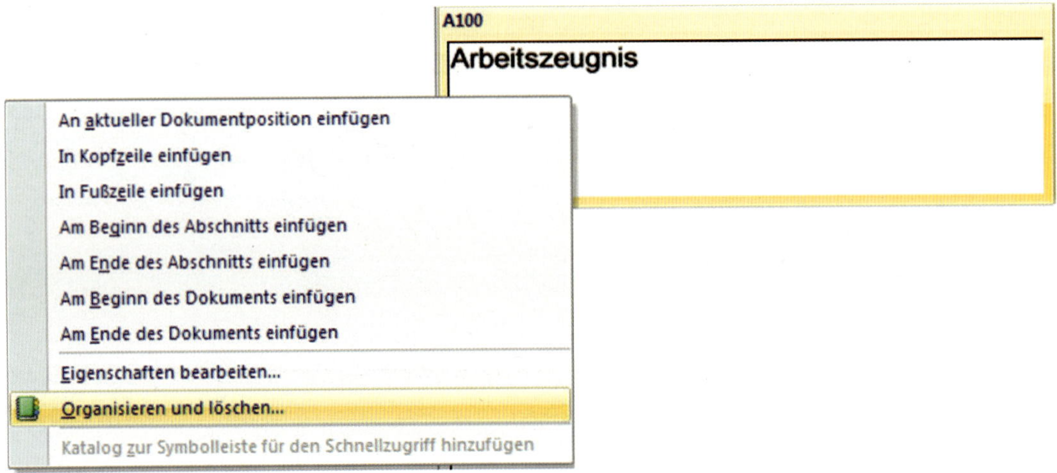

- Im Fenster **Organizer für Bausteine** können Sie einen markierten Baustein durch das Anklicken der Schaltfläche **Löschen** löschen.

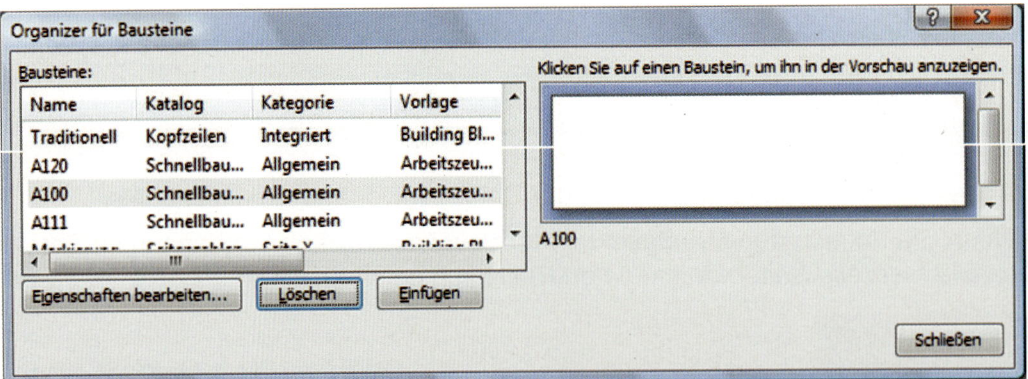

- Nach Anklicken der Schaltfläche **Eigenschaften bearbeiten** können Sie im Fenster **Baustein ändern** z. B. einen Baustein in eine andere Dokumentvorlage verschieben. Das Fenster stellt alle Möglichkeiten zur Verfügung, die Sie im bereits bekannten Fenster **Neuen Baustein erstellen** finden.

Aufgabe 44:   *Angebot_Texthandbuch*

Speichern Sie zunächst die folgenden Schnellbausteine (AutoTexte, Textbausteine). Fertigen Sie anschließend das dargestellte Texthandbuch an:

Texthandbuch: Angebot

Volltext	Sel.-Nr.	Beschreibung
Angebot	An100	Betreff
Sehr geehrte Damen und Herren,	An105	Anrede
vielen Dank für Ihre Anfrage. Wir bieten Ihnen die folgenden Artikel an:	An110	Artikel
aufgrund Ihrer Anfrage bieten wir Ihnen die folgenden Computer an:	An111	Computer
aufgrund einer Sonderaktion bieten wir Ihnen die folgenden Computer an:	An112	Angebote Sonderaktion
• Trup AK 1200, Artikel-Nr. 10223, zum Preis von 3.456,00 €	An120	Trup AK 1200
• Akko Super, Artikel-Nr. 10434, zum Preis von 5.645,00 €	An121	Akko Super
• Groves PC 2, Artikel-Nr. 10578, zum Preis von 1.899,00 €	An122	Groves PC 2
Zu den Preisen kommt die gesetzliche Mehrwertsteuer.	An130	Mehrwertsteuer
Die Lieferung der Ware erfolgt frei Haus durch ein Firmenfahrzeug.	An140	frei Haus
Die Transportbedingung lautet: ab Lager.	An141	ab Lager
Die Transportkosten kommen zu den angegebenen Preisen hinzu.	An142	Transportkosten
Ab einem Bestellwert von 20.000,00 € gewähren wir einen Rabatt von 10 %.	An150	Rabatt 10 %
Ab einem Bestellwert von 20.000,00 € gewähren wir einen Rabatt von 15 %.	An151	Rabatt 15 %
Ab einem Bestellwert von 20.000,00 € gewähren wir einen Rabatt von 15 %, ab einem Bestellwert von 30.000,00 € 20 %.	An152	Rabatt 15 % und 20 %
Bei einer Zahlung innerhalb von 10 Tagen können Sie 2 % Skonto abziehen, ansonsten müssen Sie innerhalb von 30 Tagen netto Kasse zahlen.	An160	Zahlungsbedingung I
Die Zahlung muss innerhalb von 30 Tagen netto Kasse erfolgen.	An161	Zahlungsbedingung II
Mit freundlichen Grüßen Schüler GmbH ppa. Hans Konen	An170	Briefabschluss I
Mit freundlichen Grüßen Schüler GmbH	An170	Briefabschluss II

<table>
<tr><td>Übungen:</td></tr>
<tr><td>Aufgabe 45:   Angebot_Schreibauftrag</td></tr>
<tr><td>Erstellen Sie aufgrund des folgenden Schreibauftrages den Text eines Angebots:</td></tr>
</table>

Schreibauftrag

Selektion	Einfügung
An100	
An105	
An112	
An120	
An121	
An122	
An130	
An140	
An150	
An161	
An170	Anton Schulte

Angebot

Sehr geehrte Damen und Herren,

wir bieten Ihnen die folgenden Computer an:

- Trup AK 1200, Artikel-Nr. 10223, zum Preis von 3.456,00 €
- Akko Super, Artikel-Nr. 10434, zum Preis von 5.645,00 €
- Groves PC 2, Artikel-Nr. 10578, zum Preis von 1.899,00 €

Zu den Preisen kommt die gesetzliche Mehrwertsteuer in Höhe von 19 %.

Die Ware wird frei Haus durch ein Firmenfahrzeug geliefert. Ab einem Bestellwert von 20.000,00 € gewähren wir einen Rabatt von 10 %. Die Zahlung muss
innerhalb von 30 Tagen netto Kasse erfolgen.

Mit freundlichen Grüßen

Schüler GmbH

i. A.

Anton Schulte

18 Formatvorlagen

18.1 Vorbemerkungen

Formatvorlagen enthalten Zeichen- und Absatzformatierungen usw. Es wird z. B. ein Absatz mit einer Schriftart, einer Schriftgröße und/oder Aufzählungszeichen versehen. Die Formatvorlagen können jederzeit abgerufen und zur Formatierung eines Textes eingesetzt werden.

Bestehende Formatvorlagen können genutzt werden. Außerdem können Formatvorlagen erstellt und danach angewandt werden.

18.2 Anwenden einer bestehenden Formatvorlage

Einzelne Textteile oder auch der gesamte Text können über eine im Programm integrierte Formatvorlage formatiert werden.

Bearbeitungsschritte:

- Öffnen Sie das Dokument *Angebot*. Speichern Sie es unter dem Namen *Angebot_Formatvorlage* nochmals ab. Markieren Sie danach den gesamten Text. Klicken Sie im Register **Start** in der Gruppe **Formatvorlagen** den Pfeil nach unten an.

- Zur Verfügung stehende Formatvorlagen werden angezeigt. Fahren Sie mit der Maus über die einzelnen Alternativen. Das jeweilige Ergebnis wird angezeigt.

- Wählen Sie die angezeigte Formatvorlage aus. Das Ergebnis könnte so aussehen:

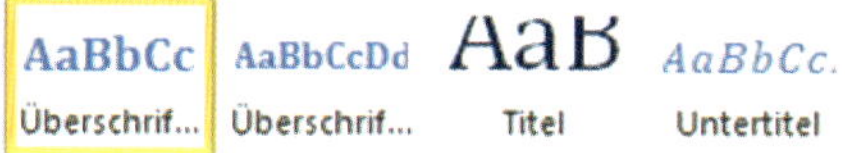

- Nehmen Sie die Formatierung wieder zurück. Formatieren Sie einzelne Absätze. Probieren Sie verschiedene Möglichkeiten aus.

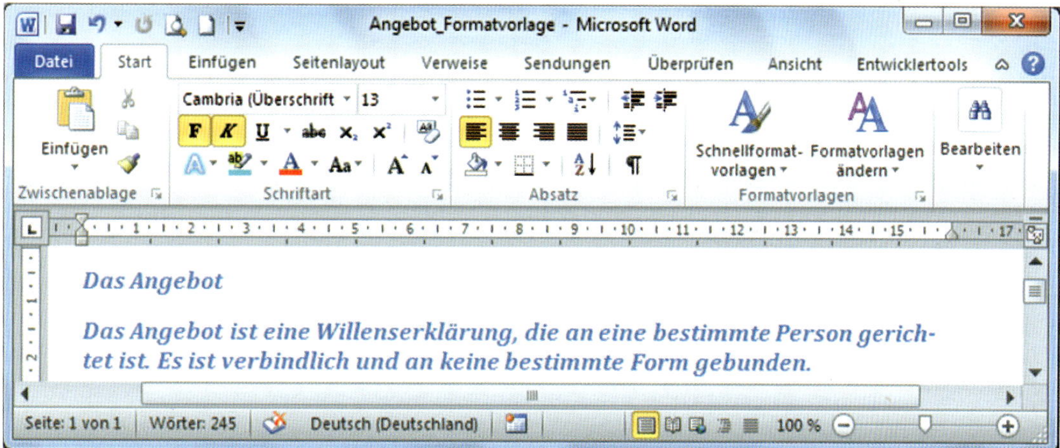

- Wenn Sie die Formatierung später löschen möchten, müssen Sie den Text markieren und im Register **Start** in der Gruppe **Schriftart** die Schaltfläche **Formatierung löschen** anklicken.

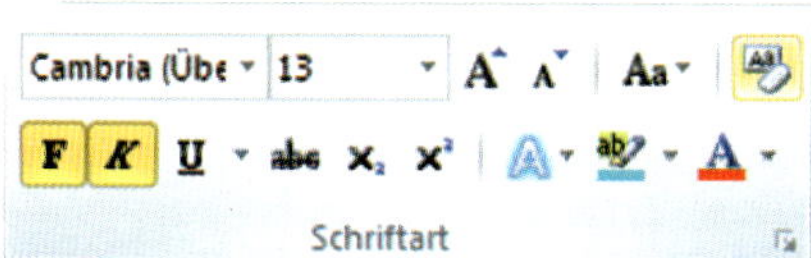

18.3 Erstellung einer neuen Formatvorlage – Bestehende Formatierung

Relativ einfach können neue Formatvorlagen erstellt werden, die dann wie die bestehenden genutzt werden können. Dabei können bereits vorgenommene Formatierungen innerhalb eines Dokuments die Grundlage für neue Formatvorlagen bilden.

Der als Grundlage dienende Text kann problemlos auch ohne die Anwendung von Formatvorlagen erstellt werden. Sind jedoch häufig Dokumente ähnlicher Art anzufertigen, bietet es sich an, Formatvorlagen zu erstellen. Damit wird das Formatieren der einzelnen Dokumente vereinfacht. Außerdem ist gewährleistet, dass die Dokumente identisch aufgebaut werden können. Bei größeren Projekten, beispielsweise bei der Erstellung eines Referats, wirkt es sehr störend, wenn einzelne Abschnitte, Überschriften usw. unterschiedlich formatiert werden.

Die Formatvorlagen sollen wie folgt definiert werden:

Formatvorlage	Format	Einstellungen	
Überschrift (neu)	Zeichen	Schriftart:	Arial
		Schriftstil:	Fett
		Schriftgrad:	14 pt
	Absatz	Ausrichtung:	Zentriert
		Abstand Nach:	12 pt
		Zeilenabstand:	Genau 16 pt
Aufzählung	Zeichen	Schriftart:	Arial
		Schriftstil:	Standard
		Schriftgrad:	11 pt
	Absatz	Ausrichtung:	Links
		Abstand Nach:	6 pt
	Aufzählungen	Dokumentaufzählungszeichen, Alternative 1	

Bearbeitungsschritte:

- Erstellen Sie das nachfolgend dargestellte Dokument. Die jeweilig genutzten Formatierungen sind vorstehend angegeben. Schauen Sie sich gegebenenfalls noch einmal die Ausführungen im Kapitel *Nummerierungen und Aufzählungen* an.

- Speichern Sie das Dokument unter dem Namen *Formatvorlage*.

Bearbeitungsschritte (Fortsetzung):

- Markieren Sie die Überschrift.

- Klicken Sie im Register **Start** in der Gruppe **Formatvorlagen** die Schaltfläche **Formatvorlagen** an.

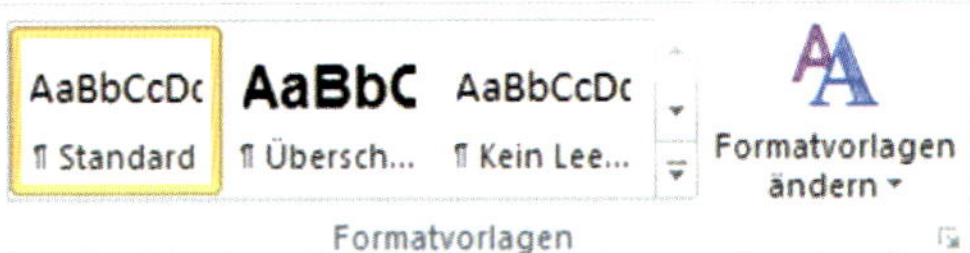

- Der Aufgabenbereich **Formatvorlagen und Formatierung** wird eingeblendet. Die verfügbaren Formatvorlagen werden angezeigt.

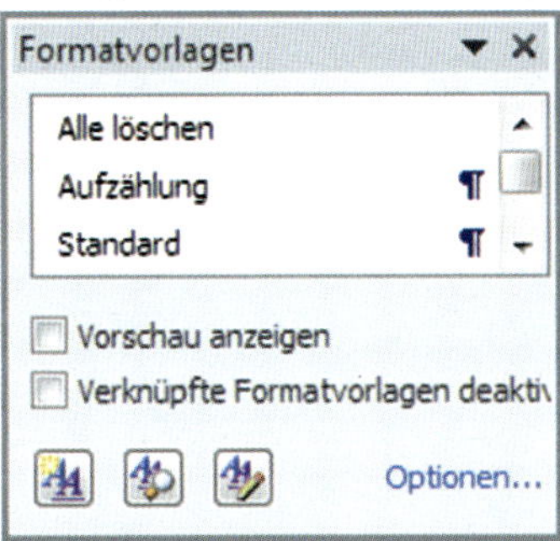

- Klicken Sie die Schaltfläche **Neue Formatvorlage** (links unten) an. Die Formatierung des Absatzes wird angezeigt. Geben Sie der Formatvorlage einen Namen *[Überschrift (neu)]* und legen Sie im unteren Teil des Fensters die angezeigten Einstellungen fest.

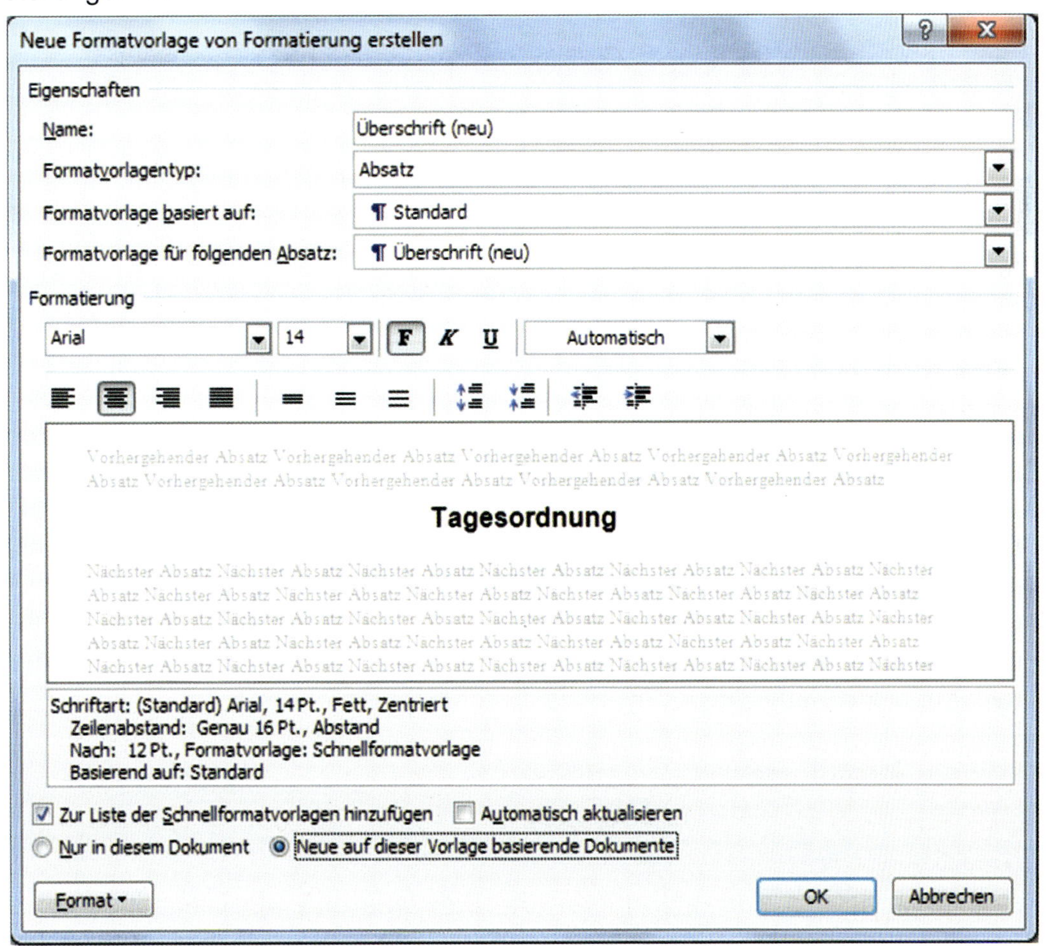

Bearbeitungsschritte (Fortsetzung):

- Die Formatvorlage wird aufgrund der Einstellungen sowohl in die bestehende Dokumentvorlage (wird später besprochen) und damit auch in den Aufgabenbereich **Formatvorlagen** als auch in den Formatvorlagenkatalog der Gruppe **Formatvorlagen** aufgenommen.

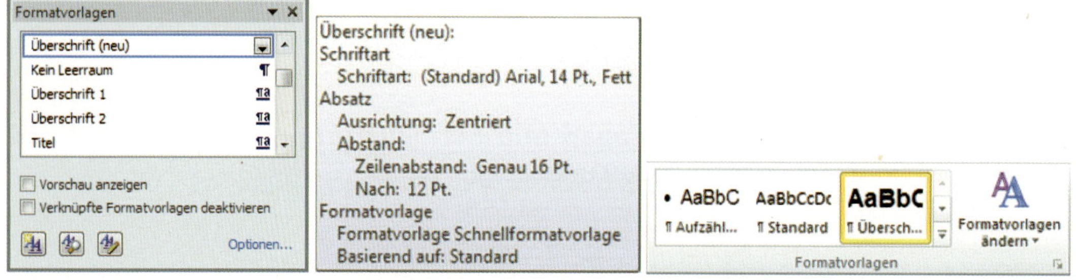

- Erstellen Sie auf die beschriebene Weise die Formatvorlage *Aufzählung*.

- Erstellen Sie aufgrund der erstellten Formatvorlagen das Dokument *Fortbildung*.

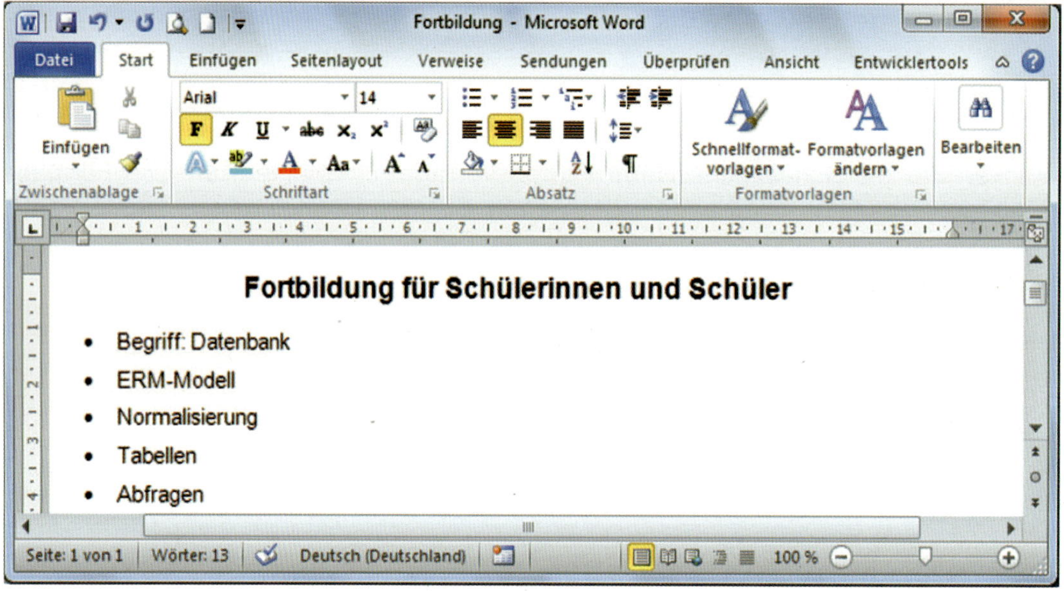

18.4 Löschen usw. einer Formatvorlage aus einem Dokument

Erstellte Formatvorlagen sollten in einem umfangreicheren Dokument gelöscht werden, wenn sicher ist, dass sie nicht mehr benötigt werden. Zu Übungszwecken soll die Formatvorlage *Aufzählung* gelöscht werden. Die Löschung usw. einer Formatvorlage aus einer Dokumentvorlage wird später erklärt.

Bearbeitungsschritte:

- Öffnen Sie gegebenenfalls das Dokument *Fortbildung*. Klicken Sie im Register **Start** in der Gruppe **Formatvorlagen** die Schaltfläche **Formatvorlagen** an.

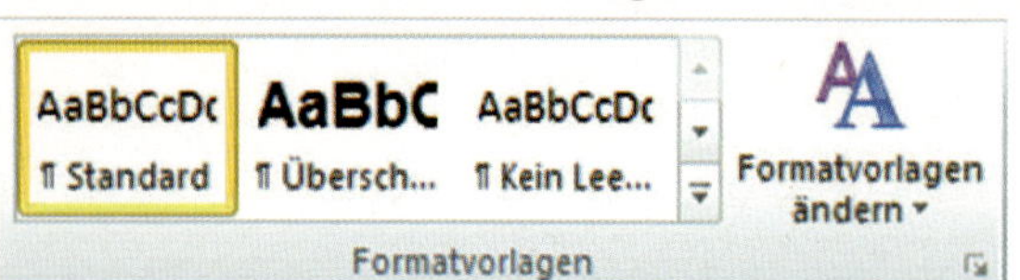

- Der Aufgabenbereich **Formatvorlagen und Formatierung** wird eingeblendet. Klicken Sie den Pfeil neben der neuen Formatvorlage an.

Bearbeitungsschritte (Fortsetzung):

- Wählen Sie den Menüpunkt **Aufzählung löschen**. Die Formatvorlage wird auf dem Dokument gelöscht. Daher werden die Aufzählungszeichen auch sofort aus dem Dokument entfernt.

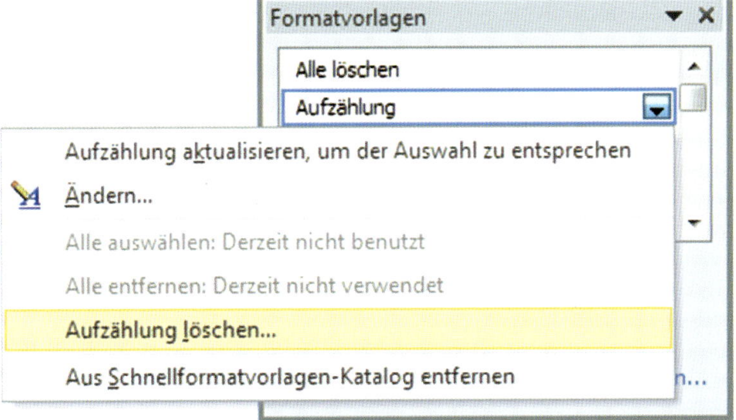

- Außerdem können Sie unter anderem auch die Formatierung im Dokument löschen oder die entsprechenden Zeilen mit einer Formatierung markieren. Nach dem Markieren können Sie dann diesem Bereich z. B. eine andere Formatvorlage zuordnen.

- Ist die Formatvorlage in den Schnellformatvorlagen-Katalog aufgenommen worden, kann sie aus diesem entfernt werden.

18.5 Ändern einer Formatvorlage

Eine erstellte Formatvorlage kann bei Bedarf geändert werden.

Bearbeitungsschritte:

- Öffnen Sie das Dokument *Formatvorlage*. Klicken Sie im Register **Start** in der Gruppe **Formatvorlagen** die Schaltfläche **Formatvorlagen** an.

- Der Aufgabenbereich **Formatvorlagen und Formatierung** wird eingeblendet. Klicken Sie den Pfeil neben der neuen Formatvorlage an. Wählen Sie den Menüpunkt **Ändern**.

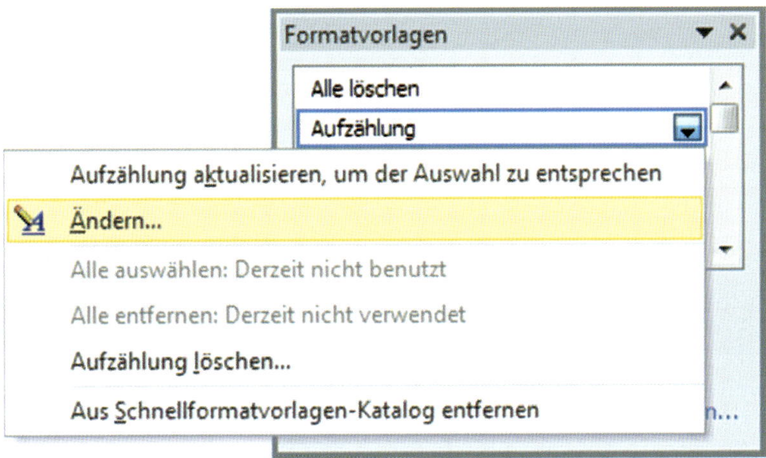

Bearbeitungsschritte (Fortsetzung):

- Das Fenster **Formatvorlage ändern** wird eingeblendet. Es stehen dieselben Möglichkeiten wie bei der Neuerstellung einer Formatvorlage zur Verfügung.

- Klicken Sie die Schaltfläche **Format** an. Es werden Menüpunkte zur Verfügung gestellt, die alle Formatierungen ermöglichen.

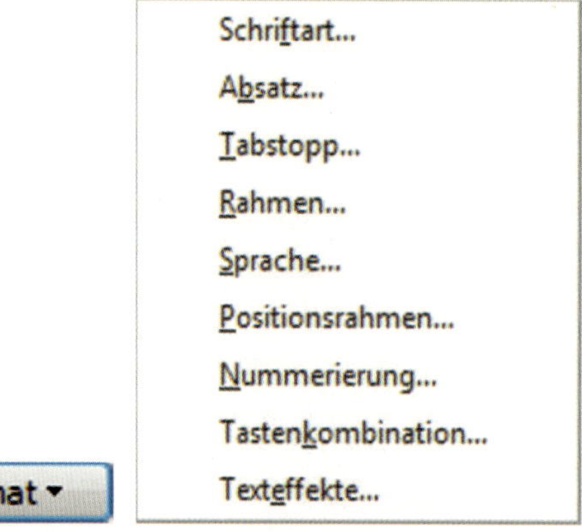

- Wählen Sie den Menüpunkt **Schriftart**. Stellen Sie im Fenster **Schriftart** eine neue Schriftfarbe ein. Klicken Sie danach in den Fenstern **Schriftart** und **Formatvorlage ändern** die Schaltfläche **OK** an.

- In der Gruppe **Formatvorlagen** im Register **Start** können Sie die geänderte Formatvorlage erkennen.

- Das Ergebnis sieht danach entsprechend so aus:

- Ändern Sie auch die zweite Formatvorlage.

18.6 Erstellung einer neuen Formatvorlage – Neue Formatierung

In der Regel wird eine neue Formatvorlage aufgrund einer bestehenden Formatierung aufgebaut. Dies ist jedoch nicht zwingend notwendig. Eine Formatvorlage kann auch zunächst erstellt werden. Danach kann diese Formatvorlage wie beschrieben einem Absatz zugeordnet werden. Die folgende Formatvorlage soll erstellt werden:

Formatvorlage	Format	Einstellungen	
Format_1	**Zeichen**	Schriftart:	Bauhaus 93
		Schriftstil:	Standard
		Schriftgrad:	66 pt
		Farbe:	Rot, Akzent 2, dunkler 25 %
		Effekte:	Kapitälchen
	Absatz	Ausrichtung:	Rechts
		Abstand Nach:	6 pt
		Zeilenabstand:	Genau 40 pt
	Rahmen	Kasten:	Einfache einfarbige Linie
			Rot, Akzent 2, Dunkler 25 %
			3 pt

Bearbeitungsschritte:

- Öffnen Sie ein neues Dokument. Klicken Sie im Register **Start** in der Gruppe **Formatvorlagen** die Schaltfläche **Formatvorlagen** an.

- Klicken Sie die Schaltfläche **Neue Formatvorlage** im linken unteren Eck des Aufgabenbereichs **Formatvorlagen** an.

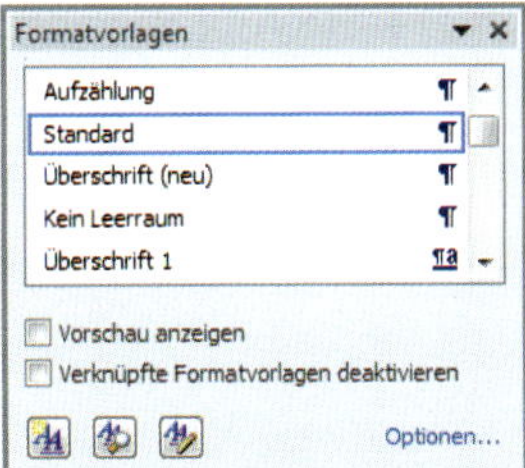

- Stellen Sie im Fenster **Neue Formatvorlage** über die Schaltfläche **Format** die gewünschte Formatierung ein. Das Ergebnis sollte in etwa so aussehen:

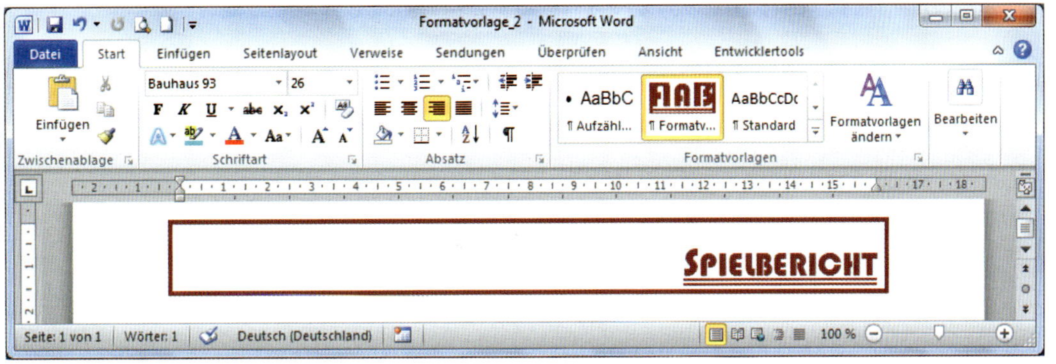

Übungen:

Aufgabe 46: *Formatvorlagen*

Erstellen Sie die folgenden Formatvorlagen:

Überschrift_F	Schriftart Arial Schriftgröße 16 Fett
Text_F	Schriftart Arial Schriftgröße 12 Fett Blocksatz
Nummerierung_F	Schriftart Arial Schriftgröße 11 Kursiv Blocksatz Nummerierung: Alternative 1

Aufgabe 47: *Protokoll_2*

Geben Sie den Text unformatiert ein. Formatieren Sie den Text danach mit den erstellten Formatvorlagen.

Protokoll der Vorstandssitzung vom 13. Januar 20..

Die folgenden Beschlüsse wurden auf der Vorstandssitzung in Anwesenheit des Vorsitzenden des Aufsichtsrates, Herrn Hartkens, getroffen:

1. *Die geplante Ausschüttung einer Dividende in Höhe von 10 % wird in der Hauptversammlung nicht vorgeschlagen. Die Geschäftsentwicklung lässt lediglich eine Dividende von 8 % zu.*

2. *Mit der Investition in das Werk Leipzig wird sofort angefangen. Das Investitionsvolumen dürfte ca. 120 Millionen € betragen.*

München, 13. Januar 20..

Aufgabe 48: *Protokoll_3*

Erstellen Sie mithilfe der erstellten Formatvorlagen das folgende Dokument:

Protokoll der Aufsichtsratssitzung vom 20. Januar 20..

Der folgende Beschluss wurde getroffen:

1. *Die Entlastung des Vorstandes wird auf der Hauptversammlung vorgeschlagen. Lediglich der Leiter des Bereichs Verkauf, Herr Müller, soll erst dann entlastet werden, wenn die Abrechnung des Verkaufs für das letzte Geschäftsjahr vorher ordnungsgemäß vorgelegt wird.*

2. *Der Hauptversammlung wird vorgeschlagen, eine Dividende von 8 % zu beschließen.*

München, 20. Januar 20..

19 Dokumentvorlagen

19.1 Vorbemerkungen

Die professionelle Arbeit mit einem Textverarbeitungsprogramm erfordert die Vereinfachung von Formatierungen. Daher können neben Format- auch Dokumentvorlagen erstellt werden.

Dokumentvorlagen enthalten z. B. Formatvorlagen, mit denen gleichartige Dokumente einheitlich formatiert werden können. Außerdem können Briefvordrucke und sonstige Vordrucke als Dokumentvorlagen abgelegt werden. Zunächst soll eine Dokumentvorlage erstellt werden, damit innerhalb dieser Vorlage Formatvorlagen definiert werden können. In der normalerweise benutzten Dokumentvorlage *Normal.dot* werden keine Änderungen vorgenommen.

19.2 Erstellung einer Dokumentvorlage

Für die Erstellung einer Dokumentvorlage muss lediglich eine Vorlage geladen und als Dokumentvorlage abgespeichert werden.

Bearbeitungsschritte:

- Wählen Sie den Menüpunkt **Datei/Neu**. **K**licken Sie danach die Schaltfläche **Leeres Dokument** und dann die Schaltfläche **Erstellen** an, um ein Dokument zu öffnen.

- Stellen Sie beispielsweise wie beschrieben den Seitenrand, eine Kopfzeile usw. ein.

- Fügen Sie in der Kopfzeile zunächst eine Tabelle ein. Entfernen Sie den Rahmen in der Tabelle. Fügen Sie dann wie nachfolgend angezeigt ein Bild und einen Text ein:

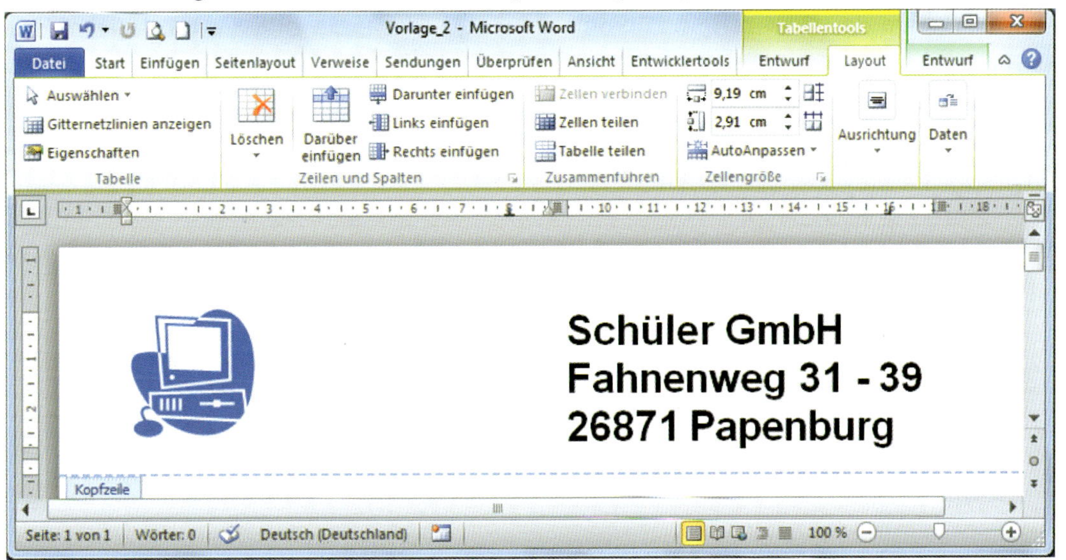

Bearbeitungsschritte (Fortsetzung):

- Wählen Sie den Menüpunkt **Datei/Speichern unter**.

- Klicken Sie im Fenster **Speichern unter** die Schaltfläche **Templates** unter der Bezeichnung **Microsoft Word** an. Damit wird das für Vorlagen benötigte Verzeichnis
  ausgewählt und im rechten Bereich des Fensters angezeigt.

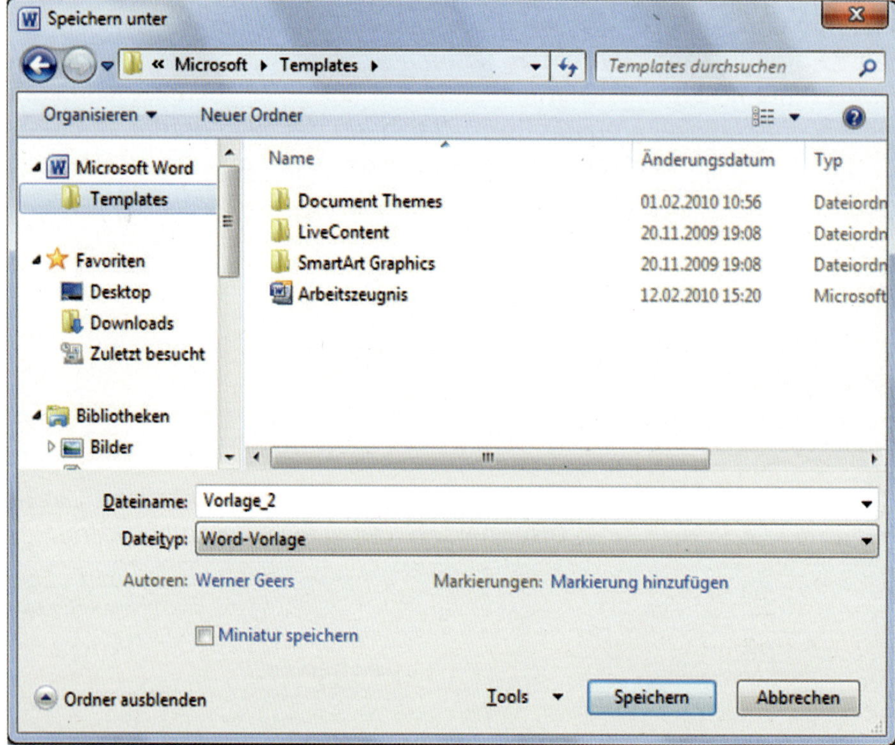

- Klicken Sie die Schaltfläche **Speichern** an. Damit steht Vorlage, die noch keine
  Formatvorlagen usw. enthält, zur Verfügung. Schließen Sie das Dokument.

- Bei Verwendung eines anderen Betriebssystems als **Windows 7**, z. B. von
  Windows XP, kann es sein, dass Formatvorlagen in einem anderen Verzeichnis
  gespeichert werden müssen.

19.3   Erstellung eines Dokuments mithilfe einer neuen Dokumentvorlage

Bei der Erstellung eines neuen Dokuments kann eine neue Dokumentvorlage genutzt
werden, vor allem dann, wenn die Dokumentvorlage Elemente enthält, die für die Erstellung eines neuen Dokuments benötigt werden.

Bearbeitungsschritte:

- Wählen Sie den Menüpunkt **Datei/Neu**. Klicken Sie danach die Schaltfläche **Meine
  Vorlagen** an.

Bearbeitungsschritte (Fortsetzung):

- Wählen Sie in dem dann eingeblendeten Fenster **Neu** die neue Dokumentvorlage aus.

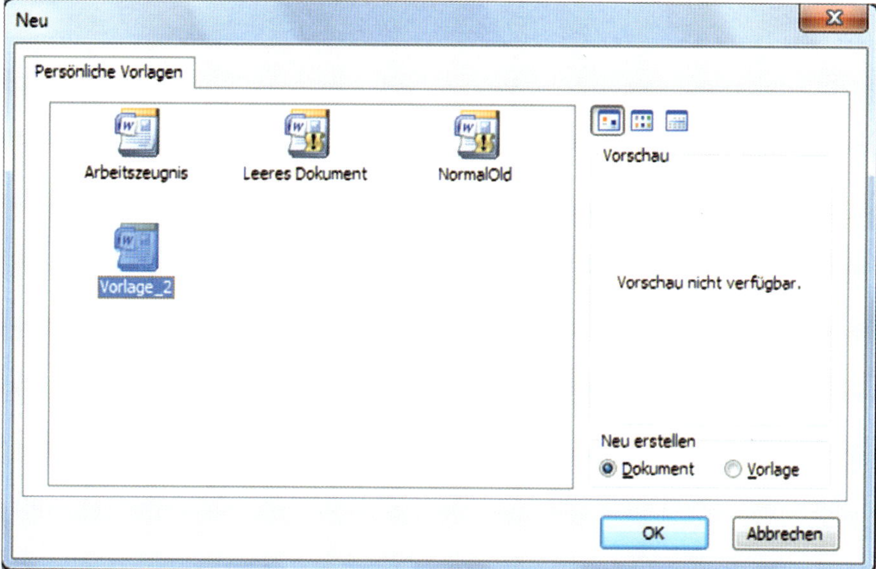

- Wichtig ist, dass die Optionsschaltfläche **Dokument** aktiviert wird, da ein neues Dokument aufgrund der Dokumentvorlage *Vorlage_2* erstellt werden soll. Klicken Sie danach die Schaltfläche **OK** an.

- Erstellen Sie das folgende Dokument:

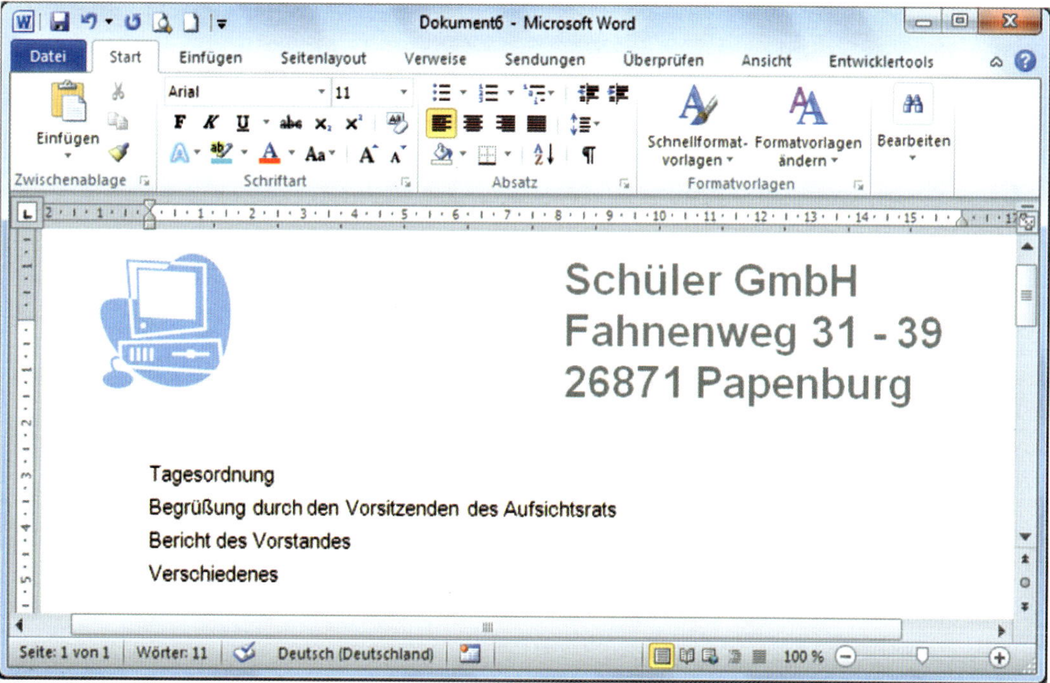

- Speichern Sie das Dokument unter dem Namen *Tagesordnung_2*.

- Das Dokument enthält keine Formatvorlagen zur Gestaltung des Textes. Grundsätzlich könnten nun also Formatvorlagen erstellt werden, die bei der Erstellung von Dokumenten genutzt werden können. Wurden jedoch bereits vorher Formatvorlagen erstellt, so können diese genutzt werden. Sie müssen nur in die neue Dokumentvorlage kopiert werden.

19.4 Kopieren und Löschen von Formatvorlagen

Erstellte Formatvorlagen können in eine Dokumentvorlage übernommen werden. Sie stehen damit für die Erstellung anderer Dokumente zur Verfügung. Außerdem können mit ihrer Hilfe vorhandene Dokumente formatiert werden.

Bearbeitungsschritte:

- Wählen Sie den Menüpunkt **Datei/Neu**. Klicken Sie danach die Schaltfläche **Meine Vorlagen** an.

- Wählen Sie in dem dann eingeblendeten Fenster **Neu** die erstellte Dokumentvorlage *Vorlage_2.dotx* aus. Erstellen Sie ein neues Dokument.

- Klicken Sie im Register **Entwicklertools** in der Gruppe **Vorlagen** die Schaltfläche **Dokumentvorlage** an. Blenden Sie eventuell wie beschrieben das Register **Entwicklertools** ein.

- Klicken Sie im Fenster **Dokumentvorlagen und Add-Ins** die Schaltfläche **Organisieren** an.

- Wählen Sie die nachfolgend dargestellten Formatvorlagen (*Vorlage_2.dotx* und *Nonmal.dotm*) im Bereich **Formatvorlagen verfügbar als:** aus. Markieren Sie die Formatvorlagen *Aufzählung* und *Überschrift (neu)*. Klicken Sie anschließend die Schaltfläche **Kopieren** an. Die Formatvorlagen werden in die Dokumentvorlage *Vorlage_2.dot* übertragen und können in dieser Dokumentvorlage genutzt werden.

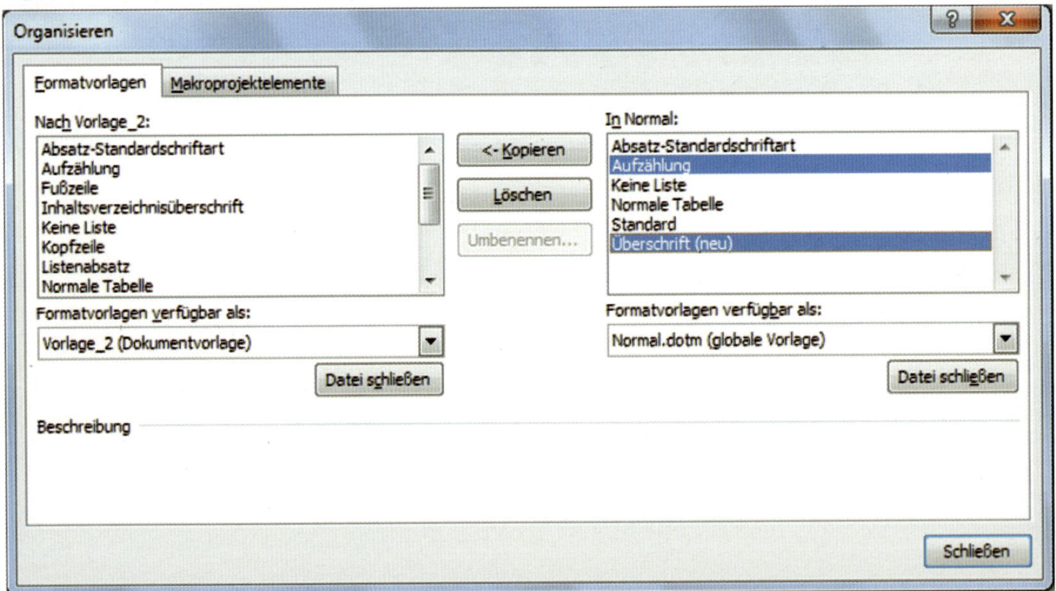

- Klicken Sie die Schaltfläche **Schließen** an. Bestätigen Sie danach, dass Sie die Änderungen in der Dokumentvorlage speichern möchten.

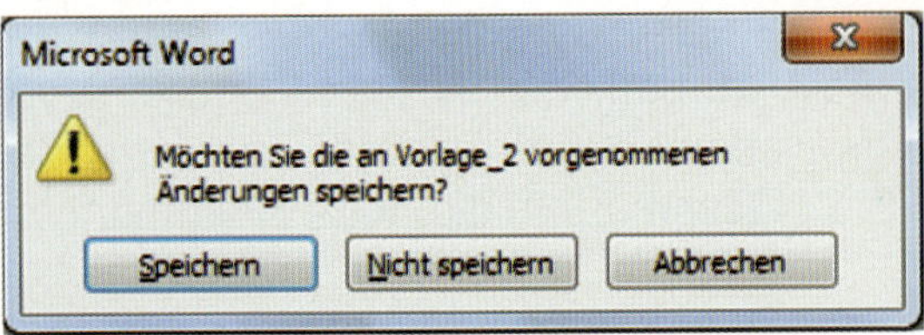

- Schließen Sie danach das Dokument.

Bearbeitungsschritte (Fortsetzung):

- Öffnen Sie ein neues leeres Dokument. Wählen Sie wie beschrieben die Dokumentvorlage *Vorlage_2.dotx* aus. Sie können nun die beiden Formatvorlagen zur Gestaltung des Textes auch in der Dokumentvorlage *Vorlage_2.dotx* nutzen. Sie finden die Formatvorlagen in der Gruppe **Formatvorlagen** im Register **Start**.

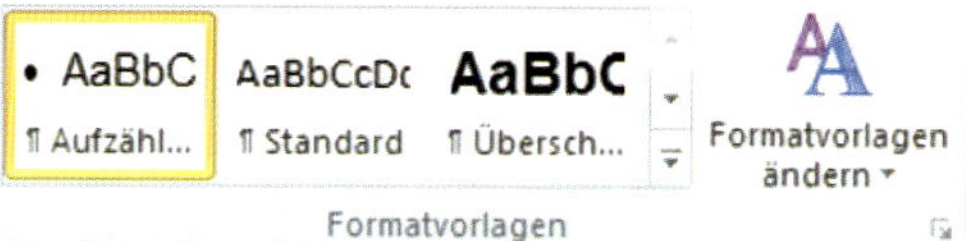

- Erstellen Sie das Dokument *Tagesordnung_2* mit der entsprechenden Formatierung unter Nutzung der Formatvorlagen. Erstellen Sie danach Formatvorlagen für die Nutzung in der Dokumentvorlage *Vorlage_2.dotx*.

- Löschen Sie die Formatvorlagen wieder aus der Vorlage *Vorlage_2.dotx*. Die Vorgehensweise entspricht der Vorgehensweise, die beim Kopieren angewandt wurde.

19.5 Erstellung eines Dokuments mit vorhandenen Formatvorlagen

Neben der Dokumentvorlage zur Erstellung eines leeren Dokuments kann eine Reihe vorgegebener Dokumentvorlagen, die aus dem Internet geladen werden, genutzt werden.

Bearbeitungsschritte:

- Wählen Sie den Menüpunkt **Datei/Neu**. Klicken Sie danach im Bereich **Office.com-Vorlagen** die Schaltfläche **Agenda** an. Die Vorlagen dieses Bereichs werden danach angezeigt. Wählen Sie die Formatvorlage **Tagesordnung** aus.

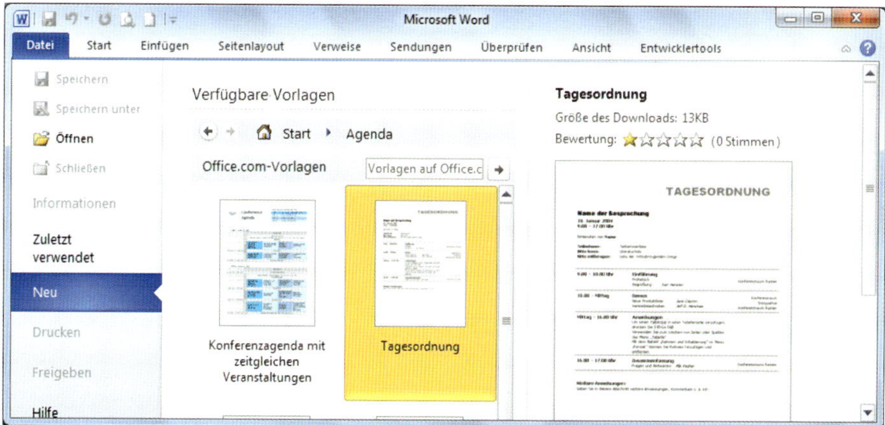

- Die entsprechende Vorlage wird, wenn sie auf dem Computer noch nicht vorhanden ist, aus dem Internet geladen und kann genutzt werden.

- Denken Sie daran, danach alle Elemente normgerecht zu gestalten, beispielsweise die Uhrzeit (09:00 – 17:00 Uhr).

Übungen:

Aufgabe 49: *Windpark*

Erstellen Sie die folgende Dokumentvorlage unter dem Namen *Windpark*. Gestalten Sie die Kopfzeile wie angezeigt. Nutzen Sie dafür die Möglichkeiten einer Tabelle. Fügen Sie ein Wasserzeichen mit dem Text *Streng vertraulich* ein.

Aufgabe 50: *Windpark_Formatvorlagen_1*

Übertragen Sie zunächst die Formatvorlagen der Aufgabe 46 (Seite 174) in die Dokumentvorlage *Windpark*.

Erstellen Sie danach in der Dokumentvorlage *Windpark* die folgenden Formatvorlagen. Benutzen Sie gegebenenfalls eine andere Schriftart. Fügen Sie außerdem vernünftige Absatzformatierungen hinzu.

Text_W1	Schriftart *Bauhaus 93* Schriftgröße 16 Fett
Text_W2	Schriftart *Bauhaus 93* Schriftgröße 12 Kursiv Blocksatz
Aufzählung_W	Schriftart Arial Schriftgröße 11 ➢　Aufzählungszeichen Blocksatz

20 Dokumentenschutz

20.1 Vorbemerkungen

Ein Dokument kann so geschützt werden, dass der Schutz nur durch ein Kennwort entfernt werden kann. Außerdem können in einem Dokument auch bestimmte Bereiche geschützt werden, während in anderen Bereichen der Text frei eingegeben werden kann.

20.2 Schützen eines Dokumentes

Ein gesamtes Dokument wird so geschützt, dass es nur durch Eingabe eines Kennwortes wieder geändert werden kann.

Bearbeitungsschritte:

- Erstellen Sie das folgende Dokument unter dem Namen *Schutz*:

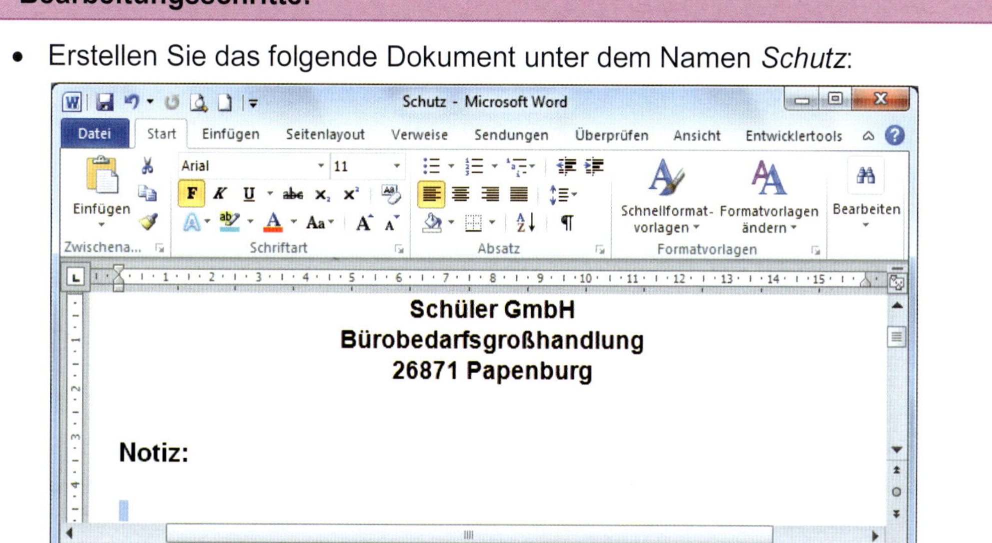

- Wählen Sie den Menüpunkt **Datei/Information**. Klicken Sie die Schaltfläche **Dokument schützen** an und wählen Sie danach den angegebenen Menüpunkt.

- Der Aufgabenbereich **Formatierung und Bearbeitung einschränken** wird eingeblendet. Wählen Sie im Aufgabenbereich die nachfolgenden Einstellungen und klicken Sie danach die Schaltfläche **Ja, Schutz jetzt anwenden** an.

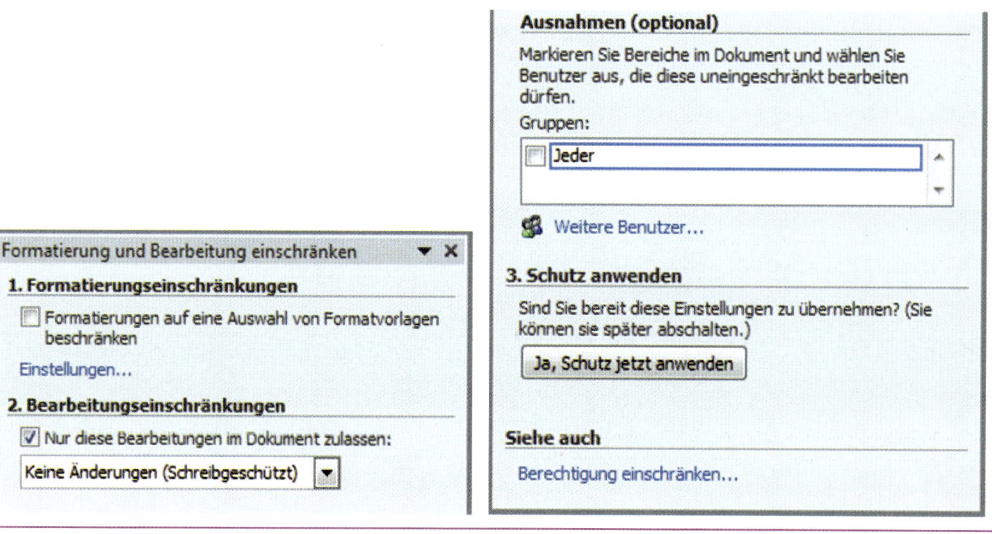

Bearbeitungsschritte (Fortsetzung):

- Geben Sie im folgenden Fenster ein Kennwort ein und bestätigen Sie das Kennwort. Damit ist das Dokument geschützt.

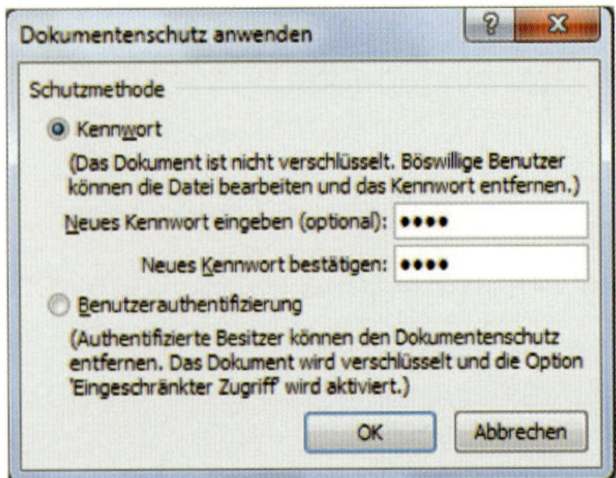

- Um den Schutz aufzuheben, wählen Sie wiederum den Menüpunkt **Datei/Information**. Klicken Sie die Schaltfläche **Dokument schützen** an und wählen Sie danach den angegebenen Menüpunkt.

- Der Aufgabenbereich **Formatierung und Bearbeitung einschränken** wird eingeblendet. Heben Sie den Schutz wieder auf.

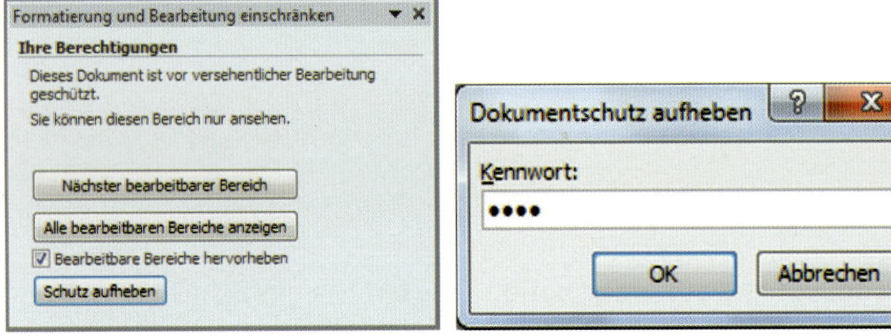

20.3   Schützen eines Teiles eines Dokumentes

Durch den Schutz eines Teiles eines Dokumentes kann man erreichen, dass beispielsweise ein Formular, ein Briefkopf oder ein Anschriftfeld geschützt wird, während im restlichen Dokument normal geschrieben werden kann. Daher eignet sich das Schützen eines Teiles eines Dokumentes auch für die Arbeit mit Briefformularen. Anhand eines einfachen Beispiels soll das Prinzip verdeutlicht werden. Ein Bereich soll geschützt werden. Im restlichen Dokument soll der Text frei eingegeben werden können.

Bearbeitungsschritte:

- Speichern Sie das Dokument *Schutz* unter dem Namen *Schutz_1* nochmals ab. Markieren Sie die letzte Zeile.

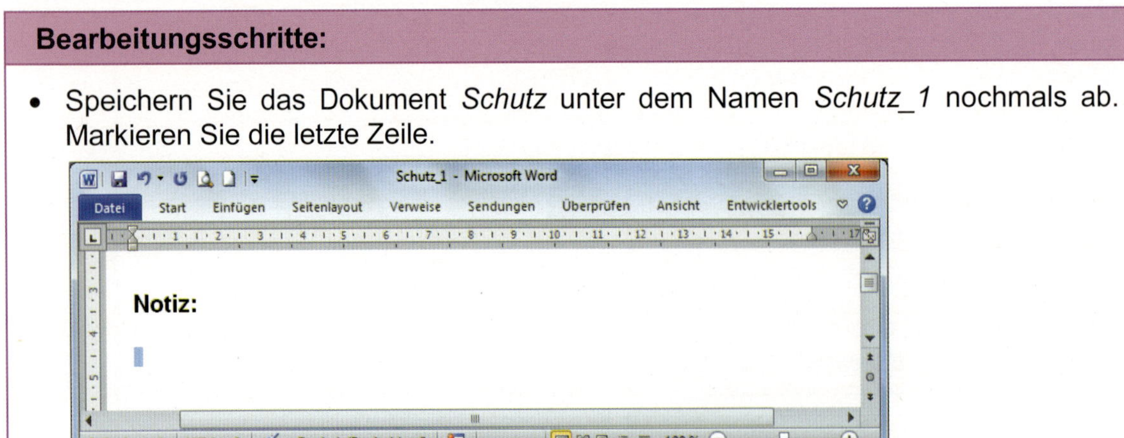

Bearbeitungsschritte (Fortsetzung):

- Schützen Sie das Dokument wie beschrieben. Bestimmen Sie jedoch, dass Eingaben in zuvor gemachten Bereichen zulässig sind. Dies bedeutet, dass der markierte Bereich für Eingaben zur Verfügung steht.

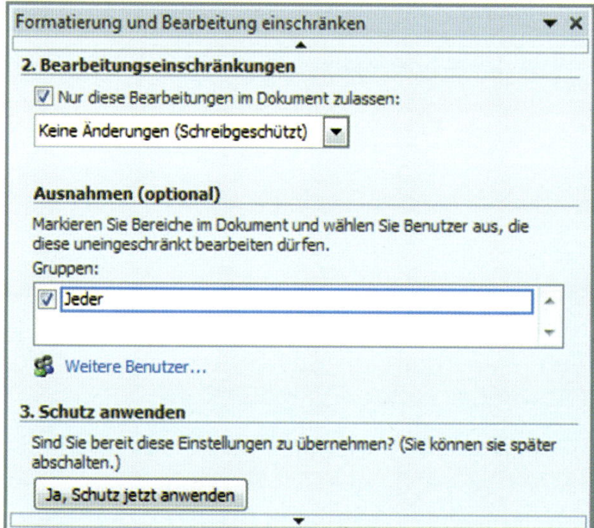

- Geben Sie einen Text ein. Dies ist jedoch nicht im geschützten Bereich möglich.

- Danach können Sie bei Bedarf den Schutz wie beschrieben aufheben.

20.4   Schützen von Formularen

In einem Formular sollte unbedingt gewährleistet sein, dass nur Formularfelder ausgefüllt werden können. Die Vorgehensweise entspricht der bisher geschilderten Art und Weise. Das Erstellen von Formularen wird im nächsten Kapitel beschrieben.

Bearbeitungsschritte:

- Laden Sie das Dokument *Formular*. Schützen Sie das Formular durch die angezeigte Einstellung. Beim Ausfüllen wird unter Umständen auf den Schutz hingewiesen.

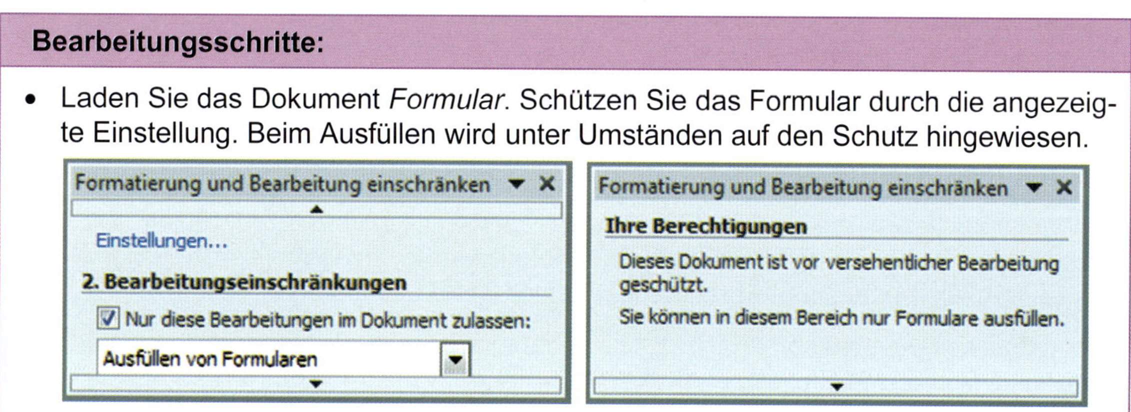

- Der Schutz kann wie beschrieben jederzeit aufgehoben werden.

Datenbanken

Datenbanksystem

Ein Datenbankmanagementsystem, auch als Datenbankverwaltungssystem (DBMS) bezeichnet, ist ein elektronisches Datenverwaltungssystem. Große Datenmengen sollen effizient und dauerhaft gespeichert werden. Außerdem soll das System Daten in der gewünschten Form und Darstellung für die Anwender zur Verfügung stellen.

Ein Datenbanksystem besteht aus zwei Teilen: der Datenbanksoftware (Verwaltungssoftware), dem sogenannten Datenbankmanagementsystem [DBMS (Data Base Management System)] und der Datenmenge, der eigentlichen Datenbank (DB).

Durch die Datenbanksoftware wird die Speicherung der Daten gemäß dem gewählten Datenbankmodell, z. B. dem relationalen Datenbankmodell, organisiert. Die lesenden und schreibenden Zugriffe auf die Datenbank werden kontrolliert.

Die Datenbanksoftware stellt außerdem eine Datenbanksprache zur Formulierung von Abfragen, zum Einfügen und Ändern von Daten usw. zur Verfügung. Bei der relationalen Datenbank wird in der Regel wie etwa bei Access oder MySQL die Datenbanksprache SQL (Structured Query Language) verwandt.

Die Datenbank enthält die benötigten Daten. Außerdem enthält sie noch die Beschreibung der Daten, den sogenannten Datenkatalog. Das Datenbankmanagementsystem ermöglicht konkret die Erledigung der folgenden Aufgaben:

- **Datendefinition**

  Aufbau der Struktur einer Datenbasis

- **Datenmanipulation**

  Datenpflege: Datensätze eingeben, ändern und löschen

- **Datenabfrage**

  Gewinnung von Informationen aus den Daten

- **Datenkontrolle**

  Verwaltung von Zugangs- und Zugriffsrechten

Datenbanksprache

Datenbanksprachen wurden für den Einsatz in Datenbanksystemen entwickelt. Mit ihrer Hilfe kommuniziert ein Nutzer mit dem Datenbanksystem, er kann also beispielsweise Abfragen formulieren, die zum Sprachumfang einer Datenbanksprache gehören.

Die wichtigste Datenbanksprache ist SQL (Structured Query Language) für relationale Datenbanksysteme. Mithilfe dieser Datenbanksprache kann man auf verschiedene Datenbanken wie **Access**, **MySQL**, **Oracle** usw. zugreifen. Grundwissen in der Datenbanksprache SQL ist daher für die Nutzung verschiedener Datenbanksysteme nützlich.

21 Formulare mit Formularfeldern

21.1 Vorbemerkungen

Als Alternative zu Formularen mit Haltepunkten können in Formulare Formularfelder eingearbeitet werden. Diese Formularfelder können beispielsweise einen Text, ein Datum, das aktuelle Datum oder Kontrollkästchen enthalten. Besonders interessant ist die Möglichkeit, sogenannte Dropdown-Formularfelder in ein Formular einzubauen. Mithilfe dieser Felder können aus einer Liste verschiedene Elemente ausgewählt werden, z. B. aus einer Abteilungsliste die Abteilung Verkauf.

21.2 Entwicklertools

Normalerweise können alle benötigten Schaltflächen und Fenster über die einzelnen Register angewählt werden. Sollen jedoch besondere Möglichkeiten genutzt werden, muss das Register, welches die Schaltflächen zur Verfügung stellt, eingeblendet werden. Bei den sogenannten Entwicklertools ist dies der Fall.

Bearbeitungsschritte:

- Wählen Sie den Menüpunkt **Datei/Optionen**. Das Fenster **Word-Optionen** wird eingeblendet.

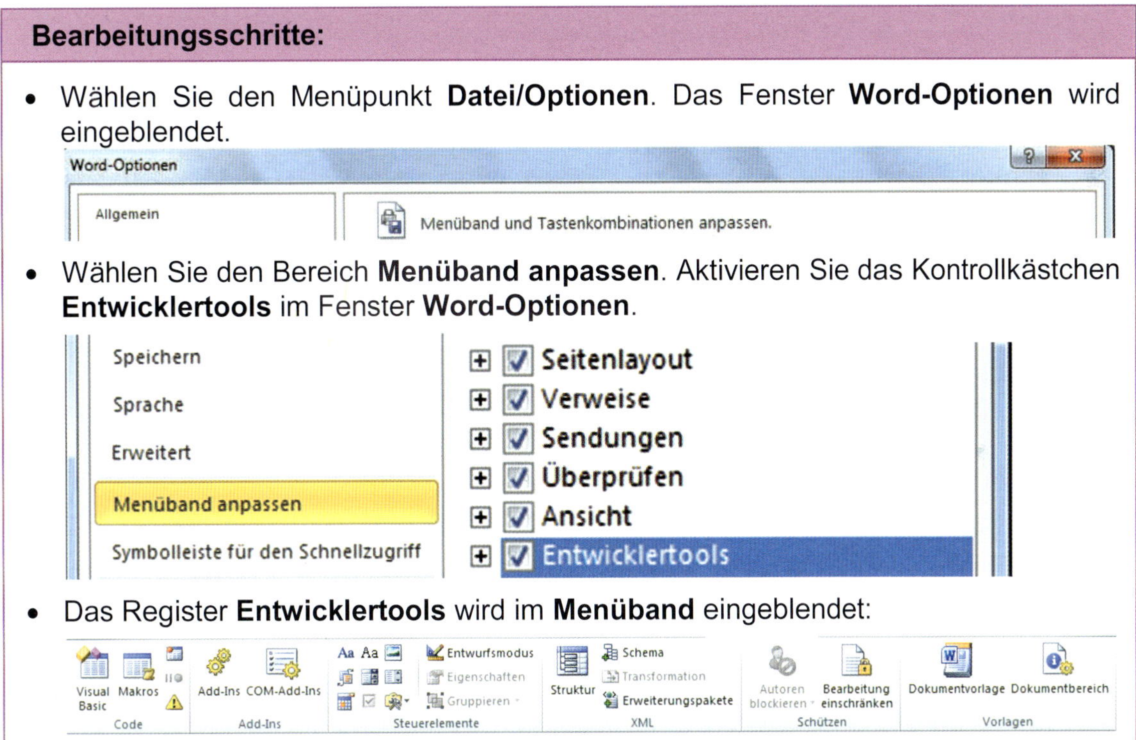

- Wählen Sie den Bereich **Menüband anpassen**. Aktivieren Sie das Kontrollkästchen **Entwicklertools** im Fenster **Word-Optionen**.

- Das Register **Entwicklertools** wird im **Menüband** eingeblendet:

21.3 Arten von Formularfeldern

In ein Dokument (in ein Formular) können folgende Formularfelder eingefügt werden:

Textfelder	In Textfeldern kann ein Text eingegeben werden. Verschiedene Typen von Texten, wie z. B. ein einfacher Text oder ein Datum, können je nach Bedarf ausgewählt werden.
Dropdown-Formularfelder	Eine Liste von möglichen Einträgen wird definiert und beim späteren Ausfüllen des Formulars zur Verfügung gestellt.
Kontrollkästchen	In einem Kontrollkästchen können Formularangaben angekreuzt werden, es kann also beispielsweise vor dem Wort *Prüfung* ein Kreuz angebracht werden.

21.4   Erstellen einer Tabelle

Zunächst soll eine Tabelle erstellt werden. In diese Tabelle werden danach zu Übungszwecken sechs verschiedene Formularfelder eingefügt.

Bearbeitungsschritte:

- Erstellen Sie in einem neuen Dokument eine Tabelle mit 2 Spalten und 3 Zeilen.
  Formatieren Sie die Tabelle so, dass am linken, rechten, oberen und unteren Rand
  der einzelnen Tabellenelemente ein kleiner Abstand zum Rahmen entsteht.

- Geben Sie die nachfolgenden Texte in die Tabelle ein. Speichern Sie den Text unter
  dem Namen *Formular*.

21.5   Einfügen von Steuerelementen

21.5.1   Textfelder

Textfelder bieten die Möglichkeit, Texte mit einer bestimmten Länge, Zahlen usw. in ein
Formular einzufügen.

Bearbeitungsschritte:

- Gehen Sie mit dem Cursor in die obere linke Zelle der Tabelle unterhalb des Textes.

- Klicken Sie im Register **Entwicklertools** in der Gruppe **Steuerelemente** die Schaltfläche **Vorversionstools** an. Klicken Sie danach die Schaltfläche **Feldschattie-
  rungen anzeigen** an, damit ein Formularfeld schattiert dargestellt wird. Falls die
  Schaltfläche bereits markiert dargestellt wird, ist das Anklicken nicht erforderlich.

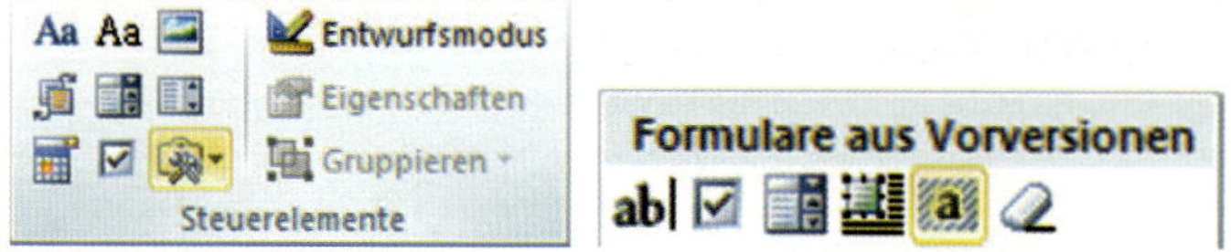

Bearbeitungsschritte (Fortsetzung):

- Klicken Sie im Register **Entwicklertools** in der Gruppe **Steuerelemente** die Schaltfläche **Vorversionstools** an. Klicken Sie danach die Schaltfläche **Textfeld (Formularsteuerelement)** an.

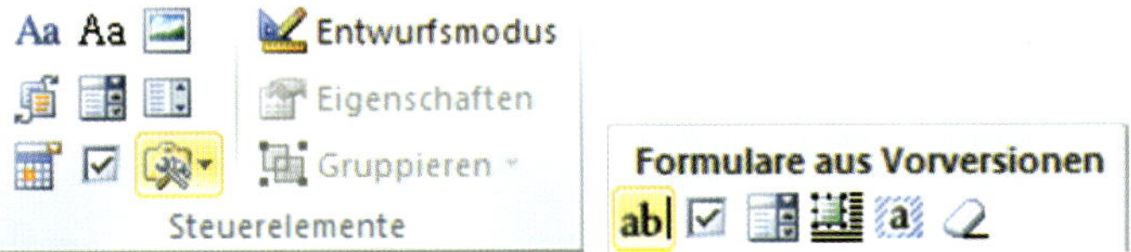

- Das Formularfeld wird eingefügt.

- Klicken Sie im Register **Entwicklertools** in der Gruppe **Steuerelemente** die Schaltfläche **Eigenschaften** an.

- Das folgende Fenster wird eingeblendet:

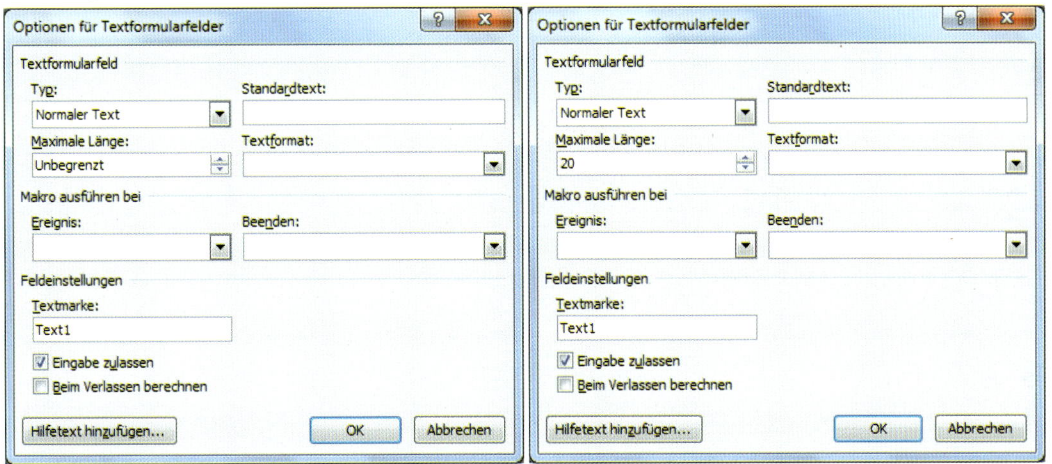

- Klicken Sie den Pfeil nach unten im Bereich **Typ** an. Sie können nun auswählen, ob Sie einen normalen Text, eine Zahl usw. eingeben wollen. Entscheiden Sie sich für den normalen Text. Geben Sie außerdem die maximale Länge mit 20 an. Klicken Sie danach die Schaltfläche **OK** an.

- Schützen Sie das Formular, um die Funktion des Formularfeldes zu testen. Im vorherigen Kapitel wird der Schutz von Dokumenten und Formularfeldern beschrieben. Arbeiten Sie das Kapitel bei Bedarf durch.

- Geben Sie einen Text ein. Sie werden feststellen, dass Sie nur an dieser Stelle des Formulars etwas eingeben können. Die maximale Anzahl der einzugebenden Zeichen beträgt 20. Danach ist eine Eingabe nicht mehr möglich. Selbstverständlich kann der Text jedoch geändert werden.

Textfeld	**Textfeld**
(einfacher Text, 20 Zeichen)	(Zahl, maximal 6, Zahlenformat 0)
Text (maximal 20 Zei	

- Heben Sie den Formularschutz danach wie im vorherigen Kapitel beschrieben wieder auf. Dies ist notwendig, um weitere Elemente des Formulars wie beispielsweise weitere Textfelder und/oder Kontrollkästchen einfügen zu können.

Bearbeitungsschritte (Fortsetzung):

- Fügen Sie auf die beschriebene Art die restlichen Textfelder ein. Die Angaben zu den einzelnen Feldern finden Sie jeweils in der Tabelle. Schützen Sie danach wieder das Formular und geben Sie die Daten ein. Zwischen den einzelnen Formularfeldern wechseln Sie am besten mit den Cursor-Tasten oder der Maus.

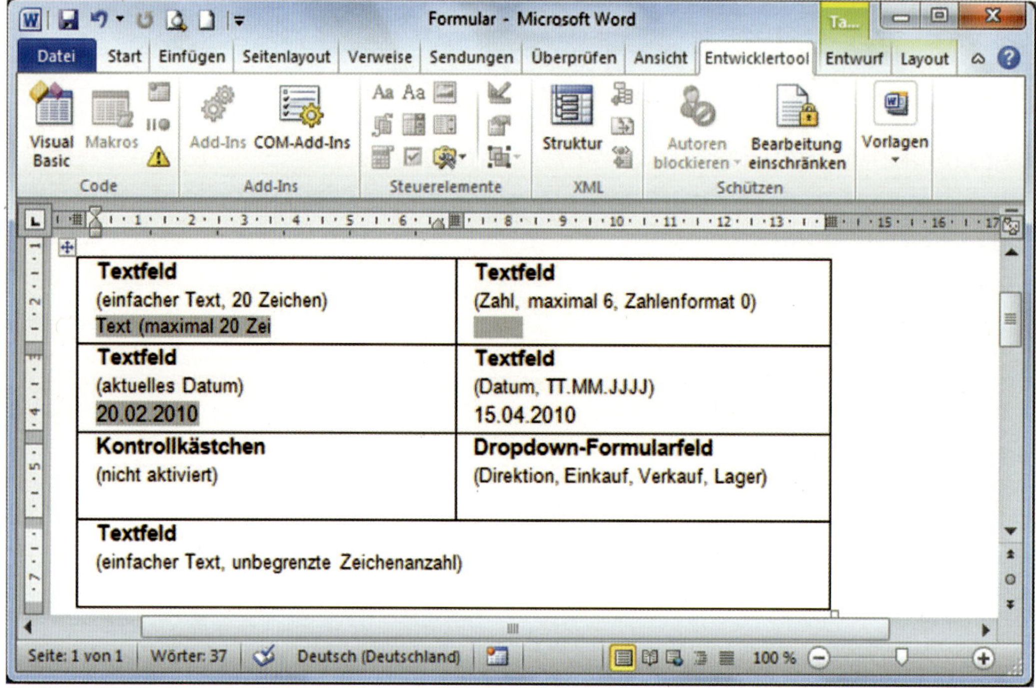

21.5.2 Kontrollkästchen

Ein Kontrollkästchen kann aktiviert werden. Dies geschieht beispielsweise dann, wenn eine bestimmte Abteilung durch eine Hausmitteilung informiert werden muss.

Bearbeitungsschritte:

- Heben Sie zunächst den Schutz des Formulars wieder auf. Stellen Sie den Cursor an die für das Einfügen eines Formularfeldes vorgesehene Stelle.

- Klicken Sie im Register **Entwicklertools** in der Gruppe **Steuerelemente** die Schaltfläche **Vorversionstools** an. Klicken Sie danach die Schaltfläche **Kontrollkästchen (Formularsteuerelement)** an.

- Das Kontrollkästchen wird an der vorgesehenen Stelle eingefügt.

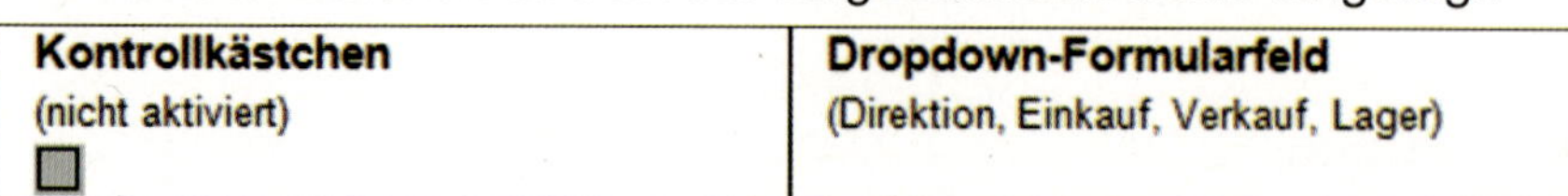

- Über die Schaltfläche **Eigenschaften** könnten Sie Einstellungen für die Gestaltung des Kontrollkästchens vornehmen. Dies erscheint jedoch nicht notwendig.

- Nach dem Schützen des Formulars können Sie das Kontrollkästchen durch Anklicken aktivieren bzw. deaktivieren. Heben Sie danach den Schutz des Formulars wieder auf.

21.5.3 Dropdown-Felder

Über Dropdown-Felder wird eine Auswahl zwischen verschiedenen Texten vorgenommen. Beispielsweise wird eine bestimmte Abteilung eines Betriebes ausgewählt.

Bearbeitungsschritte:

- Stellen Sie den Cursor an die für das Einfügen eines Drop-Down-Feldes vorgesehene Stelle. Klicken Sie danach im Register **Entwicklertools** in der Gruppe **Steuerelemente** die Schaltfläche **Vorversionstools** an. Klicken Sie danach die Schaltfläche **Kombinationsfeld (Formularsteuerelement)** an.

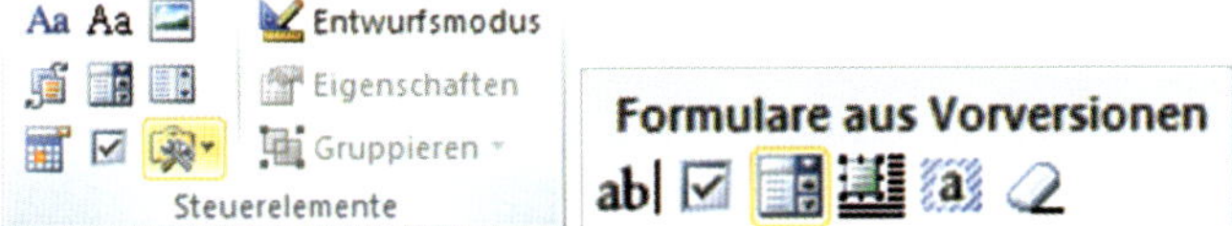

- Klicken Sie die Schaltfläche **Eigenschaften** an. Geben Sie im folgenden Fenster die Dropdownelemente ein. Dies geschieht durch das Eintragen des Wortes im Bereich **Dropdownelement** und dem anschließenden Anklicken der Schaltfläche **Hinzufügen**. Haben Sie alle Elemente eingegeben, klicken Sie die Schaltfläche **OK** an.

- Nach dem Schützen des Formulars können Sie zwischen den einzelnen Elementen des Dropdown-Feldes durch Anklicken des Pfeils auswählen.

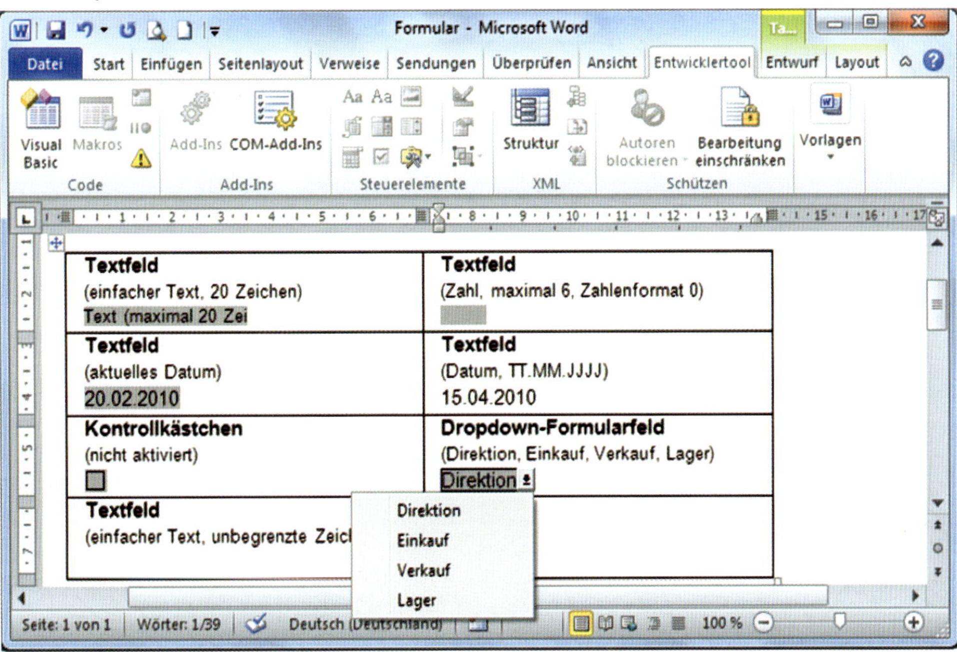

21.6   Änderungen des Formularinhalts

Ein Formular kann jederzeit geändert werden. Nach dem Aufheben des Schutzes des Formulars wird das entsprechende Formularfeld mit der Maus angeklickt. Danach kann über die Schaltfläche **Eigenschaften** in der Gruppe **Steuerelemente** im Register **Entwicklertools** im Fenster **Optionen für Dropdown-Formularfelder** die gewünschte Einstellung vorgenommen werden. Auch ein Doppelklick auf das Formularfeld ruft die Dialogbox auf.

21.7   Einfügen eines Hilfetextes

Ein Hilfetext kann den Benutzer eines Formulars bei der Eingabe unterstützen.

Bearbeitungsschritte:

- Laden Sie das Dokument *Formular* und speichern Sie es unter dem Namen *Formular_1* wieder ab. Deaktivieren Sie gegebenenfalls den Schutz des Formulars.

- Stellen Sie den Cursor mit der Maus in das erste Textfeld. Klicken Sie im Register **Entwicklertools** in der Gruppe **Steuerelemente** die Schaltfläche **Eigenschaften** an.

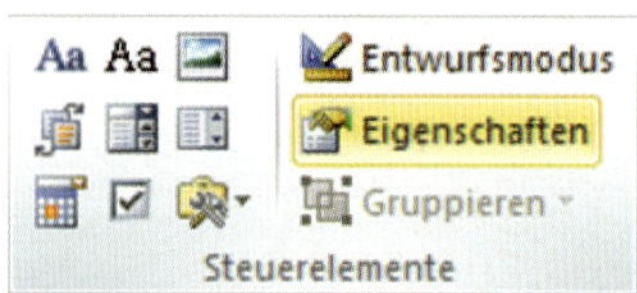

- Im Fenster **Optionen für Textformularfelder** klicken Sie die Schaltfläche **Hilfetext hinzufügen** an. Geben Sie den nachfolgenden benutzerdefinierten Text ein. Klicken Sie danach im Fenster **Formularfeld-Hilfetext** die Registerkarte **Hilfetaste (F1)** an. Geben Sie wiederum den identischen Text ein:

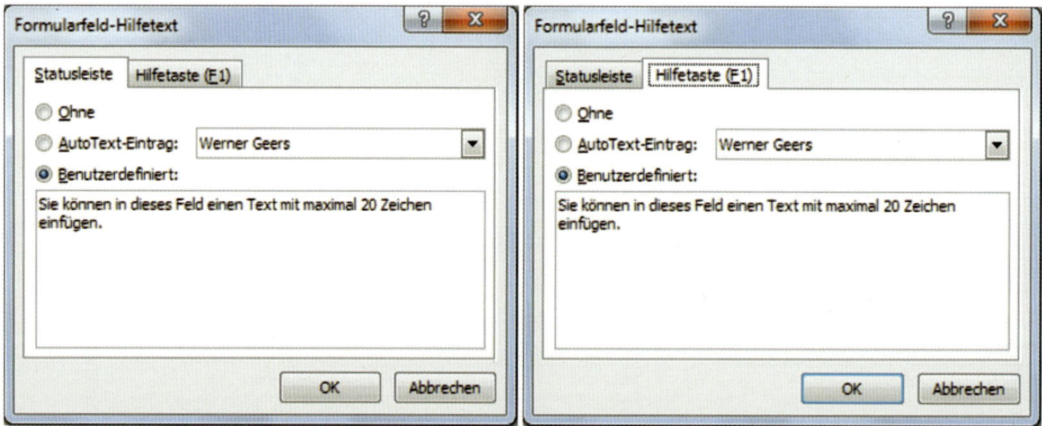

- Schützen Sie das Formular wieder.

- Klicken Sie danach das erste Textfeld an. In der Statuszeile wird der Hilfetext angezeigt:

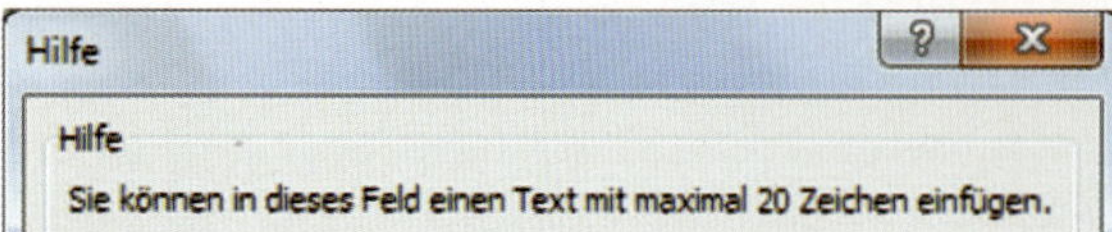

- Drücken Sie die Taste **F1**. Der Hilfetext wird in einem Fenster ausgegeben:

- Fügen Sie entsprechende Hilfetexte in anderen Formularelementen ein.

21.8　Weitere Formularfelder

Neben den bereits angesprochenen Formularfeldern stehen ähnliche Formularfelder in der Gruppe **Steuerelemente** im Register **Entwicklertools** zur Verfügung, u. a. Textfelder, Bild-Inhaltssteuerelemente usw. Anhand eines Beispiels werden diese Formularfelder erklärt. Probieren Sie danach weitere aus.

Bearbeitungsschritte:

- Stellen Sie den Cursor mit der Maus in das letzte Textfeld.

> **Textfeld**
> (einfacher Text, unbegrenzte Zeichenanzahl)

- Klicken Sie im Register **Entwicklertools** in der Gruppe **Steuerelemente** die Schaltfläche **Nur-Text-Inhaltssteuerelement** an.

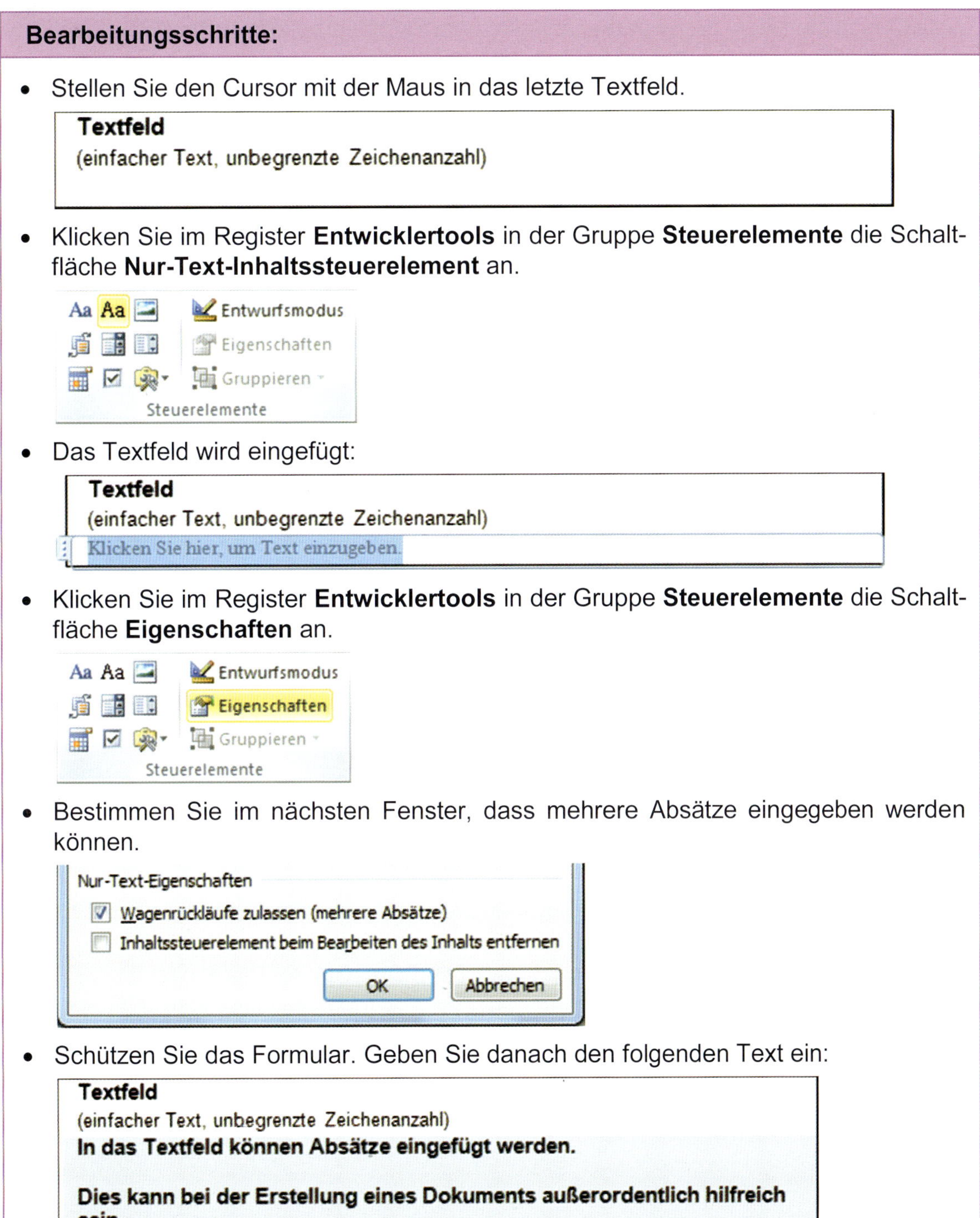

- Das Textfeld wird eingefügt:

> **Textfeld**
> (einfacher Text, unbegrenzte Zeichenanzahl)
> Klicken Sie hier, um Text einzugeben.

- Klicken Sie im Register **Entwicklertools** in der Gruppe **Steuerelemente** die Schaltfläche **Eigenschaften** an.

- Bestimmen Sie im nächsten Fenster, dass mehrere Absätze eingegeben werden können.

- Schützen Sie das Formular. Geben Sie danach den folgenden Text ein:

> **Textfeld**
> (einfacher Text, unbegrenzte Zeichenanzahl)
> **In das Textfeld können Absätze eingefügt werden.**
>
> **Dies kann bei der Erstellung eines Dokuments außerordentlich hilfreich sein.**

21.9　Abspeicherung des Formulars als Dokumentvorlage

Ein erstelltes Formular sollte nicht nur als Dokument, sondern auch als Dokumentvorlage abgespeichert werden. Die Arbeit mit Dokumentvorlagen wird im Kapitel *Dokumentvorlagen* erklärt.

Übungen:

Aufgabe 52:   *Schüler_Kurzmitteilung*

Erstellen Sie das folgende Formular. Nutzen Sie Ihre Kenntnisse über Tabellen und das Einfügen von Grafiken. Benutzen Sie als Datum das aktuelle Datum. Bei den Abteilungen und den Sachbearbeiterinnen und Sachbearbeitern sollten Sie Drop-down-Felder benutzen. Die Texte sollen eine unbegrenzte Länge haben.

Schüler GmbH
Bürobedarfsgroßhandlung
Fahnenweg 31 - 39
26871 Papenburg

Kurzmitteilung (innerbetrieblich)

Absender

Abteilung	Sachbearbeiterin/Sachbearbeiter	Datum
Verkauf	*Volkel*	*20..-08-30*

☐   **Stellungnahme**   ☐   **Unterschrift**   ☐   **Prüfung**

☐   **Erledigung**   ☐   **Rücksprache**   ☐   **Entscheidung**

Text

Die Computer der Marke „AGIB HS 500" lassen sich am Markt nicht mehr absetzen und sollten daher nicht mehr eingekauft werden.

Anlagen

Briefe von Kunden

Aufgabe 53:   *Briefvordruck*

Erstellen Sie in etwa das folgende Briefformular mit den entsprechenden Formular-feldern. Legen Sie die Länge der Textfelder je nach Bedarf fest.

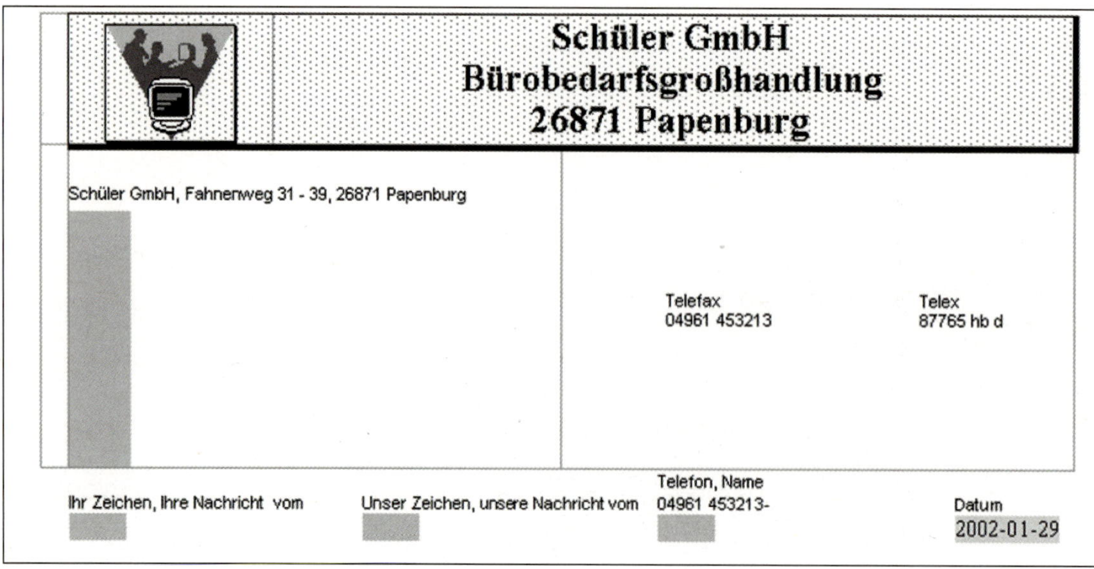

22 Makros

22.1 Vorbemerkungen

Ein Makro ist eine Folge von Anweisungen und Befehlen, die vom Programm auszuführen sind. Die Makros können dann bei Bedarf abgerufen und für die Arbeit mit Word eingesetzt werden. Makros bergen jedoch auch Gefahren. Mit Makros können z. B. Daten vernichtet werden. In **Word** können Dokumente mit und ohne Makros abgespeichert werden.

22.2 Einstellungen

Die Einstellungen zur Ausführung von Makros sollten nach Bedarf festgelegt werden.

Bearbeitungsschritte:

- Wählen Sie den Menüpunkt **Datei/Optionen**. Klicken Sie im Fenster **Word-Optionen** im Bereich **Sicherheitscenter** die Schaltfläche **Einstellungen für das Sicherheitscenter** an.

- Im Fenster **Sicherheitscenter** legen Sie im Bereich **Einstellungen für Makros** folgende Einstellungen fest:

Einstellungen für Makros

- ○ Alle Makros ohne Benachrichtigung deaktivieren
- ◉ Alle Makros mit Benachrichtigung deaktivieren
- ○ Alle Makros außer digital signierten Makros deaktivieren
- ○ Alle Makros aktivieren (nicht empfohlen, weil potenziell gefährlicher Code ausgeführt werden kann)

- Sollte die Ausführung eines Makros nicht gelingen, sollten Sie ausnahmsweise alle Makros aktivieren. Nach der Ausführung des Makros sollten Sie die Einstellungen wieder zurücknehmen.

22.3 Makro zum Druck von Daten

22.3.1 Aufzeichnung des Makros

Bestimmte Daten, etwa Teile eines Dokuments, möchte man u. U. jederzeit ohne großen Arbeitsaufwand ausdrucken. Nachfolgend wird beschrieben, wie ein Teil eines Textes durch ein Makro als PDF-Datei gedruckt werden kann. Soll der Ausdruck über den Drucker erfolgen, ist eine entsprechende Änderung vorzunehmen.

Folgende Arbeitsschritte sollen im Makro aufgezeichnet werden:
- Markierung eines bestimmten Bereichs des Textes,
- Ausgabe des Textes als PDF-Datei (oder Ausdruck).

Bearbeitungsschritte:

- Laden Sie die Datei *Angebot_Text_Kopfzeile_1*. Speichern Sie das Dokument unter dem Namen *Angebot_Text_Kopfzeile_1_Makro*.

- Markieren Sie die Überschrift und den ersten Absatz des Textes.

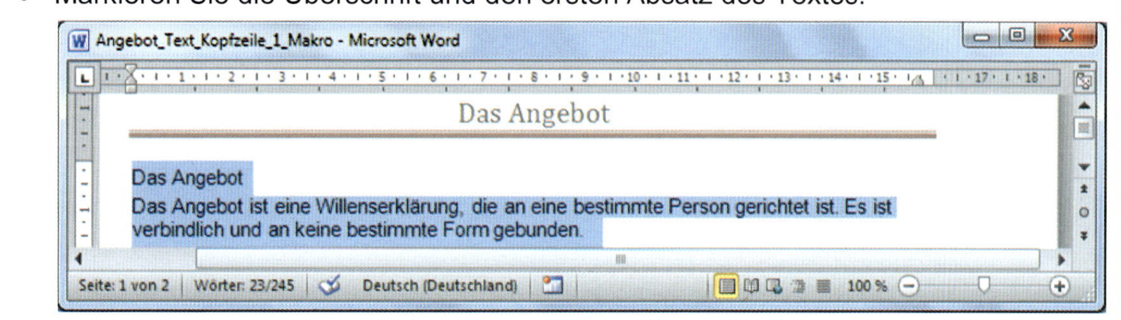

Bearbeitungsschritte (Fortsetzung):

- Klicken Sie im Register **Ansicht** in der Gruppe **Makros** den Pfeil nach unten in der Schaltfläche **Makros** an.

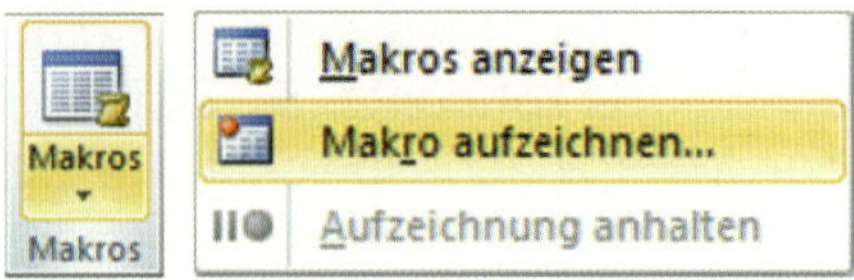

- Alternativ können Sie die Erstellung eines Makros über das Register **Entwicklertools** einleiten.

- Im Fenster **Makro aufzeichnen** legen Sie den Makronamen fest. Klicken Sie danach die Schaltfläche **Schaltfläche** an.

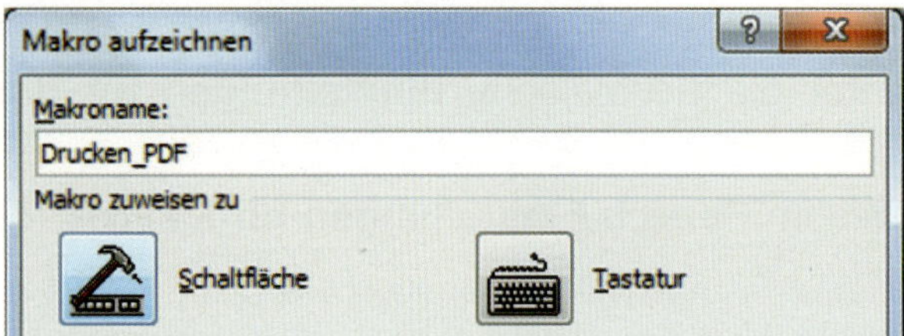

- Im nächsten Fenster übertragen Sie durch Markieren des Makros und Anklicken der Schaltfläche **Hinzufügen** die neue Schaltfläche in die Symbolleiste für den Schnellzugriff. Wählen Sie aus, dass das Makro nur in das Dokument *Angebot_Kopfzeie_1_Makro* übernommen werden soll.

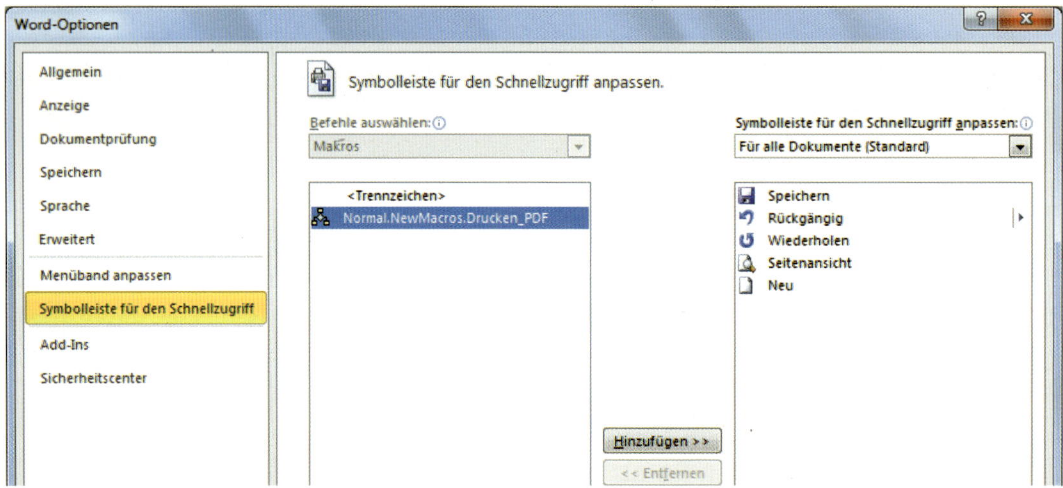

- Markieren Sie die angezeigte Bezeichnung (*Nornal,NewsMakros.Drucken_PDF*) auf der rechten Seite des Fensters. Klicken Sie danach in dem Fenster **Word-Optionen** noch die Schaltfläche **Ändern** an. Sie können ein Symbol auswählen, welches später für den Aufruf des Makros angezeigt wird.

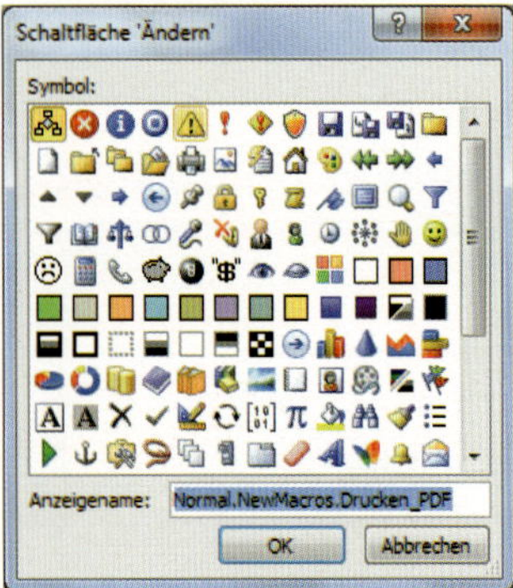

- Klicken Sie danach in beiden Fenstern die Schaltfläche **OK** an.

Bearbeitungsschritte (Fortsetzung):

- Wählen Sie danach den Menüpunkt **Datei/Freigeben**. Klicken Sie danach nacheinander die Schaltflächen **PDF/XPS-Dokument erstellen** und **PDF/XPS-Dokument erstellen** an.

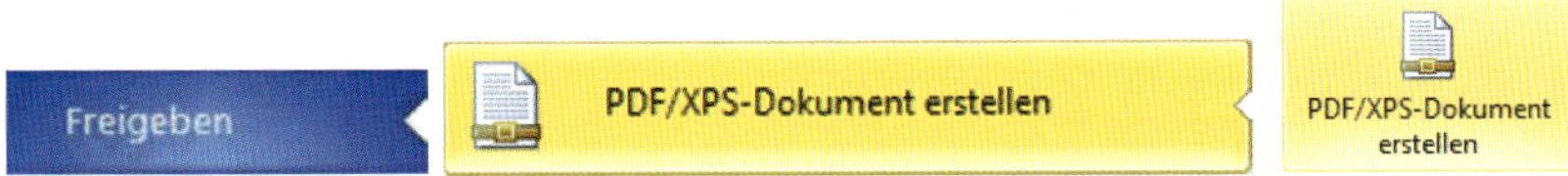

- Wählen Sie im nachfolgenden Fenster **Als PDF oder XPS veröffentlichen** ein Verzeichnis zur Speicherung aus. Nach Anklicken der Schaltfläche **Veröffentlichen** wird die Datei in dem Verzeichnis gespeichert.

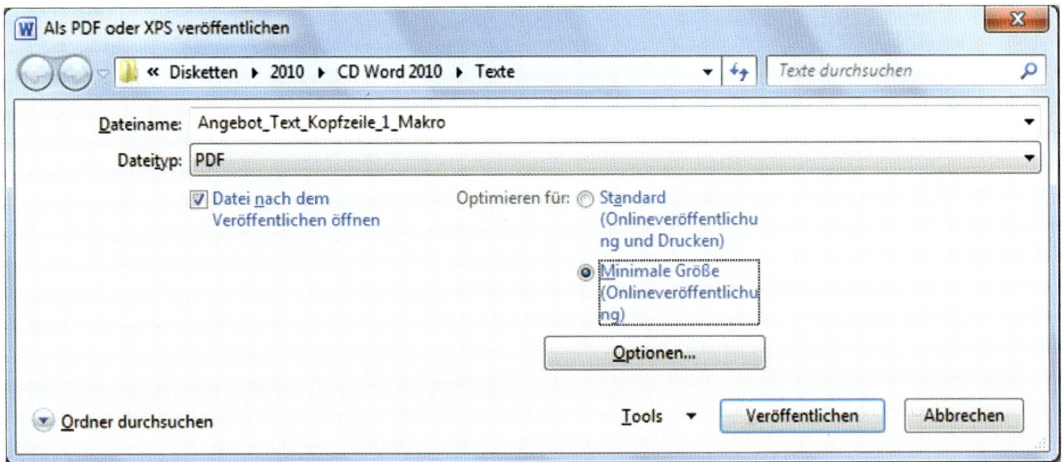

- Klicken Sie im Register **Ansicht** in der Gruppe **Makros** den Pfeil nach unten in der Schaltfläche **Makros** an. Beenden Sie die Aufzeichnung.

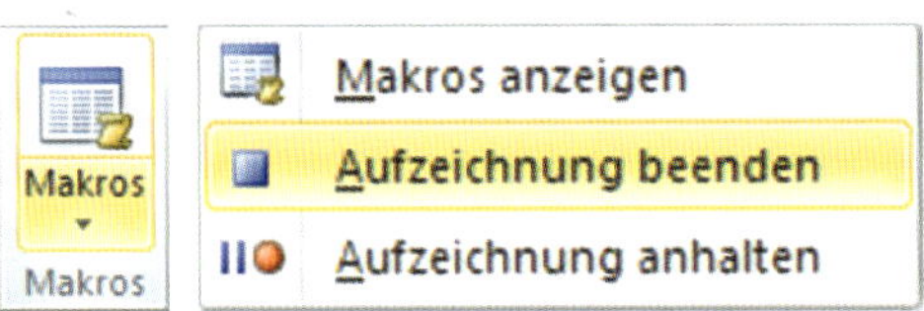

- Speichern Sie die Datei anschließend über den Menüpunkt **Datei/Speichern unter** unter dem angegeben Dateityp ab. Schließen Sie danach das Dokument.

22.3.2 Ausführen eines Makros

Vorbemerkungen

Das aufgezeichnete Makro kann jederzeit eingesetzt werden, um die immer wieder vorkommenden Befehle und Arbeitsanweisungen auszuführen. Dabei stehen zumindest zwei Möglichkeiten zur Verfügung. Zum einen kann die erstellte Schaltfläche genutzt werden, zum anderen kann über die Schaltfläche **Makros** der Aufruf erfolgen.

Ausführen des Makros über die erstellte Schaltfläche

Die schnellere Möglichkeit des Ausführens des Makros dürfte das Anklicken der erstellten Schaltfläche sein.

Bearbeitungsschritte:

- Öffnen Sie die Datei *Angebot_Text_Kopfzeile_1_Makro*.

Bearbeitungsschritte (Fortsetzung):

- Klicken Sie die erstellte Schaltfläche an.

- Die erstellte Datei wird in dem gewählten Ordner gespeichert.

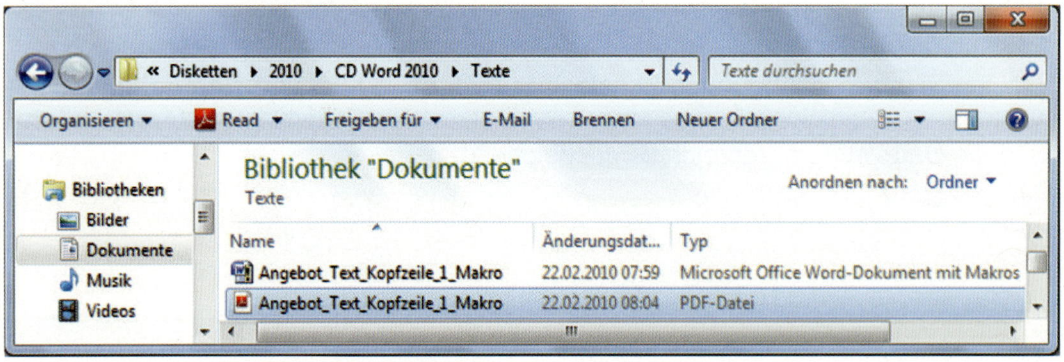

- Je nach Einstellung des Computers wird die PDF-Datei eventuell automatisch geöffnet. Öffnen Sie ansonsten die erstellte Datei. Das Ergebnis wird angezeigt:

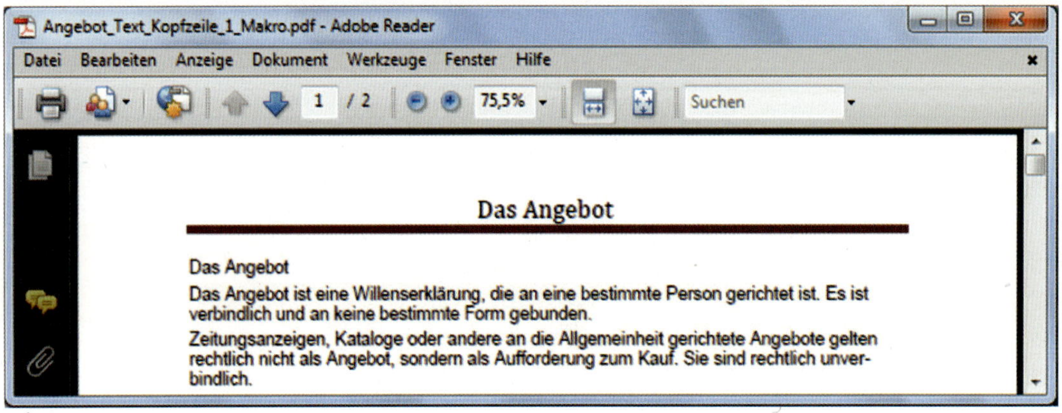

- Schließen Sie die Datei *Angebot_Text_Kopfzeile_1* und die PDF-Datei.

Ausführen des Makros über die Schaltfläche *Makros*

Über die Schaltfläche **Makros** kann ein Makro ebenfalls aufgerufen werden.

Bearbeitungsschritte:

- Klicken Sie im Register **Ansicht** in der Gruppe **Makros** den Pfeil nach unten in der Schaltfläche **Makros** an. Wählen Sie den Menüpunkt **Makros anzeigen**.

- Markieren Sie das Makro. Klicken Sie danach die Schaltfläche **Ausführen** an.

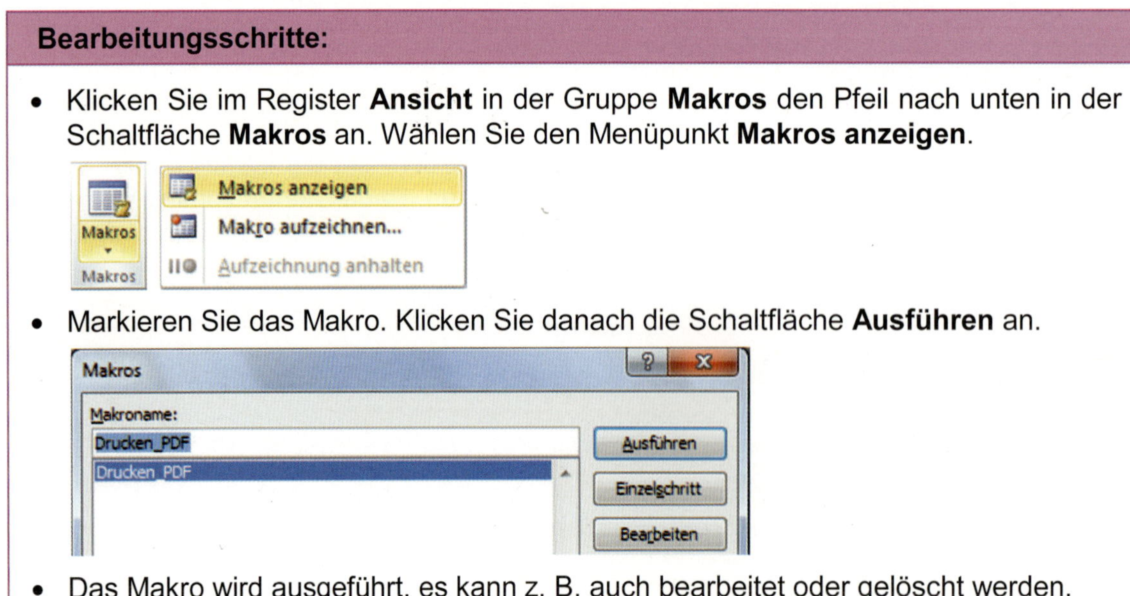

- Das Makro wird ausgeführt, es kann z. B. auch bearbeitet oder gelöscht werden.

23　Erstellen von umfangreichen Dokumenten

23.1　Gliederungen – Listen

23.1.1　Vorbemerkungen

Durch eine Gliederung werden umfangreiche Dokumente übersichtlich gestaltet. Außerdem wird die Arbeit erleichtert, denn ein Anpassen der Gliederung an veränderte Bedingungen (beispielsweise dem Einfügen eines neuen Kapitels) ist ohne Probleme und ohne Zeitaufwand möglich.

Bei einer Gliederung sollen Formatvorlagen (*Überschrift_1*, *Überschrift_2*, Überschrift_3) erstellt werden. Die Gliederung kann dann zur Erstellung eines Inhaltsverzeichnisses herangezogen werden, sodass längere Dokumente wie Referate, Projekt- oder Facharbeiten mit Inhaltsverzeichnis ausgestattet und damit vernünftig gestaltet werden können. Die Erstellung des Inhaltsverzeichnisses wird später im Buch erklärt.

23.1.2　Erstellen von Formatvorlagen zur Nutzung von Listen

Zur Erstellung eines umfangreichen Dokuments wird ein Inhaltsverzeichnis benötigt. Zu diesem Zweck müssen zunächst die folgenden Formatvorlagen erstellt werden:

Formatvorlage	Format	Einstellungen	
Überschrift_1	**Zeichen**	Schriftart:	Arial
		Schriftstil:	Fett
		Schriftgrad:	14 pt
	Absatz	Ausrichtung:	Links
		Abstand Nach:	6 pt
		Zeilenabstand:	Genau 16 pt
Überschrift_2	**Zeichen**	Schriftart:	Arial
		Schriftstil:	Fett
		Schriftgrad:	12 pt
	Absatz	Ausrichtung:	Links
		Abstand Nach:	6 pt
		Zeilenabstand:	Genau 14 pt
Überschrift_3	**Zeichen**	Schriftart:	Arial
		Schriftstil:	Fett
		Schriftgrad:	11 pt
	Absatz	Ausrichtung:	Links
		Abstand Nach:	4 pt
		Zeilenabstand:	Genau 13 pt

Die Erstellung von Formatvorlagen wird im Kapitel *Formatvorlagen* intensiv erklärt. Daher wird an dieser Stelle auf eine ausführliche Darstellung des Sachverhalts verzichtet.

Grundsätzlich bietet es sich jedoch an, die einzelnen Formatvorlagen aufgrund einer bestehenden Formatierung zu erstellen. Dies wird auf den Seiten 168 - 170 ausführlich dargestellt.

Bearbeitungsschritte:

- Erstellen Sie ein leeres Dokument. Speichern Sie es unter dem Namen *Referat*.
- Klicken Sie im Register **Start** in der Gruppe **Formatvorlagen** die Schaltfläche **Formatvorlagen** an.

- Der Aufgabenbereich **Formatvorlagen** wird eingeblendet. Die verfügbaren Formatvorlagen werden angezeigt.
- Erstellen Sie auf die beschriebene Weise die drei angegebenen Formatvorlagen. Sie werden danach im Aufgabenbereich **Formatvorlagen** angezeigt.

- Wenn Sie mit der Maus die einzelnen Formatvorlagen im Aufgabenbereich **Formatvorlagen** anfahren, können Sie die Vorlagen auf ihre Richtigkeit überprüfen.

```
Überschrift_1:
Schriftart
    Schriftart: (Standard) Arial, 14 Pt., Fett
Absatz
    Abstand:
        Zeilenabstand: Genau 16 Pt.
Formatvorlage
    Formatvorlage Schnellformatvorlage
    Basierend auf: Standard
```

```
Überschrift_2:
Schriftart
    Schriftart: (Standard) Arial, 12 Pt., Fett
Absatz
    Abstand:
        Zeilenabstand: Genau 14 Pt.
Formatvorlage
    Formatvorlage Schnellformatvorlage
    Basierend auf: Standard
```

```
Überschrift_3:
Schriftart
    Schriftart: (Standard) Arial, Fett
Absatz
    Abstand:
        Zeilenabstand: Genau 13 Pt.
        Nach: 4 Pt.
Formatvorlage
    Formatvorlage Schnellformatvorlage
    Basierend auf: Standard
```

23.1.3 Einstellungen für die Nummerierung der Gliederung

Bevor ein Dokument mit einer Gliederung erstellt wird, sollte eine überprüfte Einstellung der Gliederung vorgenommen werden.

Bearbeitungsschritte:

- Klicken Sie im Register **Start** in der Gruppe **Absatz** den Pfeil neben der Schaltfläche **Liste mit mehreren Ebenen** an. Wählen Sie die Option **Neue Liste mit mehreren Ebenen definieren** aus.

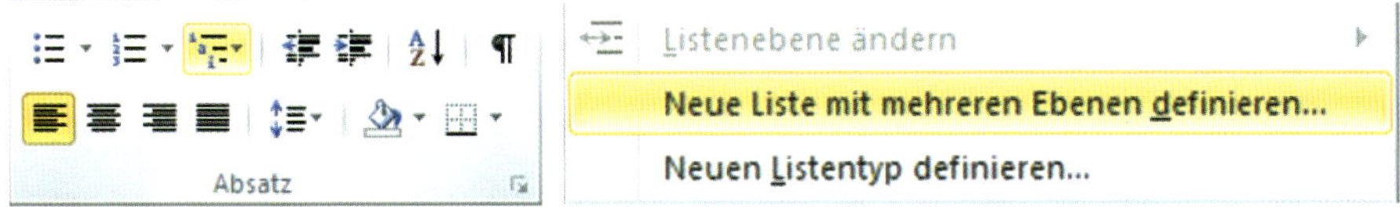

- Eventuell müssen Sie zunächst in der linken Ecke des Fensters **Neue Liste mit mehreren Ebenen definieren** die Schaltfläche **Erweitern** anklicken. Danach stehen alle Möglichkeiten der Einstellung der Listenebenen zur Verfügung.

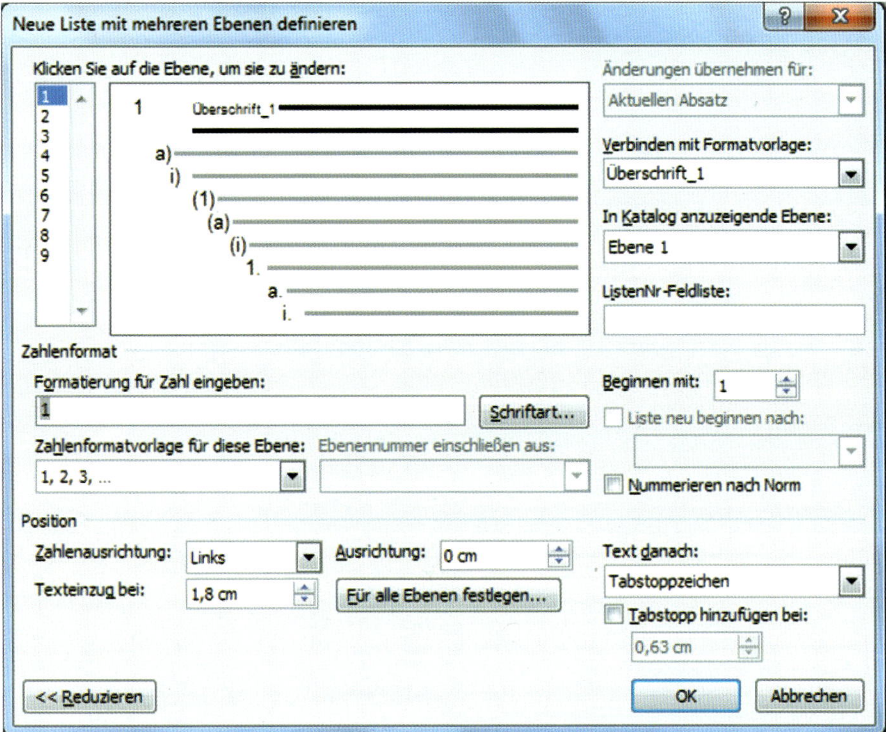

- Füllen Sie das Fenster wie angezeigt aus. Im Bereich **Formatierung für Zahl eingeben** müssen Sie eventuell einen vorhandenen Punkt löschen. Die Zahl 1 wird automatisch aufgrund der Einstellungen angegeben.

- Klicken Sie die Schaltfläche **Für alle Ebenen festlegen** an. Legen Sie im Fenster **Für alle Ebenen festlegen** die nachfolgenden Einstellungen fest:

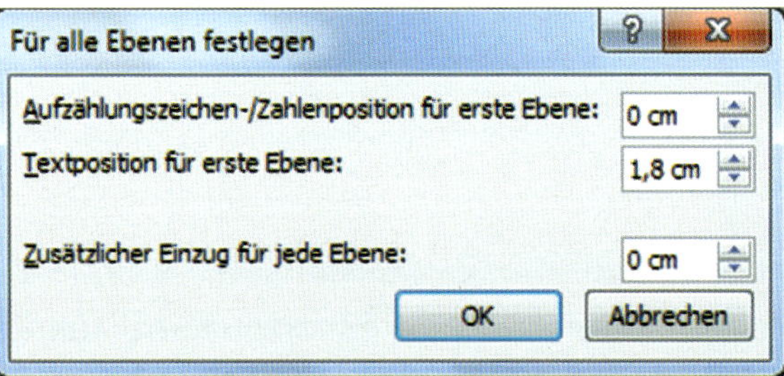

- Die Einstellung besagt, dass alle Inhalte der Liste untereinander und mit dem gleichen Abstand zwischen Listenwert und Text angezeigt werden.

Bearbeitungsschritte (Fortsetzung):

- Klicken Sie danach die Ebene *2* an und nehmen Sie die nachfolgenden Einstellungen vor. Wichtig ist unter anderem, dass die Überschrift mit der Vorlage *Überschrift 2* verbunden wird und dass die Ebenen wie angezeigt ausgewählt werden:

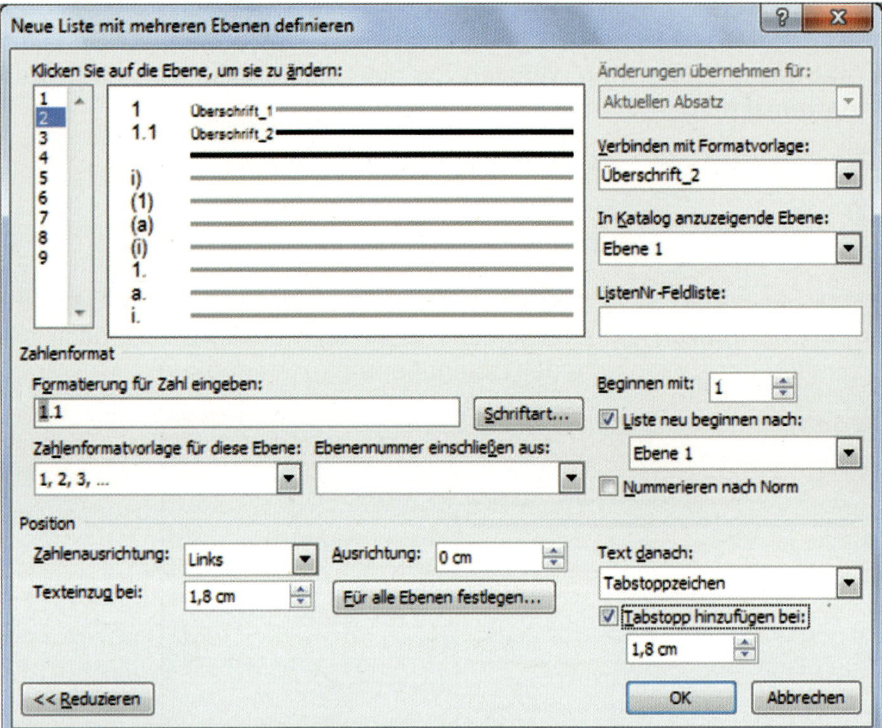

- Stellen Sie danach die Ebene *3* wie angegeben ein:

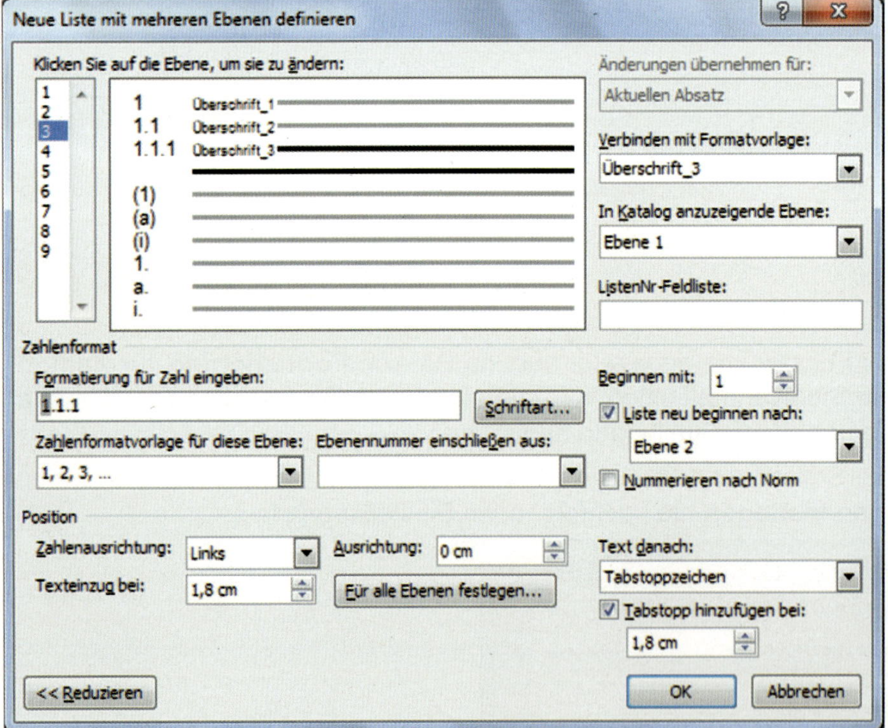

- Überprüfen Sie unbedingt die Einstellungen. Bei falschen Einstellungen können nicht erwünschte Ergebnisse erzielt werden.

- Sie können jederzeit nochmals die Liste wie beschrieben aufrufen und danach eventuell Änderungen vornehmen.

23.1.4 Erstellung eines Dokuments mit einer Gliederung

Nachdem die Gliederung entsprechend den Bedürfnissen eingestellt wurde, kann ein Dokument mit den entsprechenden Gliederungspunkten erstellt werden.

Bearbeitungsschritte:

- Löschen Sie in der Datei *Referat* eventuell vorhandene Eintragungen. Fügen Sie zunächst mehrere Leerzeilen in das Dokument ein.

- Blenden Sie gegebenenfalls den Aufgabenbereich **Formatvorlagen** ein.

- Klicken Sie die Formatvorlage *Überschrift_1* an. Geben Sie danach den angezeigten Text ein. Das Ergebnis sollte so aussehen:

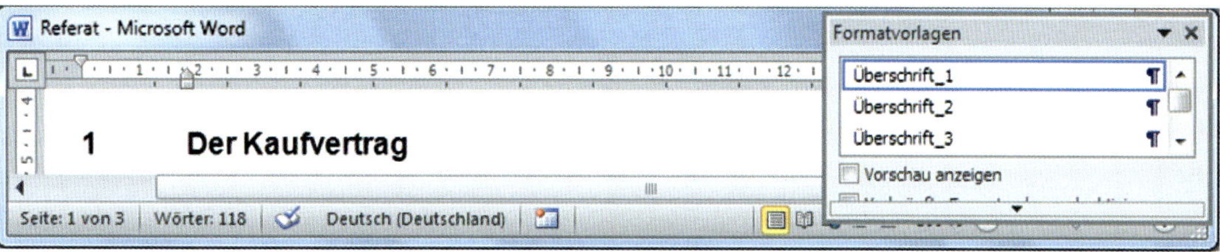

- Die Nummerierung wird angezeigt. Geben Sie danach den Text ein. Schließen Sie die Eingabe mit dem Drücken der Taste [**Return**] ab. Wählen Sie danach die Formatvorlage *Überschrift_ 2* aus und geben Sie den Text ein.

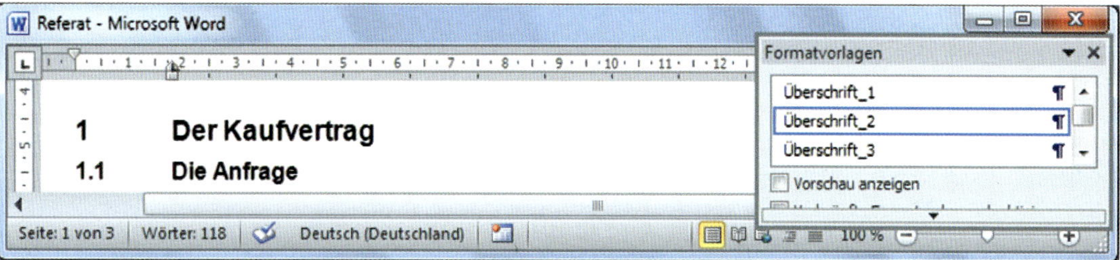

- Entsprechend können Sie die nächsten Schritte vornehmen. Ergänzen Sie das Dokument folgendermaßen:

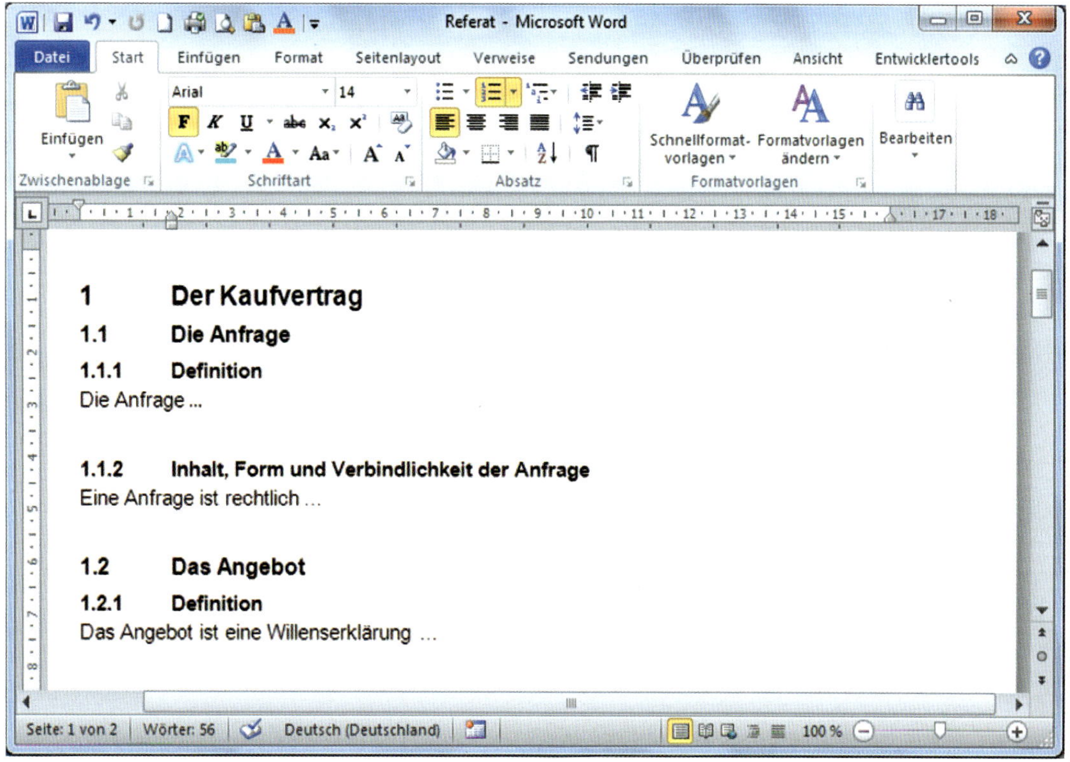

23.1.5 Änderung der Gliederung

Der große Vorteil einer Gliederung ist, dass Änderungen vom Programm automatisch ausgeführt werden. Die gesamte Gliederung wird den Bedürfnissen angepasst.

Bearbeitungsschritte:

- Speichern Sie die Datei *Referat.* Speichern Sie sie danach unter dem Namen *Referat_2* nochmals ab.

- Löschen Sie den Gliederungspunkt 1.1.1. Die Gliederung wird sofort angepasst.

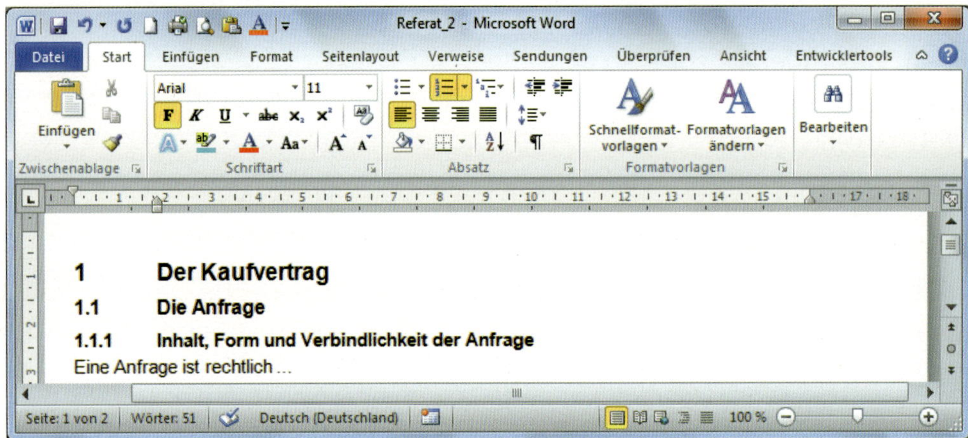

- Sie können Gliederungspunkte an einer beliebigen Stelle im Dokument einfügen. Die Gliederung wird auch dann angepasst.

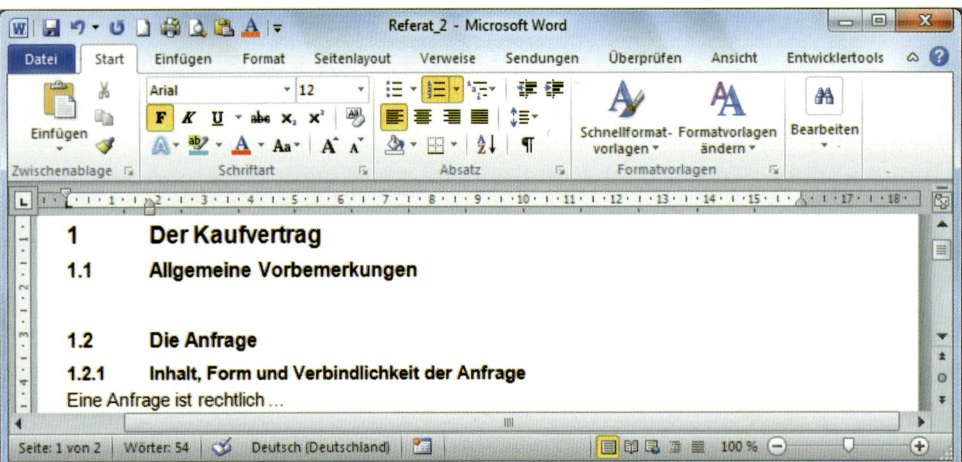

- Sie können den Cursor in einen Menüpunkt stellen und dann eine andere Formatierung, also z. B. eine Überschrift, wählen. Die Anpassung erfolgt automatisch.

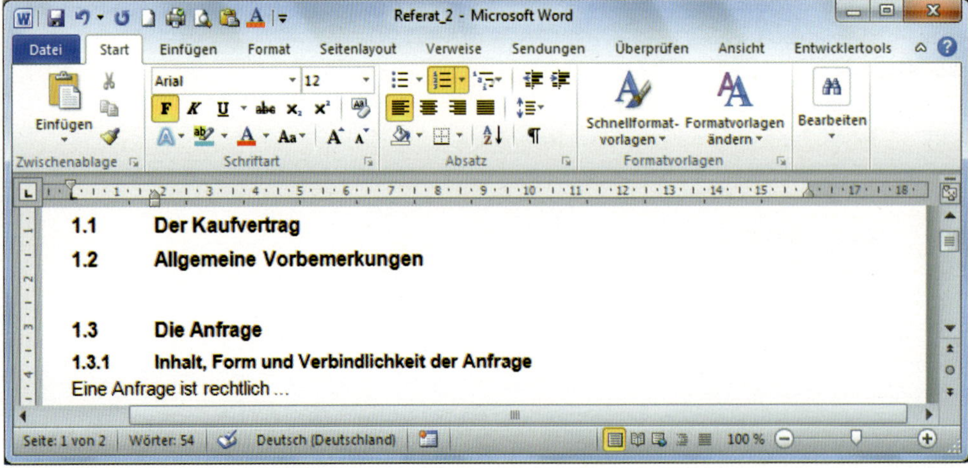

23.1.6 Beschriftungen

Tabellen, Bilder usw. können im Dokument bezeichnet und nummeriert werden. Sie können später in einem Abbildungsverzeichnis am Ende des Dokuments aufgeführt werden.

Bearbeitungsschritte:

- Laden Sie das Dokument *Referat*. Fügen Sie die dargestellte Tabelle ohne die angezeigte Bezeichnung der Tabelle ein.

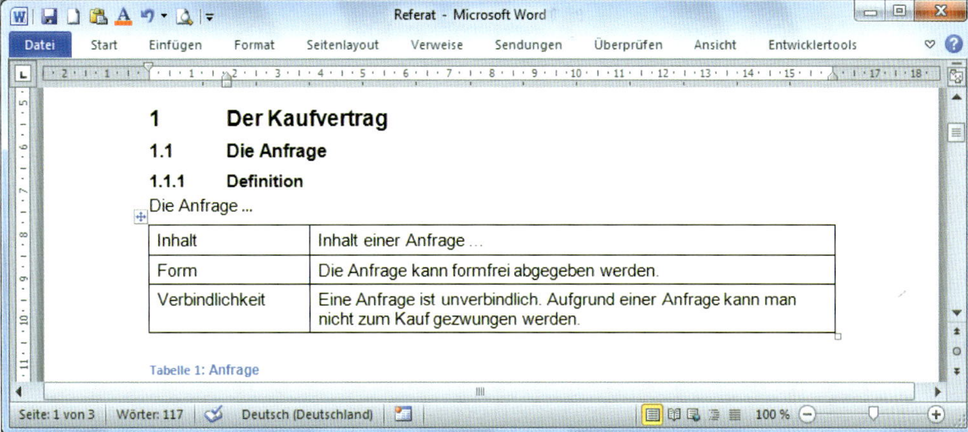

- Klicken Sie im Register **Verweise** in der Gruppe **Beschriftungen** die Schaltfläche **Beschriftung einfügen** an.

- Klicken Sie den Pfeil nach unten im Bereich **Bezeichnung** an und wählen Sie den Begriff *Tabelle* aus. Danach beschriften Sie die Tabelle wie angegeben.

- Nach Anklicken der Schaltfläche **OK** wird die Beschriftung wie oben dargestellt eingefügt. Eine Beschriftung für eine weitere Tabelle wird automatisch die Bezeichnung *Tabelle 2* erhalten.

- Klicken Sie nochmals im Register **Verweise** in der Gruppe **Beschriftungen** die Schaltfläche **Beschriftung einfügen** an. Klicken Sie danach die Schaltfläche **Neue Bezeichnung** an. Geben Sie die Bezeichnung *Grafiken* ein.

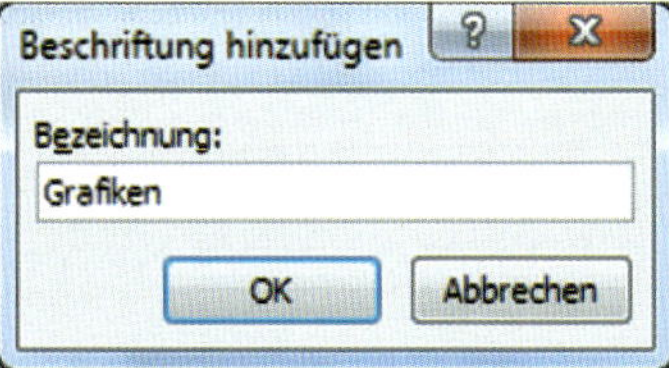

- Sie können nun neben den vorgegebenen die Beschriftung *Grafiken* verwenden.

23.2 Index-Einträge

Soll am Ende eines Dokuments ein Stichwortverzeichnis erstellt werden, so ist dies mithilfe von Index-Einträgen in einem Dokument möglich. Die Indexeinträge, die festgelegt werden, können später automatisch zu einem Verzeichnis verarbeitet werden.

Bearbeitungsschritte:

- Laden Sie das Dokument *Referat*. Markieren Sie das Wort *Kaufvertrag*.

- Klicken Sie im Register **Verweise** in der Gruppe **Index** die Schaltfläche **Eintrag festlegen** an. Alternativ können Sie auch die Tastenkombination [**Alt**]+[**Umschalt**]+[**X**] drücken.

- Das Fenster **Indexeintrag festlegen** wird mit dem markierten Begriff eingeblendet.

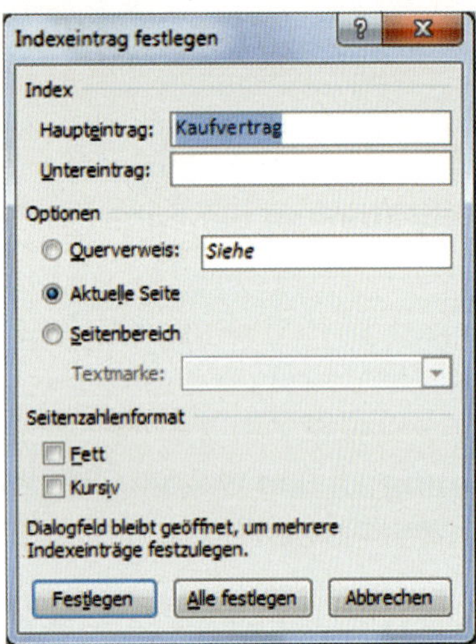

- Klicken Sie die Schaltfläche **Festlegen** an. Die Darstellung des Dokuments verändert sich folgendermaßen:

- Markieren Sie als Nächstes das Wort *Anfrage*. Klicken Sie im Fenster **Indexeintrag festlegen** in den Bereich **Haupteintrag**. Das bisher vorhandene Wort *Kaufvertrag* wird durch das Wort *Anfrage* ersetzt.

- Klicken Sie die Schaltfläche **Alle festlegen** an. Im Dokument wird das Wort *Anfrage* jeweils mit einem Indexeintrag versehen. Im später zu erstellenden Stichwortverzeichnis werden alle Seiten angeben, in denen das Wort vorkommt.

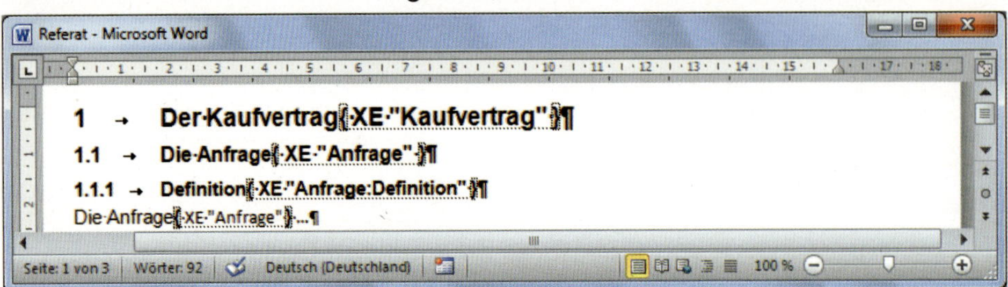

Bearbeitungsschritte (Fortsetzung):

- Sie können Untereinträge in einem Indexeintrag festlegen. Markieren Sie das Wort *Anfrage* im Absatz hinter dem Gliederungspunkt *2.1 Definition*. Drücken Sie die Tastenkombination [**Alt**]+[**Umschalt**]+[**X**] bzw. klicken Sie die Schaltfläche **Eintrag festlegen** an. Fügen Sie über die Tastatur das Wort *Definition* als Untereintrag ein.

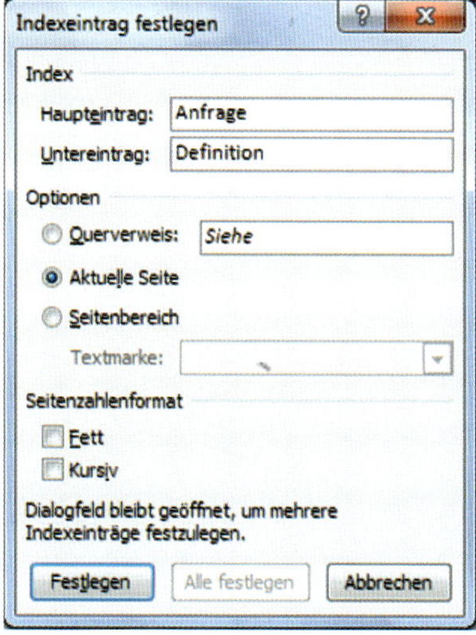

- Klicken Sie die Schaltfläche **Festlegen** an. Fügen Sie weitere Untereinträge für den Haupteintrag *Anfrage* ein.

- Die beschriebene Möglichkeit eignet sich nicht, wenn der entsprechende Untereintrag auf einer Seite vorhanden ist, nicht jedoch der Haupteintrag, in diesem Fall das Wort *Anfrage*. Daher muss eine andere Möglichkeit genutzt werden.

- Stellen Sie den Cursor in die Zeile *2.2 Das Angebot*. Drücken Sie die bekannte Tastenkombination. Geben Sie die Bezeichnungen im Fenster **Indexeintrag festlegen** ein.

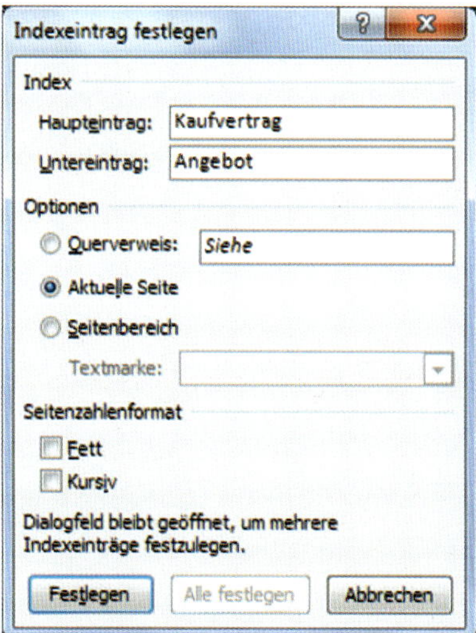

- Anschließend kann ein Stichwortverzeichnis erstellt werden. Die Vorgehensweise wird im nächsten Kapitel beschrieben.

- Durch das Anklicken der Schaltfläche **Alle anzeigen** in der Gruppe **Absatz** im Register **Start** wird der Text ohne die eingeblendeten Merkmale angezeigt.

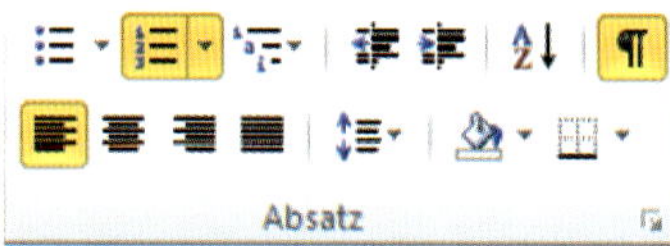

23.3   Inhalts-, Stichwort- und Abbildungsverzeichnisse

23.3.1 Vorbemerkungen

Referate, Fach- und Projektarbeiten usw. erfordern verschiedene Verzeichnisse, wie etwa ein Inhalts- oder Stichwortverzeichnis. Es ist sicherlich möglich, diese Verzeichnisse selbstständig zu erstellen. Diese Vorgehensweise hat jedoch zwei wesentliche Nachteile; zum einen ist es sehr arbeits- und zeitaufwendig, zum anderen lassen sich Fehler nicht ausschließen. Aufgrund des Einfügens einer Gliederung, der Festlegung von Stichworten und der Bezeichnung von Abbildungen ist das Programm in der Lage, die benötigten Verzeichnisse automatisch zu erstellen.

23.3.2 Inhaltsverzeichnis

Das Inhaltsverzeichnis kann aus der Gliederung eines Dokuments erstellt werden.

Bearbeitungsschritte:

- Laden Sie das Dokument *Referat*. Fügen Sie eine Leerzeile am Anfang des Textes ein.

- Stellen Sie den Cursor in die Leerzeile vor den Menüpunkt *1.2 Das Angebot* und fügen Sie über die Schaltfläche **Seiten- und Abschnittsumbrüche einfügen** in der Gruppe **Seite einrichten** im Register **Seitenlayout** einen Seitenumbruch ein.

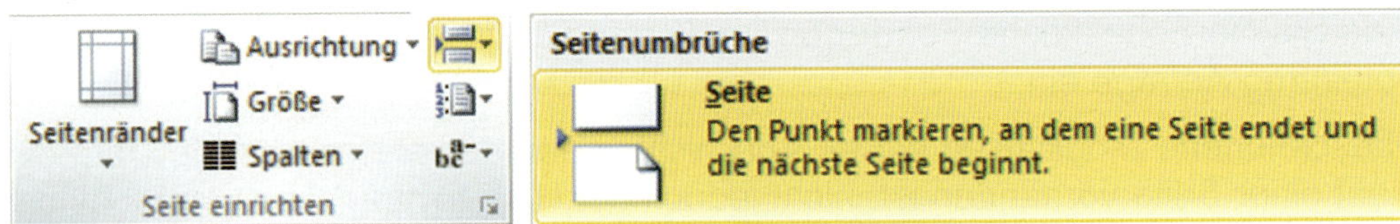

- Stellen Sie den Cursor danach wieder in die erste Zeile.

- Klicken Sie im Register **Verweise** in der Gruppe **Inhaltsverzeichnis** die Schaltfläche **Inhaltsverzeichnis** an. Wählen Sie danach den Menüpunkt **Inhaltsverzeichnis einfügen**.

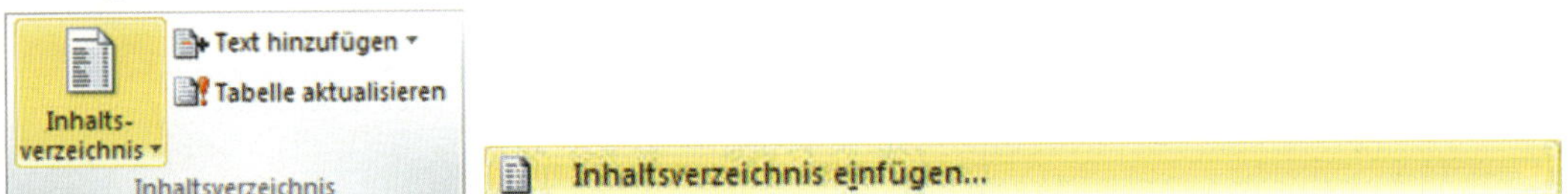

- Legen Sie im Fenster **Inhaltsverzeichnis** folgende Einstellungen fest:

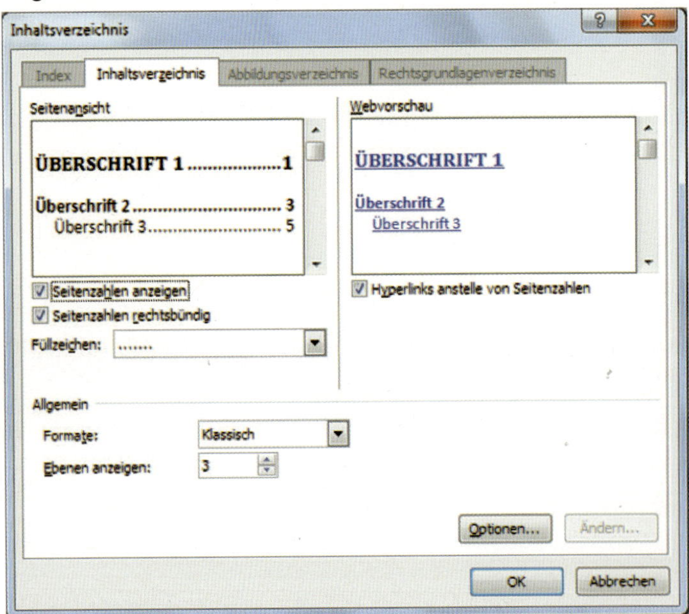

Bearbeitungsschritte (Fortsetzung):

- Klicken Sie danach die Schaltfläche **Optionen** im Fenster **Inhaltsverzeichnis** an. Das Inhaltsverzeichnis soll aufgrund der Voreinstellungen von den vorgegebenen Formatvorlagen *Überschrift 1* usw. erstellt werden. Dies ist jedoch nicht richtig, da neue Formatvorlagen für die Nutzung als Inhaltsverzeichnis erstellt wurden. Löschen Sie daher zunächst die entsprechenden Eintragungen wie nachfolgend dargestellt:

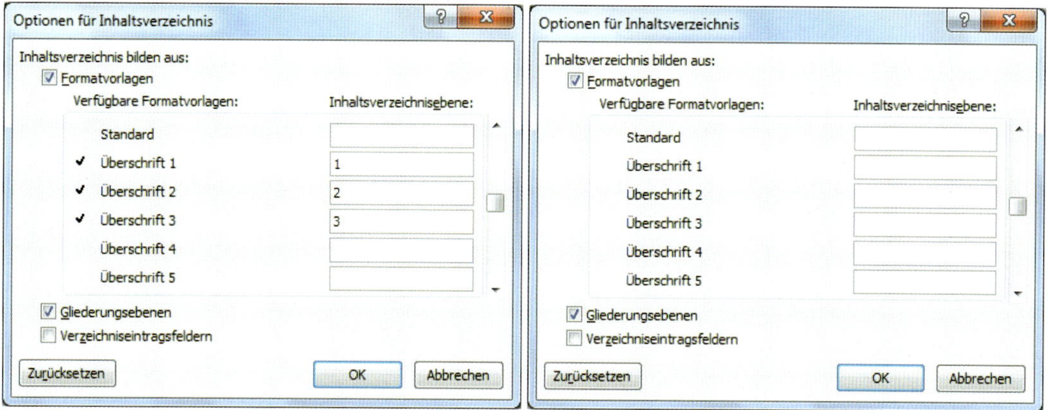

- Geben Sie die Inhaltverzeichnisebenen für die neuen erstellten Formatvorlagen wie dargestellt ein:

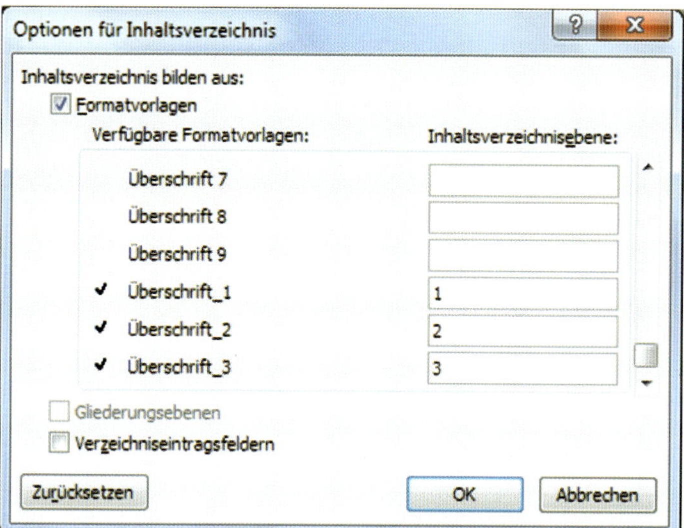

- Klicken Sie die Schaltflächen **OK** in diesem und dem nächsten Fenster an. Das Inhaltsverzeichnis wird eingefügt. Aufgrund des manuellen Umbruchs befinden sich einige Inhalte auf der Seite 2.

Bearbeitungsschritte (Fortsetzung):

- Sollten Sie später die Gliederung ändern, kann das Inhaltsverzeichnis relativ einfach über die Symbolleiste aktualisiert werden. Klicken Sie zu diesem Zweck im Register **Verweise** in der Gruppe **Inhaltsverzeichnis** die Schaltfläche **Tabelle aktualisieren** an.

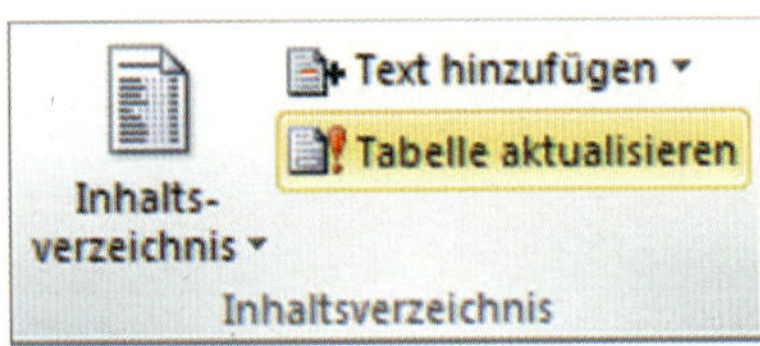

- Je nach Wunsch können dabei die Seitenzahlen oder das gesamte Verzeichnis aktualisiert werden.

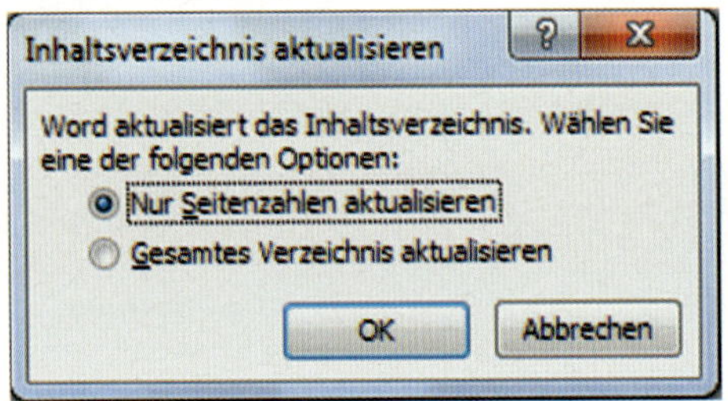
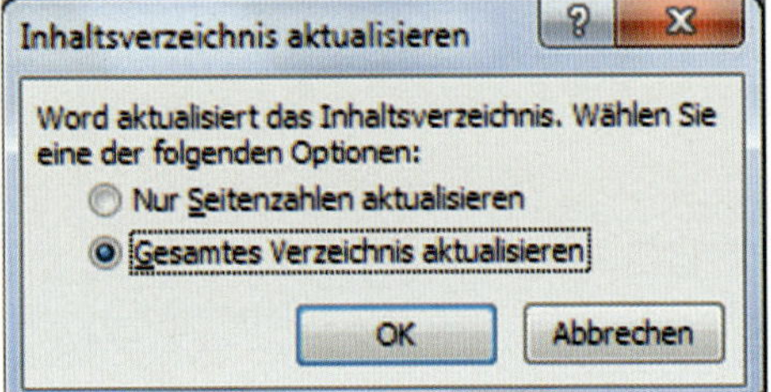

- Soll eine andere Form des Inhaltsverzeichnisses verändert werden, muss der Cursor in das Inhaltsverzeichnis gestellt werden. Danach muss wie schon beschrieben die Schaltfläche **Inhaltsverzeichnis** in der Gruppe **Inhaltsverzeichnis** im Register **Verweise** angeklickt werden.

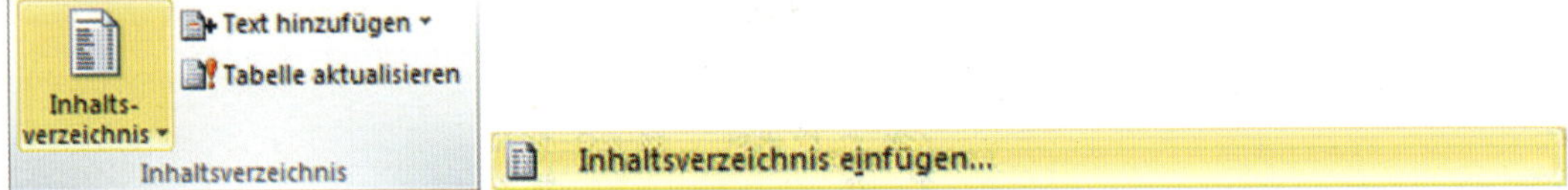

- Danach können Sie eine andere Vorlage, z. B. *Ausgefallen*, wählen. Wichtig ist, dass Sie wiederum über die Schaltfläche **Optionen** die für die Erstellung des Inhaltsverzeichnisses richtigen Formatvorlagen auswählen.

- Das Ergebnis sieht nun so aus:

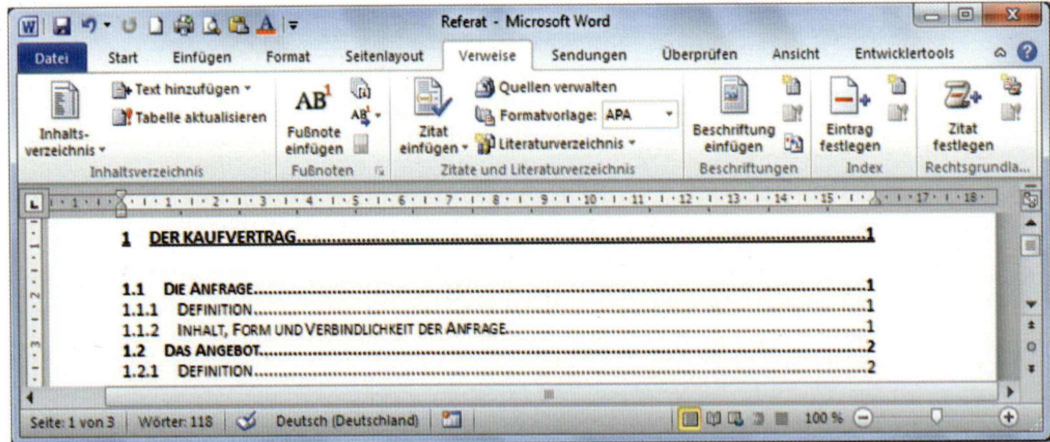

- Selbstverständlich können Sie das Inhaltsverzeichnis auch manuell nachbearbeiten, beispielsweise die Tabulatoren anders setzen oder die Schriftgröße den Erfordernissen anpassen.

- Probieren Sie weitere Möglichkeiten aus. Stellen Sie danach das ursprüngliche Format des Inhaltsverzeichnisses wieder her.

23.3.3 Abbildungsverzeichnis

Ein Verzeichnis der benutzten Abbildungen gibt dem Leser eines Referats usw. die Möglichkeit, sich relativ schnell einen Überblick über die benutzten Tabellen, Grafiken usw. zu verschaffen. Außerdem lassen sich einzelne Abbildungen leichter im Dokument finden.

Bearbeitungsschritte:

- Fügen Sie am Ende des Textes zwei Leerzeilen ein. Geben Sie das Wort **Abbildungsverzeichnis** ein.

- Klicken Sie im Register **Verweise** in der Gruppe **Beschriftungen** die Schaltfläche **Abbildungsverzeichnis** an.

- Legen Sie die Einstellungen wie nachfolgend dargestellt fest. Da in dem Dokument nur eine Tabelle vorhanden ist, stellen Sie ein, dass Tabellen die Grundlage für das Abbildungsverzeichnis bilden.

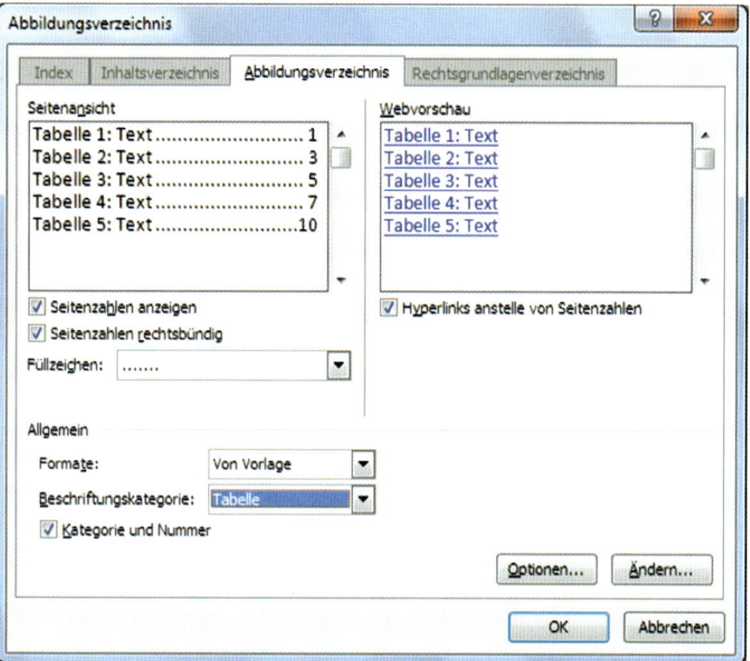

- Klicken Sie die Schaltfläche **OK** an. Das Ergebnis sieht, eventuell nach einer Formatierung, in etwa so aus:

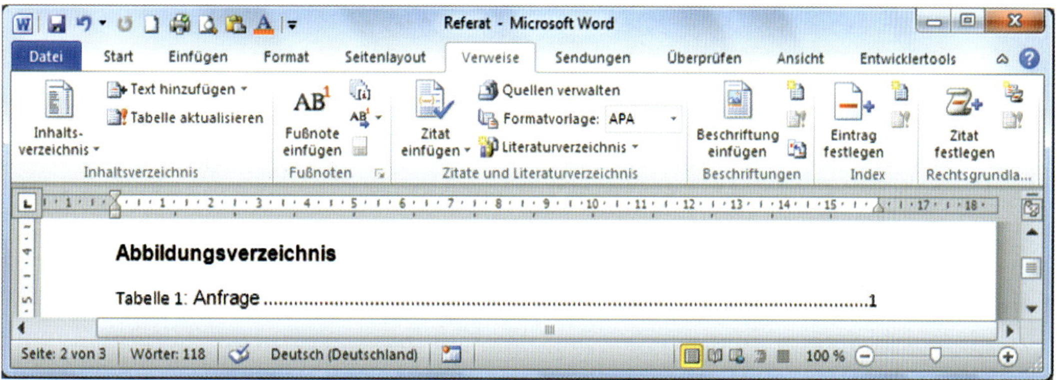

- Fügen Sie danach noch einen Seitenumbruch ein, da das Stichwortverzeichnis auf der nächsten Seite erstellt werden soll.

23.3.4 Stichwortverzeichnis

Zu einem längeren Dokument gehört als Abschluss ein Stichwortverzeichnis. Das Stichwortverzeichnis erlaubt es, gezielt nach den benötigten Informationen zu suchen.

Bearbeitungsschritte:

- Geben Sie das Wort **Stichwortverzeichnis** ein. Fügen Sie danach eine Leerzeile ein.

- Klicken Sie im Register **Verweise** in der Gruppe **Index** die Schaltfläche **Index einfügen** an.

- Bestimmen Sie die folgenden Einstellungen:

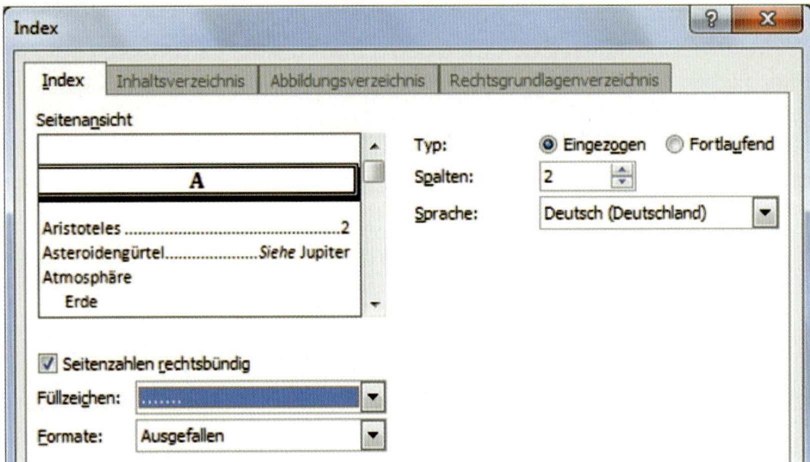

- Das Ergebnis wird nach Anklicken der Schaltfläche **OK** ausgegeben. Eventuell werden bei Ihnen nicht so viele Stichwörter ausgegeben. Durch das Festlegen weiterer Indexeinträge lässt sich das Ergebnis jederzeit ändern.

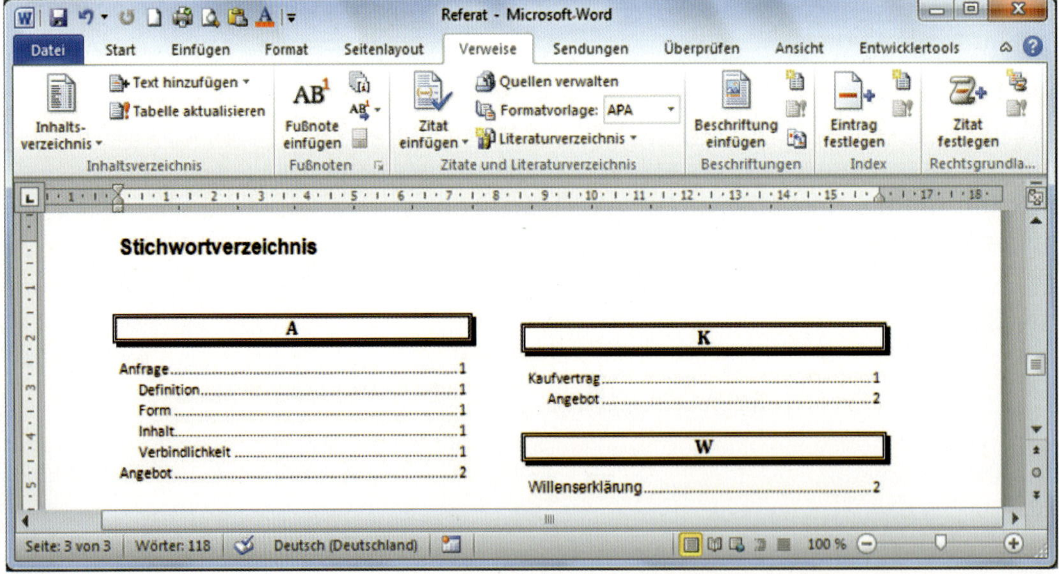

- Probieren Sie weitere Einstellungen aus, um das Ergebnis zu beeinflussen. Eventuell sollten Sie auch die Formatierung des Stichwortverzeichnisses ändern, beispielsweise durch eine größere oder kleinere Schriftgröße.

Aufgabe 54:   *Office_2010*

Erstellen Sie auf der Grundlage des Dokuments Referat das folgende Dokument:

Office 2010

1 Excel

1.1 Funktionen einer Tabellenkalkulation

Mithilfe einer Tabellenkalkulation …

1.2 Berechnungen

Die Berechnung von Kosten …

1.3 Adressierung

1.3.1 Arten der Adressierung

Folgende Arten der Adressierung werden unterschieden:

Relative Adressierung	Bei der relativen Adressierung …
Absolute Adressierung	Die absolute Adressierung bietet sich an, wenn …
Adressierung mit Namen	Umfangreiche Tabellen …

Tabelle 1: Adressierung

2 Word

2.1 Funktionen einer Textverarbeitung

Die Textverarbeitung …

Abbildung 2: Office-Programme

3 Access

3.1 Funktionen einer Datenbank

Datenbankprogramme …

Aufgabe 55:   *Office_2010*

Erstellen Sie auf der Grundlage des Dokuments ein Inhalts-, ein Stichwort-, ein Tabellen- und ein Abbildungsverzeichnis.

24 Elemente in Word-Dokumenten

24.1 Vorbemerkungen

Die Aussagekraft von Tabellen, aber auch von Texten usw., kann durch grafische Elemente erhöht werden. Grundsätzlich stehen folgende Möglichkeiten zur Verfügung:

ClipArts	ClipArts sind grafische Darstellungen, die von verschiedenen Programmherstellern (z. B. Microsoft) mit ihren Programmen geliefert werden. Außerdem können sie beispielsweise aus dem Internet geladen werden.	
Grafiken	Eigene Grafiken, Bilder usw. lassen sich an einer beliebigen Stelle in ein Dokument einfügen. Damit können individuelle Aspekte in Dokumente eingearbeitet werden.	
WordArt-Objekte	Durch das Einfügen von WordArt-Objekten werden z. B. Überschriften usw. zur besonderen Betonung eines Sachverhalts eingesetzt.	
Objekte	Objekte sind Elemente eines Dokuments, die mit einem anderen auf dem Computer vorhandenen Programm erstellt wurden. Im dargestellten Beispiel handelt es sich um eine Formel.	$K_n = K_0 * \left(1 + \dfrac{p}{100}\right)^n$
Textfelder	In einem Textfeld kann ein Sachverhalt erläutert werden.	
Zeichnungs-objekte	Zeichnungsobjekte weisen beispielsweise (durch einen Pfeil) auf einen Sachverhalt hin. Sie eignen sich jedoch auch dazu, einen komplexen Sachverhalt darzustellen, z. B. durch einen Programmablaufplan.	
SmartArt-Objekte	Durch Organigramme wird z. B. die Aufbauorganisation eines Betriebes dargestellt. Damit kann ein Zusammenhang zwischen betrieblichen Daten und Ergebnissen und dem Aufbau eines Betriebes gezeigt werden.	

Nachfolgend sollen die einzelnen Elemente in Dokumente eingefügt werden. Dabei sollten Sie jeweils ein leeres Word-Dokument verwenden. Konkrete Möglichkeiten des Einbindens ergeben sich in der normalen Arbeit z. B. dann, wenn eine Formel als Erläuterung dargestellt werden soll, durch ein ClipArt ein Sachverhalt erläutert werden soll oder durch Zeichnungsobjekte wie beispielsweise Pfeile auf einen Sachverhalt hingewiesen werden soll.

In anderen Office-Programmen, wie etwa in **Excel** und **PowerPoint**, können einzelne Fenster, Symbolleisten usw. geringfügig verändert angezeigt werden. Die Funktionsweise ist jedoch identisch.

24.2　ClipArts und Grafiken

24.2.1　Einfügen eines ClipArts und/oder einer Grafik

In Office-Dokumente können ClipArts und Grafiken ohne große Probleme integriert werden. Unter einem ClipArt versteht man eine grafische Darstellung, die in eine Tabelle, einen Text usw. eingefügt werden kann.

Bearbeitungsschritte:

- Erstellen Sie ein neues, leeres Dokument. Speichern Sie das Dokument unter dem Namen *Drucker*.

- Klicken Sie danach im Register **Einfügen** in der Gruppe **Illustrationen** die Schaltfläche **ClipArt** an.

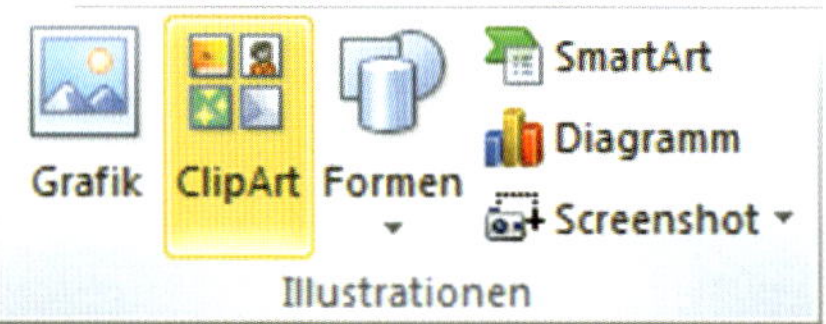

- Der Aufgabenbereich **ClipArt** wird eingeblendet. Aktivieren Sie auch die Möglichkeit, **Office-Online-Inhalte** zu berücksichtigen. Geben Sie einen Begriff ein. Als Ergebnis werden alle gefundenen ClipArts ausgegeben:

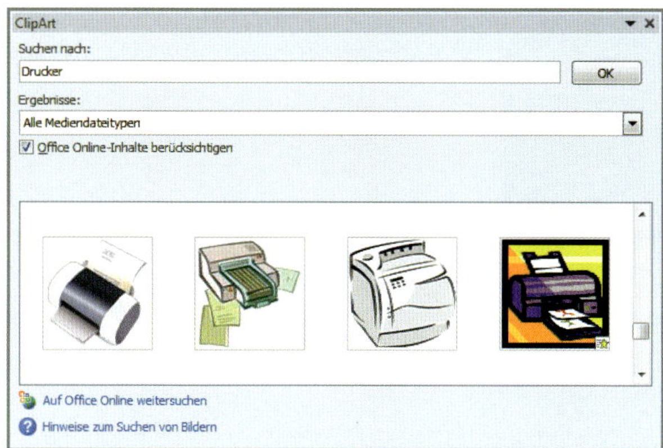

- Markieren Sie ein **ClipArt** und fügen Sie es mit einem Doppelklick mit der Maus ein.

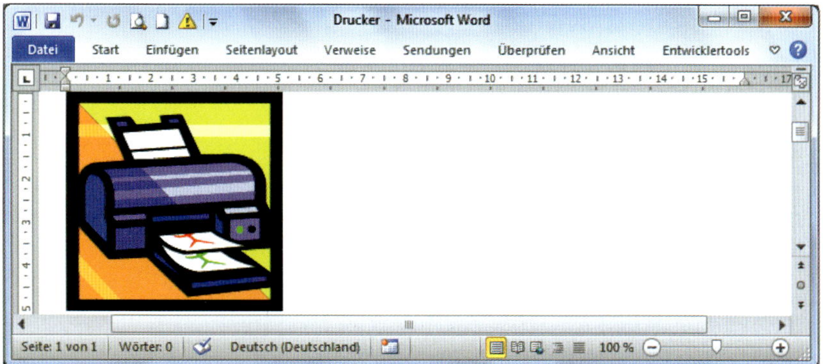

- Öffnen Sie ein neues Dokument. Klicken Sie im Register **Einfügen** in der Gruppe **Illustrationen** die Schaltfläche **Grafik** an.

- Im nachfolgenden Fenster **Grafik einfügen** können Sie einen Ordner mit Grafiken bestimmen und eine Grafik aussuchen.

24.2.2 Bearbeiten eines ClipArts oder einer Grafik

Für die Bearbeitung einer Grafik oder eines ClipArts stehen nach der Markierung des Objekts im Register **Bildtools/Format** viele Möglichkeiten zur Verfügung. Sie sollten genutzt werden, wenn auf den Einsatz einer Bildbearbeitungssoftware verzichtet werden soll, kann oder muss.

> **Bearbeitungsschritte:**
>
> - Öffnen Sie das Dokument *Drucker*. Markieren Sie die Grafik. Das Register **Bildtools/Format** wird eingeblendet.
>
> 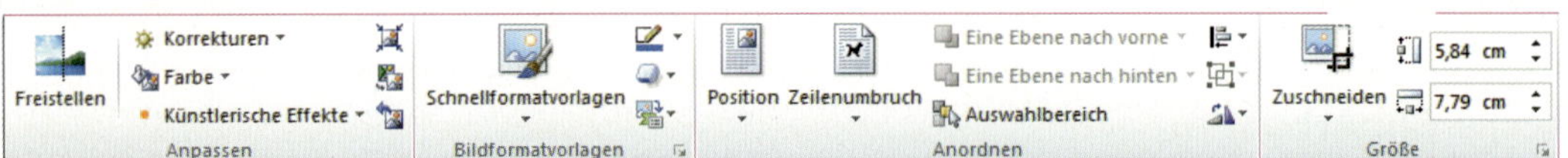
>
> - Klicken Sie im Register **Bildtools/Format** in der Gruppe **Bildformatvorlagen** die Schaltfläche **Schnellformatvorlagen** an.
>
> 
>
> - Mögliche Ergebnisse könnten beispielsweise so aussehen:
>
>   
>
> - Klicken Sie jeweils nach dem Auswählen einer Schnellformatvorlage im Register **Bildtools/Format** in der Gruppe **Anpassen** die Schaltfläche **Grafik zurücksetzen** an. Der Originalzustand der Grafik wird wieder hergestellt.
>
> 
>
> - Klicken Sie im Register **Bildtools/Format** in der Gruppe **Bildformatvorlagen** die Schaltfläche **Form formatieren** an.
>
> 
>
> - Das Fenster **Grafik formatieren** wird eingeblendet. Außerdem können Sie das Bild über die Möglichkeiten der Schaltfläche **Neu einfärben** verändern.
>
> 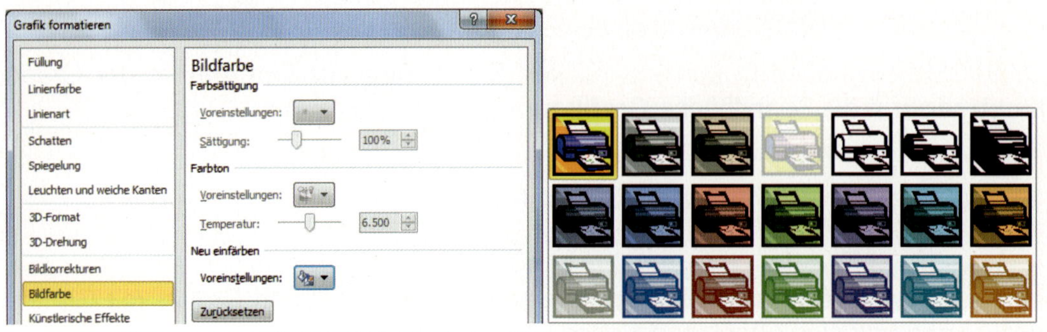

Bearbeitungsschritte (Fortsetzung):

- Mögliche Resultate könnten so aussehen:

- Im Bereich **Bildkorrektur** können Sie bei bestimmten Grafiken und ClipArts den Kontrast und die Helligkeit der Grafik beeinflussen:

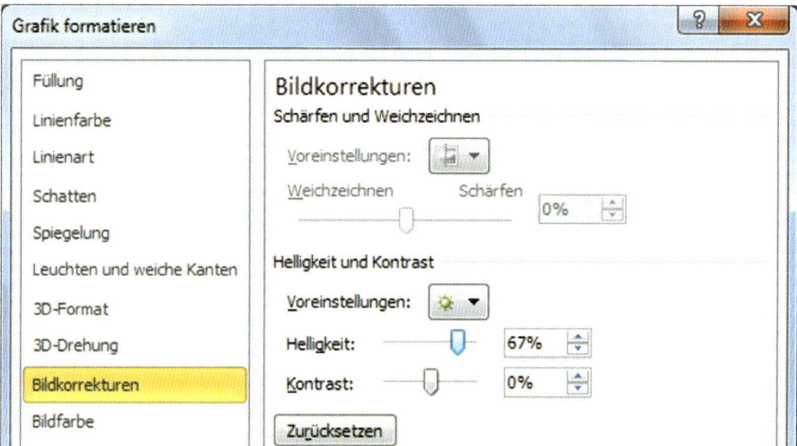

- Probieren Sie einige Möglichkeiten aus. Dabei sollten Sie einfarbige, graduelle und Bild- oder Texturfüllungen nutzen. Setzen Sie die Grafik danach wieder zurück.

- Die Bereiche **Linienfarbe** und **Linienart** sollten gemeinsam genutzt werden.

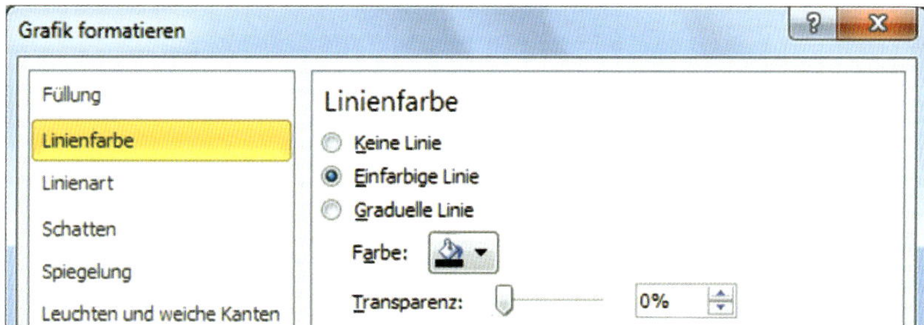

- Mögliche Ergebnisse könnten so aussehen:

- Probieren Sie weitere Möglichkeiten aus, wie beispielsweise das Drehen von Grafiken, das Einfügen von Schatten usw.

24.2.3 Bearbeiten einer Grafik mithilfe des Registers Bildtools/Format

Während die Formatierung über das Fenster **Grafik formatieren** neben Standardeinstellungen auch sehr viele individuelle Einstellungen erlaubt, bietet es sich an, die zur Formatierung einer Grafik vorhandenen Schaltflächen vor allem zum Aufruf von Standardbearbeitungsmöglichkeiten zu nutzen.

Selbstverständlich können jedoch auch individuelle Einstellungen getroffen werden. Dabei wird oftmals dann das Fenster **Grafik formatieren** aufgerufen. Nicht bei allen Grafiken und ClipArts sind alle Einstellungen möglich. Daher werden nachfolgend auch verschiedene Grafiken genutzt.

Gruppe *Anpassen*

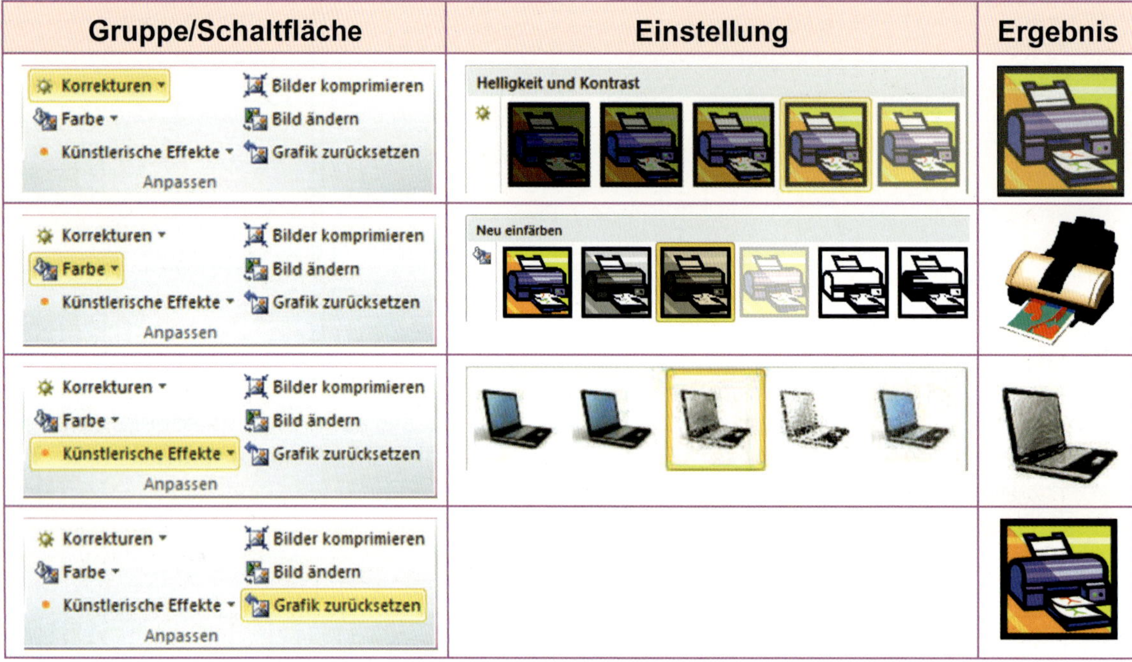

Die weiteren Schaltflächen ermöglichen die Komprimierung des Bildes und das Laden eines anderen Bildes, welches das bisher dargestellte Bild ersetzt.

Gruppe *Bildformatvorlagen*

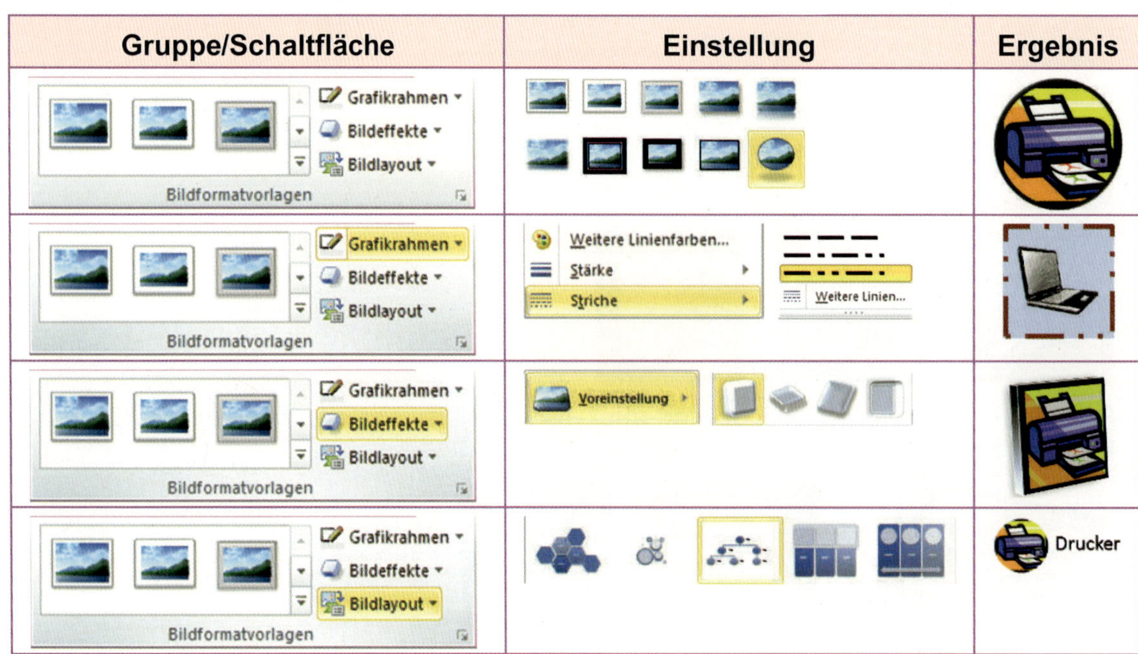

Gruppe *Anordnen*

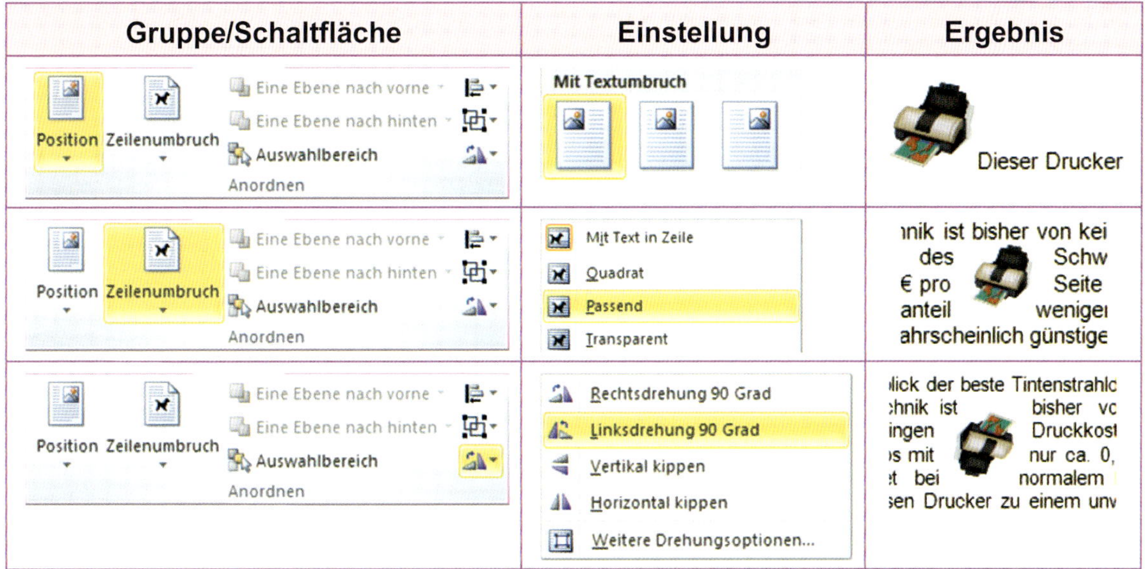

Gruppe/Schaltfläche	Einstellung	Ergebnis
Position Zeilenumbruch / Eine Ebene nach vorne / Eine Ebene nach hinten / Auswahlbereich — Anordnen	**Mit Textumbruch**	Dieser Drucker
Position Zeilenumbruch / Eine Ebene nach vorne / Eine Ebene nach hinten / Auswahlbereich — Anordnen	Mit Text in Zeile / Quadrat / **Passend** / Transparent	ınik ist bisher von kei des Schw € pro Seite anteil weniger ahrscheinlich günstige
Position Zeilenumbruch / Eine Ebene nach vorne / Eine Ebene nach hinten / Auswahlbereich — Anordnen	Rechtsdrehung 90 Grad / **Linksdrehung 90 Grad** / Vertikal kippen / Horizontal kippen / Weitere Drehungsoptionen…	ılick der beste Tintenstrahlc ːhnik ist bisher vc ıngen Druckkosl ıs mit nur ca. 0, ıt bei normalem ısen Drucker zu einem unv

Der Textumbruch kann sehr unterschiedlich gestaltet werden. Im Kapitel *Bilder und Diagramme* wird im Bereich der Textverarbeitung anhand von Beispielen der Sachverhalt erklärt.

Da eine PowerPoint-Präsentation in der Regel keine längeren Texte enthalten sollte, ist der Sachverhalt zwar auf Präsentationen übertragbar, ein Einsatz dieser Möglichkeiten sollte jedoch genau überlegt werden.

Gruppe *Größe*

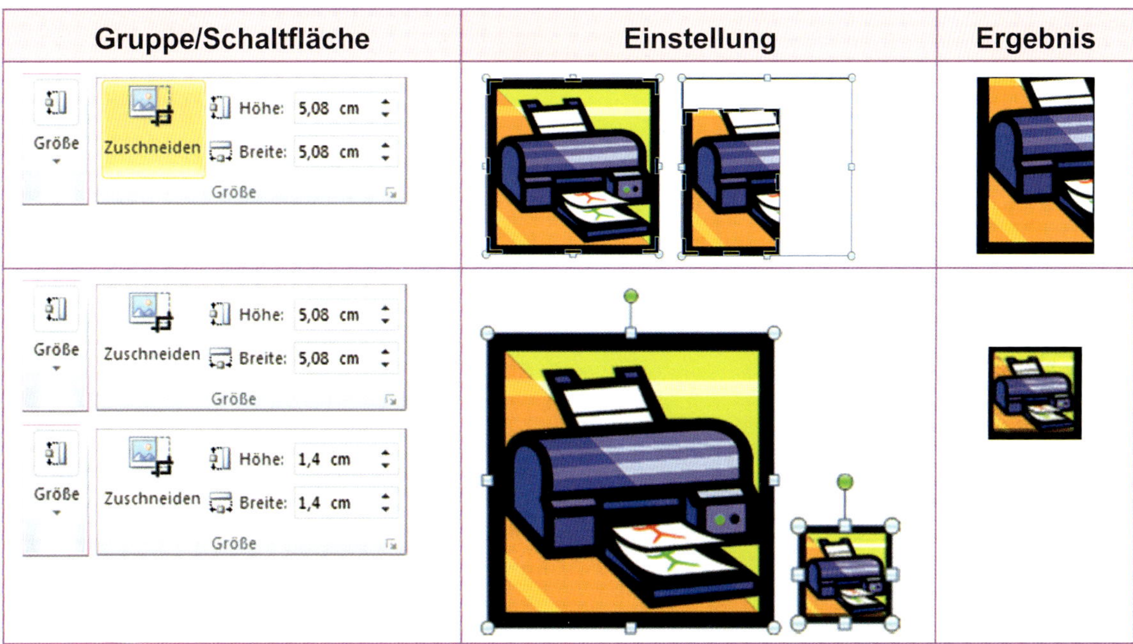

Gruppe/Schaltfläche	Einstellung	Ergebnis
Größe Zuschneiden — Höhe: 5,08 cm — Breite: 5,08 cm — Größe		
Größe Zuschneiden — Höhe: 5,08 cm — Breite: 5,08 cm — Größe		
Größe Zuschneiden — Höhe: 1,4 cm — Breite: 1,4 cm — Größe		

Die Größe einer Grafik kann über die Anfasser an den Seiten und Ecken verändert werden. Nach Anfahren des grünen Anfassers mit der Maus kann die Grafik beliebig gedreht werden. Dies kann auch über die Schaltfläche **Drehen** in der Gruppe **Anordnen** erreicht werden.

24.2.4 Transparente Farbe – Freistellen eines Teils der Grafik

In Bildern und ClipArts können bestimmte Farben transparent gestellt werden. Dies bedeutet, dass Bereiche einer Grafik die Hintergrundfarbe eines Textes usw. annehmen. Derselbe Effekt lässt sich meistens durch das Freistellen einer Grafik erreichen. Dabei werden nicht erwünschte Teile einer Grafik automatisch entfernt.

Bearbeitungsschritte:

- Erstellen Sie eine neue Datei. Klicken Sie im Register **Seitenlayout** in der Gruppe **Seitenhintergrund** die Schaltfläche **Seitenfarbe** an. Bestimmen Sie eine Farbe, eventuell auch über den Menüpunkt **Fülleffekte** einen Farbverlauf.

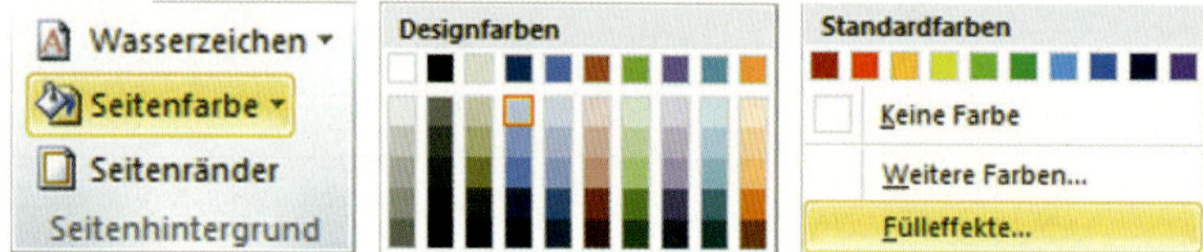

- Fügen Sie eine Grafik ein, möglichst mit einer großen einfarbigen Fläche. Markieren Sie die Grafik.

- Klicken Sie im Register **Bildtools/Format** in der Gruppe **Anpassen** die Schaltfläche **Farbe** an. Wählen Sie den Menüpunkt **Transparente Farbe bestimmen**.

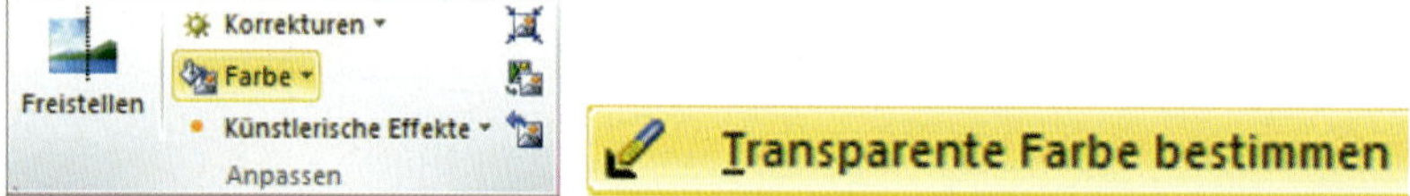

- Der Mauszeiger ändert sich. Gehen Sie mit der Maus auf eine Fläche, z. B. auf den weißen Hintergrund. Klicken Sie danach mit der Maus auf die Fläche.

- Der Fläche passt sich dem Hintergrund an. Die Darstellung wirkt harmonischer.

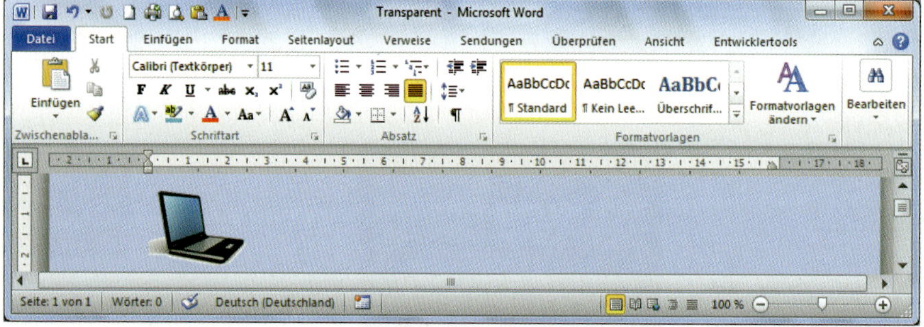

- Machen Sie den Vorgang rückgängig. Markieren Sie die Grafik. Klicken Sie im Register **Bildtools/Format** in der Gruppe **Anpassen** die Schaltfläche **Freistellen** an. Die Grafik wird rot markiert. Die Schaltflächen des Registers **Bildtools/Format** ändern sich. Nach Anklicken der Schaltfläche **Änderungen beibehalten** in der Gruppe **Schließen** wird die Grafik freigestellt. Das Ergebnis gleicht dem vorherigen.

- Mit den Schaltflächen der Gruppe **Verfeinern** wird ein unbefriedigendes Ergebnis verbessert.

24.3   Screenshot

Ein Screenshot stellt einen Bildschirmausschnitt oder einen gesamten Bildschirm zur Verfügung. Der ausgeschnittene Bereich kann dann beispielsweise in ein Dokument eingefügt werden oder als Anhang mit einer Mail versandt werden.

Bearbeitungsschritte:

- Öffnen Sie das Programm **Word**. Öffnen Sie nacheinander Dokumente in verschiedenen Programmen, z. B. wie z. B. **Excel**, einen Internet-Browser und **PowerPoint**.

- Klicken Sie im Register **Einfügen** in der Gruppe **Illustrationen** die Schaltfläche **Screenshot** an. Die verfügbaren Fenster werden angezeigt:

- Klicken Sie mit der Maus auf ein Fenster. Der gesamte Inhalt des Fensters wird in das Dokument eingefügt.

- Um nur einen Bildschirmausschnitt eines bestimmten Programms auszuschneiden, müssen Sie zunächst das Programm in der Taskleiste aufrufen, aus dem der Bildschirmausschnitt kommen soll.

- Gehen Sie zum Programm **Word** zurück. Klicken Sie im Register **Einfügen** in der Gruppe **Illustrationen** die Schaltfläche **Screenshot** an. Das zuletzt aufgerufene Programm wird als Erstes angezeigt. Aus diesem Programm kann ein Ausschnitt ausgeschnitten werden. Wählen Sie den Menüpunkt **Bildschirmausschnitt**.

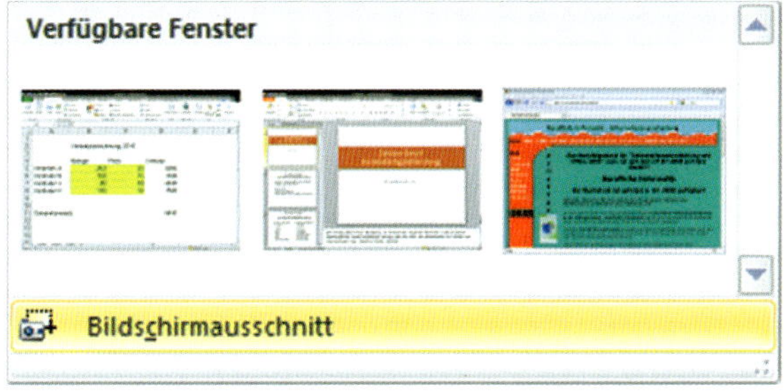

- Der ausgewählte Bildschirm wird matt dargestellt. Der Mauszeiger verändert sich in ein Kreuz. Danach können Sie mit der Maus einen Bereich festlegen, der normal dargestellt wird.

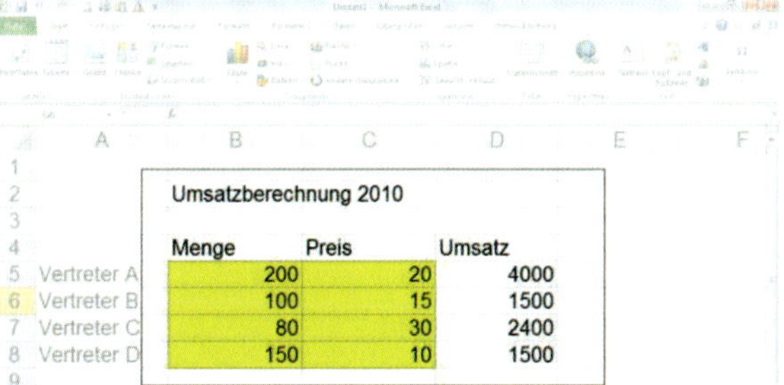

- Mit dem Loslassen der Maustaste wird der ausgeschnittene Bereich in das Word-Dokument eingefügt.

- Die Vorgehensweise ist in anderen Office-Programmen identisch.

24.4   WordArt-Objekte

Mit einem WordArt-Objekt können Sie Überschriften, Inhalte von Zeichnungsobjekten usw. gestalten.

Bearbeitungsschritte:

- Öffnen Sie ein neues Dokument. Klicken Sie im Register **Einfügen** in der Gruppe **Text** die Schaltfläche **WordArt** an. Wählen Sie eine Form aus.

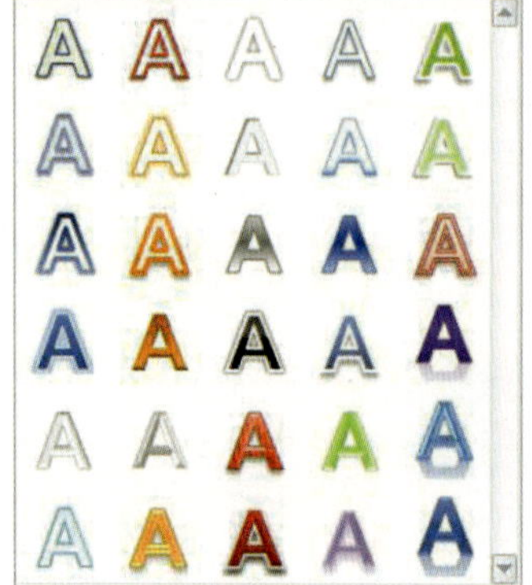

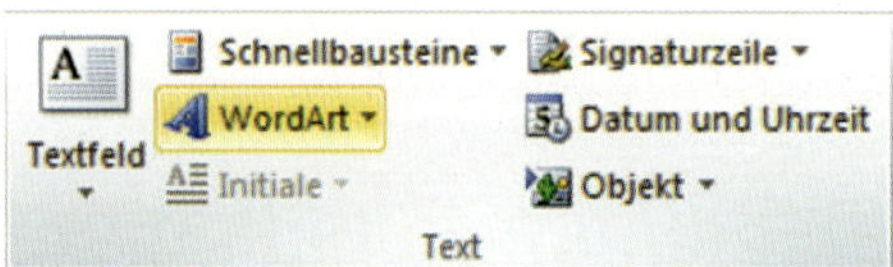

- Verändern Sie den vorgegebenen Text. Das Ergebnis könnte wie folgt aussehen:

- Gleichzeitig wird das Register **Zeichentools/Format** eingeblendet. Über die Schaltflächen der Gruppe **Formenarten** können verschiedene Darstellungen realisiert werden.

- Folgende Texte können beispielsweise realisiert werden:

- Über die Schaltflächen der Gruppe **WordArt-Formate**, die nach Anklicken der Schaltfläche **Schnellformatvorlagen** eingeblendet werden, lassen sich weitere Effekte erzielen.

- Veränderte Objekte könnten beispielsweise so aussehen:

24.5 Formen

24.5.1 Einfügen von Formen

Formen wie Linien, Blockpfeile, Symbole für Flussdiagramme usw. können Dokumente interessanter gestalten.

Bearbeitungsschritte:

- Öffnen Sie ein neues Dokument. Klicken Sie im Register **Einfügen** in der Gruppe **Illustrationen** die Schaltfläche **Formen** an.

- Es werden Formen für verschiedene Anwendungen angeboten:

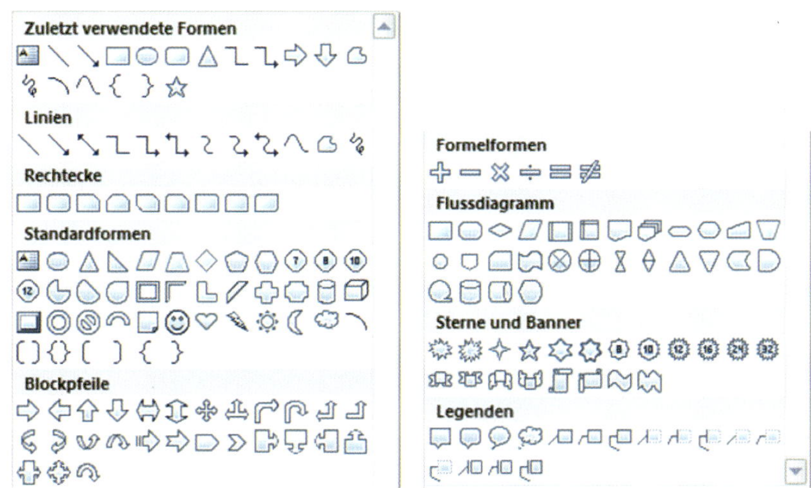

- Ziehen Sie eine Form in das Dokument.

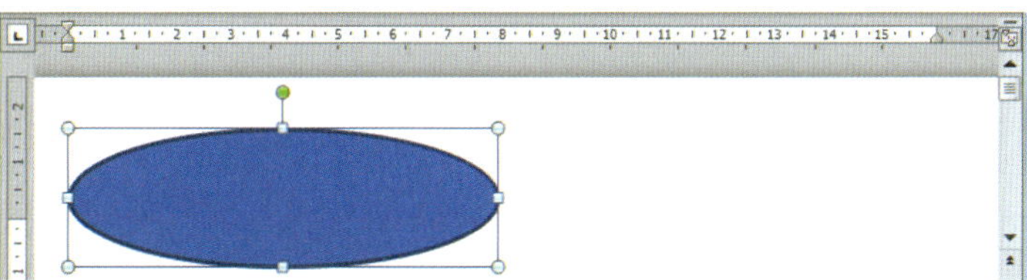

- Gleichzeitig wird das Register **Zeichentools/Format** eingeblendet. Sie können nun die Form formatieren, WordArts einfügen usw. Mithilfe der Schaltfläche **Textfeld** kann zusätzlich ein Text eingefügt werden.

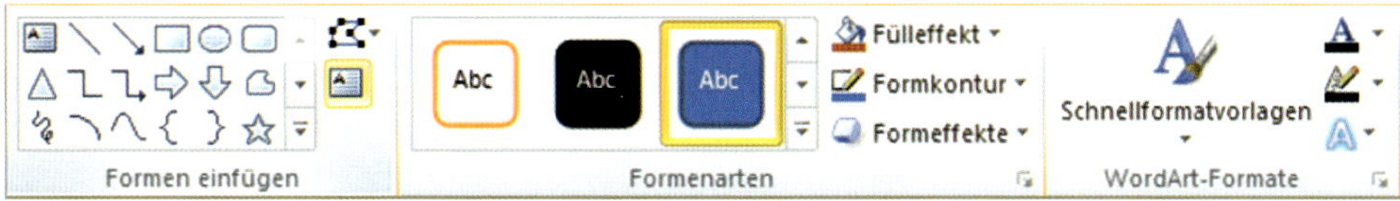

- Mögliche Ergebnisse könnten z. B. so aussehen:

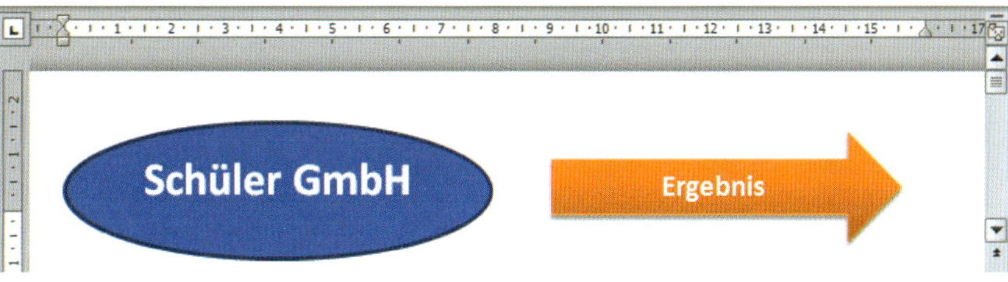

24.5.2 Hintergrundfarben, Linienfarben, Linienstärken und Linienarten

Die Darstellung von Hintergründen usw. kann flexibel gestaltet werden. Dabei können vorgegebene Formenarten, aber auch individuelle Einstellungen genutzt werden.

Bearbeitungsschritte:

- Öffnen Sie das Dokument *Zeichnungsobjekte*. Markieren Sie wie beschrieben das Zeichnungsobjekt.

- Probieren Sie im Register **Zeichentools/Format** in der Gruppe **Formenarten** verschiedene Formen aus. Die Ergebnisse könnten z. B. so aussehen:

- Kehren Sie zur Ursprungsformatierung zurück. Klicken Sie im Register **Zeichentools/Format** in der Gruppe **Formenarten** die Schaltfläche **Fülleffekt** an.

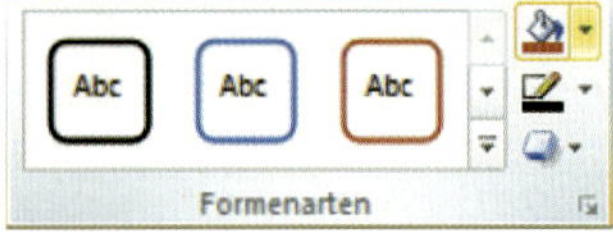

- Sie können danach Farben, Bilder, Farbverläufe usw. als Hintergrund nutzen.

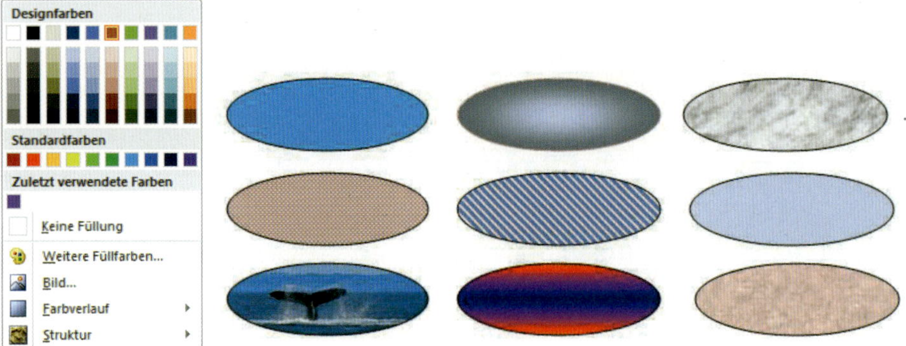

- Neben dem Hintergrund lässt sich auch die Linie eines Objekts in vielfacher Weise beeinflussen. Klicken Sie im Register **Zeichentools/Format** in der Gruppe **Formenarten** die Schaltfläche **Formkontur** an. Außerdem können die Formenarten genutzt werden.

- Die Linienstärke und die Linienart können ebenso wie ein Muster gewählt werden.

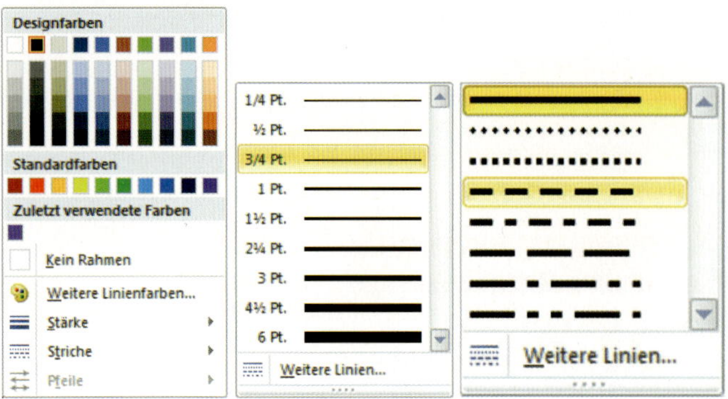

Bearbeitungsschritte (Fortsetzung):

- Erstellen Sie die folgenden Objekte. Um einige dieser Effekte zu erreichen, müssen Sie die Komponenten nacheinander über die Schaltfläche **Formkultur** hinzufügen:

24.5.3 Schatteneffekte

Ein Schatten kann ein Objekt optisch aufwerten und/oder die Bedeutung einer bestimmten Aussage aufwerten.

Bearbeitungsschritte:

- Klicken Sie im Register **Zeichentools/Format** in der Gruppe **Schatteneffekte** die Schaltfläche **Form formatieren** an.

- Wählen Sie den Bereich **Schatten** aus. Im Bereich **Voreinstellungen** können Sie vorgegebene Formen nutzen. Außerdem können Sie im Bereich **Farbe** Farben auswählen. Individuelle Einstellungen lassen sich über die zur Verfügung stehenden Regler festlegen.

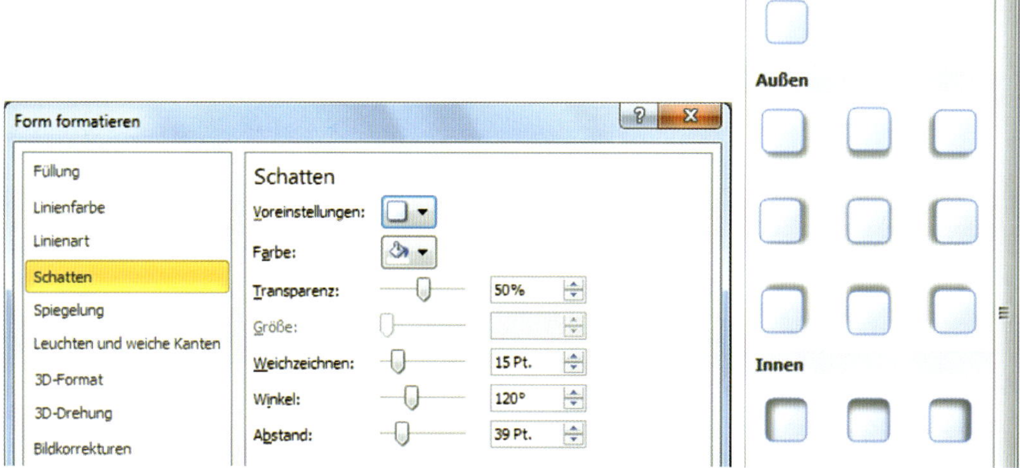

- Mögliche Ergebnisse können beispielsweise so aussehen:

- Probieren Sie weitere Schatteneffekte aus.

24.6   Objekte

24.6.1   Einfügen eines bereits erstellten Objekts

Die einfachste Möglichkeit, Objekte in ein Dokument einzufügen, ist, ein bereits erstelltes Objekt aufzurufen. Wenn Sie das Beispiel nachvollziehen wollen, werden Sie selbstverständlich ein anderes als das gezeigte Objekt nutzen müssen. Die Vorgehensweise ist jedoch identisch.

Bearbeitungsschritte:

- Öffnen Sie ein neues Dokument. Klicken Sie im Register **Einfügen** in der Gruppe **Text** die Schaltfläche **Objekt** und danach das Register **Aus Datei erstellen** an. Sie können dann nach Anklicken der Schaltfläche **Durchsuchen** eine Datei im Fenster **Objekt** bestimmen.

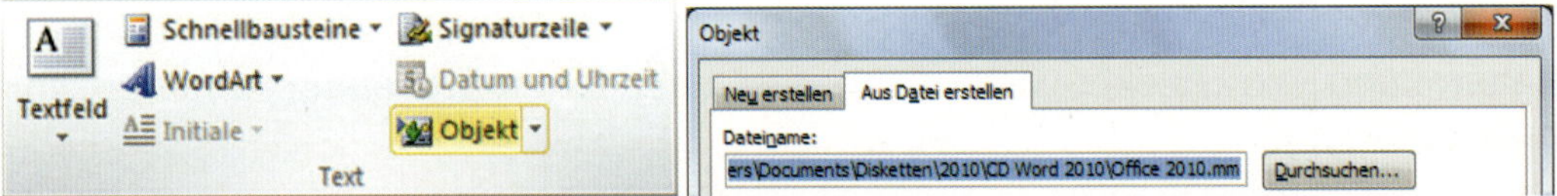

- Klicken Sie die Schaltfläche **OK** im Fenster **Objekt** an. Das Objekt wird eingefügt. Je nach Objekt wird es angezeigt oder kann durch einen Doppelklick aufgerufen werden. Eventuell muss das Programm bestimmt werden, mit dem die Datei geöffnet werden soll. Im dargestellten Beispiel ist es das Programm **FreeMind**.

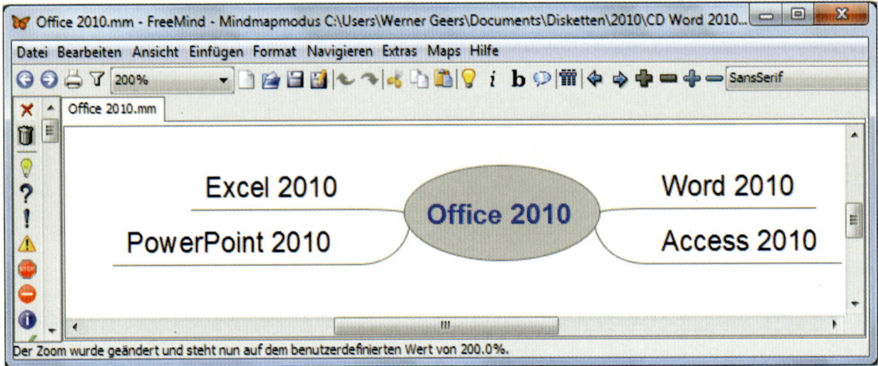

24.6.2   Einfügen eines zu erstellenden Objekts

Die zweite Möglichkeit ergibt sich aus der Erstellung eines neu zu erstellenden Objekts.

Bearbeitungsschritte:

- Öffnen Sie ein neues Dokument. Klicken Sie im Register **Einfügen** in der Gruppe **Text** die Schaltfläche **Objekt** und danach im Fenster **Objekt** die Registerkarte **Neu erstellen** an. Sie können dann einen **Objekttyp** auswählen und ein Objekt erstellen.

24.7 Formeln

In Texten aber auch in Tabellen werden immer wieder Formeln benötigt. Grundsätzlich lässt sich eine Formel mit verschiedenen Office-Programmen erstellen, in **Word** befindet sich der leistungsfähigste und neueste Formeleditor. Formeln können problemlos kopiert und dann in ein anderes Office-Programm eingefügt werden, z. B. in die Programme **Excel** oder **PowerPoint**.

Am Beispiel des Erstellens einer Formel (Zinseszins) soll das Einfügen einer Formel gezeigt werden. Die Formelerstellung ist sicherlich nicht ganz einfach zu realisieren, zeigt jedoch die enormen Möglichkeiten dieses Programmteils.

Bearbeitungsschritte:

- Öffnen Sie im Programm **Word** ein neues Dokument.

- Klicken Sie im Register **Einfügen** in der Gruppe **Symbole** die Schaltfläche **Formel** an. Das Register **Formeltools/Entwurf** wird eingeblendet. Klicken Sie in der Gruppe **Symbole** die Schaltfläche **Formel** an.

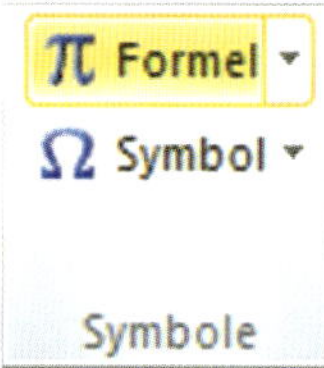

- Der Bereich, in dem eine Formel eingegeben werden kann, wird eingeblendet:

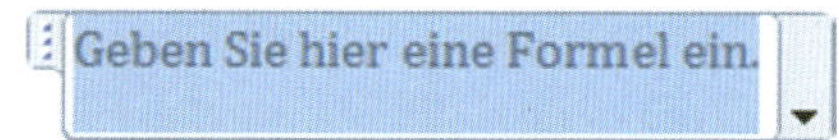

- Außerdem stehen die Gruppen **Symbole** und **Strukturen** im Register **Formeltools/Entwurf** zur Erstellung der Formel zur Verfügung.

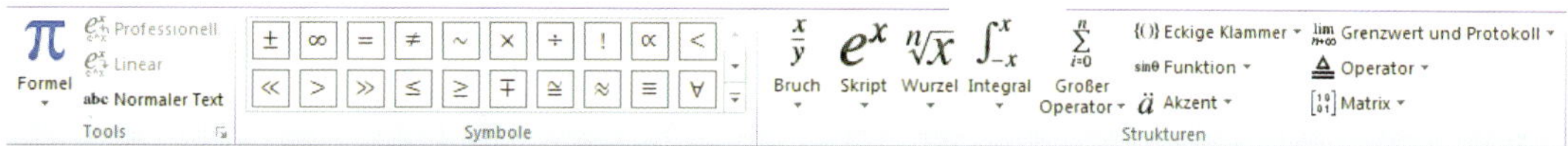

- Klicken Sie die Schaltfläche **Script** in der Gruppe **Strukturen** und danach die angegebene Option *Tiefgestellt* an.

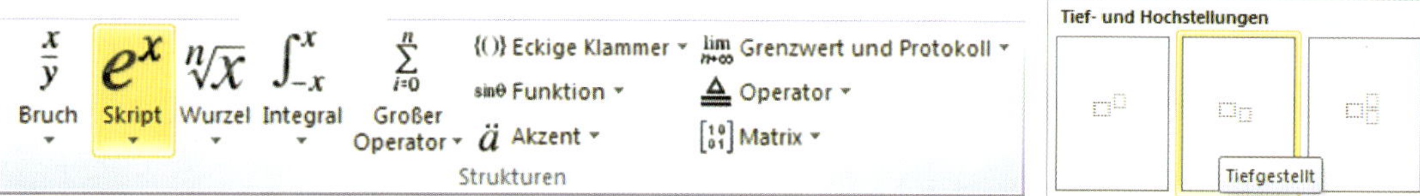

- Geben Sie den ersten Teil der Formel ein:

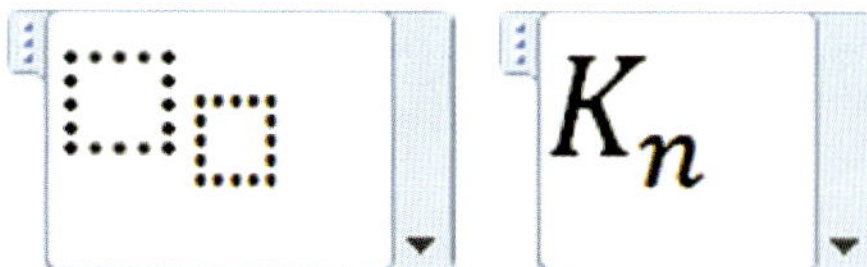

- Gehen Sie mit der Taste **Pfeil nach rechts** [→] einen Schritt nach vorne. Dadurch wird der Cursor wieder in die Mitte gestellt. Klicken Sie danach die Schaltfläche **Gleich** in der Gruppe **Symbole** an.

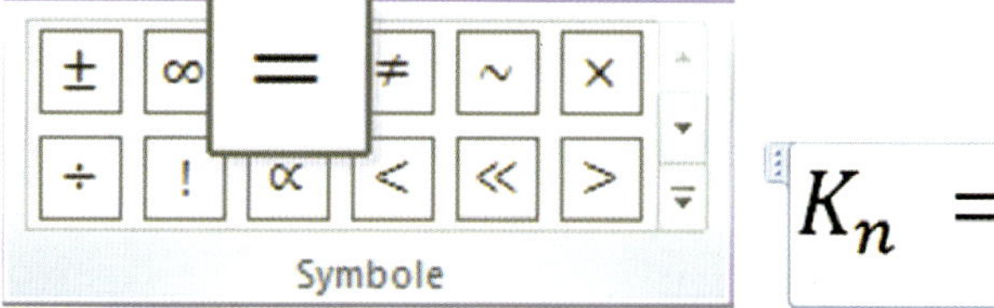

Bearbeitungsschritte (Fortsetzung):

- Ergänzen Sie die Formel:

$$K_n = K_0 *$$

- Klicken Sie die Schaltfläche **Eckige Klammern** in der Gruppe **Strukturen** an. Wählen Sie die angezeigte runde Klammer aus:

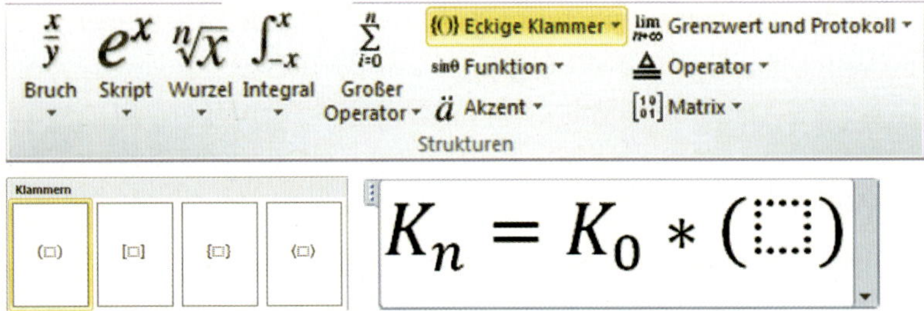

$$K_n = K_0 * (\square)$$

- Markieren Sie den Eingabebereich in der Klammer. Geben Sie danach den folgenden Bereich der Formel ein:

$$K_n = K_0 * (1 +)$$

- Klicken Sie die Schaltfläche **Bruch** in der Gruppe **Strukturen** an.

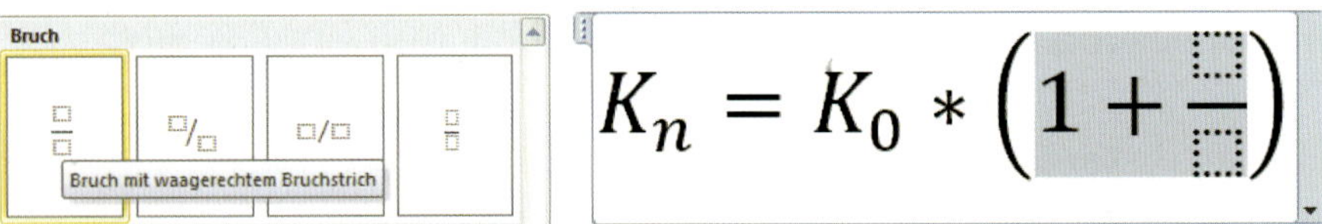

$$K_n = K_0 * \left(1 + \frac{\square}{\square}\right)$$

- Vervollständigen Sie die Formel. Markieren Sie danach die Klammer samt Inhalt.

$$K_n = K_0 * \left(1 + \frac{p}{100}\right) \qquad K_n = K_0 * \left(1 + \frac{p}{100}\right)$$

- Klicken Sie die Schaltfläche **Script** in der Gruppe **Strukturen** und danach die angegebene Option *Hochgestellt* an.

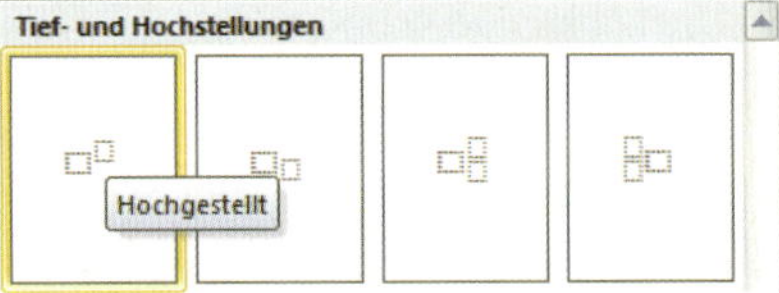

- Schließen Sie die Bearbeitung der Formel ab:

$$K_n = K_0 * \left(1 + \frac{p}{100}\right) \qquad K_n = K_0 * \left(1 + \frac{p}{100}\right)^n \qquad K_n = K_0 * \left(1 + \frac{p}{100}\right)^n$$

- Zum Speichern der Formel klicken Sie auf den Pfeil neben der Formel.

$$K_n = K_0 * \left(1 + \frac{p}{100}\right)^n$$

- Danach können Sie die Formel über die Schaltfläche **Formel** abrufen.

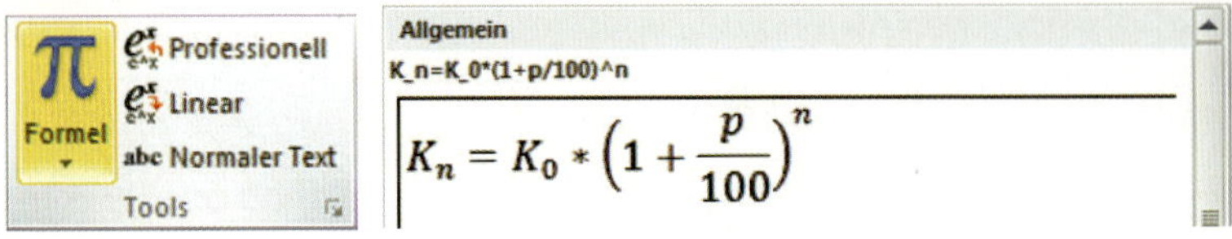

24.8 SmartArt-Grafiken

24.8.1 Erstellung von SmartArt-Grafiken

Schematische Darstellungen, die Sachverhalte verdeutlichen, Hierarchien darstellen usw., gewinnen bei der Gestaltung von Dokumenten eine immer größere Bedeutung. Die Office-Programme stellen eine Reihe von Möglichkeiten zur Verfügung. Umfangreiche Formatierungsmöglichkeiten ermöglichen individuelle Darstellungen.

Bearbeitungsschritte:

- Öffnen Sie ein neues Dokument. Klicken Sie im Register **Einfügen** in der Gruppe **Illustrationen** die Schaltfläche **SmartArt** an. In verschiedenen Office-Programmen enthält die Gruppe unterschiedliche Schaltflächen, die Möglichkeiten nach Anklicken der Schaltfläche **SmartArt** sind jedoch identisch.

- Wählen Sie im Fenster **SmartArt-Grafik auswählen** die Option **Pyramide** aus.

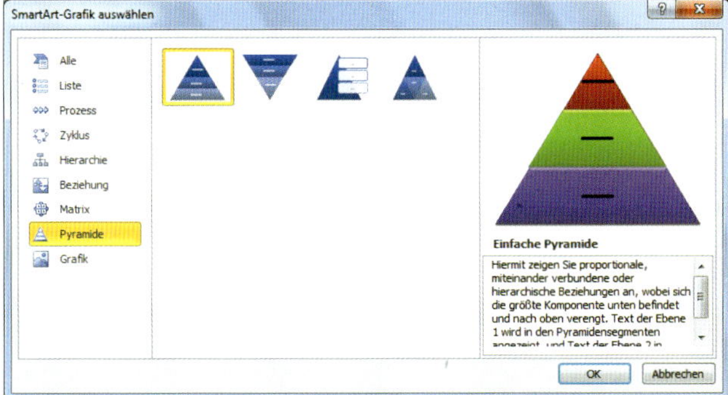

- Nach dem Anklicken der Schaltfläche **OK** können Sie nun den Text direkt in der Darstellung oder in dem Textfeld links daneben eingeben:

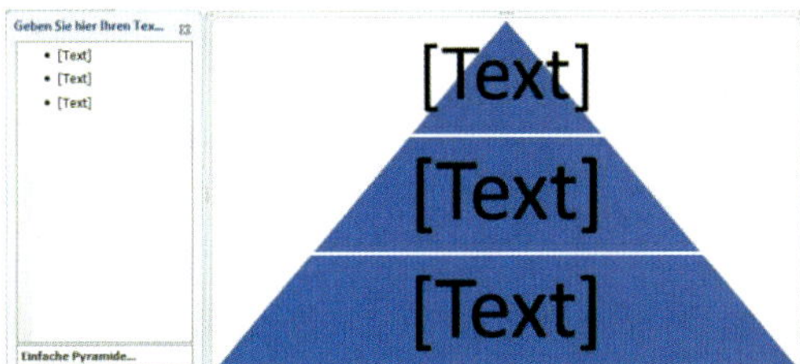

- Das Ergebnis sollte in etwa so aussehen:

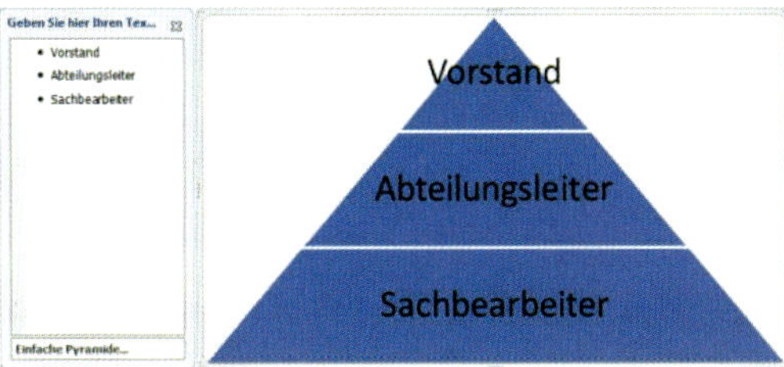

- Beim Erstellen oder späteren Anklicken der Pyramide werden die Register **Smart-Art-Tools/Entwurf** und **SmartArt-Tools/Format** eingeblendet. Die Darstellung usw. kann mithilfe der zur Verfügung gestellten Schaltfläche geändert werden.

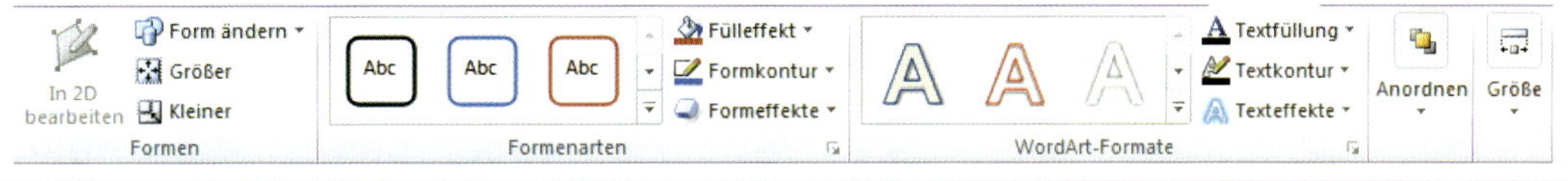

Bearbeitungsschritte (Fortsetzung):

- Markieren Sie den Bereich *Sachbearbeiter*. Klicken Sie danach im Register **Smart-Art-Tools/Entwurf** in der Gruppe **Grafik erstellen** die Schaltfläche **Form hinzufügen** an. Fügen Sie ein Element danach ein.

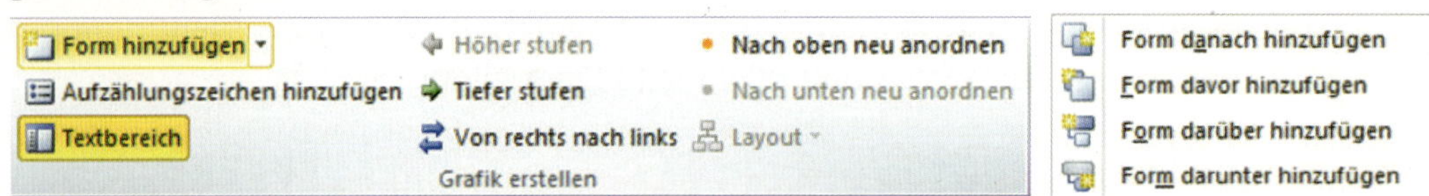

- Das Ergebnis sieht folgendermaßen aus:

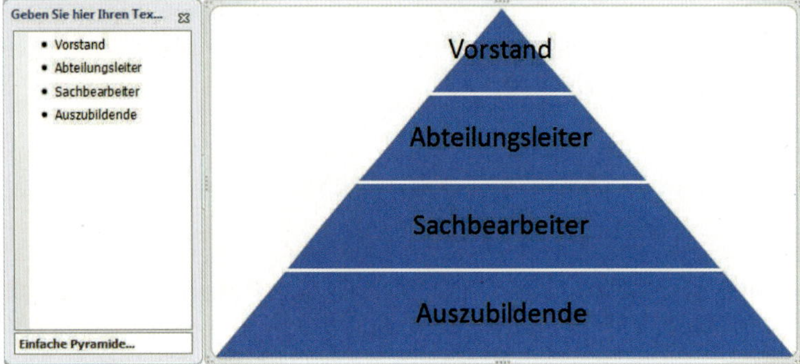

- Klicken Sie die Schaltfläche **Layouts** in der Gruppe **Layouts** im Register **SmartArt-Tools/Entwurf** an. Probieren Sie andere Layouts aus.

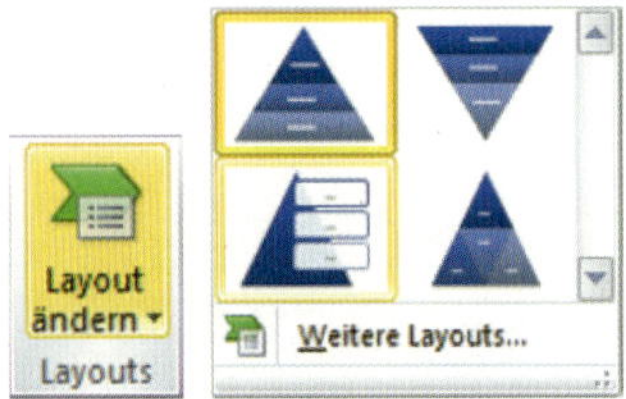

- Ergebnisse könnten so aussehen:

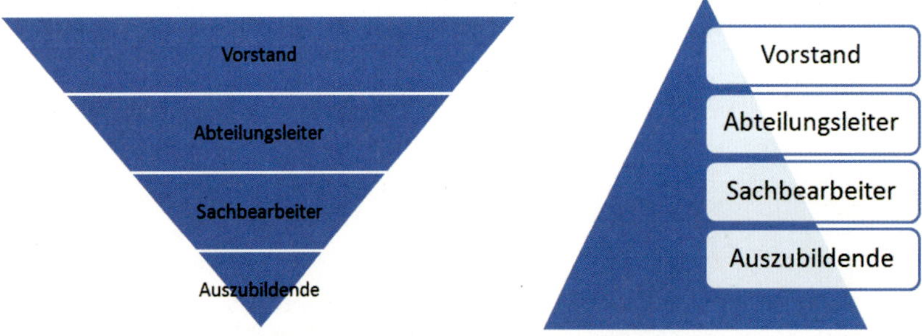

- Die SmartArt-Formatvorlagen und die Farbänderungen bieten zahlreiche Optionen.

- Nachfolgend sehen Sie einige mögliche Darstellungen des Sachverhalts:

Bearbeitungsschritte (Fortsetzung):

- Erstellen Sie zu Übungszwecken folgende SmartArt-Grafiken vom Typ *Zyklus*.

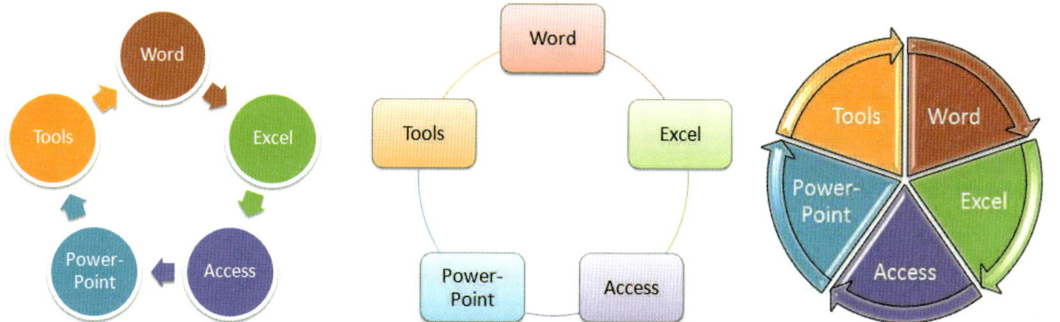

- Erstellen Sie die folgenden SmartArt-Grafiken vom Typ *Prozess*.

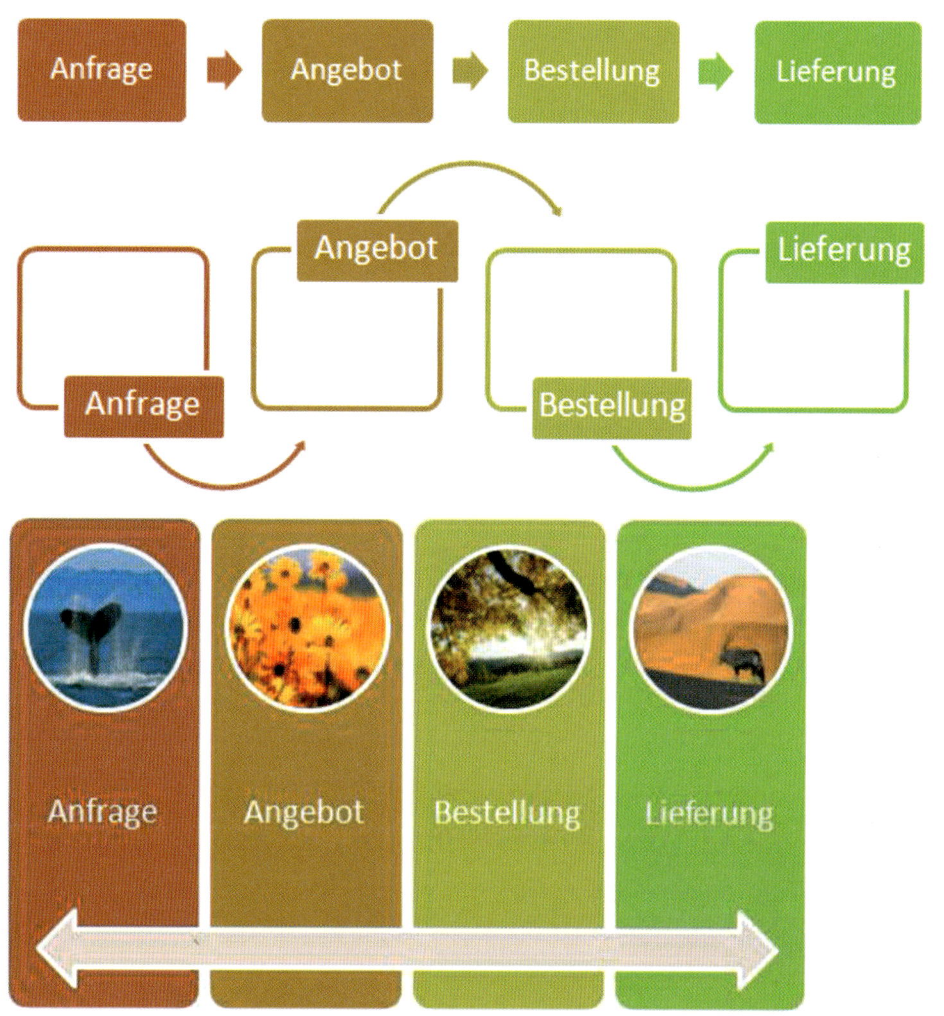

- Erstellen Sie weitere SmartArts aus unterschiedlichen Bereichen.

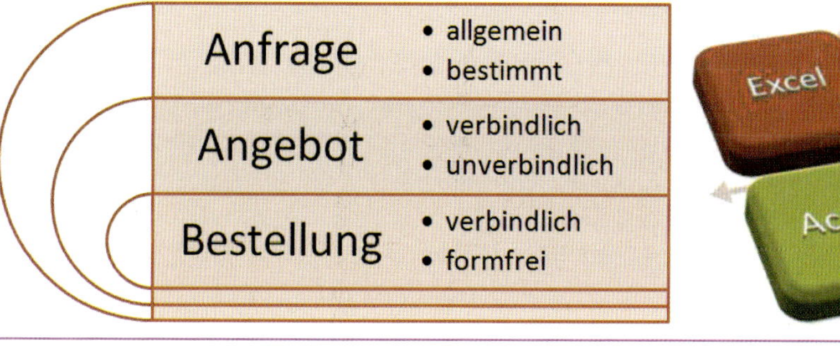

24.8.2 Erstellung von SmartArt-Grafiken mit Bildern

SmartArt-Grafiken können durch Bilder noch aussagekräftiger gestaltet werden. Wenn beispielsweise Produkte, die angegeben werden, gleichzeitig auch noch angezeigt werden, ist dies sicherlich für die Veranschaulichung außerordentlich sinnvoll. Die Bilder sollten eventuell zuvor mit einem Grafikprogramm oder den in Office zur Verfügung stehenden Möglichkeiten bearbeitet werden, beispielsweise in der Bildgröße.

Bearbeitungsschritte:

- Öffnen Sie ein neues Dokument. Klicken Sie im Register **Einfügen** in der Gruppe **Illustrationen** die Schaltfläche **SmartArt** an.

- Wählen Sie im Fenster **SmartArt-Grafik auswählen** die Option **Grafik** aus. Wählen Sie die angezeigte Option aus.

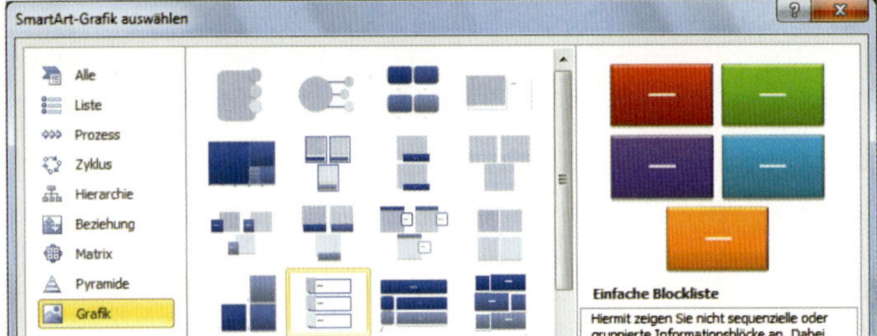

- Nach dem Anklicken der Schaltfläche **OK** können Sie nun den Text direkt in der Darstellung oder in dem Textfeld links daneben eingeben:

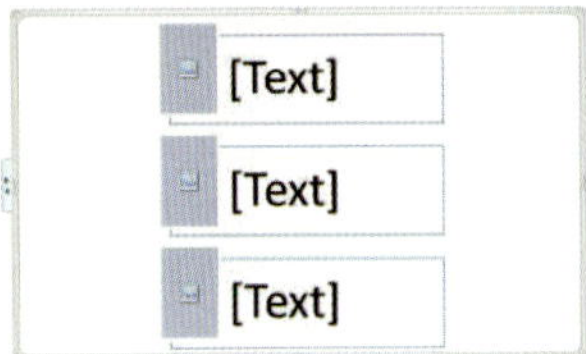

- Das Ergebnis sollte in etwa wie nachfolgend dargestellt aussehen. Dabei ist u. a. zu beachten, dass die Grafiken in ihrer Größe angepasst, die Bereiche, in denen Grafiken eingefügt werden sollten, entsprechend vergrößert oder verkleinert und Formatierungen vorgenommen werden.

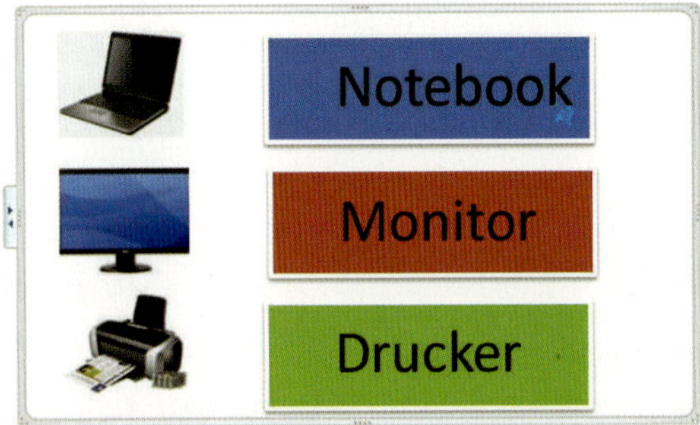

- Beim Erstellen oder späteren Anklicken der SmartArt-Grafik werden die Register **SmartArt-Tools/Entwurf** und **SmartArt-Tools/Format** eingeblendet. Die Darstellung usw. kann mithilfe der zur Verfügung gestellten Schaltfläche geändert werden.

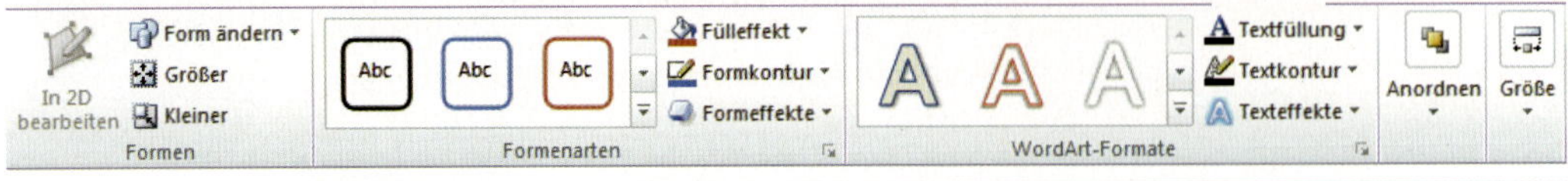

24.9 Organigramme

Als Organigramm bezeichnet man die bildliche Darstellung des Zusammenhangs verschiedener Stellen und ihrer Beziehungen in einer betrieblichen Organisation.

Bearbeitungsschritte:

- Öffnen Sie ein neues Dokument. Klicken Sie im Register **Einfügen** in der Gruppe **Illustrationen** die Schaltfläche **SmartArt** an.

- Es werden die **SmartArt-Tools** mit den Registern **Entwurf** und **Format** eingeblendet. Wählen Sie im Fenster **SmartArt-Grafik auswählen** die Option **Hierarchie** und danach die angezeigte Option aus.

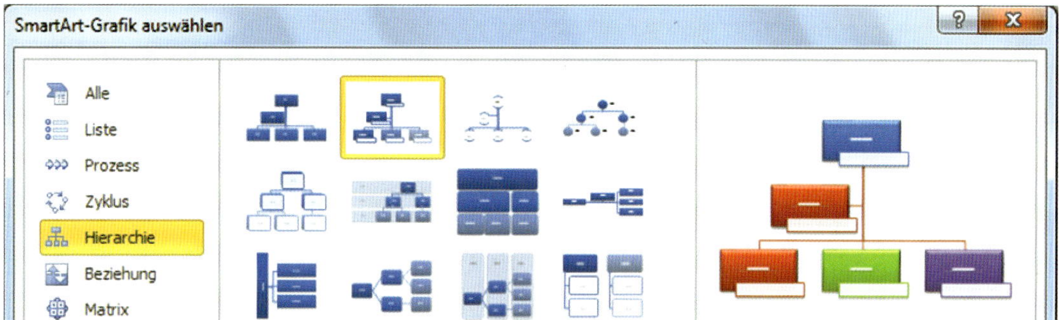

- Das folgende Bild wird eingeblendet. Markieren Sie mit der Maus das in der Darstellung markierte Element.

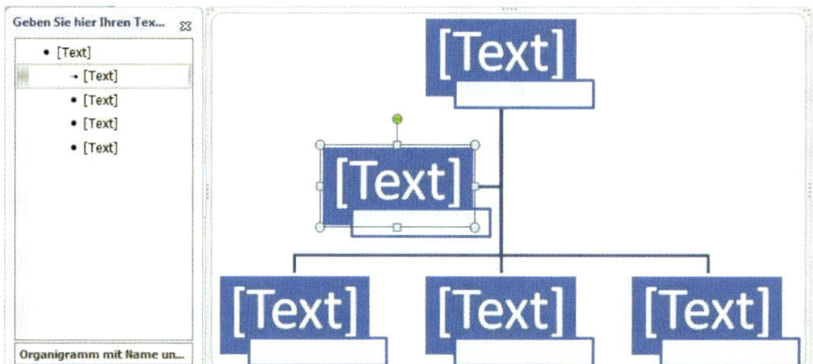

- Entfernen Sie das markierte Element z. B. mit der Taste [**Entf**].

- Markieren Sie danach die Form in der rechten unteren Ecke. Klicken Sie danach im Register **SmartArt-Tools/Entwurf** in der Gruppe **Grafik erstellen** den Pfeil in der Schaltfläche **Form hinzufügen** an. Fügen Sie eine Form danach ein.

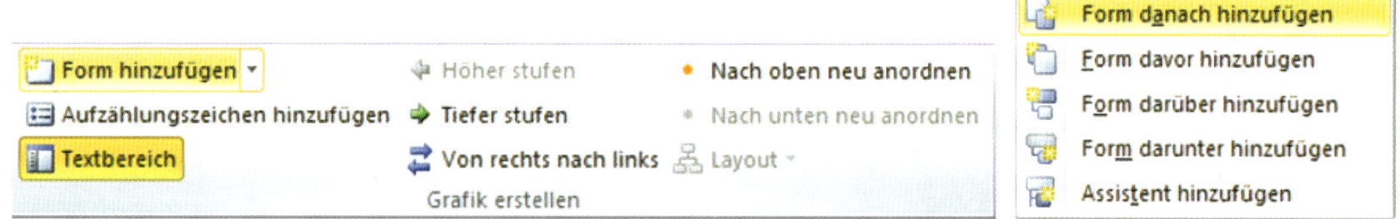

- Als Ergebnis wird eine Form eingefügt. Obwohl kein Texthinweis in der Form vorhanden ist, können Texte wie nachfolgend beschrieben eingegeben werden.

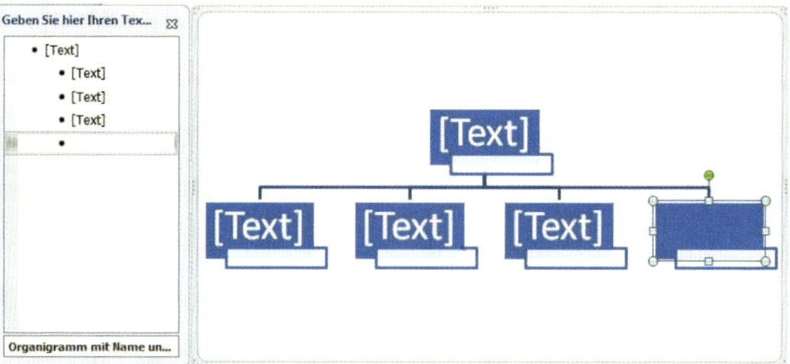

Bearbeitungsschritte (Fortsetzung):

- Geben Sie die folgenden Texte in das Organigramm ein. Außerdem sollten Sie mit der Maus das obere Element größer ziehen und den Text über das Register **Start** in der Gruppe **Schriftart** vergrößern.

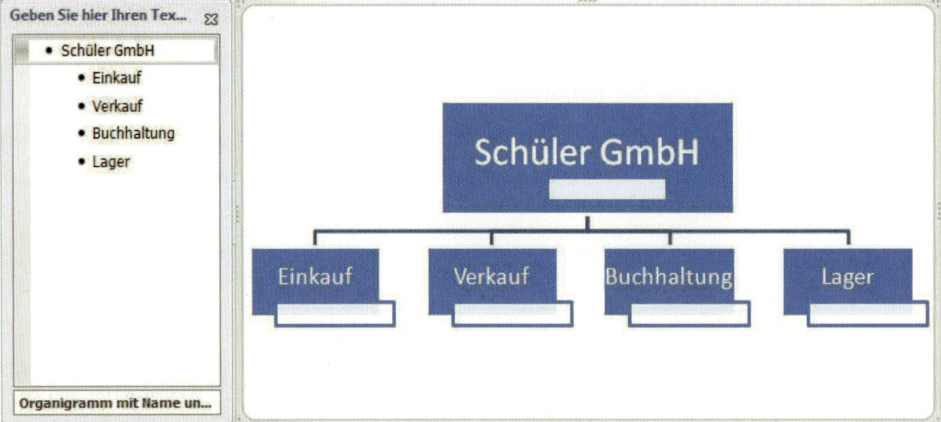

- Ein Element können Sie beispielsweise über die Anfasser vergrößern. Daneben sollten Sie einzelne Elemente markieren und dann beispielsweise formatieren. Dies kann auch über das Kontextmenü, welches Sie über die rechte Maustaste aufrufen, geschehen.

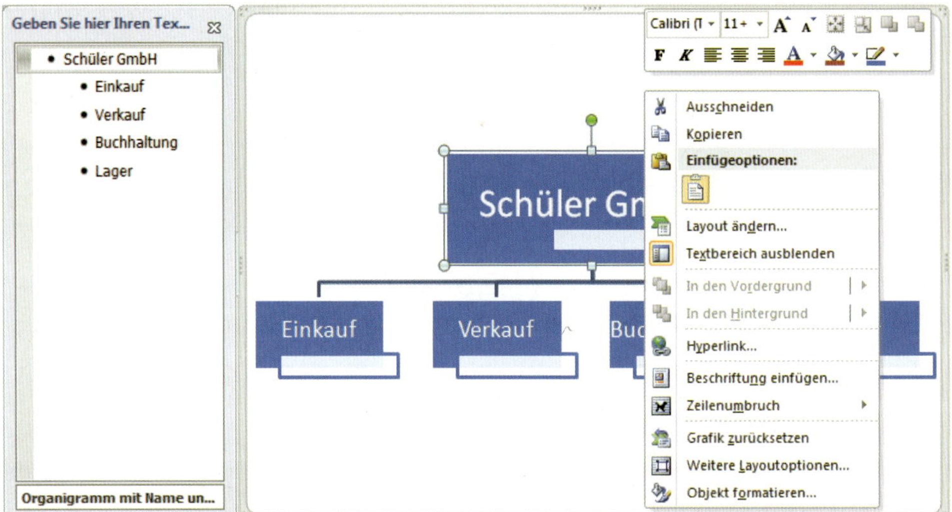

- Fügen Sie einen Assistenten (eine Stabsstelle) hinzu und formatieren Sie die Darstellung z. B. wie dargestellt:

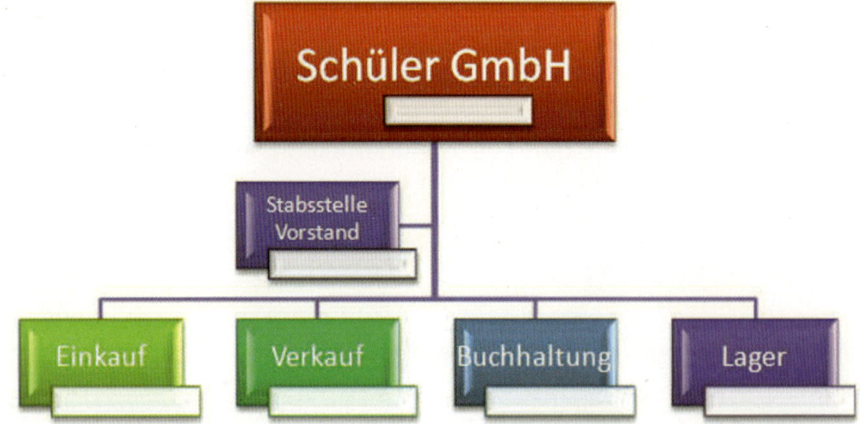

- Fügen Sie weitere Elemente darunter, daneben usw. ein.

24.10 Grafiken und SmartArts

Grafiken und SmartArts können zu einem aussagekräftigen Element zusammengefasst werden. Es bietet sich an, Grafiken beispielsweise mit einer Beschriftung zu versehen, die z. B. ein Produkt benennt, beschreibt usw.

Bearbeitungsschritte:

- Öffnen Sie das Dokument *Drucker*. Markieren Sie die Grafik.

- Klicken Sie im Register **Bildtools/Format** in der Gruppe **Bildformatvorlagen** die Schaltfläche **In eine SmartArt-Grafik konvertieren** an. Die einzelnen Gestaltungsmöglichkeiten werden angezeigt. Durch das Überfahren der einzelnen Schaltflächen mit der Maus können Sie sich die gegebenen Möglichkeiten ansehen. Entscheiden Sie sich für die angezeigte:

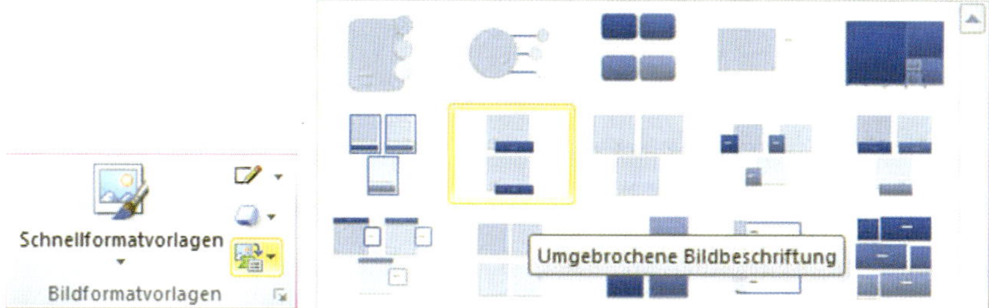

- Als Ergebnis wird zunächst ein Textfeld in die Grafik eingefügt. Anschließend kann ein Text eingegeben werden.

- Automatisch wird das **SmartArt-Tools/Entwurf** eingeblendet. In der Gruppe **SmartArt-Formatvorlagen** können Sie Formen und Farben der Darstellung auswählen.

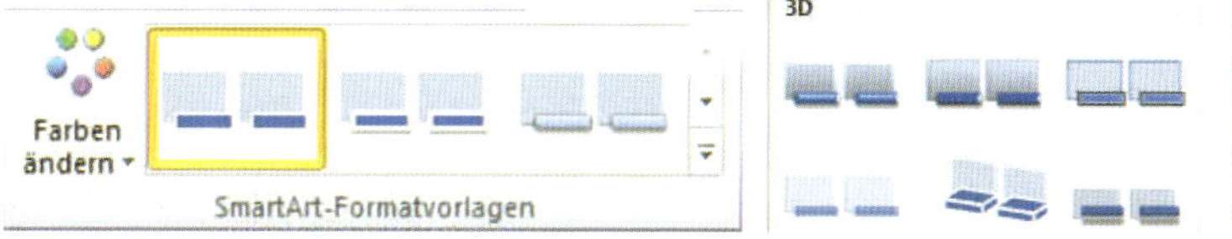

- Das Ergebnis könnte beispielsweise so aussehen:

- Über die Schaltfläche **Von rechts nach links** in der Gruppe **Grafik erstellen** im Register **SmartArt-Tools/Entwurf** können Sie den Text versetzen.

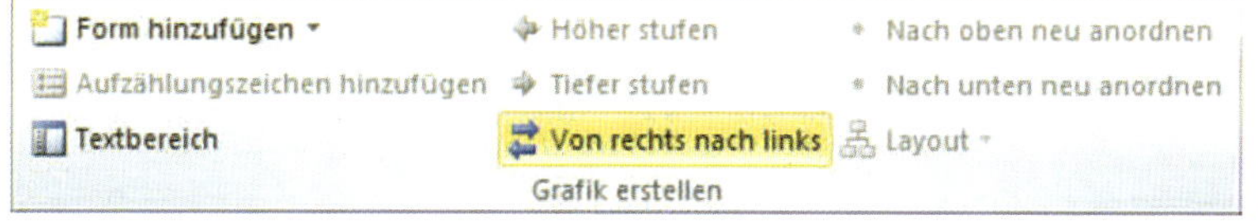

- Über die Schaltfläche **Form hinzufügen** in der Gruppe **Grafik erstellen** im Register **SmartArt-Tools/Entwurf** können Sie weitere Elemente mit verschiedenen Grafiken hinzufügen.

24.11 Textfeld

Ein Textfeld wird eingefügt, um beispielsweise zusätzliche Informationen zur Verfügung zu stellen. Außerdem wird beispielsweise die Aufmerksamkeit des Nutzers besonders gut auf bestimmte Inhalte gelenkt.

Bearbeitungsschritte:

- Erstellen Sie ein neues Textdokument.

- Klicken Sie im Register **Einfügen** in der Gruppe **Text** die Schaltfläche **Textfeld** an. Wählen Sie den Menüpunkt **Textfeld erstellen**.

- Ziehen Sie mit der Maus ein Textfeld auf.

- Geben Sie den folgenden Text ein:

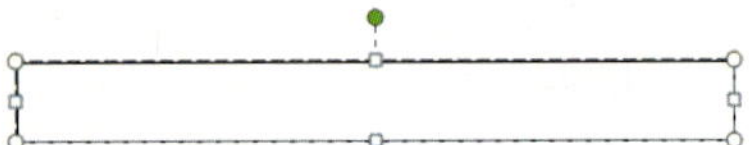

- Über die Anfasser können die Textfelder beliebig in ihrer Größe verändert werden.

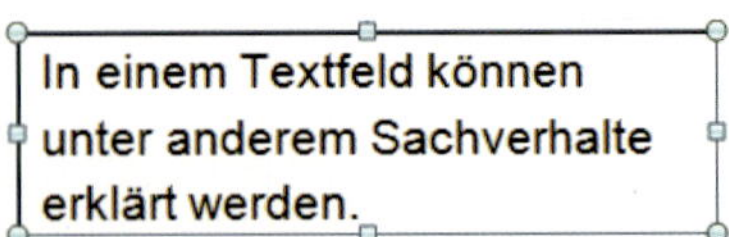

- Mit der Maus kann das Textfeld an eine beliebige Stelle gezogen werden.

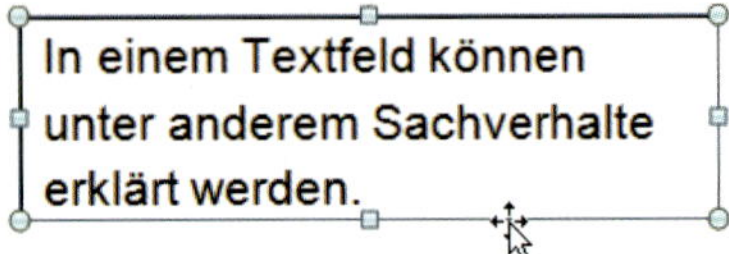

- Erstellen Sie ein neues Textfeld. Geben Sie lediglich das Wort *Word* ein. Klicken Sie danach im Register **Zeichentools/Format** in der Gruppe **Text** die Schaltfläche **Textrichtung** an. Nachfolgend wählen Sie aus, wie der Text dargestellt werden soll.

- Das Ergebnis könnte so aussehen:

- Über die Schaltflächen im Register **Zeichentools/Format** kann das Textfeld beliebig formatiert werden.

24.12   Freihandzeichnung

Mit einer Freihandzeichnung können frei gestaltete Objekte in ein Textdokument, eine Folie usw. eingefügt werden. Selbstverständlich können die Objekte danach nach den eigenen Vorstellungen formatiert werden.

Bearbeitungsschritte:

- Öffnen Sie ein neues Dokument. Klicken Sie im Register **Einfügen** in der Gruppe **Illustrationen** die Schaltfläche **Formen** an. Klicken Sie danach die Schaltfläche **Freihandform** an.

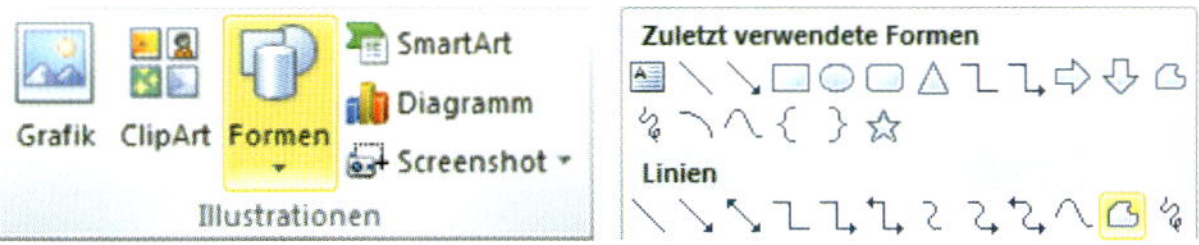

- Der Mauszeiger verändert sich in ein dünnes Kreuz. Fügen Sie mit gedrückter linker Maustaste das erste angezeigte Objekt ein. Der Mauszeiger verändert sich dann in einen Zeichenstift. Wird ein Objekt geschlossen, so wird es automatisch markiert. Wird ein Objekt nicht geschlossen, wird die Zeichnung durch einen Doppelklick mit der Maus abgeschlossen. Fügen Sie daher das zweite dargestellte Objekt auf die beschriebene Weise ein.

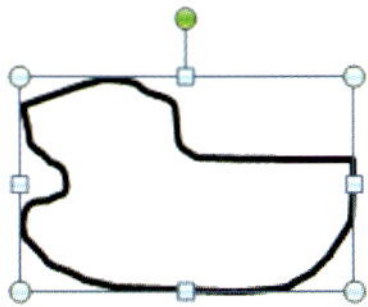 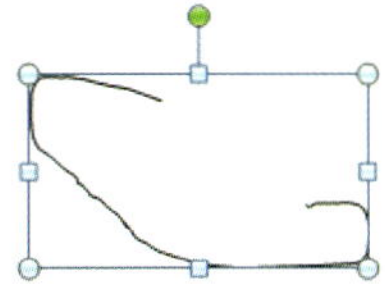

- Formatieren Sie das Objekt wie nachfolgend dargestellt. Probieren Sie auch einige andere Freihandzeichnungen mit entsprechender Formatierung aus.

 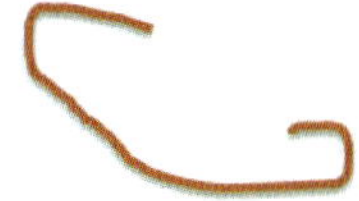

24.13   Pfeile

Mit einer Freihandzeichnung können frei gestaltete Objekte in ein Textdokument, eine Folie usw. eingefügt werden. Selbstverständlich können die Objekte danach nach den eigenen Vorstellungen formatiert werden.

Bearbeitungsschritte:

- Öffnen Sie ein neues Dokument. Klicken Sie im Register **Einfügen** in der Gruppe **Illustrationen** die Schaltfläche **Formen** an. Klicken Sie danach die Schaltfläche **Pfeil nach rechts** an.

- Der Mauszeiger verändert sich in ein dünnes Kreuz. Fügen Sie mit gedrückter linker Maustaste das erste angezeigte Objekt ein. Geben Sie danach auch einen Text ein. Formatieren Sie das Objekt wie nachfolgend dargestellt:

Aufgabe 56:   *Angebot_Computer_Drucker_Scanner*

Erstellen Sie das folgende Dokument:

Schüler GmbH

Bürobedarfsgroßhandlung

Wir können Ihnen aufgrund unserer guten Beziehungen schon jetzt die folgenden Artikel anbieten:

Computer
- AGIB HS
- Uka II
- Intenso 20

Drucker
- Ankone 2
- Litora 008

Scanner
- Andor 17
- Dator HS
- Dator HHS

Bürogroßhandlung
- kompetent
- preisgünstig

Aufgabe 57: *Programmablaufplan*

Erstellen Sie mithilfe von Formen und Pfeilen die nachfolgenden Programmablaufpläne:

Die folgenden Programmablaufpläne beschäftigen sich mit der Zinsrech-
nung und der Auswahl einer Alternative:

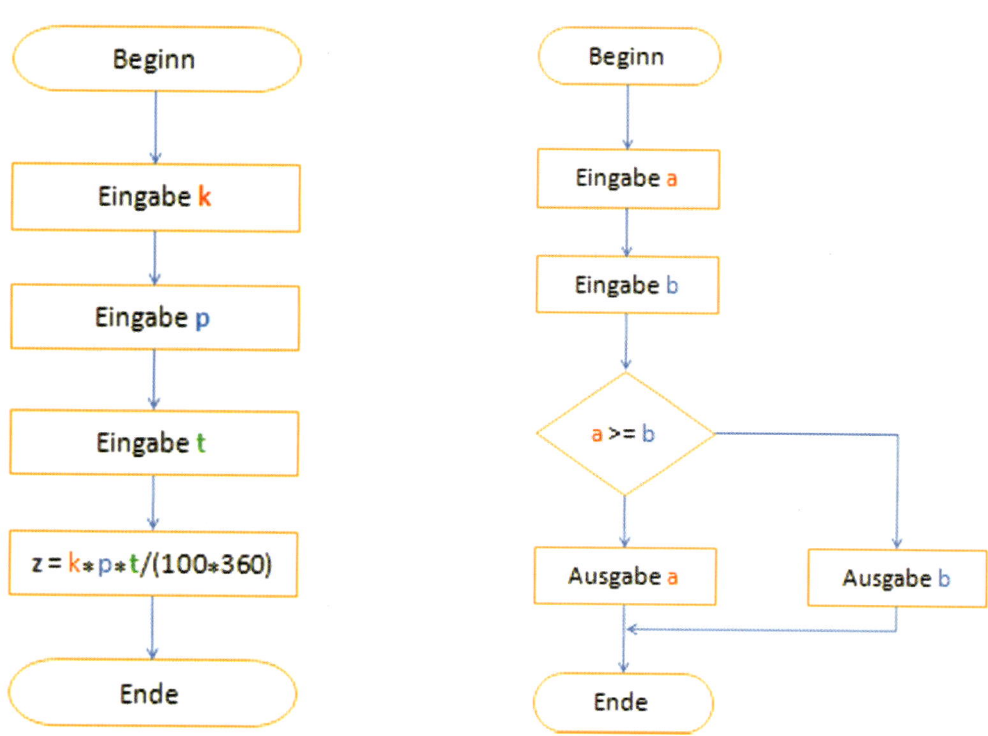

Aufgabe 58: *Ablaufplanung*

Erstellen Sie mithilfe einer SmartArt-Grafik das dargestellte Dokument:

25   Briefe ohne Vordruck

25.1   Vorbemerkungen

Den Aufbau eines privaten Briefes können Sie dem nachfolgenden Bewerbungsbrief entnehmen. Die Zahlen an der linken Seite geben die jeweilige Zeilennummer an.

25.2   Bewerbungsbrief

Der Bewerbungsbrief ist ein Beispiel für einen ohne Vordruck geschriebenen Brief.

Bearbeitungsschritte:

- Geben Sie den Brief ein. Speichern Sie den Text unter dem Namen *Bewerbung*.

1	
2	Für die vollständige private Absenderangabe steht im Feld für
3	den Briefkopf, s. S. 239, die gesamte Blattbreite zur Verfügung.
4	
5	Arnold Lind
6	Marktplatz 14
7	49809 Lingen
8	Tel. 0591 32145

Kommunikationsangaben (z. B. Mobil, Telefax, E-Mail) dürfen in der Absenderangabe ergänzt werden oder stehen in einem Informationsblock, s. u. Die Absenderangabe kann auch zentriert werden oder rechtsbündig stehen.

9	
10	
11	
12	5,1 cm
13	
14	
15	
16	Schüler GmbH
17	Bürobedarfsgroßhandlung
18	Fahnenweg 31 – 39
19	26871 Papenburg

Ihr Zeichen:
Ihre Nachricht vom:

Telefon: 0591 32145
Telefax: 0591 32146
Mobil: 0170 334455
Datum: 20..-01-23

12,5 cm von der linken Blattkante oder rechtsbündig, wenn der Text im Blocksatz geschrieben wird.

20..-01-23

20	
21	
22	
23	
24	
25	
26	
27	**Bewerbung als Sachbearbeiter in der Abteilung Verkauf**
28	
29	
30	Sehr geehrte Frau Völkel,
31	
32	in einer Anzeige in der „Ems-Zeitung" suchen Sie für die Abteilung Verkauf einen Sachbearbeiter.

Ich bewerbe mich um diese Stelle.

Meine Ausbildung zum Bürokaufmann absolvierte ich auf der Schiffswerft Müller GmbH in Papenburg. Seitdem arbeite ich als Sachbearbeiter in der Abteilung Verkauf in diesem Unternehmen. Da ich mich beruflich verändern und auf Dauer verbessern möchte, interessiere ich mich für diese Stelle vor allem auch wegen der in der Anzeige offerierten beruflichen Perspektiven.

Meine schulische und berufliche Ausbildung entnehmen Sie bitte den beigefügten Unterlagen. Gern würde ich mich bei Ihnen vorstellen.

Mit freundlichem Gruß

Anlagen[1]
Lebenslauf
Kaufmannsgehilfenbrief

---

[1] Der Anlagenvermerk kann auch an der Fluchtlinie stehen.

26 Geschäftsbriefe

26.1 Vorbemerkungen

Für Geschäftsbriefe werden meist Vorlagen (Dokumentvorlagen) verwendet. Die DIN 5008 sieht dafür die Formen A und B vor. Später wird die Form der einzelnen Briefe in verkleinerter Form dargestellt. Sie sollten sich daher zunächst einmal die möglichen Formen von Geschäftsbriefen auf diesen Seiten ansehen. Die einzelnen Elemente, wie z. B. die Bezugszeichenzeile und ihre jeweiligen Positionen im Vordruck werden genau in dem nachfolgenden Unterpunkt erklärt.

Grundsätzlich ist es auch möglich, den Text des Briefes und den Briefvordruck gleichzeitig über den Drucker auszugeben. Entsprechende Formulare für den normgerechten Briefaufbau können Sie entwickeln oder diese Vordrucke auch von der CD-ROM laden.

26.2 Vorgegebene Elemente eines Geschäftsbriefes

26.2.1 Seiteneinstellung

Die Seiteneinstellung wird über das Register **Seitenlayout** vorgenommen. Der linke Seitenrand muss mit 2,5 cm eingestellt werden.

<u>Hinweis:</u> Nach DIN 5008 können alle cm- bzw. mm-Angaben für Zeilenpositionen von der oberen Blattkante gerundet werden.

26.2.2 Briefkopf

Der Briefkopf wird für Werbezwecke und zur Information genutzt. Er enthält Angaben über das Unternehmen, das den Brief erstellt.

Beispiele:

Form A	Höhe: 2,7 cm

Form B	Höhe: 4,5 cm

26.2.3 Bezugszeichenzeile

Kommunikationsangaben wie Bezugszeichen, Name, Durchwahl und Datum stehen eine Zeile unter den sogenannten Leitwörtern. Die Bezugszeichen, z. B. pf-hh, setzen sich in der Regel aus dem Kurzzeichen des Diktierenden und des Schreibenden zusammen.

Die Leitwörter der Bezugszeichenzeile sind in einem bestimmten Abstand vom oberen Blattrand zu platzieren. Bei Form A beträgt er 8,04 cm (20. Zeile), bei Form B 9,74 cm (24. Zeile). Die Bezugszeichen stehen eine Zeile darunter. Außerdem ist die Position der einzelnen Leitwörter zur linken Briefkante auf dem Briefblatt genau festgelegt: Erstes Leitwort 2,5 cm, zweites Leitwort 7,5 cm, drittes Leitwort 12,5 cm, viertes Leitwort 17,5 cm. Mehrere Bezugszeichen in einem Leitwort dürfen auch durch ein Komma getrennt werden (pf-hh, 20..-08-06).

Ihr Zeichen, Ihre Nachricht vom	Unser Zeichen, unsere Nachricht vom	Telefon, Name 04961 453213-	Datum
pf-hh 20..-08-06	ge-we 20..-07-29	234 Frau Gerdes	20..-08-16

26.2.4 Kommunikationszeile

Sind neben dem Telefon weitere Kommunikationsmöglichkeiten, wie Fax oder E-Mail vorhanden, können diese zusätzlich in einer Kommunikationszeile rechts neben dem Anschriftfeld aufgenommen werden. Der Abstand zum oberen Blattrand beträgt bei Form A 6,35 cm (16. Zeile), bei Form B 8,04 cm (20. Zeile). Die zugehörigen Angaben stehen eine Zeile darunter. Der Abstand für das erste Leitwort liegt bei 12,5 cm von der linken Blattkante, für das zweite bei 15,0 cm.

Telefax 04961 453213- 235	E-Mail schueler@t-online.de

26.2.5 Informationsblock

Als Alternative zur Bezugszeichen- und Kommunikationszeile kann ein Informationsblock genutzt werden. Der Informationsblock wird rechts neben das Anschriftfeld geschrieben, beginnend in Höhe der ersten Zeile des Anschriftfeldes bei 12,5 cm von der linken Blattkante (s. S. 252). Abstand zum oberen Blattrand bei Form A 3,39 cm (9. Zeile), Form B 5,08 cm (13. Zeile).

Ihr Zeichen: pf-hh
Ihre Nachricht vom: 20..-08-06
Unser Zeichen: ge-we
Unsere Nachricht vom: 20..-07-29

Name: Rosa Gerdes
Telefon: 04961 45321
Mobil: 0171 9876543
Telefax: 04961 45322
E-Mail: rosa.gerdes@gmx.de

Datum: 20..-08-16

26.2.6 Geschäftsangaben

Am Ende des Briefblattes stehen die Geschäftsangaben. Bei Kapitalunternehmen kommen gesellschaftsrechtliche Angaben dazu.

Geschäftsstelle: Fahnenweg 31 - 39 26871 Papenburg	Geschäftszeit: 10:00 - 17:00 Uhr	Bankverbindung: Kreissparkasse Papenburg BLZ 285 515 60 Kto.-Nr. 612 345

HRB 876, Amtsgericht Papenburg; Geschäftsführer: Hans Haller, Dieter Foppe

26.3 Gestaltung eines Geschäftsbriefes

26.3.1 Vorbemerkungen

Verschiedene Bereiche eines Geschäftsbriefes müssen vom Briefschreiber normgerecht nach DIN 5008 „Schreib- und Gestaltungsregeln für die Textverarbeitung" geschrieben werden. Hierzu gehören: das Anschriftfeld, die Betreffangabe, die Anrede, der eigentliche Brieftext, der Briefabschluss sowie der Anlagen- und Verteilvermerk.

26.3.2 Anschriftfeld

Für das Anschriftfeld sind neun Zeilen vorgesehen. Alle Zeilen beginnen auf der Fluchtlinie bei 2,5 cm von der linken Blattkante. Nach DIN 5008 wird das Anschriftfeld in eine Zusatz- und Vermerkzone (3 Zeilen) und in eine Anschriftzone (6 Zeilen) aufgeteilt. Die Leerzeilen entfallen. Zusätze und Vermerke können Vorausverfügungen (z. B. Nicht nachsenden!), Produkte (z. B. Einschreiben) und elektronische Freimachungsvermerke sein.

Zusatz- und Ver-merkzone[1] (3 Zeilen) **Anschriftzone** (6 Zeilen)	• • • Einschreiben • Schüler GmbH • Fahnenweg 31 - 39 • 26871 Papenburg • • •	**Einfache Zustel-lanschrift**	• • • • Herrn • Hans Meyer • Ringstr. 11 • 26871 Papenburg • •
Zustellanschrift mit Produktbe-zeichnung und Wohnungsangabe	• • • Einschreiben • Herrn • Hans Meyer • Ringstr. 11 // W 43 • 26871 Papenburg • •	**Privatbrief, der ungeöffnet wei-tergegeben wird**	• • • • Herrn • Hans Meyer • Schüler GmbH • Ringstr. 11 • 26871 Papenburg •
Firmenanschrift	• • • • Bürobedarfsgroßhandlung • Schüler GmbH • Fahnenweg 31 - 39 • 26871 Papenburg • •	**Einzelunterneh-men erhalten den Zusatz e. K. (ein-getragene Kauf-frau, eingetrage-ner Kaufmann) bzw. e. Kfr. oder e. Kfm.**	• • • • Hans Meyer e. Kfm. • Ringstr. 11 • 26871 Papenburg • •
Firmenanschrift mit bekanntem Ansprechpartner	• • • • Schüler GmbH • Frau Cornelia Völkel • Fahnenweg 31 - 39 • 26871 Papenburg • •	**Auslandsanschrift**	• • • • Herrn • Klaus Fohr • Praterring 14 • 3020 WIEN • ÖSTERREICH •

---

[1] Insbesondere für Massensendungen in größeren Unternehmen kann die Rücksendeangabe des Absenders mit der Zusatz- und Vermerkzone verbunden werden. Sie umfasst 5 Zeilen mit 8 pt (Feldhöhe 1,77 cm). Auf ein Beispiel wurde hier verzichtet.

Firmenanschrift mit Angabe der Abteilung	• • • • Schüler GmbH • Verkaufsabteilung • Fahnenweg 31 - 39 • 26871 Papenburg • •	Zustellanschrift mit Titeln Akademische Grade stehen unmittelbar vor dem Namen	• • • • Herrn Studienrat • Dipl.-Hdl. Hans Meyer • Ringstr. 11 • 26871 Papenburg • •

26.3.3 Betreff und Anrede

Der Wortlaut des Betreffs wird nach zwei Leerzeilen nach den Bezugszeichen oder dem Informationsblock geschrieben. Er darf durch Fettschrift und/oder Farbe hervorgehoben werden. Nach der Betreffangabe sind zwei Leerzeilen vorzusehen. Es folgt die Anrede, die mit einem Komma endet, in Ausnahmefällen mit einem Ausrufezeichen. Die Anrede wird vom Text durch eine Leerzeile abgetrennt.

Betreff und Anrede	• • Angebot • • Sehr geehrte Damen und Herren, • wir bieten ...
Betreff (hervorgehoben) und Anrede	• • **Bestellung** • • Sehr geehrte Frau Jansen, • wir bestellen ...

26.3.4 Brieftext

Der Brieftext beginnt an der Fluchtlinie (2,5 cm von der linken Blattkante) und wird in sinnvolle Absätze gegliedert. Die einzelnen Absätze werden durch eine Leerzeile getrennt. Die Zeile endet spätestens 1,0 cm von der rechten Blattkante (Empfehlung: 2,0 cm). Im Textbereich soll das Zeilenende wenigstens bei 16,5 cm von der linken Blattkante liegen.

Wird der Brieftext am PC geschrieben, sind Schriftgrößen unter 10 Punkten und ausgefallene Schriftarten (Schreibschrift) und Schriftstile (Kapitälchen) zu vermeiden.

26.3.5 Teilbetreff

Der Teilbetreff bezieht sich auf einen Teil des Briefes und ist in sich abgeschlossen. Er beginnt an der Fluchtlinie, endet mit einem Punkt und wird durch Fettschrift und/oder Farbe hervorgehoben.

Teilbetreff (fett)	• **Rechtshilfebelehrung.** Der Widerspruch gegen diesen Bescheid muss innerhalb von 30 Tagen erfolgen. •
Teilbetreff (fett und Farbe)	• **Rechtshilfebelehrung.** Der Widerspruch gegen diesen Bescheid muss innerhalb von 30 Tagen erfolgen. •

26.3.6　Aufzählungen in Geschäftsbriefen

Aufzählungen können durch Ziffern, Buchstaben, Mittestriche, Punkte oder Ähnliches (z. B. Raute, Stern, Kreisfläche) gekennzeichnet werden. Nach den Gliederungszeichen folgt ein Abstand von mindestens einem Leerzeichen. Beginn und Ende der Aufzählungen sind vom übrigen Text durch eine Leerzeile zu trennen.

Aufzählung mit dem Mittestrich ohne Leerzeilen zwischen den Aufzählungen	Wir bieten Ihnen folgende Artikel an: - Computer ”AGIB HS”, Artikel-Nr. 123, Preis 1.988,00 € - Drucker ”Chart 8001”, Artikel-Nr. 127, Preis 789,00 € Zu den Preisen kommt die gesetzliche Mehrwertsteuer.
Aufzählung mit einem Aufzählungszeichen von Word für Windows	Wir bieten Ihnen folgende Artikel an: * Computer ”AGIB HS”, Artikel-Nr. 123, Preis 1.988,00 € * Drucker ”Charta 8001”, Artikel-Nr. 125, Preis 789,00 € Zu den Preisen kommt die gesetzliche Mehrwertsteuer.
Aufzählung mit Ziffern und Punkt	Wir bieten Ihnen folgende Artikel an: 1. Computer ”AGIB HS”, Artikel-Nr. 123, Preis 1.988,00 € 2. Drucker ”Charta 8001”, Artikel-Nr. 125, Preis 789,00 € Zu den Preisen kommt die gesetzliche Mehrwertsteuer.
Aufzählung mit lateinischen Kleinbuchstaben und Nachklammer ohne Leerzeile zwischen den Aufzählungen	Wir bieten Ihnen aufgrund Ihrer Anfrage folgende Artikel an: a) Computer ”AGIB HS”, Artikel-Nr. 123, Preis 1.988,00 € b) Drucker ”Charta 8001”, Artikel-Nr. 125, Preis 789,00 € Zu den Preisen kommt die gesetzliche Mehrwertsteuer.
Aufzählung mit einem Aufzählungszeichen von Word für Windows und Einrückung der zweiten Ebene 5,0 cm von der linken Blattkante	Wir bieten Ihnen folgende Artikel an: * Computer 　* Chart 800, Artikel-Nr. 127, Preis 1.789,00 € 　* AGIB HS, Artikel-Nr. 123, Preis 1.988,00 € Zu den Preisen kommt die gesetzliche Mehrwertsteuer.
Aufzählung der ersten Ebene mit Ziffern und Punkt und Aufzählung der zweiten Ebene bei 5,0 cm von der linken Blattkante mit lateinischen Kleinbuchstaben und Nachklammer	Wir bieten Ihnen folgende Artikel an: 1. Computer 　a) Chart 800, Artikel-Nr. 127, Preis 1.789,00 € 　b) AGIB HS, Artikel-Nr. 123, Preis 1.988,00 € Zu den Preisen kommt die gesetzliche Mehrwertsteuer.

26.3.7 Briefabschlüsse in Geschäftsbriefen

Nach dem Brieftext folgen der Gruß, die Bezeichnung der Firma oder Behörde sowie die maschinenschriftliche Angabe der Unterzeichner.

Der Gruß wird vom Text durch eine Leerzeile abgesetzt. Nach einer weiteren Leerzeile folgt die Bezeichnung der Firma, Behörde usw. Die Anzahl der Leerzeilen für den Unterschriftsraum wird meist innerbetrieblich geregelt. Im Allgemeinen reichen hierfür drei Leerzeilen. Zusätze (zum Beispiel i. A., i. V., ppa.) stehen zwischen der Bezeichnung des Unternehmens und der **maschinenschriftlichen** Namenswiedergabe oder vor der Namenswiedergabe in derselben Zeile.

Briefabschluss mit Firmenbezeichnung und einer Unterschrift	Wir benötigen die Ware bis zum 15. Januar. Mit freundlichen Grüßen Schüler GmbH Rita Walker
Briefabschluss mit Firmenbezeichnung und zwei Unterschriften	Die Ware muss bis zum 15. Januar geliefert werden. Mit freundlichen Grüßen Schüler GmbH ppa. ppa. Tangen Kehrholff
Briefabschluss mit Angabe des Unterzeichners und Zusatz i. A. vor der Namenswiedergabe	Wir benötigen die Ware bis zum 15. Januar. Mit freundlichen Grüßen i. A. Margret Wagenknecht

26.3.8 Anlagen- und Verteilvermerk

Unterlagen in Geschäftsbriefen, die Angebote usw. ergänzen, werden als Anlagen bezeichnet. Soll eine Kopie des Briefes an eine weitere Person oder Abteilung verteilt werden, erhält der Brief einen sogenannten Verteilvermerk.

Anlagen- und/oder Verteilvermerke beginnen an der Fluchtlinie oder bei 12,5 cm von der linken Blattkante. Der Mindestabstand vom Gruß oder der Firmenbezeichnung beträgt drei Leerzeilen, von der Angabe der Unterzeichner eine Leerzeile. Anlagen- und Verteilvermerke dürfen durch Fettschrift hervorgehoben werden.

Normaler Anlagenvermerk	Die Ware wird zwei Wochen nach Bestellung geliefert. Mit freundlichen Grüßen Rita Waller **Anlagen** Prospekt Preisliste

Normaler Anlagenvermerk	Die Ware wird zwei Wochen nach Bestellung geliefert. • Mit freundlichen Grüßen • • • Rita Waller	(12,5 cm) **Anlagen** Prospekt Preisliste

Anlagen- und Verteilvermerk	Wir liefern die Ware zwei Wochen nach Bestelleingang. • Freundliche Grüße • • • Ingrid Liesen	(12,5 cm) **Anlagen** Prospekt Preisliste **Verteiler** Abt. Versand

Verkürzter Anlagenvermerk	Wir liefern die Ware zwei Wochen nach der Bestellung. • Mit freundlichen Grüßen • • • Rita Waller • **1 Anlage**

26.3.9 Mehrseitiger Geschäftsbrief

Bei einem mehrseitigen Geschäftsbrief wird durch drei Punkte am Fuß der Seite am rechten Rand auf die Folgeseite hingewiesen. Auf der nächsten Seite sollte nicht nur der Gruß folgen. Ein Seitenwechsel kann jederzeit durch die Tastenkombination [Strg] + [Return] vorgenommen werden.

Mehrseitiger Geschäftsbrief Seite 1	• Der Rechnungsbetrag ist zahlbar innerhalb von zwei Wochen unter Abzug von 2 % Skonto oder innerhalb von 30 Tagen netto Kasse. • ... (Hinweis auf Folgeseite)

Mehrseitiger Geschäftsbrief Seite 2	• • • • (zentriert oder 10,0 cm vom linken Blattrand) - 2 - • Wir liefern die Ware innerhalb von zwei Wochen nach Bestellung. • Mit freundlichen Grüßen • • • Rita Waller • **1 Anlage**

26.4 Sonstige Schreib- und Gestaltungsregeln für die Textverarbeitung

26.4.1 Zahlengliederungen

Telefonnummern, Postleitzahlen usw. müssen normgerecht gegliedert werden. Die wichtigsten Zahlengliederungen finden Sie in der folgenden Aufstellung.

Datum	Ein numerisch angegebenes Datum wird in der Reihenfolge Jahr-Monat-Tag mit Mittestrich geschrieben. Zulässig ist auch die Schreibung in der Reihenfolge Tag, Monat, Jahr - gegliedert mit dem Punkt.	2000-01-18 99-01-18 18.01.2001
Uhrzeit	Die Uhrzeit wird mit Doppelpunkt gegliedert.	11:00 – 17:00 Uhr
Bankleitzahlen	Bankleitzahlen werden mit der Bezeichnung BLZ in Dreier- und Zweiergruppen geschrieben.	BLZ 285 515 60
Postleitzahlen	Postleitzahlen sind fünfstellig. Sie werden ohne Leerzeichen geschrieben.	26871 Papenburg
Postfachnummern	Postfachnummern werden zweistellig von rechts gegliedert.	56 76
Telefon-, Telefaxnummern, Einzelanschluss	Telefon- und Telefaxnummern werden funktionsbezogen durch je ein Leerzeichen gegliedert.	7854 0171 23758
Telefonnummern Ortsnetzkennzahl	Funktionsbezogene Teile dürfen durch Fettschrift oder Farbe hervorgehoben werden.	040 9763456 04961 **6856**
Telefonnummern Durchwahl	Ein Mittestrich steht vor der Durchwahlnummer.	7854-587 04961 6856-01
Sondernummern	Wird nach der Nummer des Anbieters eine Ziffer für die Gebührenzählung angegeben, steht davor und dahinter ein Leerzeichen.	0180 3 45678

26.4.2 Kalenderdaten

Kalenderdaten werden sowohl numerisch als auch alphanumerisch angegeben.

Numerische Schreibweise	Das numerisch angegebene Datum wird in der Reihenfolge Jahr-Monat-Tag mit einem Mittestrich oder in der Reihenfolge Tag, Monat, Jahr mit einem Punkt gegliedert. Die Jahreszahl wird vierstellig, Monat und Tag werden zweistellig angegeben.	2001-04-12 12.04.2001
Alphanumerische Schreibweise	Die alphanumerische Schreibweise erfolgt in der Reihenfolge Tag, Monat und Jahr.	3. August 2000 14. Nov. 2000

26.4.3 Zahlenaufstellungen

Zahlenaufstellungen werden nach dem letzten Schriftzeichen jeder Zahlengruppe ausgerichtet. Dezimalzeichen muss jedoch unter Dezimalzeichen stehen.

Zahlenaufstellungen	Nr.	Datum	€
	87/67	2010-12-08	24.000,00
	65/67	2010-01-02	1.209,98

26.4.4 Summen

Der Summenstrich wird mit dem Grundstrich ohne Leerzeile oder mit dem Mittestrich nach einer Zeilenschaltung unter die letzte Zahl geschrieben. Wird der Abschlussstrich benötigt, ist er mit dem Doppelstrich eine ganze Zeile unter das Ergebnis zu schreiben.

Summen	678,00 €	678,00 €	678,00 €
	245,00 €	245,00 €	- 45,00 €
	923,00 €	923,00 €	633,00 €

26.4.5 Rechenzeichen

Die Zeichen + und - werden als Vorzeichen ohne folgendes Leerzeichen geschrieben.

Additionszeichen	12 + 24 = 36	234 + 56 = 290	34 + 67 = 101
Subtraktionszeichen	45 - 38 = 7	38 - 45 = -7	234 - 284 = -50
Multiplikationszeichen	3 . 4 = 12 3 · 4 = 12	a . b = ab	4,5 m x 5,2 m = 23,4 m^2
Divisionszeichen	52 : 4 = 13	39 : 3 = 13	60 : 5 = 12
Gleichheitszeichen	12 + 12 = 24	12 - 12 = 0	345 - 45 = 300
Prozent- und Promillezeichen	2 % Skonto	4 3/4 % Skonto	32%ig
Bruchstrich	1/2	3/4	2 4/7
waagerechter Bruchstrich	$\dfrac{80 . 60}{40} = 120$	$\dfrac{80 . 60}{40} = 120$	$\dfrac{80 . 60}{40} = 120 . 5 = 600$
Verhältniszahlen	Maßstab 1 : 500	Verhältnis 1 : 3	Mischung 4 : 7

26.4.6 Größenangaben und Formeln

Exponenten und Indizes	Exponenten und Indizes werden ohne Leerzeichen an die Basis angefügt.	H_2O $(a + b)^2$ 5^6
Einheiten	Einheiten u. Ä. werden mit einem Leerzeichen hinter dem Zahlenwert geschrieben.	10 m/s 11,5 mm^2 -20 ^{0}C
Allein stehende, hochgestellte Zeichen	Allein stehende, hochgestellte Zeichen folgen dem Zahlenwert ohne Leerzeichen.	5′ 14″ 12^0 Winkel von 180^0

26.4.7 Schriftzeichen für Wörter

Zeichen für "Paragra **f**"	Nach § 36 BGB ist ... Die §§ 9 – 23 HGB sind ...
Zeichen für "gegen"	Bayern München – Eintracht Frankfurt
Zeichen für "bis"	08:45 – 11:30 **Hinweis:** von 08:45 bis 11:30 Uhr 3 – 4 € **Hinweis:** 5- bis 6-mal
Zeichen für Streckenangaben	Papenburg – Hannover – Berlin
Schrägstrich	60 km/h 1000 Einwohner/km^2
Zeichen für geboren und gestorben	Hans Müller, * 1928-07-14, † 2001-01-10
Zeichen für Nummern	Der Artikel # 55 ist ausverkauft. Die Artikel # 56 und 67 sind nicht mehr lieferbar.
Zeichen für kleiner und größer	Einwohnerzahl < 20 000 (kleiner als) a + 20 > 20 (größer als) PLZ 29999 (kleiner gleich) PLZ ≥ 20000 (größer gleich)

Aufgabe 59:   *Anschriftfeld*

Geben Sie die folgenden Adressen in ein neunzeiliges Anschriftfeld normgerecht ein:

Einschreiben; Hans Kassens e. Kfm.; Am Forst 45; 49809 Lingen

Bürobedarf Hinze KG; Frau Nicole Foppe; Am Markt 45; 49751 Sögel

Hans Terfehr KG; Sachsenstr. 12; 49809 Lingen

Vera Hansen; Schiffswerft Müller AG; Rheiderlandstr. 11; 26871 Papenburg

Einschreiben; Herrn Prof. Hans Müller; Mühlenstr. 45; 26789 Leer

Schwarte GmbH; Einkaufsabteilung; Austenhook 56; 48432 Rheine

Britta Hillebrandt; Im Quadrätchen 10 // W 45; 26871 Papenburg

Aufgabe 60:   *Briefabschluss*

Gestalten Sie die folgenden Briefabschlüsse normgerecht:

Unser Vertreter wird Sie in den nächsten Tagen besuchen.; Mit freundlichen Grüßen; Helen Dobelmann

Unser Vertreter wird Sie in den nächsten Tagen besuchen.; Mit freundlichen Grüßen; Hansen GmbH; ppa. Dobelmann; ppa. Dierkes

Unser Vertreter wird Sie in den nächsten Tagen besuchen.; Mit freundlichen Grüßen; Hansen GmbH; Dobelmann

Unser Vertreter wird Sie in den nächsten Tagen besuchen.; Mit freundlichen Grüßen; Hansen GmbH; Dobelmann; Anlagen; Preisliste; Prospekte

Unser Vertreter wird Sie in den nächsten Tagen besuchen.; Mit freundlichen Grüßen; Hansen GmbH; Dobelmann; Anlagen; Preisliste; Prospekte (bei Platzmangel)

Unser Vertreter wird Sie in den nächsten Tagen besuchen.; Mit freundlichen Grüßen; Hansen GmbH; Dobelmann; Anlagen; Preisliste; Prospekte (verkürzter Anlagenvermerk)

Aufgabe 61:   *Zahlengliederungen*

Schreiben Sie die folgenden Zahlengliederungen normgerecht:

Bankleitzahlen
28451360; 34543278; 87654356; 67854678

Telefonnummern:
68 47; 78 96 54; 67 8; 87 64 5; 980 78 90; 91 23; 654 32; 98 7222

Telefonnummern mit Ortsnetzkennzahl:
040/6764; 04961/987234; 04962/897; 0221/98767; 05952-765789

Telefonnummern mit Ortsnetzkennzahl und Durchwahlnummer:
040 6764 01; 04961 987234 234; 04962 897 45; 0221 98767 345;

Postfachnummern
6554; 886; 8765; 876; 9877

27   Briefe aus dem Geschäftsleben

27.1   Erstellen einer Dokuments für die Eingabe eines Brieftextes

Ein Brieftext, vor allem das Anschriftfeld und die Bezugszeichenzeile, können am besten durch die Erstellung eines Formulars eingegeben werden und dann über den Drucker auf einen Briefvordruck ausgegeben werden. Es ist jedoch auch möglich, durch entsprechende Leerzeilen den jeweils richtigen Bereich für die Eingabe von Elementen auszuwählen.

Bearbeitungsschritte:

- Erstellen Sie das nachfolgende Formular. Der linke Seitenrand muss über den Menüpunkt **Datei/Seite einrichten** auf 2,5 cm eingestellt werden. Das Formular enthält das Anschriftfeld und die Bezugszeichenzeile.

- Stellen Sie die Zeilenhöhe auf 12 pt ein. Normalerweise ist damit die richtige Ausgabe des Briefes auf einem Vordruck gewährleistet.

- Speichern Sie das Dokument unter der Bezeichnung *Brief1* ab. Erstellen Sie für die jeweiligen Erfordernisse weitere Vordrucke.

```
 1  •
 2  •
 3  •
 4  •
 5  •
 6  •
 7  •
 8  •
 9  •
10  •
11  •
12  •
13  { }
14  { }
15  { }
16  { }
17  { }
18  { }
19  { }
20  { }
21  { }
22  •
23  •
24  •        (5,0 cm vom linken Textrand)    (10,0 cm)        (15,0 cm)
25  { }          { }                            { }              { }
```

27.2   Briefe aus dem kaufmännischen Bereich

Auf den nächsten Seiten finden Sie Geschäftsbriefe, die nach DIN 5008 aufgebaut sind. Diese Geschäftsbriefe werden verkleinert dargestellt.

Bearbeitungsschritte:

- Geben Sie die Texte der nachfolgenden Briefe ein. Dabei können Sie erstellte Formulare benutzen oder den Brief normal mit Leerzeilen eingeben. Speichern Sie die Briefe unter den Namen *Geschäftsbrief_1* usw. ab.

Geschäftsbrief Format A4, Form B mit Kommunikationszeile
(verkleinerte Darstellung)

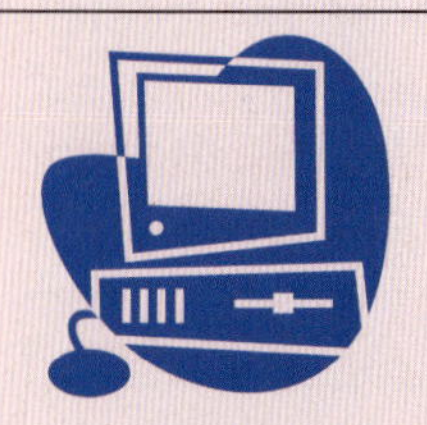

Schüler GmbH
Bürobedarfsgroßhandlung
26871 Papenburg

Schüler GmbH, Fahnenweg 31 - 39, 26871 Papenburg

Finanzamt Aschendorf
Emdener Str. 7
26871 Aschendorf

Telefax
04961 453213

Telefon, Name
040 453213-

Ihr Zeichen, Ihre Nachricht vom	Unser Zeichen, unsere Nachricht vom	412 Herr Pflug	Datum
mü-ge 20..-01-23	pf-hh 20..-12-15		20..-01-28

Höhe der Umsatzsteuer für den Monat November 20..

Sehr geehrter Herr Müller,

wir bedauern sehr, dass die Höhe der Umsatzsteuer zwischen Ihnen und uns strittig ist. Wir stellen nach Absprache mit unserem Steuerberater Folgendes noch einmal fest:

– Die von Ihnen berechnete Umsatzsteuer in Höhe von 289.089,00 € ist nach unserer Ansicht um 12.865,89 € zu kürzen, da nicht zu erwarten ist, dass unsere Forderung aus dem Konkursfall der Firma Otto Artig e. Kfm., Mühlenstr. 45, 26789 Leer, erfüllt werden wird.

– Der Restbetrag für den Monat Oktober 20.. in Höhe von 2.890,00 € wird von uns in den nächsten Tagen überwiesen.

Wir schlagen ein Gespräch zwischen Ihnen, unserem Steuerberater, Herrn Bernhard Bank und Vertretern unseres Unternehmens vor. Diese Unterredung sollte möglichst kurzfristig stattfinden.

Mit freundlichen Grüßen

Schüler GmbH

ppa.

Gerold Pflug

Geschäftsstelle:	Geschäftszeit:	Bankverbindung:
Fahnenweg 31 - 39	10:00 - 17:00 Uhr	Kreissparkasse Papenburg
26871 Papenburg		BLZ 285 515 60 Kto.-Nr. 612 345

HRB 876, Amtsgericht Papenburg; Geschäftsführer: Hans Haller, Dieter Foppe

Geschäftsbrief Format A4, Form A mit Bezugszeichenzeile
(verkleinerte Darstellung)

Schüler GmbH
Bürobedarfsgroßhandlung
26871 Papenburg

Schüler GmbH, Fahnenweg 31 - 39, 26871 Papenburg

Amtsgericht Papenburg
Hauptkanal re. 61
26871 Papenburg

Ihr Zeichen, Ihre Nachricht vom	Unser Zeichen, unsere Nachricht vom	Telefon, Name 04961 453213-	Datum
am-he 20..-01-18	pf-hh 20..-01-12	412 Herr Pflug	20..-01-24

Anmeldung zur Eintragung in das Handelsregister

Sehr geehrte Damen und Herren,

zu den von uns bereits beantragten Änderungen in das Handelsregister beim Amtsgericht Papenburg kommen folgende hinzu:

1. Einzelprokura:
   Anke Bloemer, Deverweg 43, 26871 Papenburg

2. Gesamtprokura:
   Marc Schlereth, Eibenstr. 7, 26871 Papenburg

Für eine schnelle Eintragung wären wir Ihnen sehr dankbar.

Mit freundlichen Grüßen

Schüler GmbH

ppa.

Gerold Pflug

Geschäftsstelle:	Geschäftzeit:	Bankverbindung:
Fahnenweg 31 - 39	10:00 - 17:00 Uhr	Kreissparkasse Papenburg
26871 Papenburg		BLZ 285 515 60 Kto.-Nr. 612 345

HRB 876, Amtsgericht Papenburg; Geschäftsführer: Hans Haller, Dieter Foppe

Geschäftsbrief Format A4, Form B mit Informationsblock
(verkleinerte Darstellung)

Schüler GmbH
Bürobedarfsgroßhandlung
26871 Papenburg

Schüler GmbH, Fahnenweg 31 - 39, 26871 Papenburg

Stadt Papenburg
Hauptkanal lks. 45
26871 Papenburg

Ihr Zeichen: ge-we
Ihre Nachricht vom: 20..-01-14
Unser Zeichen: pf-hh
Unsere Nachricht vom: 20..-12-08

Name: Gerold Pfug
Telefon: 04961 45321-3234
Telefax: 04961 45321-3235

Datum: 20..-01-24

Grundstück am Fahnenweg

Sehr geehrte Damen und Herren,

wie wir Ihnen bereits mitgeteilt haben, beabsichtigen wir, in absehbarer Zeit unseren Betrieb um eine Lagerhalle zu erweitern. Dafür benötigen wir ausreichendes Bauland, denn auf unserem bisherigen Gelände ist dies nicht zu realisieren.

Wir bitten Sie daher, uns das Grundstück Fahnenweg 40, das direkt neben unserem Grundstück liegt, zu verkaufen. Dieses Grundstück eignet sich ideal für den Bau der geplanten Lagerhalle.

Von der Erweiterung unseres Betriebes versprechen wir uns die langfristige Sicherung der Arbeitsplätze für unsere Mitarbeiter. Außerdem werden Überlegungen, den Betrieb auszusiedeln oder in eine andere Stadt zu verlegen, überflüssig.

Mit freundlichen Grüßen

Schüler GmbH

ppa.

Gerold Pfug

Anlagen
Skizze der geplanten Lagerhalle
Auszug aus dem Kataster

Geschäftsstelle:
Fahnenweg 31 - 39
26871 Papenburg

Geschäftszeit:
10:00 - 17:00 Uhr

Bankverbindung:
Kreissparkasse Papenburg
BLZ 285 515 60 Kto.-Nr. 612 345

HRB 876, Amtsgericht Papenburg; Geschäftsführer: Hans Haller, Dieter Foppe

Geschäftsbrief Format A4, Form B mit Kommunikationszeile
(verkleinerte Darstellung)

Schüler GmbH
Bürobedarfsgroßhandlung
26871 Papenburg

Schüler GmbH, Fahnenweg 31 - 39, 26871 Papenburg

Micro Hansen OHG
Computerlösungen
Am Stau 47
26112 Oldenburg

Telefax
04961 453213

Telefon, Name
04961 453213-

Ihr Zeichen, Ihre Nachricht vom	Unser Zeichen, unsere Nachricht vom	Telefon, Name 04961 453213-	Datum
	pf-sch	412 Herr Pflug	20..-02-23

Anfrage

Sehr geehrte Damen und Herren,

wir möchten unser Lager auffüllen und bitten Sie um ein Angebot über Drucker und Computer.

Das Angebot sollte eine Preisliste, Ihre Lieferungs- und Zahlungsbedingungen sowie ausführliches Prospektmaterial mit Abbildungen enthalten.

Mit freundlichen Grüßen

Schüler GmbH

ppa.

Gerold Pflug

Geschäftsstelle:	Geschäftszeit:	Bankverbindung:
Fahnenweg 31 - 39	10:00 - 17:00 Uhr	Kreissparkasse Papenburg
26871 Papenburg		BLZ 285 515 60 Kto.-Nr. 612 345

HRB 876, Amtsgericht Papenburg; Geschäftsführer: Hans Haller, Dieter Foppe

Geschäftsbrief Format A4, Form B mit Kommunikationszeile
(verkleinerte Darstellung)

Micro Hansen OHG
Computerlösungen
Oldenburg

Micro Hansen OHG, Postfach 56 47, 26112 Oldenburg

Bürobedarfsgroßhandlung
Schüler GmbH
Fahnenweg 31 - 39
26871 Papenburg

Telefax
0441 673363

Telefon, Name
0441 67336-

Ihr Zeichen, Ihre Nachricht vom	Unser Zeichen, unsere Nachricht vom	879 Frau Hamel	Datum
pf-sch 20..-02-23	ha-me		20..-02-27

Angebot

Sehr geehrter Herr Pflug,

vielen Dank für Ihre Anfrage. Wir bieten Ihnen die folgenden Computer und Drucker an:

- Computer AGIB HS, Artikel-Nr. 3214, zum Preis von 1.890,00 €
- Computer Hansen Exklusiv, Artikel-Nr. 3215, zum Preis von 2.760,00 €
- Drucker Extron XL, Artikel-Nr. 3219, zum Preis von 680,00 €

Zu den Preisen kommt die gesetzliche Mehrwertsteuer. Wir liefern die Ware innerhalb von 14 Tagen per LKW frei Haus.

Ab einem Bestellwert von 20.000,00 € gewähren wir einen Mengenrabatt in Höhe von 10 %. Der Rechnungsbetrag ist zahlbar innerhalb von 10 Tagen unter Abzug von 2 % Skonto oder innerhalb von 30 Tagen netto Kasse.

Mit freundlichen Grüßen

Micro Hansen OHG

Sabine Hamel

Geschäftsstelle:	Geschäftszeit:	Bankverbindung:
Am Stau 47	09:00 - 16:30 Uhr	Commerzbank Oldenburg
26122 Oldenburg		BLZ 280 400 46 Kto.-Nr. 6 246 465